피줄국가 북한

:구석기·인류·인종

이형우

박영사

시작에 앞서

　지금 이 책을 쓰면서 나는 나의 데스크톱 컴퓨터를 사용하고 있다. 최근에 새로 구입한 나의 컴퓨터는 잘 구동된다. 나는 이 하얀색의 반짝이는 이 컴퓨터를 여러모로 잘 사용한다. 내가 비록 이 컴퓨터의 구조, 작동 방식, 생산과정을 모르지만 그 모름이 하등 불편하게 와닿지 않는다. 알고 보면 꽤 복잡한 기계덩어리를 사용하지만 그 복잡함에 압도되지 않고 비교적 편안하게 사용을 한다.

　그런데 이 컴퓨터를 물끄러미 보면서, 이것이 내 눈앞에 오기까지 수없이 많은 원인들의 과정을 생각해 본다. 전기의 등장과 사용, 제철산업의 발달, 화학공업의 등장, 십진수와 이진수의 의미, 중앙처리장치의 개념, 소프트웨어의 발전, 인터넷의 등장, 물류이동의 획기적 진전, 산업디자인의 기여 등... 무수히 많은 원인들이 모여서 그 결과로서 현재 내 앞에 이 하얀색의 컴퓨터가 있다. 그 무수한 원인들과 또 원인들이 얽히고 얽혀서 하얀색의 컴퓨터라는 결과를 나에게 선사하고 있다.

　나는 컴퓨터를 나름 잘 사용하지만, 그러나 나는 컴퓨터의 공학적, 수학적, 화학적 구조를 모른다. 모름은 여기에 멈추지 않고 산업사회의 역사 속에서 변화된 과정 역시 잘 모른다. 현재의 나의 하얀색 컴퓨터를 있게 한 수많은 원인들을 확실히 알기란 거의 불가능하다. 단지 짐작만 할 뿐이다. 그러나 그 궁금함을 풀어가는 전문가는 있기 마련이다. 공학자, 자연 과학자, 과학 역사가 등은 컴퓨터 시작과 변화의 시간인 수년, 수십 년 동안 이루어진 사건을 풀어줄 전문가들이다. 그들에 의해서 지혜를 얻게 된다. 즉, 컴퓨터라는 새로운 세계의 질서에 대한 지혜를 알게 하여준다.

　그럼 시간을 더 돌려서 컴퓨터의 역사인 수십 년 정도가 아닌, 수만 아니 수십, 수백만 년 전으로 가보자. 수만 아니 수십 수백만 년의 과정을 보여주는 가장 이상적인 대상은 과연 무엇이 있을까? 바로 나 자신이다. 나 자신인 호모 사피엔스 그리고 그 선조가 되는 인류까지 생각한다면 수백만 년의 시간여행도 무리가 아니다.

분명 내 눈앞에 있는 멋진 하얀색 컴퓨터를 부정할 수 없듯이, 당연하게도 이 컴퓨터를 사용하는, 숨 쉬고 즐거워하고 슬퍼하기도 하는 육신과 정신을 가진 나라는 존재도 부정할 수 없다. 존재를 인정할 수밖에 없기에 그 존재에 대한 원인과 결과의 과정이 궁금한 것은 어쩔 수 없는 당연한 숙명이자 본능이라고도 할 수 있다.

나 자신의 원인과 결과도 중요하지만 확장된 나인 '우리'의 원인과 결과도 중요하다. 중요한 만큼 궁금하고 그 궁금함을 풀기 위해서 다양한 노력을 하게 된다. 그 노력 중에서 학문적 측면으로 본다면 이른바 구석기 고고학이라고 불리는 학문 단위를 생각해 볼 수 있다. 그 학문단위가 공부하는 대상은 사람과 그 사람이 만든 문화이다. 이것을 간단한 단어로 치환한다면 인류와 구석기로 볼 수 있다.

연구자들에 의해서 학문단위와 대상이 항상 순방향으로 연구되는 것은 아니다. 사람을 집단으로 규정하는 일은 생각보다 어렵다. 사람의 규정을 뼈로 할 것인가, 유전자로 할 것인가 아니면 단순히 신체 외형만으로 할 것인가 따라서 달라진다. 이 중 외형만을 강조하는 분류체계를 따른다면 인종은 의미가 있게 보일 수도 있다. 그리고 실제 인종을 중시하는 학문적 풍토도 존재하였다. 고고학, 구석기 고고학, 인류학은 과거에도 그리고 현재도 의미 있는 순방향적 연구성과를 보이고 있다고 할 수 있다. 그러나 인종을 다루는 인종학은 순방향적 연구사를 가진다고 할 수 없다. 나 그리고 우리를 아는 과정이 만만치 않은 과정의 연속임을 실감케 한다.

북한 역시 궁극적인 질문 나 그리고 우리는 누구인가?라는 부분에 관심을 가진다. 그런데 그 나와 우리를 아는 과정이 북한에서는 매우 독특하게 전개된다. 북한에서는 그 질문 자체보다는 질문을 둘러싼 정치·사회라는 외피가 매우 두텁게 존재한다. 북한이 생각하는 나와 우리를 알기 위해서는 그 외피의 모습도 염두에 둘 필요가 있다.

이 책은 필자가 그간 북한의 인류, 구석기 그리고 인종에 대한 담론에 관심을 가지고 쓴 수 편의 논문을 기초로 쓰였다(이형우 2020a; 2020b; 2022).[1] 그 글을 쓰면서 드는 가장 중요한 생각은 전 세계 국가에서 일반적으로 행해진 학문적 대상으로서 인류, 구석기, 인종뿐 아니라 그 학문 행위를 하는 국가의 정치·사회적 외피이다. 특히 그 국가가 북한일 경우, 외피의 두터움이 엄청나다. 그래서 그 외피에 대한 공부가 필요하다는 생각이 들었다. 그 외피를 '피줄국가'라는 제목으로 시작함이 옳다고 생각하였다. 따라서 이 책의 주된 구성은 1. 피줄국가, 2. 구석기, 3. 인류, 4. 인종이 된다.

외피라고 할 수 있는 '피줄'을 펼치면서 해당 도서는 일반적인 구석기 고고학의 순수 학술도서의 입장에서 벗어난다. 그 탈피는 오히려 북한의 선사(先史)를 아는 데 더 도움이 되지 않나 생각이 든다. 남한의 '핏줄'의 북한식 표현인 '피줄'은 북한의 정치·사회를 이해하는 데 핵심이다. 그 핵심은 이 책의 주제, 구석기, 인류, 인종을 비켜 가지 않는다. 따라서 이 책의 제목을 『피줄국가 북한: 구석기·인류·인종』으로 하였다.

이 책을 쓰면서 수많은 분들의 도움을 받았다. 수많은 도움과 도움의 합이 현재의 나라는 존재이다. 따라서 나의 결과물 중의 하나인 이 책도 수많은 도움과 도움의 합의 일부이다. 우선, 양가 부모님의 고마움을 결코 잊을 수 없다. 내가 나만이 아니고 확장된 나임을 확고히 알려주신 분들이기 때문이다. 성인 이후 새로운 확장된 내가 되어준 아내 그리고 가족들의 사랑과 행복을 생각하지 않을 수 없다. 공부를 하면서 만난 많은 인연에 대한 따뜻한 정을 잊을 수 없다. 나의 모든 은사님 그리고 동료분들의 고마움을 생각하지 않을 수 없다. 이 공부의 결실을 책으로 만들게 하여 준 출판사의 인연 역시 놀라운 고마움의 체험이다. 이 책 한 권에서 수많은 도움의 위대함과 고마움을 느낀다.

2024년 8월 여름에

이형우

1) 이형우, 2020a. 「정치·사회적 맥락에 따른 북한 구석기 연구 변화」, 『문화재』, 53: 126-149.
이형우, 2020b. 「단위/단계로 본 북한 인류 진화 연구」, 『한국구석기학보』, 42: 5-44.
이형우, 2022. 「북한이 생각하는 인종: 유형적 실체로서 인종」, 『백산학보』, 123: 181-220.

글을 시작하며: 비북한인의 시각에서 북한을 바라보기

　이 책은 다소간에 익숙하지 않은 두 가지 대상을 담고 있다. 하나는 북한이고 다른 하나는 선사(先史)이다. 구체적으로는 선사의 주된 연구 주제인 구석기(舊石器), 인류(人類), 인종(人種)이다. 이는 사실 생소한 용어는 아니다. 그러나 일상적으로 쉽게 체험된 실체로서 존재하는 대상은 결코 아니다.

　북한이라는 대상을 살펴보자. 북한을 살핌에 있어서 남한에 사는 사람들에게 본질적으로 떠오르는 연관어는 분단이다. 남과 북의 분단은 너무나도 오래되었다. 이제 이 분단의 시작을 실제 경험한 사람들은 남과 북 어디에도 극히 소수일 뿐이다. 1948년 분단이 완전히 고착화된 시기 이전에 유소년 시기를 거쳐서 어렴풋한 기억을 가진 사람조차도 이미 소수가 되었다. 정서의 공유 그리고 사고의 공유는 점차로 희미해지고 있다. 동일한 기억이 없어지고 동일한 정서가 사라지면서 사고의 차이는 커지고 있다.

　한 집단에서 공유하는 경험이 극히 적어진다는 것은 무슨 의미가 있는가? 이는 남남이 비정상이 아니고 정상임으로 인식하는 구성원이 많아진다는 의미이다. 이제 남과 북의 사람들은 먼 옛날 이야기하듯이, '한때는, 같은 나라 사람이었는데…'로 서로를 인식하는 단계에 오지 않았나 생각이 든다. 서로에게 서로는 남남인 셈이다.

　서로가 남남인 것도 모자라 그 남남은 서로를 알 기회 그 자체가 거의 박탈된 상태로 지내고 있다. 결코 오감으로 서로를 경험하는 위치에 있지 못하다. 현재의 정치·사회적 상황에서는 이를 회복시킨다는 것은 요원하게만 느껴진다. 남한의 사람으로서 북한의 사람은 결국 오감으로 경험을 할 수 있는 대상이 아니다. 따라서 그들의 신념, 그들의 행동 그리고 그 신념과 행동의 결과물들을 우리 남한 사람은 그들의 시각에서 결코 이해할 수 없다. 남남이 된 지 70년이 훌쩍

넘은 상태에서 그리고 결코 재회의 기회가 원천적으로 차단된 상태가 유지되는 이상, 북한의 시각에서 북한을 이해한다는 것 자체는 애초에 불가능하다.

그럼 답이 쉽게 나온다. 애초에 불가능한 것은 제쳐 두고 가능한 것을 하는 것이 현명하다. 북한을 북한의 시각으로 이해하려 하지 말고 북한인이 아닌 남한인의 시각으로 바라보는 것이다. 북한인이 아닌 사람들, 즉 비북한인의 시각으로 보는 것이다.

비북한인이 북한을 바라보며 느끼는 시각을 정리하고 분석하는 일은 오히려 현재의 상황에서 필요한 일이기도 하다. 서로 얼마나 다른 시각을 가지고 있는지를 아는 것 자체가 북한을 이해하는 방법일 수 있기 때문이다.

두 번째 대상인 선사를 살펴보자. 선사의 주요 주제는 앞서 밝힌 바와 같이 구석기, 인류, 인종이다. 첫 번째 대상과 결합을 한다면, 북한의 구석기, 인류, 인종이 된다. 이 주제는 과거 선사시대 인류와 그 인류가 남긴 물적 자료를 이해하고 해석하는 과정이다. 이 주제는 북한뿐 아니라 대부분의 국가에서 과거 또는 현재에도 연구가 진행되고 있다. 이는 구석기학, 지질학, 선사고고학, 인류학, 생물인류학, 체질인류학, 인종학 등의 학문단위에서 연구되고 있다. 물론 시간이 지남에 따라서 학문단위는 변하기 마련이라, 일부는 활성화되어 다양해지기도 하고 일부는 소멸의 길로 가기도 한다.

그렇다면, 비북한인의 눈에 비친 북한에서의 이 세 가지 주제의 전개는 어떠한가? 북한은 정권이 창출된 초기부터 이들을 연구하고 있다. 1940년대 말부터 현재에 이르는 시간 동안 이들 학문주제는 수많은 변화를 겪으면서 현재에 이르고 있다. 다른 말로 한다면, 구석기, 인류, 인종이라는 주제를 북한 역시 진지하게 생각한다. 그런데 그 진지함이 남한을 비롯한 비북한과 사뭇 다르다. 그들의 눈에는 어떨지 모르지만, 비북한인의 눈에는 북한이 생각하는 구석기, 인류, 인종은 매우 독특한 전개과정을 밟게 된다. 1948년 정권 수립 이후 70여 년 이상 독특한 정치·사회체제를 구축한 북한은 그들의 체제의 특이성만큼이나 학문적 부분에서도 특이성을 가진다. 즉, 구석기, 인류, 인종이라는 주제의 공부를 북한은 북한의 방식으로 내재화하는 작업을 하였다.

비북한, 북한의 여부와 상관없이 구석기, 인류, 인종이라는 주제는 비유하자면 코스모폴리탄적 성향이 강하다. 특수한 지역의 특정한 시기의 문화의 특이성으로 이를 연구할 수도 있지만, 상대적으로 엄청난 긴 시간 동안의 생물학적 그리고 문화적 변이성을 살피기에 범지구적 입장에서 흔히 연구된다. 그러기에 이를 연구하는 이론과 방법론은 현재 기준으로 본다면 이른바 국제적 수준이라는 이름으로 수렴되어 있다. 즉, 남한의 공부방법과 미국, 유럽의 공부방법이 전혀 다르지 않다. 오히려 공통점이 더 많은 것이 사실이다. 그러나, 북한은 이러한 비북한의 입장과 다른 길을 걷고 있다.

북한은 지난 70년 이상 자신만의 방식으로 국가를 구성하고 유지해 왔듯이 학문 역시 자신만의 방식으로 규정하고 유지하고 있다. 북한만의 방식으로 내재화 작업이 이루어지고 있다. 북한에게 구석기, 인류, 인종이라는 주제 역시 그 과정의 대상이다.

그 과정에서 중요한 정치·사회적 개입이 발생한다. 가장 포괄적인 개입은 이어짐을 의미하는 북한식 표현어인 피줄이다. 학문과는 전혀 상관이 없어 보이는 키워드라고 할 수 있다. 그러나 이는 북한의 구석기, 인류, 인종을 이해하는 데 있어서 열쇠 역할을 한다. 이는 그들만의 방식으로 이룬 내재화 과정의 한 부분이다.

이 과정을 살피는 것이 이 책의 목적이다. 즉, 학문적인 주제로서 구석기, 인류, 인종이 북한만의 독특한 정치·사회적 맥락과 만나면서 어떠한 전개를 보이는가를 살피고자 한다.

주제로서 구석기와 인류는 구석기시대라는 틀에서 공유점을 가진다. 그러나 인종은 이와 달리 연결점이 쉽게 떠오르지 않는다. 게다가 비북한권에서는 인종을 심도 연구 대상으로 보는 데 주저를 하기도 한다. 그런데 이 점이 사실 북한과 비북한의 시각의 차이라고 할 수 있다. 북한에서 인종은 현재도 진지한 학문의 대상이다. 북한은 구석기시대 동안의 인류의 시대 이후, 신석기시대에 와서 인종의 시대로 전개됨을 강조한다. 역설적으로 인종은 북한의 구석기시대의 정체성을 이해하는 데 큰 의미를 가진다. 마치 검은색이 흰색 배경에 있을 때 그 검은색이 잘 나타나는 것처럼 북한의 구석기시대 석기를 제작한 인류의 정체성을 알기 위해서는 후행하는 인종의 시대를 살피는 것이 또한 중요하다.

비북한인 그중 남한인에게 북한이 연구하는 구석기, 인류, 인종은 생경스럽기 그지없다. 그 생경함을 독자들에게 소개하는 것이 오히려 중요한 의미라고 생각한다. 그 생경함은 70여 년 이상 동안 남남이 되어 만든 담이 얼마나 높고 아득한지를 가늠하는 바로미터일 수 있다.

높고 아득한 담은 남과 북의 불발되는 회담, 무력시위, 경제 제재로만 느껴지는 것이 아니다. 아득한 현재와는 전혀 상관없을 것 같은 구석기, 인류, 인종이라는 주제에서도 충분히 그리고 강하게 느낄 수 있다.

차례

01

피줄

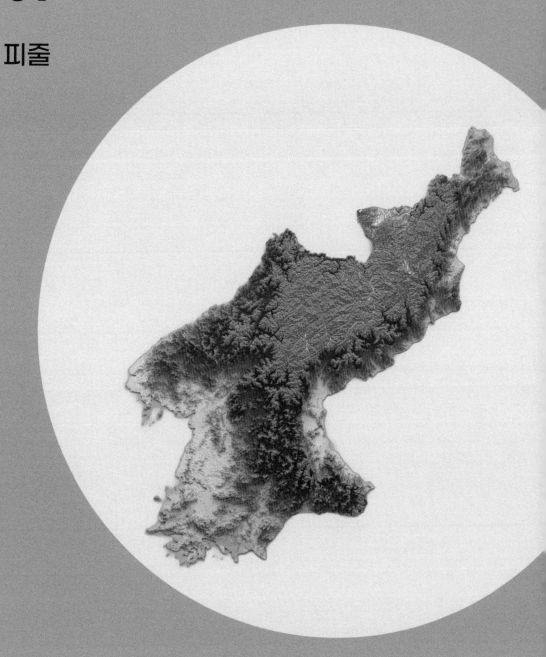

01 피줄

1. 이해하기 어려운 북한

흔히, 북한은 이해하기 어려운 국가로 인식되곤 한다. 이해하기 어려운 국가라는 이미지는 흔히 정상국가(A. Lankov 2009)[1]와는 너무나도 다른 모습을 보여주기 때문이다. 특히 북한을 연구하는 외국인의 눈에는 더욱 이상하게 받아들여진다(J. W. Lee and A. Bairner 2009).[2] 이른바 정상국가에 사는 사람들은 이러한 비정상 국가는 오래 지탱할 수 없다고 주장하였다. 늘어난 용수철이 다시 제자리로 오듯, 비정상은 정상으로 돌아가기 전에 잠시 일탈된 상황이라고 생각하기 때문이다.

따라서 그간 북한의 수많은 위기에 대해서 (정상국가의) 전문가의 많은 진단은 '북한은 붕괴된다'였다. 이른바 북한 붕괴론은 북한을 전문적으로 연구하는 학자들 사이에서 시시때때로 등장한다. 굵직한 붕괴론의 시나리오만 보더라도 1990년대 구소련과 동구권의 붕괴, 김일성의 사망, 고난의 행군과 같이 북한을 둘러싼 대내외적 상황에서 어김없이 등장한다. 그뿐이 아니다. 2000년대 이후 김정일의 뇌졸중 중동발 재스민혁명 그리고 김정일의 사망시기에도 북한 체제 붕괴의 추측은 회자되곤 하였다(정지웅 2017).[3] 그러나, 북한은 여전히 건재하였고 그러한 추측이 난무하던 시기에도 건재하였다. 북한은 1948년 정권수립 이후 지금까지 심각한 도전 없이 2020년대 현재까지 굳건히 유지되고 있다. 3대에 이른 북한 김정은 권력은 공고히 유지되고 있다. 바로 이 건재함이 이상한 점인 것이다. 정상적인 국가라면 이러한 내부와 외부의 강한 부정적 압력엔 체제가 붕괴되는 것이 정상이다. 그러나 이 이상한 나라 북한은 그렇지가 않다.

어쩌면 비정상 국가(Abnormal State)라는 명칭보다는 불가능의 국가(Impossible State)(V. Cha 2012)[4]라는 명칭이 더 어울릴 것 같다. 빅터 차의 불가능은 북한이 가진 모순점들의 지적이라고 볼 수 있다. 열악한 경제환경에서 우리는 부러운 것이 없다고 외치는 그 모순이 불가능의 국가로 보일 것이다. 그러나 한편으로 불가능이 무너지지 않고 굳건히 유지되고 있음을 또한 어쩔 수 없이 인정해야 된다. 제2차 세계대전 이후 수많은 탈식민지 국가 중의 하나인 북한은 건국 이후 정권의 큰 변화, 아니 작은 변화도 없이 굳건히 유지되고 있다. 결과적으로 정권의 존립 그 자체로만 본다면, 북한은 성공적인 탈식민국가 중의 하나이다.

수많은 북한 전문가들 예측과는 달리 북한은 일견 굳건해 보인다. 아마도 그 주된 이유는 비북한인과 북한인 사이의 '믿음의 문법'이 다르기 때문이다. 북한 밖의 이른바 '정상 국가'에 사는 전문가들이 믿는 세계와 북한 사람이 믿는 세계는 너무나도 다르기 때문이다. 북한 정권 초기를 연구한 암스트롱의 글을 빌리면 외부의 새로운 제도와 문명을 북한만의 방식으로 내재화하는 작업을 Koreanization(C. Armstrong 2003)[5]이라고 칭하였다. 이를 북한의 맥락에서 번역한다면 '조선화 과정'이라고 할 수 있다. 정권 초기를 지나 수십 년이 흐른 현재, 이 과정은 여전히 계속되고 있다. 그 과정이 계속되는 만큼 비북한과 북한은 엄청난 거리를 가지게 되었다.

흔히 우리는 특별한 사회의 상황을 이해하기 위해선 그 사회의 맥락을 이해하여야 한다고 생각한다. 그런데 여기에 문제가 있다. 그 특별한 사회의 맥락을 우리가 경험해 보지 않았다면 어떻게 할 것인가? 이런 경우 어쩔 수 없이 상식 또는 흔히 들은 정보에 의존하기 마련이다. 가장 흔히 북한의 맥락에 등장하는 단어는 유교 국가 그리고 극좌의 국가일 것이다. 그러나 북한은 결코 서구에 일반적으로 알려진 전형적인 유교 국가도 아니고 더군다나 막스·레닌 사상에 입각한 국가가 더 이상 아니다(브라이언 마이어스(고명희·권오열 역) 2011).[6] 상식을 통해서 북한을 비교하고 예측함이 얼마나 오류가 있는가를 보여주는 것이 바로 위의 두 가지 단어이다.

비북한의 상식이 현실적으로 북한에선 통하지 않는다. 상식은 말할 것도 없고, 실제 북한의 사실을 직접 본다고 해도 믿지 못하는 경우가 허다하다. 가장 대표적인 사례를 들자면 1994년 김일성의 사망을 들 수 있다. 당시 서구 언론에서 평양시민들이 슬프게 우는 모습은 괴기하게 느껴졌다. 그리고 그 슬픔은 진위성에 대한 의문을 들게 하곤 하였다. 실제 북한의 탈북자의 증언에 의하면 그 슬픔은 진실에 가까웠다(권헌익·정병호 2013).[7] 그 슬픔이 진실에 가깝다는 사실은 비북한인 입장에서는 너무나도 당혹스럽다.

비북한인과 북한인의 차이를 이해하는 데 가장 좋은 방법이 무엇일까? 아마도 가장 적절한 방법은 비북한 학자들에 의해서 제시된 개념어를 살피는 일이다. 비북한의 학자들이 주장하는 함축적인 단어, 즉 개념어를 통해서 북한의 정체성을 가늠해 보는 것은 의미 있는 일이다.

2. 5가지 대표어

이른바 '조선화 과정'을 거치고 있는 북한을 과연 한마디로 정의할 수 있을까? 물론 한마디의 정의가 모든 현실을 설명할 수 없지만 최소한 간단한 정의는 우리에게 좋은 시작점을 제시할 수 있다. 북한을 연구한 많은 학자들의 북한에 대한 간단한 정의들 중 와다 하루키(Wada Haruki)의 유격대국가(Partisan State)(와다 하루키(서동만·남기정 역) 2002),[8] 권헌익과 정병호의 극장국가(Theater State)(권헌익·정병호 2013),[9] 그리고 마이어스(B. R. Myers)의 순수인종(Cleanest Race)(브라이언 마이어스(고명희·권오열 역) 2011)[10]은 과거와 현재의 북한을 아우르는 중요한 정의라고 할 수 있다. 아울러서 생각해 볼 정의는 사회주의 대가정(Grand Socialist Family), 즉 가족국가(Family State) 개념일 것이다(이문웅 1989; 권헌익·정병호 2013).[11][12] 그리고 이와 함께 피줄국가(Lineage−Based Nation)에 대해서 살펴볼 필요가 있다.

이 단어들이자 대표어들은 북한을 알기 위한 길잡이 역할을 하는 등대의 역할은 한다고 본다.

1) 유격대국가, 대체 불가능한 이미지

와다 하루키의 유격대국가(Partisan State)의 정의를 통해서 과거 그리고 현재 북한의 정체성의 일부를 들여다볼 수 있다. 구체적으로 북한이 무엇을 중요시하게 여기는지는 살필 수 있다. 북한은 약 120만의 군대를 보유한 국가이다(탁성한 2019).[13] 한국군의 두 배가 넘은 군대를 한국의 1/2 정도 되는 인구를 가진 국가가 감당하고 있는 셈이다. 1948년 북한 정권 수립보다 몇 달 먼저 2월 8일 창설된 조선인민군만큼이나 김일성에 의해 조직되었다고 주장하는 이른바 항일유격대를 중요시한다. 따라서 이른바 조선인민혁명군(항일유격대)의 창건일로 주장하는 1932년 4월 25일을 국경일로 장하고 있다. 2022년 4월 25일 조선인민혁명군 창건 90주년 기념식이 열렸다(홍민 2022).[14] 상당히 대규모로 열렸는데 군 관련 기념일에 그것도 조선인민군이 아닌 조선인민혁명군 기념일이 대규모로 진행됨은 북한인들에겐 생소하지 않다. 정규군 국가로 전환된 지 70년이 넘는 북한이지만 주요 중요 행사의 열병식에서 조선인민혁명군은 자주 등장한다. 2018년 북한 정권수립 70주년 행사에서도 가장 최초로 열병을 받은 부대는 바로 조선인민혁명군이다. 남한의 국군의 날에 해당되는 공식 창건일(국경일)을 한때는(1978 – 2017년간) 2월 8일이 아니고 4월 25일로 규정할 정도였다.

북한식 표현인 항일 빨찌산의 중요성은 이를 조직한 김일성뿐 아니라 현재 김정은 시대에 와서도 여전히 그 중요성은 유지된다. 북한의 가장 중요한 교육도서 중의 하나는 『항일 빨찌산 참가자들의 회상기』이다. 후술하겠지만 1959년 발간 이래 실제로 전체 주민의 교육용 도서로 자리 잡고 있다. 아동용 및 북한기준 고등중학교용이 발간되고 2000년대 들어 새롭게 출판되어 2012년 기준 총 20권이 출판된 상태이다(조은희 2012).[15] 즉, 김일성, 김정일, 김정은 시대 공통으로 중요하게 여기는 교육도서이다.

한국의 현충원으로 착각 아닌 착각을 하게 하는 전사자 묘지는 평양 대성산에 위치한 혁명열사릉(革命烈士陵)이다. 애국열사릉, 조국해방전쟁참전열사묘도 있지만 그 중요도에서는 단연 혁명열사릉이다. 당연한 말이지만, 북한 역사에서 많은 전투 희생자가 나온 시기는 한국전쟁 시기(1950−53)이다. 당시 북한의 전사자와 부상자, 실종자까지 합치면 80여만 명으로 예상된다. 그러나 당시에 전사한 인물보다는 김일성과 함께 1930년대 항일 운동을 한 200명도 채 안 되는 사람이 묻혀 있는 혁명열사릉이 더 중요하게 받아들여지고 있다(권헌익·정병호 2013).16) 중요시한다는 표현보다는 신성시한다는 표현이 더 어울린다.

1930년대 기억의 소환은 북한의 주요 국가적 담론이 이미 되었다. 심지어 현재의 고통도 1930년대식으로 재해석된다. 북한의 1995−1999년간 고통스러운 대기근 기간을 북한에선 공식적으로 '고난의 행군'이라고 부른다. 1939−1940년 사이 약 100일간의 일본군의 추격을 피해 이동하였던 고통스러운 기간을 회상하면서 현재의 고통을 극복하자는 의미이다. 김일성 사후 극심한 식량위기 속 김정일에 의해 주도된 해당 언급은 김정은에 의해서 직접 1996년 신년사설을 통해서 이루어졌다(이우영 2016).17) 단어 '고난의 행군'은 북한의 공식문서에서 지극히 익숙하게 등장한다. 1990년대의 식량위기뿐 아니라 대내외적 국가적 위기 상황엔 항상 등장하는 단어가 되었다. 따라서 이는 여전히 현재형이다. 즉, 김정은 시대에도 여전히 강력하게 사용되는 개념이다. 2021년 코로나 환경에서도 '고난의 행군'은 등장한다. 김정은은 공식적으로 이를 언급하며 현재의 경제난 극복을 지시하기도 하였다.

북한은 이데올로기의 국가다. 그런데 그 이데올로기는 시간을 따라서 조금씩 달라져왔다. 크게 보아 건국 초기의 초보적 막스 레닌주의, 1950년대 제안되고 1960년대 이후 김일성에 의해서 본격적으로 보급된 주체사상, 1980년대 이후 사회주의권의 몰락 이후 등장한 우리식 사회주의, 1990년대의 김정일에 의해서 주도된 선군정치, 총대정신으로 변화되었다. 2010년대 이후 김정은 시대에 들어와서 인민대중제일주의, 우리국가제일주의가 등장하여 주요한 지배 담론이 된다(강혜석 2019; 김효은 2021; 김진환 2020).18)19)20)

그런데 이 수많은 이데올로기를 관통하는 중심적인 소재는 바로 '1930년대 만주의 김일성과 그의 부대의 이야기'이다. 북한 이데올로기의 토대이자 기원이라고 할 수 있다. 다양한 이데올로기가 전개되어도 이는 그 근간을 이룬다. 이는 북한의 정체성 그리고 기원의 핵심 요소이다. 이 부분은 결코 변화될 수 없는 불변의 가치이다.

이를 대표적으로 보여주는 사례를 북한에서 중요하게 다루는 인물 김정숙을 통해서 찾을 수 있다. 김정숙의 위상은 북한에서 압도적인 위치에 있다. 북한의 중등학교 수업 중 〈혁명역사〉 수업이 있다. 혁명역사 수업은 비북한인의 시각에 본다면 인물사 중심의 현대사 수업이라고 할 수 있다. 그런데 이 수업은 3개의 독립된 수업으로 이루어진다; 〈…김일성… 혁명력사〉, 〈…김정일… 혁명력사〉, 〈…김정숙… 혁명력사〉. 즉, 그만큼 김정숙이 얼마나 북한사회에서 중요한 인물인지는 실감이 된다.

김정일 탄생지로 홍보하는 백두산 밀영을 배경으로

좌로부터 김정숙, 김정일, 김일성의 모습. 모두 군복을 입은 모습이 유격대국가의 이미지를 대변한다.

출전: 위키미디어 커먼스[21)]

1949년 32세의 나이에 사망하여 다양한 경험의 축적이 없어서 그럴 수 있지만 그녀의 이미지는 항일의 영웅으로 주로 그려진다. 김일성의 부인이자 김정일의 어머니로서의 이미지보다는 1930년대 항일 빨치산 운동에 초점이 맞춰져 있다. 빨치산 국가의 정체성을 정확히 보여주는 인물이라고 볼 수 있다.

그런데 여기서 끝나는 것이 아니다. 김정숙이 빨치산 국가의 아이콘적 인물임은 확실하다. 그런데 그녀가 주인공이 아니고 조연임을 알 필요가 있다. 그녀의 존재는 단독의 영웅이 아닌 진실한 영웅의 조연 역할을 한다. 김정숙 단독으로 영웅의 모습을 보이는 게 아니다. 김일성의 충실한 조역으로서만 그 가치를 발한다. 북한의 교과서를 살피면 그녀의 주요 업적으로 '위대한 수령님의 신변을 보위'로 시작하는 내용이 하나의 독립된 목차로 소개될 정도이다(강흥수 외 2003).[22]

북한의 주요 성지인 혁명열사릉에서 김정일의 생모인 김정숙의 동상을 만날 수 있다. 권헌익과 정병호의 예리한 지적은 많은 시사점을 준다(권헌익·정병호 2013).[23] 북한의 어머니상인 김정숙은 전통 한복 입은 조선 여인의 모습도 있지만 군복을 입은 모습으로도 자주 묘사된다. 그 군복은 1930년대 김일성 부대가 항일운동시기의 군복을 재현한 것이다. 단순히 군복만 입은 상태가 아니고 김일성을 호위하는 모습으로 묘사된다. 김정숙의 이미지는 조선의 어머니라는 인상보다는 남편 김일성의 호위무사의 이미지가 더 강하다.

그런데 과연 유격대국가가 구석기시대 연구와 과연 무슨 연관성이 있을까? 사실은 연관성이 매우 높다. 단순히 연관성이 높다는 표현보다는 1930년대의 많은 사고가 현재 북한의 지배담론일 수 있다. 1930년대 김일성시대의 겪은 설령 당시에는 부정적인 부분마저도 수용의 대상이 된다는 사실이다. 후에 기술할 인종학은 좋은 사례이다. 현재 서구를 비롯한 한국 및 서구사회선 인종학은 더 이상 학문적 대상이 아니다. 그러나 북한은 인류학의 연구분야에서 또는 역사분야에서 인종은 심도 있게 다루어진다. 우생학적 배경하에 연구된 인종학이 식민지 조선에서 매우 활발하게 연구된 사실을 생각할 필요가 있다(박순영 2004; 2006).[24][25] 식민지 시기, 인류학은 바로 체질인류학을 의미하였고(박순영 2004: 194)[26] 그 체질인류학에서 주로 다루어진 부분이 인종적 분류와 분석임을 생각할 필요가 있다. 현재, 남한에서 체질인류학은 생소한 학문단위가 되었지만, 북한은 현재진행형의 학문이다.

물론 북한이 1930년대 자료만을 들여다본다는 뜻은 결코 아니다. 북한은 구석기 고고학 및 고인류학 분야에서 꾸준한 성과를 내고 있다. 또한 제한적이긴 하지만 서구의 인류진화 관련자료를 인용하는 모습도 보인다. 그럼에도 불구하고 식민지 시기의 이론과 방법론이 유지되고 있음을 주목할 필요가 있다.

그러나 여기서 결코 오해하지 말아야 될 부분은 일제 강점기 당시 일본의 연구업적 그 자체를 북한은 결코 긍정적으로 해석하지 않는다. 격렬히 반대를 하고 있다. 고고학적 또는 그와 관련된 연구성과를 설명함에 있어서 북한은 일본에 대한 강한 부정적 시각을 보인다. 마치 고고학자가 1930년대 일본 제국주의자를 대항하는 빨치산이 된 것처럼 일본이 식민지 조선반도에 행한 연구행위에 대한 강한 비판을 지속적으로 한다. 어찌 보면 과하다고 할 정도로 강하게 그리고 꾸준히 그 기조는 지속적으로 유지된다. 현재의 북한의 고고학자는 1930년대의 만주에 있는 항일 유격대와 같이 행동한다. 북한의 고고학 및 고인류학 문헌을 보면, 반미보다는 반일과 관련된 내용이 상대적으로 많다.[1]

일본의 연구업적을 공격하기 위해선 일본이 행한 연구방법론 그리고 연구단위를 사용하게 된다. 일본에 대한 연구업적이 더 이상 관심의 대상이 아닌 남한과 매우 대조적인 모습이 관찰될 수밖에 없다. 과거의 학문인 인종, 인종학이 북한에서 여전히 강한 힘을 발휘하는 것은 역설적으로 1930년대 일본 제국주의자를 반대하는 것과 무관하지 않다.

2) 극장국가, 기억의 재현: 과거의 현재형화

와다 하루키는 북한의 전인민은 유격대원이 되고 그리고 김일성은 이를 지휘하는 사령관이라고 하였다. 아울러 그는 유격대국가가 동시에 극장국가임을

---

1) 수십, 수만 년 전의 과거를 공부하는 구석기 고고학과 고인류학 문헌에서 현대사의 대상인 미국과 일본이 등장하는 자체가 이상할 수 있으나, 북한의 독특한 정치·사회적인 지형을 고려할 필요가 있다.

출전: 게티이미지뱅크[29]

지적하고 있다. 그 극장의 설계와 연출은 김정은임을 지목하였다(와다 하루키(남기정 역) 2014).[27] 그의 극장국가의 의미는 압도되는 스펙터클한 의례광경을 제공한다는 의미에서 극장이란 개념을 썼다고 본다. 특히 국가 주도형의 예술적 행위를 통한 스펙터클한 이미지의 구현이라는 측면을 강조하였다고 볼 수 있다. 권헌익과 정병호도 유사한 의미로서 이를 언급한다(권헌익·정병호 2013).[28] 거대한 국가 수준의 의례를 통해서 실제적인 위협적인 무력을 쓰지 않고도 그 이상의 정치적 권위를 달성할 수 있음을 이야기한다.

북한에서 의례란 구호, 표어, 강연, 공연 등 다양한 형태로 전개된다. 따라서 비유하자면 북한에선 매일 한시도 쉬지 않고 개관하는 전 인민이 참여하는 소극장, 대극장이 운영된다고 볼 수 있다. 그중에서 가장 스펙터클한 의례는 영화를 포함한 공연이라고 할 수 있다. 북한같이 국가 정치와 공공 예술의 경계가 사라진 상태에선 예술은 바로 공적 업무가 된다. 다시 말해서 북한의 이른바 공적 업무인 혁명화 사업은 예술의 영역에서도 자연스럽게 이루어진다.

이들의 극장 개념엔 스펙타클성과 함께 환상성도 내재된다고 본다(권헌익·정병호 2013).[30] 현실의 고통을 어떻게 효율적으로 잘 외면할 수 있을까라는 의미에서 극장이 필요한 셈이다. 환상은 현실이 어려울수록 더 필요해진다. 60년대보다 70년대, 70년대보다 80년대식으로 북한의 제반사정이 어려워질수록 극장국가의 면모가 더 강화되어 왔다. 만주의 빨치산 투쟁 영화, 알곡 생산의 구호, 주체탑의 등장, 유일사상체계의 포스터, 대규모 공연의 초절정인 아리랑 공연 등 권력이 의례화되고 연극화되고 결국엔 현실과 멀어지는 효과를 발휘하게 된다.

어쩌면, 대표어 극장국가가 가지는 의미는 스펙타클성과 환상성과 함께 '기억의 재현'이다. 대표어 극장국가에 가장 부합되는 내용은 영광스러운 과거의 발굴과 그 과거(기억)의 재현 그리고 필요하다면 그 과거의 편집에 있다. 그러한 의미에서 대표어 유격대국가와 대표어 극장국가 사이에는 사실상 동전의 앞뒤 면과 같은 차이만을 가진다. 결국 같은 동전인 것과 같다. 유격대국가의 핵심내용인 1930년대 만주의 과거가 현재의 북한 정체성에 중요하기에 이를 현재로 끌고 오는 노력이 요구된다. 이는 '기억의 재현'이라는 일련의 과정을 통해서 이루어진다. 만주의 빨치산의 영웅적 모습을 영화화하기도 하고, 현재의 고통을 '고난의 행군'으로 명명하여 이를 국난극복의 대서사시로 만들기도 한다. 1930년대 만주의 사건을 현재의 현실로 끌고 오는 작업 자체가 극장국가적 행위인 셈이다. 이것이 북한의 일종의 '믿음의 문법'인 셈이다.

국가의 정체성이 된 빨치산 혁명정신, 즉 1930년대 기억이 이 과정을 통해서 현실세계에 들어온다. 그 과거는 현재의 어려움과 비교하게 하여준다. 1930년대의 어려움을 이미 잘 이겨낸 것처럼 현재의 어려움도 이겨낼 수 있다는 목적을 성취하기 위해선 기억의 재현이 이루어져야 한다.

북한 가극 〈꽃파는 처녀〉는 김일성이 시나리오를 직접 쓰고 영화의 감독은 김정일이 맡았다고 알려져 있다(김성진 2004).[31] 일제시기 일본과 친일 지주 계급에 고통받는 인민의 모습을 그리고 있다. 주인공의 오빠가 항일 운동에 뛰어들어 승리를 쟁취한다는 이야기이다. 〈피바다〉 역시 김일성이 쓴 것으로 알려져 있는데, 주된 내용은 〈꽃파는 처녀〉와 마찬가지로 일제시대 일제의 폭압에 저항하는 조선인의 모습을 담고 있다.

북한의 의례에서 일본의 등장, 특히 일제 강점기 일본의 등장은 지나칠 정도로 많이 등장하는 소재이다. 해당 시기 중, 시간적으로 일제의 폭압의 강해지고 동시에 김일성과 그의 유격대가 주로 활동한 1930년대가 중심이 된다. 공간적으로는 유격대 활동에서 일정 부분 성과가 있었던 만주가 주된 대상이 된다. 즉, 1930년대 만주의 김일성과 그의 부대는 북한의 모든 의례에서 직접 또는 간접적인 핵심 소재이다. 북한의 주민에게 〈꽃파는 처녀〉, 〈피바다〉는 극장에만 머물지 않는다. 1930년대 만주는 북한인들에게는 현실 그 자체이다(와다 하루키(서동만·남기정 역) 2002: 155).32)

기억의 재현을 통해서 대체 불가능한 이미지로서 최고권력을 만든다. 북한의 절대자 김일성에 필적하는 인물은 많을 수 있다. 마오쩌둥, 스탈린도 비교 가능할 수 있을지 모른다. 그러나 절대권력을 유지하고 계승하였다는 점에선 김일성이 다른 절대권력자와 차이를 가진다. 북한은 '개인적 카리스마를 세습적 카리스마로 바뀌는 어려운 과제'(권헌익·정병호 2013: 97)33)를 성공적으로 수행하고 있다. 권력의 절대화와 권력의 세습은 차원이 다른 문제이다. 이를 성공시키는 것은 거의 불가능하다. 이 불가능한 일을 성공하게 하기 위해서는 이른바 정상적인 국가의 사람이 생각하지 못하는 또는 생각을 뛰어넘는 일을 하여야 한다. 이 차원을 뛰어넘은 문제를 현재 북한은 '극장'을 통해서 이행하고 있는 셈이다.

절대권력이 세습되고 유지됨에 있어서 중요한 사실은 절대권력이 대체 불가능하다는 사실을 보여주어야 한다. 대체 불가능한 이미지가 되기 위해선 한 권력기관의 대표, 한 국가의 대표, 한 정당의 대표로는 부족하다. 현재 시간대의 최고의 절대적 이미지로는 불충분하다. 과거와 현재를 넘나드는 시간의 선상에서 찾아보아도 절대적 가치를 지닌 인물이어야 한다. 이를 통해서 시간축상 유일한 대체 불가능한 이미지가 완성이 된다. 바로 이 일을 실제 북한은 진행하고 있다. 그리고 이는 전방위적으로 이루어진다. 기억의 재현은 과거의 사건을 현재로 옮기는 작업이 된다.

좀 더 구체적인 사례를 살펴보자. 『항일 빨찌산 참가자들의 회상기』는 1932년부터 1945년까지 유격대원들이 겪은 사건에 대한 수기이다. 유격대국가라는 이미지에 따라서 해당 도서는 매우 파급력이 강함을 지적하였다. 1950년대와 1960년대 숙청된 인물들에 대한 개찬(改竄)이 관찰된다(이종석 2000: 53).34) 『항일

빨찌산 참가자들의 회상기』의 목적은 수령에 대한 무한한 충성이기에 수령의 뜻에 어긋난 인물들은 배제가 된다. 1960년대 갑산파의 숙청 이후 1968년 개찬된 도서에서는 이른바 '부르죠아사상, 봉건유교사상'을 유포한 비난을 받는 갑산파의 관련 내용은 사라지게 된다(조은희 2012: 121).[35] 1930년대의 기억의 소환을 하는 동시에 그 기억을 교정하는 작업을 한다. 1930년대 김일성 이외의 항일운동의 기억을 지우는 작업이 요구된다. 1930년대 설사 김일성을 도운 갑산파라고 할지라도 문제가 된다면 존재의 의미는 없다.

극장국가의 이미지는 고고학적 연구성과에서도 충분히 드러난다. 기억의 재현이란 극장의 모습은 북한의 학술지 및 연구도서에서 쉽게 발견된다. 여기서 기억의 재현은 언제나 그 중심은 현재형임을 간파하여야 한다. 과거 사실의 충실한 기록은 무의미하다. 의미 있는 것은 과거를 현재의 기준으로 재현하는 일이다. 이것이 바로 진정한 극장국가로서 하는 일이다. 북한에서는 현재의 출판물이 아닌 과거의 출판물을 열람하는 일이 상당히 어렵다(브라이언 마이어스(고명희·권오열 역) 2011).[36] 설사 북한의 기관지일지라도 과거 출판물에 접근은 제한될 수 있다. 그 주된 이유는 북한에게 과거는 현재를 위한 수단이기 때문이다. 따라서 1930년 만주가 아무리 중요하다고 할지라도 이는 현재적 관점에서 편집된 1930년대 만주이다.

사실상, 북한의 모든 출판물은 일종의 공보(公報)의 성격을 가진다. 개인적 의견의 출판이 아닌 이상, 모든 출판물은 정치적 일정과 연관성을 가진다. 가장 우선적으로 관찰되는 부분은 개찬(改竄)이다. 북한의 출판물은 현실의 당면한 문제에 대한 일종의 정당성 부여와 깊은 관련성을 가진다(서동만 2005).[37] 이를 개찬하는 방식으로 표출되기 마련이다. 개찬은 일종의 고쳐 쓰기라고 할 수 있다. 예를 들어 당과 국가의 핵심적인 주요 인물이었으나 숙청이 되었다면, 그에 관한 모든 과거의 사진 및 문서자료는 수정을 하게 된다. 수만 년 전 과거의 구석기 고고학적 성과를 설명함에 있어서도 1930년대 유격대 그리고 현재의 정치적 상황을 언제나 연결된다.

단어 공보(公報)와 개찬(改竄)은 사실상 극장국가적 이미지를 보여준다. 북한의 지식인이 생산한 출판물 역시도 이 공보와 개찬 과정을 통해서 세상에 나온다. 그 출판물은 지식인 개개인의 사고의 결과로 보기보다는, 주체의 나라 북한이라는 극장에서 공연되는 공식 공연물과 같은 인상을 가진다.

　　이를 보다 구체적으로 살피기 위해서 북한의 관련 학술지를 살필 필요가 있다. 북한에서 구석기시대 연구는 고고학 학문단위 안에서 이루어진다. 북한에서 발행한 그리고 발행하고 있는 주요 고고학 또는 고고학 관련 학술지를 열거한다면 다음과 같다. 『력사제문제』를 필두로 『문화유물』, 『문화유산』, 『문화유물』, 『고고민속』, 『조선고고연구』, 『력사과학』, 『유적발굴보고』, 『고고민속론문집』, 『민족문화유산』 등이 있다. 일부는 역사학관련 학술지이고 일부는 고고학 전문 학술지이다. 1948년부터 고고학 관련 연구논문이 학술지에 실리게 된다. 해당 학술지의 큰 정치적 분기점은 1960년대 도서정리사업이라고 할 수 있다. 해당 시기가 학술지가 지극히 공보의 성격이 더 강하게 되는 분기점이라고 할 수 있다. 1967년 즈음 학계전반의 학술지는 사상검열의 일환으로 정간을 맞이하게 된다. 도서정리사업이라고 불리는 검열의 시작은 1967년 5월에 있었던 최고지도자의 교시와 직접적인 연관성을 가진다. 이른바 '5.25 교시'로 알려진 '당면한 당선전사업방향에 대하여'라는 김일성 교시(전미영 2001)[38]가 대표적 사건의 시작이다.

　　반수정주의 반부르조아 출판으로 규정된 모든 도서는 검열의 대상이 되었다. 거의 모든 영역에서 이루어진다. 고전악보, 그림, 조각물, 도서 등 전방위적 대체가 이루어진다. 이를 대신해서 김일성의 노작 및 교시가 자리 잡게 된다(오경숙 2004: 335).[39] 해당 시기 이후 거의 모든 학술지는 정간되었고 그리고 거의 대부분 새로운 모습으로 복간 또는 창간되기에 이른다.

　　1960년대는 정치적으로 경직된 유일지도체제시기로 볼 수 있다. 정치·군사적으로도 지극히 비상식적인 시기이다. 북한 대중의 옷에 항상 달려있는 배지의 착용도 1967년 이후부터 시작되었다. 사회 전반의 큰 변화가 있던 시기이다. 극장국가의 맥락에서 본다면 대체불가능한 이미지의 창출과정이라고 할 수 있다. 대체불가능한 이미지의 창출과 관련해서 북한의 주체사상도 들 수 있다. 주체사

해당 이미지는 주체라는 단일한 생각에 단일한 의지, 단일한 행동이 연상된다. 집단정체성
강조가 눈에 띈다.

출전: 우리역사넷[40]

상의 내용 그 자체는 논외로 하고, 무엇보다 기존에 없던 새롭고 파급력이 큰 사
상의 등장이라는 측면을 생각해 볼 필요가 있다. 북한의 구성원에게 전무후무한
사상의 등장은 바로 대체불가능한 이미지의 창출과 관련이 있다.

기억의 재현을 통한 대체불가능한 이미지의 창출과 관련하여 민족과 인류도
살펴볼 필요가 있다. 집단을 구성하는 단위인 민족과 인류는 현실의 집단과 과거
의 집단을 이어주는 주요한 역할을 한다. 한 국가의 대표가 아닌 한 민족, 인류
의 대표라는 이미지는 대체불가능한 이미지란 측면에서 매력적이다. 북한의 경
우와 같이 수십 년간의 시간선상에서 유지된 국가보다는 수천 년 또는 그 이상
의 시간의 가치를 담보한 민족은 이상적인 대체불가능한 이미지의 확보에 큰 도
움이 된다.

다시 말해서, 북한의 정체성이 현재 시점의 집단에만 있는 것이 아님을 강
조하기 위해선 기억의 재현이 필요하다. 그런 의미에서 과거의 민족을 현재의 선

상으로 소환시키는 작업을 한다. 이와 동일한 맥락에서 그 민족의 그 기원을 멀리 본다면 인류에서도 찾게 된다. 고고학적 시기 구분으로 본다면 전자는 청동기시대이고 후자는 구석기시대가 된다. 북한은 현재의 조선민족의 정체성을 멀리 구석기시대 인류에서 기원한다고 본다. 이 부분에 대한 최고지도자의 명확한 교시가 있다. 민족이란 개념은 눈에 보이지 않는 모호한 개념이 아니고 명확한 개념이고 그 개념엔 항상 김일성이 등장한다. 민족의 시조와 관련된 단군, 단군릉 그리고 민족 정체성에 있어서 김일성이 반드시 연상이 되게 한다(리주현·한은숙 2009).[41]

그런데 여기서 주의할 점이 있다. 민족이란 용어는 김정일, 김정은보다는 월등하게 김일성과 연관성을 가진다. '김일성민족'이란 용어는 북한에서 익숙하다. 조선민족이 곧 김일성민족으로 연결이 된다(정일영 2013: 138).[42] 민족이란 이미지는 항상 우선적으로 김일성에 부여된다.

그런데 인류라는 단어는('김정일인류'라는 단어는 없지만), 김정일과 매우 높은 연관성을 가진다. 북한에서 인류의 시대는 구석기시대이다. 또한 인류 진화의 연구 영역이기도 하다. 김정일 교시에서 인류의 시대인 구석기시대에 대한 언급이 자주 등장한다. 북한은 과거 일부 구석기 연구의 잘못된 부분의 지적이 김정일에 의해서 이루어졌음을 강조한다. 일제어용사가, 사대주의, 대국주의사가들의 잘못된 부분의 지적과 함께 구석기시대 조선반도[2]에 인류가 존재한 부분에 대한 지도를 하였음을 강조한다(고고학연구소 1997: 3).[43] 즉, 인류의 영역은 김정일의 영역으로 규정되어 있다.[3]

민족과 인류의 각 최고지도자의 이항대립은 일관되게 진행된다. 지도자 김일성이 아니고 민족의 지도자 김일성이 됨으로써 그의 대표성은 수천 년 전까지

----

2) 본 연구서에서 사용하는 '조선반도' 용어는 북한의 맥락에서 한반도를 바라보는 의미에서 사용한다. 단어 '조선반도'는 공간적 의미뿐 아니라 사회·문화적 의미를 가진 개념어이다. 따라서 동일한 공간이라도 한반도와 조선반도는 다른 의미를 가진다고 본다. 본고에서는 의미전달의 차원에서 문맥에 따라서 선택적으로 사용한다. '조선민족', '조선사람' 등 역시 동일한 이유에서 사용된다. 아울러 북한 문헌의 인용 시, 내용을 그대로 따름을 밝힌다. 따라서 띄어쓰기 및 맞춤법이 다를 수 있다.
3) 해당 부분은 제3장 인류 부분에서 자세히 논의된다.

수렴된다. 기억의 재현이 한 지도자의 생애를 넘어선 과거 수천 년까지 기억의 재현이 이루어지는 셈이다.

그런데 그 존재의 계보, 시원은 이전의 집단에서 찾아진다. 현재가 아닌 현재 이전의 모습을 잘 이해하고 복원하는 일은 현재를 더욱더 빛나게 하여준다. 현재의 변화과정을 밝혀주기 때문이다. 김정일에게는 김일성의 완벽성이라는 이미지보다는 완벽성을 깨닫게 한 존재로서의 이미지를 가진다. 시간적으로는 김일성의 민족이 김정일의 인류에 후행하지만, 민족은 현재 진행형임을 고려해야 한다. 북한의 진화관은 시간에 따른 발전을 강조한다. 사람 집단의 최정점은 자연히 현재이다. 현재의 집단, 즉 조선민족(김일성민족)은 시간적으로 가장 최근인 동시에 가장 발전된 양태를 보인다.[4] 무엇보다 중요한 것은 현재이지 과거가 아니다. 과거는 현재를 밝게 비추어주는 조연임을 생각할 때 민족을 밝게 비추는 인류라는 구도에서는 이해가 된다.

그리고 이 구도에선 일종이 계보가 형성된다. 후술하겠지만 북한의 고고학 연구 특성상, 인류와 민족이 전혀 별개가 아니고 일종의 계보관계를 가진다. 이를 생각한다면 김일성＝민족, 김정일＝인류라는 구도는 '개인적 카리스마를 세습적 카리스마로 바꾸는 어려운 과제'(권헌익·정병호 2013: 97)[44]를 수행하는 이상적인 고고학적 무대장치이기도 하다.

김일성민족이 활발히 주장된 시기는 1980년 중반 이후 김정일에 의해서 주도된 조선민족제일주의(朝鮮民族第一主義) 통치 담론의 등장 이후이다. 1990년대 이후 사회주의 붕괴가 가속화된 이후 통치 이데올로기로 민족을 강조하면서 내용이 구체화되고 광범위화된 부분도 있지만 한편으로는 김정일에 의한 김일성의 강조라는 측면을 생각해 볼 필요가 있다. 청동기시대부터 현재까지 면면히 이어 내려온 조선민족의 그 가치를 조선반도에 살았던 인류의 기원을 공부하고 확인함으로써 더 공고히 조선민족의 순수성과 역사적 이어 내려옴을 밝힐 수 있다고 보고 있다. 이를 바꾸어 표현하면 김정일에 의한 김일성의 가치 재확인이라고 할 수 있

---

4) 현대의 진화론은 진화와 진보를 엄격히 구분한다. 즉, 진화가 바로 진보를 의미하지는 않는다. 그러나 북한은 이와는 다른 입장을 견지한다.

다. 현실세계와 유리된 것으로 보이는 구석기시대 석기들과 인류 화석도 기억의 재현의 과정을 통해서 현실 정치와 지배 이론에 공조 아닌 공조를 하는 셈이다.

3) 순수인종

그렇다면 마이어스의 순수인종(the Cleanest Race)(브라이언 마이어스(고명희·권오열 역) 2011)[45] 개념은 과연 어떤 의미를 가지는가? '인종'이 가지는 어쩌면 은유적 의미까지 포함된 개념을 북한인의 의식에 들어가서 살펴볼 필요가 있다. 마이어스의 순수인종의 의미를 따른다면 일종의 순수한 그렇지만 배타적 집단이라는 의미를 가진다.[5]

지극히 순수한 상태의 물을 유지하기 위해선 무엇을 하여야 하는가? 그 답은 아마도 다른 액체와 섞지 않는 것이다. 바로 인종의 순수함이란 이러한 배타성을 가진다. 한편 유약한 성격도 가진다. 그 어떤 외부적 환경에 쉽게 오염될 수 있기 때문이다. 순수한 물만큼 깨끗한 것은 없다. 따라서 그 어떤 외부적 요건은 물보다는 깨끗하지 않다. 따라서 순수한 물은 외부와의 접촉에 민감할 수밖에 없다.

마이어스의 순수인종은 북한의 핏줄을 설명하는 데 있어 중요한 시사점을 제공한다. 그의 인종 개념에는 순수함에 대한 북한의 사고가 드러난다. 북한인은 자신의 순수한 정체성이 외국인에 의해서 더럽혀지지 말아야 한다는 생각이 강하다. 1980년대부터 공고히 등장한 민족의 개념은 순수함을 보존하려는 의지가 담겨 있다. 북한 자신의 문화적 정체성인 언어, 영토, 문화가 변질되지 않고 역사적으로 면면히 이어 내려왔음을 강조한다. 동시에 신체적 정체성인 '피줄'(핏줄) 역시 면면히 이어 내려옴을 강조한다. 여기서 눈여겨볼 부분이 있다. 북한이 주장하는 집단정체성에서 유달리 강함, 우수함보다는 순수함에 그 중요성을 두고 있음을 살필 필요가 있다.

----

5) 마이어스의 입장에서는 순수인종의 인종은 특정한 우생학을 장착한 인종학적인 인종이라는 생각보다는 독특한 집단이라는 의미가 강하다. 그런데 북한의 입장에서 인종이라는 용어는 인종학적 입장에서 진지한 학문의 대상이 되기도 한다. 따라서 비북한인과 북한인이 사용하는 인종의 의미는 다르다. 이는 인종 부분을 설명할 때 자세히 다룰 것이다.

북한은 주장하길, 긴 역사를 통해서 순수한 상태로 유지되었기에 현재의 북한인들이 이를 유지함은 역사적 의무로 생각한다. 그런데 여기서 문제가 발생한다. 강인하고 우수한 집단이 동시에 순수하다면 이를 이어감에 문제가 되지 않는다. 그런데 오직 순수하기만 하다면 어떤가? 이를 이어 나가는 데 어려움이 발생한다. 이 문제에 대해서 북한은 명쾌한 해답을 준비하고 있다. 순수한 집단의 그 순수함을 지켜줄 인물이 조선반도에 유일하게 있다. 그는 바로 김일성이다. 김일성이 1930년대 조선인민을 구하였듯이 그는 '유훈 통치'라는 독특한 통치방식으로 현재도 북한인을 이끌어 가고 있다.

　순수인종을 설명함에 있어서 순수와 인종을 구분하여 바라볼 필요가 있다. 순수함은 현재의 상태가 가장 이상적임을 강조한다. 즉, 앞서 서술한 바와 같이 배타적이다. 그리고 섞임은 부정적임을 암시한다. 따라서 순수함의 적대적인 개념은 혼혈이 된다. 순수함은 최상의 상태이다. 그래서 더 나은 단계로 갈 수가 없다. 단지 조금만 방심을 해도 퇴보할 수도 있음을 암시한다. 순수한 물 한 컵에 푸른 잉크 한 방울이 떨어진다고 생각해보자. 순수한 물은 바로 푸른색이 된

깨끗한 물

북한인들이 생각하는 집단의 순수성은 깨끗한 물과 같다. 한 방울의 잉크만 떨어져도 물의 순수성이 떨어지는 것과 같이 인종을 생각한다.

다. 순수함은 항상 보살핌이 필요한 것이고 그 보살핌의 주체는 최고지도자가 된다. 최고지도자 없이는 순수함은 유지되기 어렵다.

순수함을 주장하는 데 있어서 또 하나 주의해야 될 사실이 있다. 지금까지 오염된 적이 있으면 안 된다. 지난 오랜 시간 동안 순수함이 유지되었음을 증명해주어야 한다. 현재의 순수함을 증명하기 위해서는 과거에도 여전히 순수하였음을 증명하여야 한다. 다시 말해서, 역사적으로 순수함이 면면히 이어지고 있음을 설명하여야 한다. 이를 관철시키는 데 고고학적, 구체적으로는 구석기 고고학적, 고인류학적 그리고 인종학적 연구가 필요하다. 순수한 사람들이 순수한 문화를 일구고 살았음을 유물과 유적으로 증명하기 위해서는 구석기 고고학적 연구성과가 필요하다. 외부의 혼혈이 없는 순수한 상태는 또한 화석증거로서 증명이 되기도 한다. 즉, 비북한인 입장에서 본다면 고인류학적 연구, 북한의 입장에서는 인류학적 연구가 수반되어야 한다. 그리고 비북한인 입장에서는 진지한 학문의 대상이 아니지만 현재 북한에서는 중요하게 여기는 인종학적 연구도 수반되어야 한다. 북한은 인류의 시기가 지나고 인종의 시기가 오고 그런 다음 민족의 시기가 온다고 주장한다. 따라서 개념어 순수인종을 확장하면 순수한 현재의 민족, 순수한 과거의 인류, 순수한 과거의 인종의 의미가 담겨 있다.

인종은 두 가지 측면에서 바라볼 필요가 있다. 인종 그 자체를 인정하고 이를 통해 집단을 이해하고자 하는 입장으로서 인종을 생각할 수 있다. 과거 서구에서 집중적으로 진행된 인종학적 연구입장을 고려하여야 한다. 이 경우, 과거의 생물학적 입장에서 바라볼 필요가 있다. 혼혈·순혈의 문제 등이 여기에 포함이 된다. 또한 인종을 특정시기 특정 지역에 존재한 집단을 규정하는 단위로서 바라볼 필요도 있다. 이는 생물학적 현상보다는 문화적 현상, 문화적 시공간을 공유하는 집단의 의미가 있다. 그렇다면 북한에서는 인종을 어떻게 바라보는가를 살필 필요가 있다.

마이어스의 인종은 생물학적 인종의 개념보다는 다분히 문화적인 양태의 하나로서, 그리고 은유적인 표현으로 인종을 사용하였다고 볼 수 있다. 마이어스가 쓴 책 『왜 북한은 극우의 나라인가』의 원제목은 *The Cleanest Race* 이다. 원제목과 내용에 언급된 인종이라는 용어는 서구세계에서는 기존의 학술적인 지위를 많이 상실하였다고 볼 수 있다. 인종학으로 대변되는 인종의 구분과 이를 연구하는 과정을 진지한 학문대상으로 보고 있지 않기 때문이다. 과거 1800년대 제국주의시대에서 1900년대 중반까지의 시간 동안 우생학적 연구가 활성화된 시기에 유전자의 표현형이라고 할 수밖에 없는 신체 외형을 통한 분류는 당시에는 진지한 연구 단위였다. 그러나 이제는 그 인종학은 과거형이 되었다. 따라서 인종에 대한 시각도 많이 달라졌다.

그런데 북한은 과연 스스로 인종을 어떻게 보는가를 살필 필요가 있다. 북한은 인종을 생물학적으로 실재하는 단위로서 규정을 한다(장우진 1988).[46] 그러면서 동시에 특정 시간대에 존재하는 집단의 하나로서 규정을 한다. 인류의 시대 이후 인종의 시대가 오고 그리고 이후 민족의 시대가 오는 것으로 기술되는 경우가 많다. 통상적인 의미로 본다면 인류는 지극히 생물학적 집단을 구분하는 단위이고 민족은 특정 시·공간의 문화적 특이성을 공유하는 집단이다. 인종은 그 사이에, 즉 시간적으로도 중간, 의미상(생물과 문화)으로도 중간자적인 위치에 있는 집단으로 규정을 한다. 따라서 북한이 생각하는 인종과 마이어스를 비롯한 비북한인이 생각하는 인종의 개념은 다를 수밖에 없다. 다른 만큼 인종을 통한 학문적인 자세 또한 다를 수밖에 없다.

이는 단순히 북한이 외부세계와 단절되어서 학문적 역량이 지체되어 발생한 결과로 보면 오해다. 북한의 체질인류학적 출판물에서 해외 사례에 대한 모니터링이 일정 수준 이상임을 간과하면 안 된다. 그럼에도 불구하고 북한은 인종학적 입장에서 계측분석 또는 혈청분석이 꾸준히 이루어지고 있다. 그들이 생각하는 인종은 은유적 인종으로 그치는 것이 아니고 구체화된 그리고 검증가능한 실천적 존재이다.

그렇다면 자연스럽게 인종 앞에 과연 순수를 붙인 마이어스의 순수인종(*The Cleanest Race*), 최상급까지 쓴 최고로 순수한 인종이라는 용어를 북한은 어떻게 생각할까를 고려할 필요가 있다. 결론적으로 본다면 북한은 자신의 집단을 순수한 집단, 순수인종임을 자랑스럽게 생각한다. 북한의 다양한 매체를 통해서 한국사회의 혼혈, 다문화사회 등과 같은 부분에 대한 노골적인 반감을 많이 엿볼 수 있다. 순수함을 유지하지 않는 남한정부에 대한 강한 질타를 엿볼 수 있다. 북한은 순수함이 역사성을 가진다고 본다.

여기서 우수인종이 아님을 강조할 필요가 있다. 〈꽃파는 처녀〉의 스토리를 통해서 보듯이 일반대중은 순수한 존재이기에 보호받아야 되는 존재인 셈이다. 우수한 존재라면 보호가 필요 없으나 순수한 존재이기에 우수한 지도자가 필요한 것이다. 그리고 그 지도자는 우리 모두가 짐작하는 그 또는 그들이 된다. 게다가 그 순수는 일종의 계보, 즉 역사성이 있다. 매우 오랜 과거로부터 순수는 면면히 이어져 내려왔다고 생각한다.

북한은 인류의 진화 단계와 인종의 진화 단계 그리고 민족의 진화 단계를 시간의 순서에 따라서 단계적으로 진행된다고 본다. 인종의 형성은 인류인 호모 사피엔스의 등장 이후에 이루어진다고 본다. 이를 북한에서는 조선옛류형사람으로 규정한다. 그 조선옛류형사람은 이후 민족으로 발전한다고 보고 있다. 그리고 이 변화단계에서 이른바 조선반도에 있어 진행된 과정에서 외부의 피가 유입되지 않고 순수하게 진행되었음을 강조한다. 순수한 인류에서 순수한 인종이 나오고 그리고 종국에는 순수한 민족으로 전개된다고 본다.

순수집단은 북한이 추구하는 기본적인 사고인 셈이다. 순수는 정치적인 구호에만 머물지 않는다. 순수는 그만큼 북한사회의 절대적인 가치를 지닌 개념이기 때문이다. 이 순수함은 학문으로 증명이 되고 그 증명된 순수는 또 다른 개념어 가족국가 그리고 피줄국가로 연결된다.

4) 가족국가

이러한 세 가지 대표어에 더해서 또 하나의 대표어를 추가한다면 가족국가를 반드시 포함시켜야 한다. 이른바 사회주의 대가정의 전제하에서 가족이라는 용어는 비북한인이 생각하는 화목하고 개인적이고 정서적 영역이 결코 아니다. 지극히 개인적인 사생활이 보호되는 영역으로서 가족을 생각한다면 이는 북한식 의미의 가족이 아니다. 북한의 가족은 '김일성주의화된 가족' 이른바 '혁명화된 가족'을 정상적인 가족으로 보고 있다. 이는 단지 정치적인 구호로서 끝나는 문제가 아니다. 1998년 헌법 전문에 북한 사회가 하나의 대가정임을 명시하고 있다.

북한이 생각하는 이상적인 가족은 다음과 같은 구호 속에서 그 의미를 쉽게 찾을 수 있다; 붉은 대가정, 혁명적 대가정, 일심단결의 대가정, 선군 대가정. 즉, 지극히 이데올로기적 가정을 의미한다. 가족이라는 지극히 사적인 영역을 국가 단위, 국가적 이데올로기의 영역으로 이끌어 내는 작업을 하였다고 볼 수 있다.

비북한인이 보기에 가장 이해하기 어려운 부분이 이 부분이 아닐까 생각한다. 만일 북한식 가족국가를 영어로 번역한다면 그 어색함과 이상함은 바로 감지된다. 영어식 표현으로 아버지 같은 역할을 하는 국가라는 의미로 Paternalistic State 또는 가족과 같은 유대감을 강조하는 국가라는 의미로 Familial Nation 등이 있을 수 있다. 그러나 그 어떤 것도 북한식 가족국가를 대체하기는 힘들다. 그래서 직역한 Family State가 오히려 의미 전달에 오해가 없을 것 같다고 판단이 된다. 북한에서 가족(가정)이 이데올로기화되는 시점은 1960년대 김일성의 이른바, 유일적 영도체계가 마련된 이후라고 볼 수 있다. 해당 시기에 와서 가족을 혈연적 유대관계와 동지적 유대관계를 모두 가진 존재로 재탄생하게 된다. 이 시기부터 '대가정' 또는 '사회주의 대가정'이라는 개념이 도출된다(문장순 2017).[47] 여기서 '대'는 국가 또는 북한 사회 전체를 의미한다. 북한 전체가 단일한 하나의 가족으로 이루어져 있음을 의미한다.

1962년 신년사에서 김일성은 사회주의 대가정을 김일성 수령을 아버지로, 조선로동당을 어머니로, 그리고 북한 전체 인민을 자녀로 환치한 개념으로 규정하였다(최선영 2020: 19).[48] 한마디로 북한은 하나의 가족국가인 셈이다. 가족의 주요 구성원이 되는 아버지, 어머니, 자식은 각각 수령, 조선로동당, 인민으로 대상화가 된다. 자식이 부모의 말을 잘 따르듯이 사회주의 대가정에서는 인민은 아버지 또는 어머니뻘 되는 수령과 당의 명령에 잘 따라야 됨을 강조한다. 이러한 사고는 김정은 시대에도 동일하게 적용된다. 유교적 전통에서 보이는 가부장적 요소가 국가의 주요 담론으로 사용되고 있음을 알 수 있다.

수령은 아버지, 당은 어머니라는 구도에서, 수령은 자애로운 아버지로 자주 등장한다. 유교적 전통에서 보이는 엄한 아버지의 인상보다는 사실은 아버지와 어머니의 모습을 모두 갖춘 중성적인 '어버이'의 모습으로 등장하기도 한다. 비북한사회에서 친숙하지 않은 중성적인 개념을 사용하는 이유는 최고지도자의 존재는 모든 것을 합친 그 무엇보다 크다는 의미에서 사용하는 것으로 보인다. 아버지보다 어버이로의 전환은 어머니 이미지의 당의 존재에 대한 명확한 의미부여를 하는 셈이 된다.

아버지와 어머니라는 구도 속에선 통상적으로 아버지가 부족한 부분을 채워주는 어머니의 이미지를 가지게 된다(브라이언 마이어스(고명희·권오열 역) 2011).[49] 그런데 이는 아버지가 완벽하지 않다는 의미도 담게 된다. 완벽한 대체불가능한 이미지로의 구현을 위해서는 아버지보다는 어버이가 더 설득력이 높다. 최고지도자는 아버지의 역할도 하고 어머니의 역할도 할 수 있는, 그리고 필요하다면 그 이상의 역할도 할 수 있는 존재로서 규정된 것이다. 그리고 무엇보다도 이러한 인물은 최고지도자 외에는 그 어디에도 없음을 강조한다. 앞서 언급한 대체불가능한 인물로서의 이미지의 창출인 셈이다.

어머니, 아버지가 아닌 어버이는 비단 김일성에만 그치지 않는다. 현재의 최고지도자인 김정은에도 붙이는 호칭이다. 정교진에 따르면, 최고지도자 김일성에게 어버이를 사용한 시점은 1968년 이후로 보고 있다. 그리고 김정일은 1962년 즉 공식적으로 권력을 승계받기 이전부터 해당 호칭이 부여되었다. 김정은의 경우는 권력의 이양 이후인 2014년 이후부터 불리고 있다(정교진 2017).[50] 최고지도자에게 아버지와 어머니를 합친 호칭을 부여함으로써 사회주의 대가정의 아들과 딸인 인민은 최고의 효성과 최고의 충성을 모두 바쳐야 한다.

이상적이고 완벽한 어른을 둔 가정에서 자식, 즉 인민의 역할은 복종만이 덕목이 된다. 왜냐면 자식들은 기본적으로 위대한 어버이의 보살핌을 받아야 하는 존재이기 때문이다. 이는 대표어 순수인종과 연결된다. 순수한 물과 같은 자식들은 순수하지만 외부의 영향에 오염될 수도 있다. 이 순수한 존재를 어버이 수령은 사랑하는 자식들이기에 끝까지 감싸주려고 한다.

'최초의 어버이'인 김일성으로 돌아가자. 북한을 침입하려는 외세를 막아내는 데 있어서 아버지처럼 기백이 있고 결단력이 있으며, 어머니처럼 자상히 챙겨주는 어버이 수령의 존재는 유일한 존재이다. 1948년 국가가 존재하기 전 이미 그는 완벽한 어버이가 되어 있었다. 1930년대 만주에서의 이미 그의 존재는 카리스마 넘치는 남성적 아버지의 모습과 함께 부상당한 부하를 아끼는 자애로운 어머니와 같은 모습을 이미 보였다. 이를 대신하는 존재는 없다. 그나마 부분적으로 그를 대신할 사람을 지목하라면 그의 직계 후손밖에 없다. 그의 직계 후손, 이른바 백두혈통만이 유일하게 가능하다.

그러나 이 설명은 사회주의 대가정의 일부 설명에 국한된다. '사회주의' 부분의 설명이 필요하다. 비북한인이 보기에 '사회주의'와 '(대)가정'의 조합은 상당히 이상하다. 사회주의는 가족 밖의 공적 영역에 주로 해당된다. 이에 비해서 가정은 사적 영역이 된다. 공적 영역과 사적 영역을 모두 묶는 이 개념이 1960년대 초반에 이미 도입된 것을 매우 신중히 고려할 필요가 있다. 공적 영역인 사회주의는 북한의 입장에서 인간이 만든 사회 중 이상적 단계 중의 하나로 본다. 시간에 따른 사회의 변화에서 상단부에 위치하는 단계인 셈이다.

북한은 인간의 사회 변화와 관련해서 '합법칙성'을 자주 사용한다. 고전적인 막스, 레닌주의적 사회발전단계론을 과거도 그리고 현재도 여전히 중요히 여긴다. 이는 북한 사회 전체를 규정하는, 어찌 보면 북한 정권이 시작된 이래 항상 존재한 개념이다. 북한이 동구권 사회주의가 붕괴하고 사회주의 그 자체가 위협받고 있는 상황에서도 버리지 않고 지닌 몇 안 되는 이데올로기 중의 하나이다.

사회발전단계론은 북한 전체를 움직이는 핵심이다. 계급이 존재하지 않는 원시공동체사회로부터 시작하여 계급사회인 노예제사회, 봉건사회, 자본주의사회를 거쳐서 진정하게 계급이 존재하지 않는 사회주의 사회에서 종국에는 공산주의 사회로 전개된다는 사고를 하고 있다. 북한을 움직이는 가장 중요한 기구인 조선로동당 당규약을 살피면 최종 목적이 공산주의 건설이다(1961년 4차 당대회 당규약 개정). 이후 온사회의 주체사상화(2010년 3차 당대표자회 당규약 개정)로 공산주의 지향성이 잠시 주춤하였으나 2021년 8차 당대회 당규약을 살피면 다시 공산주의 건설이 최종목표로 규정되고 있다. 북한은 현재 사회주의 단계임을 천명하고 있기에 가장 우월한 사회단계 직전에 위치한다고 스스로 평가하고 있다.

북한은 사람과 사회 모두 단계적 발전을 강조한다. 이는 단지 학문적인 사회발전단계론에만 머무르는 담론이 아니다. 실제 국가의 모든 부분이 이러한 단계 발전에 의거하여 운용이 된다. 물론 고고학적 영역에도 이는 분명히 적용이 된다. 즉 인류의 변화, 물질의 변화, 문화의 변화 등, 이 모든 양상은 역사 발전의 합법칙성에 따라서 진행됨을 강조한다(장우진 1988; 김춘종 외 2009).[51][52]

그러나 북한이 내세우는 사회주의 대가정은 기존의 막스, 레닌주의적 사회발전단계론을 뛰어넘는 개념이다. 공적 사회와 사적 과정을 묶는 개념이기에 사회주의를 표방하는 그 어떤 국가도 하지 못한 특이한 체제가 된다. 이는 기존의 사회발전단계론으로는 설명이 부족하다.

기존의 사회발전단계에 사회·정치적 생명을 준 최고지도자를 중심으로 이루어진 집단에서 최고의 덕목은 무오류의 존재인 어버이를 잘 모시고 따르는 일이다. 사회주의 대가정은 북한의 가족국가를 설명하는 대표적인 사례이다.

사회주의 대가정을 설명함에 있어서 사회·정치생명체론이 등장한다. 여기서 북한에서 주장하는 사회·정치생명체론을 언급하지 않을 수 없다. 인간의 생명은 실제 부모가 주지만, 육체적 생명보다 더 중요한 사회·정치적 생명은 당과 수령이 주는 것이다(문장순 2017).[53] 사적·육체적 생명과 달리 공적·사회적·정치적 생명은 최고지도자인 수령 그리고 조선로동당이 부여한다. 그리고 그 중요성은 전자보다 월등하다. 수령, 당, 인민의 관계는 하나의 생명이기에 파기 그 자체가 불가능하다. 비유하자면 수령은 뇌수, 당은 혈관 그리고 인민은 팔과 다리이다(문장순 2017: 58).[54] 수령의 지도를 따르는 것은 선택 사항이 아니고 절대적 의무이다.

수령, 즉 최고지도자의 지도는 과연 어떠한 방식으로 전달되는가? 그 전달은 주로 교시를 통해서 이루어진다. 최고지도자의 교시는 부모가 자식에게 따사롭게 알려준 귀중한 지시이다. 대중이 교시를 따르는 것은 충성인 동시에 효성의 실천이다. 또한 유기체적 생명과정의 하나이기도 하다.

고고학적, 고인류학적 연구의 방향에서도 사회주의 대가정의 실천이 쉽게 관찰된다. 현재까지 북한에서 고고학의 가장 많은 연구성과는 『조선고고연구』를 통해서 외부에 알려지고 있다. 해당 논문의 일부 제목만 보더라도 수령, 당의 의미를 알 수 있다; 「위대한 수령 김일성동지의 현명한 령도밑에 고고학분야에서 이룩한 성과」(류병홍 1992),[55] 「경애하는 김일성동지는 우리 민족의 원시조를 찾아주시고 빛내여주신 민족의 위대한 어버이이시다」(류병홍 1995),[56] 「위대한 수령 김일성동지께서 조선고고학발전에 쌓으신 불멸의 업적을 더욱 빛내여 나가자」(손수호 2002),[57] 「당의 령도업적을 전면적으로 구현하여 과학연구사업에서 혁명적 전환을 일으키자」(김용남 2004),[58] 「경애하는 최고령도자 김정은 동지께서 밝혀주신 민족문화 유산을 발굴고증하고 보존관리하며 계승발전시켜 나가는데서 나서는 기본원칙과 과업」(권영학 2017).[59] 헌법보다 교시를 따름은 최고지도자에 대한 효성의 실천이고 그 효성의 실천이야말로 다른 어떠한 가치보다 위에 존재한다. 이 모든 것이 가족국가이기에 가능한 것이다.

북한사회에서 과오를 범하지 않고 주어진 업무를 하는 데 어떠한 준거의 틀이 필요할까? 북한에도 헌법이 있으나 교시야말로 실제 헌법만큼 더 규범력이 강할 수도 있다. 그리고 무엇보다 상당수의 교시는 그 내용이 구체적인 경우일 때가 많다. 교시가 단순한 정치적인 수사가 아니고 실제 행위를 관장하는 경우가 많다. 단군의 존재를 생각하여 보자. 단군이 과연 실제 존재하였던 인물인가 아니면 신화인가의 논의는 북한에서 전혀 무의미한 논쟁이다. 의심할 바 없이 북한에서 단군은 실제 존재하였던 대상이다. 그 이유는 바로 김일성의 교시의 교시에서 찾을 수 있다; '지금까지 전설로만 전해져오던 단군이 반만년전의 실재한 인물로 고증된것은 우리 민족사에서 매우 중요한 의의를 가집니다.'(류병홍 1995: 2).[60]

그렇다면 시간을 구석기시대로 가보자. 과연 구석기시대 인류와 현재의 사람이 밀접한 연관성이 있을까? 만약 한반도에 호모 에렉투스가 살았다고 가정을 해보자. 그런데 이들을 현재 한반도에 살고 있는 구성원의 선조라고 할 수 있을까? 이런 논의는 북한에서는 답이 나왔다. 그 이유는 다음 교시에서 찾을 수 있다; '우리 나라에 구석기시대가 있었는가 없었는가 하는 것은 단순한 학술사의 문제가 아니라 우리 민족의 유구성, 특히 우리 민족의 기원문제와 직접 잇닿아있는 매우 심중한 문제입니다.'(김춘종·한금식 2016: 15).[61]

이와 같이 교시는 실제 학문에 큰 영향을 미친다. 사회·정치적 생명을 준 어버이의 세밀한 설명과 지도는 다른 사회주의 국가가 가지지 못한 체제이다. 1960년대부터 북한의 사회주의는 이미 독특한 사회주의 국가 양태를 띄었다. 어쩌면 너무나 독특해서 더 이상 사회주의 모델로 부르기도 어렵게 되었다.

5) 피줄국가

대표어 유격대국가, 극장국가, 순수인종, 가족국가가 바로 현재도 의미 있는 대표어가 되기 위해서는 그 대표어의 힘이 과거와 마찬가지로 현재에도 유지되어야 한다. 이를 살피는 데 있어서, 핏줄의 북한식 용어인 피줄이라는 키워드를 생각할 필요가 있다. 이어짐의 당위성을 강조하는 대표어 '피줄국가'는 유격대국가, 극장국가, 순수인종, 가족국가를 포괄하는 힘을 가지고 있다.

김정은 시대 출범 초기인 2012년 이른바 '4.6 담화'를 통해서 '김일성-김정일주의'를 주창하였다. '온 사회의 김일성-김정일주의화가 시대적 요구'라고 주장하고 있다. 해당 내용의 근간을 이루는 부분은 바로 김일성주의의 혁명적 계승이라고 할 수 있다(김창희 2013).[62] 즉, 북한은 새로운 시대를 열지만 선대의 최고 지도자의 강령을 그대로 이어받음을 강조하고 있다. 김정은 집권 이후 현시점에도 이러한 사고는 크게 변함이 없다. 제4차 조선로동당 세포비서대회 연설에서 김일성-김정일주의의 핵심 강령으로 채택된 인민대중제일주의, 2013년 2019년 신년사를 통해서 구체화된 우리국가제일주의는 김정은시대 '김일성-김정일주의'를 이해하는 핵심축인 셈이고 이는 바로 현재 북한의 정체성을 이해하는 주요 단어인 셈이다.

결론적으로 선대의 정책 기조와 차이성이 크게 없음을 재확인시켜 준다. 김정은시대 인민대중제일주의가 내포한 바는 인민에 대한 사랑이다. '병든 자식, 상처입은 자식을 탓하지 않고 더 마음을 쓰며 사랑과 정으로 품어주고 아픈 상처를 감싸주며 또다시 일으켜 내세워주는 품', '어머니 우리 당의 품'으로 귀결된다

(안경모 2021: 30).[63] 어머니, 어버이 등 부모의 마음을 가진 수령, 당, 국가의 가족과 같은 보살핌을 강조한다. 이는 기존의 가족국가 이미지의 고수인 셈이다.

우리국가제일주의는 국가의 의미를 강조한다. 김정은 시대 우리민족제일주의에서 민족을 강조하던 강령에서 국가를 강조하는 다소간 국가주의적 입장을 견지하는 것으로도 해석이 된다. 이를 잘 표현한 문화적 행사는 바로 〈빛나는 조국〉이라는 예술공연에서 드러난다. 과거 〈아리랑〉과 다른 점을 굳이 찾는다면 국가, 국기, 애국가의 강조라고 할 수 있다. 국가의 강조는 아마도 '자력갱생을 통해 국가의 저력을 과시'하고자 함에 있다(이지순 2020: 138).[64] 그런데 그 국가는 어쩌면 당과 수령 또는 민족과 동일한 의미를 가진 동일선상의 가치를 지녔다고 볼 수 있다. 국가를 강조하지만 이는 사실 수령을 강조함과 다를 바가 없다. 수령을 중심으로 한 거대한 하나의 공동체인 이상, 당이 국가이고 국가가 곧 수령일 수 있기 때문이다. 가족국가의 용광로에 모두 담겨 있다고 볼 수 있다.

〈빛나는 조국〉에서 등장하는 상징 중에서 주목할 필요가 있는 대상 중의 하나는 소나무이다. 북한의 국수(國樹)인 소나무는 김일성의 아버지 김형직을 상징한다. 북한 노래 남산의 푸른 소나무는 김형직이 만주로 피난 가기 전에 지은 노래로 알려져 있다. 소나무는 〈빛나는 조국〉에서도 어김없이 등장한다. 북한의 혁명정신의 상징으로서 사용되는 소나무의 일종의 저작권은 김일성, 김정일도 아닌 김형직으로 거슬러 올라간다. 북한의 최고지도자들의 계보를 확대하고 있는 것이다. 시간적 확대, 보다 정확히는 이어짐을 강조하고 그 이어짐이 가족 3대에만 머물고 있지 않음을 강조한다. 소나무는 1차적으로는 인간 김형직을 지시하지만, 2차적으로는 김일성을 중심으로 한 가계를 지시한다. 북한은 소나무에 억센 의지, 백절불굴, 절대불변성(이지순 2020: 134)[65]을 투영한다. 소나무는 그 자체의 상징성뿐 아니라 각 인물을 이어주는 매개체가 되었다. 가족국가의 매개체 역할을 하는 셈이다.

각 인물을 이어주는 상징으로 소나무가 존재하고 이는 훌륭히 그 목적을 잘 이행하고 있다. 소나무의 가치가 증폭되기 위해서는 이어짐의 역할이 중요하다. 여기서 이어짐의 가치를 잘 생각할 필요가 있다. 어쩌면 위에서 제시한 대표어들도 그 자체의 가치도 있지만 대표어와 대표어가 서로 이어진다면 북한의 정체성을 더욱 극명하게 알려준다고 볼 수 있다.

앞서 간단히 소개한 〈꽃파는 처녀〉를 통해서 연결의 의미를 살필 필요가 있다. 과거의 사건을 현재의 서사로 끌고 와서 전시한다는 의미에서 지극히 극장국가의 면모를 보인다. 그리고 그 과거는 이른바 항일빨치산으로서 다분히 현재의 유격대국가의 이미지를 창출하는 데 기여한다. 북한은 1948년 이후 정규군화된지 이미 오래지만 과거와 마찬가지로 유격대국가로 살아가고 있는 셈이다(와다 하루키(서동만·남기정 역) 2002).66) 1930년대 만주에서 사는 꽃분이 가족은 악질적 지주와 일본 제국주의자의 탄압을 받는다. 오빠는 감옥에 가지만 탈출해서 영광스러운 빨치산이 된다. 그리고 전설의 지도자가 등장하면서 스토리는 해피 엔딩으로 끝이 난다. 여기서 지도자는 당연히 김일성을 암시한다. 꽃분이 가족뿐 아니라 마을 사람들 전체가 그를 환영한다.

진정한 지도자를 만나기 전까지 이들은 순수하게 삶을 살아가던 사람들이다. 강건하고 우수한 집단이 아닌 외부의 압력에 속절없이 무너지는 순수하지만 연약한 존재로 묘사된다. 순수인종의 한 단면을 보여준다. 다행히도? 순수한 인종을 구하는 지도자가 등장한 셈이다. 지도자의 등장은 새로운 형태의 어버이로 해석이 가능하다. 꽃분이를 포함한 마을 사람 전체는 새로운 생명, 즉 사회·정치적 생명을 결국 얻게 된다. 그리고 나서야 진정한 생명의 의미를 깨닫게 된다. 꽃분이 가족과 마을 사람들은 소시민적 가족에서 벗어나 이른바 가족국가 대열에 들어서게 되는 것이다. 사적인 가족이 아닌 국가의 가족이 된 꽃분이 가족과 마을 사람들은 어버이와 같은 지도자를 만나서 현재의 고난에서 희망을 꿈꾸게 된다. 바로 그 희망은 현재의 고통을 잠재울 수 있는 명약이 된다. 처절한 기아 상태, NPT 탈퇴 이후 국제사회와의 단절, 필수 의약품도 없는 의료시설, 물, 전기, 연료 이 모든 게 부족한 현상태를 헤쳐 가는 환상이 마련된다. 현실을 밀어내는 환상을 부여한다는 의미에서 극장국가의 또 다른 면모가 완성된다.

〈꽃파는 처녀〉는 유격대국가, 극장국가, 순수인종, 가족국가의 개념을 제공하는 데서 끝나지 않는다. 이 가극에 공감하는 집단은 당연히 악질적인 지주와 맞서는 계급이다. 즉, 노동자 농민으로 구성된 프롤레타리아 계급이다. 봉건 계급에 저항하는 프롤레타리아 계급만이 이 영화에 공감하는 것은 아니다. 영화 전체에서 일본 제국주의에 저항을 하는 장면이 나온다. 그 저항에 눈물을 흘리기도 하고 그리고 승리에 기뻐하기도 하는 대상은 바로 조선민족이다. 〈꽃파는 처녀〉는 계급적으로는 프롤레타리아 계급이지만 민족적으로 조선민족을 위한 영화가 된다. 영화를 보고 감정이입이 절절히 되는 집단은 조선민족일 수밖에 없다. 그 순수인종은 바로 조선민족이고 1930년대 조선민족은 현재의 조선민족과 가극이라는 극장적 장치를 통해서 동일화된다.

어쩌면 조선민족은 추가적인 함축적 대표어로서 이해하기보다는 4개의 대표어를 자연스럽게 연결시켜 주는 포괄적 성격을 가진 그리고 근본적 성격을 가진 대표어로 이해가 될 수 있다. 보통 물속에서 소리는 공기 중에서보다 빨리 보다 멀리 전달된다. 물이라는 매질의 특성이 이를 가능케 한다. 1930년대 기억이 쉽게 그리고 멀리 증폭되는 이유는 조선민족이라는 매질이 존재하기 때문이다. 과거의 조선민족이 현실에도 절절하게 공감이 되게 하기 위해서 가장 필요한 부분은 이어짐의 강조이다. 현실의 집단과 과거의 집단의 동일한 정체성을 확보하기 위해서는 이어짐, 특히 혈연적 이어짐이 보장되어야 한다. 현재의 가족국가가 과거 집단과 이어짐이 확증되어야 한다. 이를 위해서 북한에서 핏줄, 북한식 용어로는 '피줄'을 강조한다.

과거의 사실을 현재의 절대적 가치가 있는 사실로 만드는 기억의 증폭이 발생할 때 엄청난 의미를 가진다. 하나의 역사적 사건을 현실과 미래에서 의미 있게 만들기 위해서는 사건을 증폭시켜야 되고 이를 시공간적으로 넓게 퍼트려야 한다. 1930년대 만주의 '사건'을 이처럼 퍼지게 하는 매질이 대표어 '피줄'이다. 현재의 조선민족의 그 가치를 확고히 자리 잡아 주는 데 결코 끊어진 적 없는 이어짐의 핏줄이 요구된다.

여기서 또 하나 눈여겨볼 부분이 있다. 조선민족의 동의어는 앞서 밝힌 바와 같이 '김일성민족'이다. '김일성민족'은 단순히 최고지도자에 대한 극존칭으로 끝나는 문제가 아니다. 이는 공식적인 용어이다. 북한에서 헌법 또는 그 이상의 규범력을 가지는 건 두 가지가 있다. 하나는 최고지도자의 교시이고 다른 하나는 조선로동당에서 규정한 일종의 법률집이다. 이를 '당의 유일사상체계 확립을 위한 10대 원칙'(줄여서 10대 원칙)이라고 한다. 10대 원칙은 1973년 김정일에 의해서 마련되었는데 이 목적을 북한 스스로 밝히는 바, 그 어떠한 지시보다 더 우월적 의미는 최고지도자의 지시임을 밝히기 위함임을 명시하고 있다(리관주 외 2003: 17).[67] 이후 2013년 김정은시대에 와서 개정되었는데 신설된 주된 내용이 바로 '김일성민족', '김정일조선', '백두혈통'이다(송인호 2019).[68]

이것은 한 국가의 지도자가 한 민족의 지도자로 승격하였다는 의미를 가진다. 북한식 민족주의에서 구심점은 김일성이다. 그리고 민족의 혈통은 올바른 지도자를 만났을 때 순결함을 면면히 이어 나갈 수 있다고 주장한다(이정빈 2015).[69] 북한인들에게 김일성은 국가의 창건자이자 민족의 대표자로 인식된다. 즉, 국가와 함께 조선민족의 주된 소유권은 김일성에 집중된다. 조선민족은 국가를 시간적으로 확장시킨 존재이다. 국가의 대표자가 아닌 민족이 대표자가 된다는 것은 특정 공간 내 집단의 기원의 정통성을 잇는다는 의미가 된다. '피줄', 즉 이어짐이란 가히 모든 가치를 포괄하는 힘을 가지고 있다.

3. 피줄국가의 전개

이미 사망하였지만 한때는 북한 헌법상 최고 주권을 의하는 주석(主席)직을 여전히 역임하는 김일성을 기준으로 본다면, 그는 '영원한 주석'이기에 북한의 대표성을 가진다. 동시에 위에서 살핀 바와 같이 조선민족의 대표자이기도 한 셈이다. 국가를 넘어 민족의 대표자가 됨으로써 그의 영향력은 국가의 시간이 아닌 민족의 시간대로 시간이 확장되었다. 정권 수립의 1948년부터의 시간에서, 만주 활동기의 1930년대로의 시간의 확장에 이어, 민족의 시초로까지 확장이 되는 셈이다.

민족을 살피는 데 있어서 민족의 기원, 민족의 시조를 알아내는 일은 중요한 연구로 격상되었다. 이는 단순한 담론에 그치는 것이 아니다. 1994년 김일성 사망 직전까지 김일성 스스로 가장 역점을 둔 사업 중의 하나가 단군릉 발굴과 복원 사업이다(이종석 1994; 하문식 2006).70)71)

　　북한에서 단군릉 복원은 매우 중요한 문화사업으로 본다. 이와 관련해서 2009년 북한에서 고고학 학사를 정리한 자료를 인용하면 다음과 같다. 1993년부터 1994년까지 단군릉에 관련된 40여 차례의 김일성 주석의 지시가 있었다고 밝히고 있다. 앞서 언급한 바와 같이, 북한에서 교시가 가지는 규범력은 상당하다. 이러한 점에서 김일성이 생각한 단군릉의 의미가 실제 실행적으로 집행되었음을 어렵지 않게 알 수 있다. 특히 김일성 사망 이틀 전까지도(1994년 7월 4일) 단군릉에 대한 지시가 있었음을 밝히고 있다(리주현·한은숙 2009).72)

　　주목할 부분은 김일성 사후 그 당시는 고통스러운 고난의 행군이 시작된 시점이다. 좁게 본다면 1995－97년, 넓게 본다면 1995년부터 1999년까지의 최악의 식량난 시기임을 생각해볼 필요가 있다. 김일성 사후 식량난 그리고 권력의 전환 시기에 김정일의 선택은 유훈통치였다. 즉, 선대가 해온 일은 그대로 이어갈 뿐, 어떠한 획기적인 변화도 하지 않을 것임을 강력히 시사했다. 선대, 즉 영원한 주석이 지시한 단군릉 사업을 계속 이어간다. 더욱이, 단군릉이 조성된 대동강 유역을 '대동강 문화'로 선포한다. 그리고 대동강 문화를 세계 5대 문명의 하나로서 주장하기에 이른다. 대동강은 티그리스－유프라테스, 나일강, 인더스강, 양쯔강 지역의 문명과 함께 대등한 문화적 가치를 지닌다고 주장한다(지화산 2017).73)

　　사실 단군과 민족이라는 집단정체성을 담아내는 그릇은 북한뿐 아니라 남한도 공유하는 개념이다. 이는 두 집단의 구성원이 공통으로 가지는 심리적 기원과 같은 기능을 한다. 그 시조가 대동강유역 평양에 매장되었다는 주장은 북한에게 높은 심리적 우위를 제공한다. 집단정체성인 민족성에 대해서만은 그 소유권이 북에 있다고 생각하는 것이다.

　　고조선이라는 정체성을 올바르게 보존할 사람은 바로 김일성이라고 주장한다. 북한은 민족의 시조는 단군이지만 사회주의 조선의 시조는 김일성이라고 주장한다. 조선민족의 혈통을 끝까지 순결하게 이어가기 위해서는 위대한 지도자가 필요하다고 본다(이정빈 2015).[74) 그가 바로 김일성인 것이다. 실제 이는 단지 교육용 도서나 단순한 구호에만 머무르는 것이 아니다.

그런데 민족을 넘은 시간적 확장이 이루어진다. 다시, 교시라는 절대적인 규범력을 가진 지시 내용 중 구체적으로 살펴볼 필요가 있는 부분이 있다. 특히 김일성이 아닌 김정일 교시를 살펴볼 필요가 있다; '위대한 령도자 김정일동지께서는… 〈우리 나라에 구석기시대가 있었는가 없었는가 하는 것은 단순한 학술사의 문제가 아니라 우리 민족의 유구성, 특히 우리 민족의 기원문제와 직접 잇닿아있는 매우 심중한 문제입니다.〉'(김춘종·한금식 2016: 15).[75) 해당 내용은 최근 주먹도끼 조사가 이루어진 동암동 유적 관련 논문에서 발췌한 것이다. 구석기 연구와 조선민족의 가치가 동일선상에서 반드시 다루어져야 함을 주장한다.

북한에서 공식적으로 조선민족의 시작은 사회발전단계상 국가 단계에 최초로 진입한 고조선부터로 보고 있다(장우진 2002).[76) 국가 단계로만 본다면 민족과 구석기는 아무런 관련이 없을 수 있다. 그러나 같은 핏줄의 공동체라는 의미에서 본다면 구석기도 민족의 의미망에 포획이 된다고 본다.

이러한 의미의 포획성에서 핏줄, 북한의 용어로는 '피줄'을 살펴볼 필요가 있다. '피줄'의 연관어를 추론한다면 기원, 계승, 계통이라고 할 수 있다. 이러한 단어와 연관이 있는 단어는 북한의 고고학 연구에서 흔히 발견된다. '혈통', '유전적 계승', '단일기원', '연속성 문화집단', '본토기원', '직접적 선조', '직계선조', '원류', '시원' 등 매우 흔하게 찾을 수 있다. 그 기원, 계승, 계통 등의 연관어는 상당 부분 조선민족으로 귀결된다. 문제는 그 조선민족이 이전의 그 무언가와 핏줄로 이어지고 있다는 점이다. 이어짐을 따라가는 일은 구석기 고고학을 비롯한 북한 고고학의 주요 연구대상이 된다.

조선민족은 시·공간적으로 조선 그것도 대동강을 중심으로 혈연적 유대감을 가지고 이어짐을 강조한다. 시작점은 구석기가 아니고 현재로 설정하는 것이 마땅하다. 현재는 청동기, 신석기시대에 존재하였던 조선옛류형사람들과 같은 핏줄로서 이어진다. 실제 이는 진지한 학문적 대상이다. 북한의 가장 영향력이 높은 선사 고고학자 장우진의 글을 빌리면 다음과 같다; '조선민족은 혈연적으로 조선옛류형사람들의 피줄을 그대로 이어 온 그의 직접적인 후예이다.'(장우진 2002: 138).[77]

그리고 그들 역시 그 이어짐을 따라가면 공간적으로는 한반도가 여전히 중심이고 시간적으로는 구석기시대 후기[6]를 지칭한다. 그 집단은 북한의 인류학적 분류로 〈신인〉이 된다. 만달사람으로 불리는 잔돌날 속돌을 만들던 〈신인〉들은 같은 구석기시대 후기의 후반기를 장식한다. 그들의 이어짐을 거슬러 가면 같은 〈신인〉이지만 이전에 살던, 즉 구석기시대 후기의 전반기에 살던 〈신인〉 룡곡사람을 만나게 된다. 그 〈신인〉을 다시 거슬러 가면 〈고인〉을 만난다. 이들도 역시 서로 핏줄로 끈끈히 연결되어 있다. 구석기시대 중기의 〈고인〉인 〈덕천사람〉, 〈력포사람〉과 같은 〈고인〉들은 〈신인〉과 혈연적 관계성을 가진다.[7] 〈덕천사람〉은 구석기시대 중기의 전반기에 살던 초기 고인인 〈화대사람〉과 이어진다. 이 〈화대사람〉은 구석기시대 전기의 주먹도끼형석기를 만들던 〈원인〉의 후예인 것이다.[8]

북한의 주장대로라면 조선민족은 이른바 조선반도에 오랜 시간 뿌리를 내려온 집단이다. 이는 결국 공간적인 확장성은 없다고 볼 수 있다. 공간은 양보하지만 시간은 그렇지 않다. 오래된 역사를 가진 집단의 이어감을 강조한다. 공간은 한정되지만 시간은 거의 영원한 북한식 '피줄'이 탄생하게 된다.

여기서 민족주의적 사고의 확장이 민족을 벗어나는 시점을 만나게 된다. 바로 이점이 북한을 단순히 민족주의적 지향점을 가진 국가로만 단정하지 못하는 이유다. 민족주의를 넘어 그 이상을 북한은 요구하고 이를 관철하는 셈이다. 바

---

6) 구석기시대 관련 용어에서 남한의 경우, 전기, 중기, 후기 구석기시대로 표기한다. 그러나 북한은 구석기시대 전기, 중기, 후기로 표기한다. 본 학술서에서는 문맥에 따라서 병기함을 알린다.

7) 관련 북한 자료: '우리나라에서 알려진 고인들이 이른시기의 고인이였음에도 불구하고 발전된 특징을 많이 가지고있는 것은 그들이 신인에로 이행하지 못하고 사멸한 인류진화발전의 곁가지에 속하는 것이 아니라 직접 신인으로 된 고인이였기때문이다.'(장우진 1988: 79).

8) 관련 북한 자료: '우리 나라의 고인들은 신인에로 이행한 그의 직계선조였으며 인류의 진화과정에서 기본줄기에 속하는 류형의 고인이였다고 할수 있다.'(장우진 2009: 38).

로 여기서 '피줄'은 북한의 현재, 1930년대 만주, 고조선을 뛰어넘게 해준다. '피줄'은 유격대국가를 구석기시대까지 확장시켜 준다. 순수인종의 기원을 〈원인〉, 〈고인〉으로까지 확장시킨다.

분명, 조선민족은 일제의 억압에 공통으로 짓눌리고 동시에 이를 공통적으로 극복하는 단위가 된다. 동시에 민족은 냉전을 극복하는 무기로서 사용이 된다. 저항자인 북한이란 국가는 단일한 정체성을 가진 국가이다. 그 정체성의 집단은 조선민족으로 표현된다. 북한의 '우리민족제일주의'와 같은 민족의 강조는 제국주의자 일본이란 존재의 과거의 소환에도 유용하게 사용된다. 동시에 민족은 미제국주의자에 침탈받았던 반도의 모든 사람과 아직도 고통받는 반도 남측 사람을 연상케 하여준다. 과거의 소환 장치로서 민족은 매우 엄청난 가치를 지닌다.

과거의 소환은 여기에서 멈추지 않는다. 한 강토에서 면면히 이어온, 수많은 고난에도 단일한 '피줄'을 이어온 조선민족은 시간적으로 무한히 확장된다. 김일성이 활동한 1930년대 만주에서, 단군이 활동한 5,000년 전 대동강변에서 심지어 전기 구석기인이 활동한 100만 년 전 평안남도 상원읍까지 이어진다.

북한의 기준으로 본다면, 분명히 조선민족은 시간적으로 확장된다. 그렇다면 과연 조선 민족의 시간적 확장, 특히 과거로의 확장은 구체적으로 어디까지일까? 그리고 그 확장은 어떠한 방식으로 전개되었는가? 그리고 그 확장은 과연 현재의 북한을 이해하는 데 무슨 의미가 있는 것인가? 이 부분을 알기 위해서는 북한이 생각하는 구석기시대를 살피어야 한다.

02

구석기

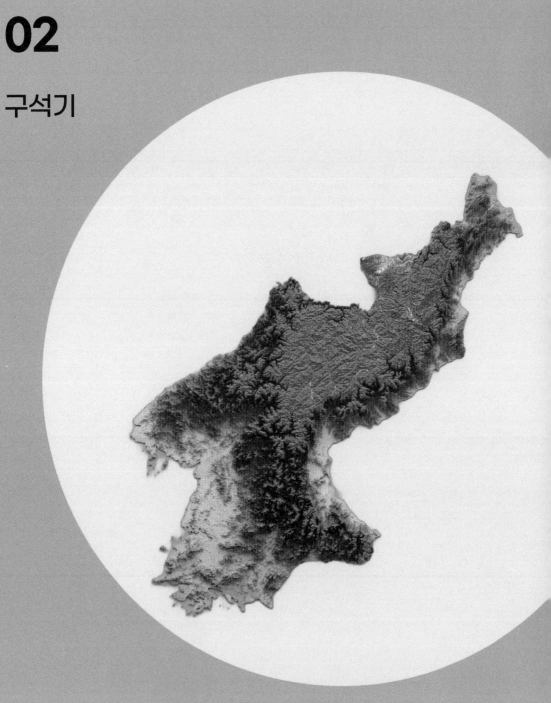

02 구석기

1. 남한의 시각에서 북한의 구석기시대를 보기

　북한 구석기시대, 해당 단어는 생소할 수도 어쩌면 익숙할 수도 있는 단어이다. 북한 구석기 고고학에 대한 전문가가 아니더라도 누구나 해당 분야에 대해선 약간은 익숙하다. 남한 교과서에 흔히 등장하는 북한 구석기 유적 명칭은 북한 구석기 고고학을 낯설지 않게 한다. 그러나 북한 구석기에 한 발자국만 들어가면 이야기는 달라진다. 일반인은 물론이고 북한의 구석기에 관심을 두고 연구하는 연구자들에게도 한 발자국 더 나아가는 건 많은 에너지 소모가 필요하다. 북한 구석기의 문은 보여도 그 문을 여는 순간 전혀 다른 또 다른 문들이 겹겹이 있다.

　그 문들에 대해서는 위의 5가지 대표어를 통해서 어느 정도는 익숙해진 상태이다. 물론 어느 정도 익숙해졌다는 의미가 북한의 면모를 알고 있다는 의미는 아니다. 다만 그 문들이 있고 그 문들 너머 또 다른 문들이 있다는 정도만 알았다고 할 수 있다. 그런데 이 정도라도 알기까지는 일련의 과정이 있었다. 남한의 구석기 연구자가 북한의 구석기시대에 대한 면모를 어느 정도나마 아는 데는 한국 현대사의 굴곡과도 연관성이 있다.

　1970년대부터 한반도 구석기 연구의 서두는 북한 구석기 연구 사례로부터 시작하곤 하였다. 학술지(손보기 1972)[1]뿐 아니라 단행본(국사편찬위원회 1981: 1983)[2][3]

을 통해서도 북한 유적의 소개는 꾸준히 전개되었다.

그러나, 단속적인 유적 소개에서 보다 적극적인 전개는 이른바 '87년 체제' 이후, 정치·경제·사회·문화에 걸친 국가 전 영역의 변화와 깊은 관계를 가진다. 1987년 이후 민주화의 물결로 새로운 헌법이 한국에 도입된 이후, 많은 것이 변화되었다. 남북한의 관계, 특히 남한에서 북한의 자료를 대하는 태도도 크게 변하였다. 이전에는 소지하거나 또는 단순히 본 것만으로도 큰 고초를 겪었을 북한 자료를 상당히 쉽게 접근이 가능해졌다.

북한 자료 접근이 보다 유연해지면서 관련 연구가 본격화되었다. 학사적 측면에서 북한 고고학을 살피는 동시에 구석기 연구의 검토(이선복 1992),[4] 북한 구석기 연구가 활발하였던 1950, 1960년대 북한 구석기 시대사 연구(한창균 1999, 1999)[5][6]가 있었다. 또한 구석기는 아니지만 북한 고고학 전반을 다루면서 구석기 연구에 중요한 업적을 남긴 학자의 연구(이광린 1990),[7] 그리고 제4기 고환경과 시기 구분의 문제(한창균 1990)[8]와 북한 구석기 유적의 검토와 분석 연구(한창균 1997)[9] 등을 들 수 있다.

2000년대 들어와서, 구석기 유물을 포함한 석기 연구(한창균 2000),[10] 북한에서 발견되는 인류 화석에 대한 분석 연구(박선주 2005; C. Norton 2000; C. Bae and P. Guyomarc'h 2015)[11][12][13]를 들 수 있다. 그리고 북한 선사 연구에 중심적인 연구를 진행한 학자 중심의 학사적 연구를 들 수 있다(한창균 2013; H. Lee 2013).[14][15] 또한 북한 선사시대를 전반적으로 조망한 연구도 있다(이기성 2015).[16]

2000년대 와서도 연구가 이루어지고 있으나, '87년 체제' 이후 본격적으로 시작한 연구가 꾸준한 확장성을 가지고 이어갔다고 보긴 힘들다. 남한 구석기 연구 전체적인 입장에서 큰 담론으로 확장되었다고 결코 보기 힘들다. 북한 구석기 연구가 확장성을 가지지 못한 원인 중의 하나는 남한에서의 북한 구석기 연구는 직접적인 교류나 실제 조사가 아닌 북한에서 발간되는 고고 자료에만 의존한다는 근본적인 한계 때문이기도 할 것이다.

어쩔 수 없이, 남한에서 북한 연구는 북한의 1차 결과물에 답신을 하는 형식을 띠고 있다고 보아도 크게 틀리지 않는다. 결코 고고학적 자료의 직접 관찰을 통한 연구가 아님을 상기할 필요가 있다. 따라서 1차 결과물의 양적 그리고 질적의 문제가 바로 다음 연구에 영향을 주게 된다. '87년 체제' 이후 자료 자체의 접근이 가지는 흥분이 지난 시점에는 자료의 양과 질의 문제에 눈을 돌리기 마련이다. 해당 자료가 얼마나 신뢰할 수 있는지, 아니면 해당 자료와 관련된 추가적인 정보가 얼마나 있는지에 대한 자연적인 물음에 충분한 답을 주지 못하였기 때문이라고 본다.

그러나 이 역시도 문제의 단편일 수 있다. 자료의 양과 질의 문제가 있다고 판단함은 어쩌면 단지 피상적인 문제 중의 하나일 수 있다. 설사 자료가 쌓여있다고 할지라도 남한과 북한의 학문 생산 방식의 차이를 충분히 이해하고 접근해야 된다고 본다. 자료를 생산하고 소비하는 시각이 다르다면 아무리 많이 쌓여있다고 할지라도 그 자료는 한계에 마주칠 수밖에 없다.

즉, 남한의 시각에서 북한을 이해하는 것이 얼마나 어려운 일인가를 알게 되는 시간이었다고 볼 수 있다. 비북한의 입장에서 북한을 보는 시각에 대해서 서두에 밝힌 바 있다. 이른바 정상국가의 사람들의 눈에는 북한은 비정상으로 보인다. 그러나 그 비정상의 국가가 현재까지도 그들의 체제를 굳건히 유지함을 과연 얼마나 잘 설명할 수 있을까?

그렇다면 북한의 시각으로 북한을 보는 것은 어떠한가? 지난 장에서 살핀 북한의 정체성을 보여주는 5가지 대표어를 생각해보자; 유격대국가, 극장국가, 순수인종, 가족국가 그리고 이를 포괄하는 피줄국가. 이들의 개념이 과연 북한의 구석기시대의 연구에 얼마나 녹아있는지를 살핀다면, 이는 북한의 시각에서 북한을 보는 방법 중의 하나라고 할 수 있다.

사실, 비북한인이 북한인의 의식과 무의식을 넘나드는 사고의 흐름을 따라갈 수는 없다. 북한인의 경험과 가치를 단지 우리는 가늠할 뿐이다. 그 가늠을 비교적 최근에 발간된 북한 고고학의 역사를 살피면서 가늠하고자 한다.

관련 도서는 2009년에 발간된 『총론』이다(리주현·한은숙 2009).[17] 북한의 사회과학원 고고학연구소에서 발간한 간행물로서 『조선고고학총서』 시리즈의 첫 번째이다. 해방 이후 2000년대 초반까지의 고고학 성과를 학사적 입장에서 정리한 도서이다. 그간 북한에서 고고학의 지난 역사를 단편적으로 다룬 글, 또는 그간 유적의 조사 성과를 정리한 표 등의 자료는 있지만, 이처럼 장기간에 걸친 고고학의 역사를 다룬 글은 흔하지 않다.

우선 이 책에서 가장 눈에 띄는 것은 고고학사의 시기 구분이다. 총 7단계로 시기를 구분하여 보고 있는데 시기별로 중요한 내용을 살피고자 한다. 우선 시기 구분 그 자체가 매우 이채롭다. 비북한사회의 경우, 일반적으로 고고학문의 역사를 다룬다면, 중요한 발굴의 사례, 고고학자 간의 학문적 쟁점의 변화, 문화재관리 제반 법규의 변화, 박물관의 변화 양상, 대중과 고고학의 관계 등 다양한 접근방향을 통해서 진행이 가능하다. 그런데 북한이 선택한 접근은 상당히 독특하다. 결론적으로 북한의 고고학 시기 구분은 학문적 성취보다는 정치적 시기 구분을 철저히 따른다. 고고학 성과의 모든 부분은 정치적 변화와 밀접한 연관성을 가진다. 고고학문의 시기 구분은 정치적 일정에 의해서 이루어진다.

I 기는 해방 이후 한국전쟁까지인데 이 경우만 예외적이고 나머지 시기 구분은 조선로동당 당대회 일정으로 구분된다. II기는 조선로동당 제4차 대회(1961년 9월) 이전까지이고 III기는 제5차 대회(1970년 11월) 이전까지, 제6차 대회(1980년 10월) 이전까지가 IV기이다. V기(1980년 10월–1989년 12월)는 제6차 대회 이후 김일성-김정일의 공동통치가 더욱 공고히 되는 시점이다. VI기는 김일성이 사망한 1994년까지로 규정하며, VII기는 북한 스스로도 밝힌 〈고난의 행군〉 기간으로부터 2000년대 초반에 이르는 시기를 말한다(리주현·한은숙 2009; 한창균 2013).18)19) 즉, 고고학적 주요 사건이 시기 구분에 영향을 주는 것이 아님을 알 수 있다. 고고학적 연구서임에도 수령과 당의 입장이 중요함을 알 수 있다. 고고학은 사회주의 대가정의 틀 안에서 사회·정치생명체론을 떠올리지 않을 수 없다. 고고학문은 뇌수의 수령과 혈관의 당을 명령을 받아서 이행하는 수족과 같은 조직임을 알 수 있다. 즉, 가족국가론적 입장에서 수령과 당의 명령을 충실히 수행하는 자식들로서 받아들여진다. 한편, 결코 오류가 존재하지 않는 수령과 당의 지시를 잘 따르는 여리지만 순수한 순수인종의 인상을 보여준다.

Ⅰ기(1945년 8월-1953년 7월): 해당 시기의 첫 문장은 '영웅적항일무장투쟁을 승리에로 이끄시여…'로 시작하고 있다. 해당 시기 가장 큰 사건이라면 한국전쟁 (북한식 표현으로는 조국해방전쟁)이다. 이에 대한 내용은 분명 있지만 상대적 비중감 은 일제의 극악한 문화 말살과 침탈에 관한 설명과 이를 극복하기 위한 방안으로 구성되어 있다. '일제어용사가'들이 저지른 폐해를 바로잡기 위한 노력을 설명하 며, 아울러 문화보호와 관련된 법의 제정, 유적의 조사, 기관의 설립 그리고 학술 지의 창간을 다루고 있다. 유격대국가의 인상을 크게 받을 수밖에 없다.

Ⅱ기(1953년 8월-1961년 8월): 해당시기에도 유격대국가의 이미지가 여전히 관찰된다. '조선인민혁명군, '항일무장투쟁시기'의 언급이 꾸준히 나타난다. 또 하 나 특별한 부분은 수령과 당의 지침을 반하는 '부르죠아 반동이론'을 가진 문화이 동론을 주장하는 학자들에 대한 비판이 관찰된다. 기존의 인텔리층에 대한 대대 적인 숙청이 있었음을 암시하는 대목이다. 특히 기자조선(箕子朝鮮) 이론에 대한 강한 반대를 최고지도자인 수령이 직접 하였다는 언급을 하고 있다. 이를 '력사위 조행위'라고까지 주장하고 있다(리주현·한은숙 2009: 31). 조선반도의 문화는 조선 의 문화에 의해서 이루어짐을 역설하고 있다. 일종의 문화적 순수성을 강하게 주 장하고 있다. 순수인종의 이미지가 강하게 느껴지는 대목이라고 할 수 있다.

한편, 비단 해당 시기에만 해당되는 것은 아니지만 이른바 '항일무장투쟁시 기'와 관련된 언급이 자주 나온다. 흥미로운 부분은 북한의 주적인 미국만큼이나 일본에 대한 부정적 시각이 많이 표현된다. 1930년대 유격대 활동을 하던 시기 의 주적인 일본이 어쩌면 더 많은 부정의 대상으로 보인다. 이는 북한의 정체성 인 유격대국가의 의미를 내포한다고 볼 수 있다.

Ⅲ기(1961년 9월-1970년 10월): 사회주의 제도의 성공적인 안착을 자축하는 분위기에서 글이 시작되고 있다. 아울러 해당 시기에서도 반일적인 부분에 대한 언급이 지속된다. 김일성의 교시로서 다음 내용이 언급된다; '지난 시기 일본제국 주의자들과 그 어용 사가들 그리고 사대주의 사가들에 의해서 왜곡서술되었던 조선사람의 기원문제…'(리주현·한은숙 2009: 44).[20] 아울러서 일부 고고학자의 폐 단을 지적하면서, 조선반도의 인류의 조상을 외국에서 찾으려는 시도를 하는 사

대주의에 물든 학자들을 지적하기도 하였다. 집단의 순수성에 대한 강한 주장을 하고 있다. 가족국가의 어버이인 수령의 이러한 '세세한' 언급은 바로 절대적인 가치를 지니게 되고 외국의 피가 섞이지 않은 순수한 집단으로 조선반도인을 묘사하고 있다. 가족국가와 순수인종의 이미지가 교차함을 알 수 있다.

한편 이 시기엔 새로운 지도자 김정일이 등장을 한다. 고고학 영역에서 그의 이미지는 인류진화와 구석기에 일관되게 맞추어져 있다. 선사인의 연구라는 입장에서는 두 최고지도자가 등장하지만, 구체적으로 구석기유적 조사와 관련된 부분은 김정일의 이미지가 반드시 강조된다. '구석기＝김정일'이라는 이미지가 형성됨을 알 수 있다. 구석기유적의 존재에 대한 확신과 방향성을 제시하였다는 주장을 한다; '경애하는 장군님께서는…지난 시기 일부 학자들속에서 우리 나라에 구석기시대가 없었다고 단정하고….'(리주현·한은숙 2009: 55).[21]

Ⅳ기(1970년 11월-1980년 9월): 가장 눈에 띄는 부분은 '친어버이사랑'이라는 문구를 들 수 있다. 이른바 '주체조선'의 고고학자들의 일본 학술 방문과 관련된 내용에서 좋은 성과를 낸 부분에 대한 치하를 언급하고 있다. 상대적으로 그리 중요하지 않은 사건으로 볼 수 있으나 최고지도자의 언급이 포함된 내용이기에 기술된 것으로 보인다. 그리고 주요 고고학적 성과에서 최고지도자의 지도에 대한 언급이 빠지지 않는다. 특히 살수대첩이 발생한 위치에 대한 토론에서 수령의 군사적 지식과 과학적 통찰력으로 실제 살수의 위치를 확정하는 데 배려하였다고 주장하고 있다.

Ⅴ기(1980년 10월-1989년 12월): 여기서도 일제 어용사가의 부당성에 대한 비판이 살펴진다. 과도한 민족주의적 언급으로 보이는 이 내용은 순수인종을 지켜내기 위한 노력으로도 해석이 된다. 낙랑의 문제와 발해의 연구에서 일본 학자들의 그릇된 견해에 대한 지적이 관찰된다. 특히 한나라 낙랑군이 평양에 위치하였다는 주장과 관련해서 중국 측 입장은 전혀 없고 일제의 어용적 해석을 비판함이 눈에 띈다.

김정일의 배려로 현재 북한의 중심적인 고고학학술지인 〈조선고고연구〉의 발간이 이루어지게 됨을 설명하고 있다. 1967년 학술지의 대정간이 있은 이후

1986년에 〈조선고고연구〉는 창간을 하였다. 1967–1986년 기간 동안 사실상 고고학 관련 학술지가 전무하였다는 사실을 생각한다면 학술지의 창간은 큰 의의를 가진다. 그 창간에 당시의 최고지도자 김일성이 아니고 김정일의 도움이 컸다는 부분은 여러 가지로 시사하는 점이 크다.

Ⅵ기(1990년 1월–1994년 12월): 해당 시기의 설명에서 그 제목에서부터 중심적인 설명이 단군임을 강조하고 있다. 김일성의 사망 직전에 교시한 단군과 단군릉에 관한 내용이 중심을 이루고 있다. 교시로서 단군이 실제 인물이고 그 유골이 발견된 부분에서 민족의 원시조를 찾게 되었음을 강조하고 있다. 단군이 신화적 인물이 아닌 실제 인물임을 강조하는 데 주력을 하고 있다. 단군릉 건설에 김일성이 교시가 무려 40여 차례임을 강조하고 있다. 관련해서 단군릉의 복원의 부지설정과 단군이 유골을 영구 보존하는 문제에도 최고지도자의 지시가 있었음을 밝히고 있다. Ⅵ기는 단군＝김일성이라는 이미지가 확고히 성립되는 시기라고 할 수 있다. 단군릉이 가지는 극장국가적 속성을 엿볼 수 있다. 한편 민족의 상징성을 수호하는 또는 민족 그 자체를 상징하는 의미에서 김일성이 부각되고 있다.

Ⅶ기(1995년 1월 이후): 해당 시기는 '…우리 혁명에서 가장 어렵고 준엄한 시련의 시기였다.'로 시작하고 있다. 그만큼 고난의 행군의 어려움이 드러나는 시기이다. 김일성 사후 유훈통치와 김정일의 집권기인 해당 시기를 고통 속에서 시작함이 드러나고 있다. 김정일이 주장한 '그 어떤 변화도 바라지 말라'(리주현·한은숙 2009: 137)22)라는 내용에서 현재의 고통이 있다고 해도 어떠한 굴욕적 변심이 없음을 주장하고 있다. '고난의 행군'이란 용어를 직접 사용함을 볼 수 있는데 1930년대 과거를 1990년대 현재로 끌어오고 있다.

고고학 학술의 역사를 살피는 데 '고난의 행군'이란 용어는 비북한인들 사회에선 쉽게 이해되지 않을 수 있으나 북한 사회를 관통하는 유격대국가의 정체성을 생각한다면 북한인들에게는 시의적절한 용어인 셈이다. 이 시기, 국가적 의미에서 고고학적 성과로 볼 수 있는 부분은 〈대동강문화〉이다. 민족의 우수성과 역사성을 강조하면서 이른바 〈대동강문화〉는 세계적으로 오랜 역사를 간직하는 동시에 〈대동강문화〉가 자리 잡은 평양을 중심으로 한 지역은 민족의 성지로 규정

소련 극동전선군 제88독립보병여단과 김일성(첫줄 오른쪽 두 번째), 촬영연도는 1943년.

출전: 위키피디아[24]

하고 있다(리주현·한은숙 2009: 139).[23] 한반도의 문화정체성의 중심이 평양에 있음을 강조하고 있다.

　　1948년 해방과 1948년 정부수립 이후 현재까지 북한은 크게 두 가지 국제 이데올로기적 사고관에 직면하였다. 하나는 식민주의적 사고이고 다른 하나는 냉전적 사고이다. 두 가지 모두 그들의 역사적 경험에서 구성된 사고관이다. 전자는 일제 식민지 시기의 식민지 조선인으로부터의 기억에서 시작한다. 그런데 그 식민지의 기억이 식민지 이후에서 굳건히 유지가 된다는 점을 기억할 필요가 있다. 1930년대 기억을 현재로 끌어온다는 것은 그들의 사고관이 식민지 시대의 사고관에 붙잡혀 있다는 것을 의미한다.

　　냉전적 사고는 한국전쟁을 거치면서 발생한 전 세계적인 냉전의 양상에서 시작되었다. 냉전의 소용돌이 정점에 있었던 북한은 자본주의와 사회주의의 이분법적 사고와 대결의 양상에 익숙하다. 그런데 그 냉전 역시 구소련과 동구권의 탈공산화로 현실에서는 사라졌다. 그러나 전자의 식민주의 사고와 마찬가지로 북한에 있어서 냉전적 사고는 여전히 현재진행형이다. 김정일시대 유명한 문구

'그 어떤 변화도 바라지 말라'는 여전히 유효하다. 냉전 이후 탈사회주의 격랑 속에서 김정일이 밝힌 통치이념, '강성대국(이후 강성국가로 변경)'을 살피면 그 내용은 사회주의의 유지, 정확히는 부강한 사회주의 건설과 유지에 초점이 있다. 강성대국의 다른 말은 사회주의 강성대국의 건설임을 주의 깊게 볼 필요가 있다(조영국 2006: 48).[25] 거의 유일한 사회주의의 보루로 생각하는 북한은 스스로를 미국을 상대할 거의 유일한 나라로 자임한다. 즉, 냉전시대 구소련의 역할을 하고자 한다. 이를 바꾸어 말하면 북한은 탈냉전의 시대에 사는 것이 아니고 여전히 확장된 냉전의 시대에 살고 있는 셈이다.

전자의 사고와 후자의 사고를 논함에 있어서 전자는 물리적으로 명백히 사라진 현실이지만 후자는 전 세계적으로는 사라졌지만 한반도의 남과 북의 구도에서는 여전히 현실인 셈이다. 확장된 냉전의 시대는 실제 한반도에서 벌어지고 있기에 냉전의 논리, 냉전의 사고는 어느 정도는 유효하다고 볼 수 있다. 그러나 식민지 경험의 확장은 다른 의미를 가진다. 유격대국가 북한이 스스로 매우 적극적으로 만든 사고인 셈이다.

문제는 이 두 가지 사고는 분명한 갈등의 대상을 전제로 하고 있다는 점을 생각할 필요가 있다. 두 가지의 사고는 평화가 아닌 투쟁, 화합이 아닌 대결을 의미한다. 그 갈등의 대상은 바로 전자의 경우에는 일본, 후자의 경우는 남한과 미국이다. 따라서, 북한에서 사는 사람들에게는 위험한 적들에 둘러싸여 있는 셈이다. 2차대전 이전 제국주의자인 일본과 냉전시대 자신과 대척점에 선 남한과 미국과 현재형으로 전쟁을 하는 것과 마찬가지이다. 제국주의 일본과 냉전의 대척점 미국과 대결함에 있어서 북한이 들고 나온 대결의 무기는 그들 그 자체이다.

외부의 수많은 대결 속에서 북한인이 유일하게 기댈 곳은 결국 그들 자신이다. 지난 과거의 모진 고통에도 면면히 이어온 자신을 발견하게 된다. 그 어떤 외부의 압력에도 면면히 유지된 자신을 보게 된다. 이것이 바로 북한식으로 나 자신을 아는 방식인 셈이다. 그 어디에도 기댈 곳은 없는 법! 나 자신, 조선민족 그리고 그 조선민족을 있게 한 과거의 우리만이 유일한 전우가 된 셈이다.

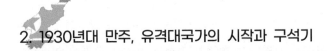

2. 1930년대 만주, 유격대국가의 시작과 구석기

촬영시기는 1911-12년. 촬영자는 일본의 인류학자 도리이 류조.

출전: 국립중앙박물관26)

조선민족의 시간적 확장, 특히 구석기시대로의 확장의 시작점은 사실상 1930년대부터이다. 북한의 정체성을 이해함에 있어서 1930년대가 원점이 됨은 밝힌 바 있다. 묘하게도 구석기 연구의 시작도 역시 1930년대이다. 유격대국가라는 정체성의 시작인 시점과 구석기 연구의 시작 시점이 같은 시기라는 점에 주목할 필요가 있다.

김일성과 그의 부대가 만주와 한반도 일부 지역에서 일본군에 대항해서 빨치산활동을 하던 시기, 당시 한반도 북단 국경 근처 마을에서 구석기 유적이 발견되었다. 유적이 발견된 지점은 엄밀히 한반도이지만 의미적 공간은 만주이다.

그것은 1935년 함경북도 종성군(현재 온성군)에서 벌어진 사건이다.

이 두 가지의 사건은 전혀 연관성이 없어 보인다. 실제 그 사건이 발생한 시점에는 두 가지 사건의 구체적 연관성은 전혀 없다. 1930년대라는 동일한 시기에 국경 근처 그리고 만주라는 동일한 지역에서 두 사건이 진행된 셈이다. 게다가 그 동기 또한 큰 틀에서는 일본 제국주의 진출과 관련이 있기에 동일하다고 볼 수 있다. 일본에서는 1931년 만주사변에서 1945년 패전에 이르는 15년간을 이른바 15년전쟁이라고 부른다. 그 기간은 일본에겐 무력에 의해 강점된 영토가 가장 넓었던 시기라고도 할 수 있다. 동시에 그간 정복한 영토를 한순간에 모두 잃는 시기이기도 하다. 일본 입장에선 가장 변화의 진폭이 큰 시기이다.

그 진폭의 크기가 큰 시기의 시작은 만주의 침략으로 시작이 된다. 일부 일본 제국주의자들에게 만주는 미국의 서부개척시대로 생각한 것으로 보인다. 단지 군사적 목적만이 아닌 정치·경제·사회·문화의 새로운 확대로서 생각한 것으로 보인다. 이른바 '만주열풍'(정준영 2015: 77)[28]이라고 표현될 정도로 만주에 대한 관심이 다방면으로 컸다.

만주 식민화의 상징, 기차

만주에 대한 식민화의 실질적 모습을 보여주는 남만주철도주식회사가 운영한 기차(촬영시점 미상).

출전: 위키피디아[27]

물론 이러한 전방위적 침탈의 진행에는 기존에 거주한 사람들에 대한 피가 필요하였다. 만주에 주둔한 일본에 대항한 저항은 다양하게 진행된다. 식민지 조선인의 항일도 전개도 이어진다. 1920년대 이후 1930년대 초기까지 남만주 지역은 국민부 산하 양세봉이 이끄는 조선혁명군세력이, 북만주 지역은 민족주의 계열의 한국독립군 세력이 존재하였다. 그러나 일본의 만주침략 이후 만주국의 수립된 이후 이곳에서 항일운동을 하는 세력에 변화가 보인다. 1930년 중후반에 와서 만주지역 항일무장운동은 중국공산당에 의해서 재조직된다. 이 조직이 바로 동북항일연군(東北抗日連軍)이다. 중국인과 함께 많은 조선인이 이 조직을 구성하였고 이들 중 김일성에 의해서 조직된 세력이 있었다.

1930년대 김일성 부대와 관련된 주요한 사건을 4가지를 추출한다면, 보천보전투, 고난의 행군, 마에다 군대와의 전투 그리고 소련령으로의 피신이라고 할 수 있다. 두 번의 전투의 그리고 두 번의 피신이라고 압축이 가능하다.

김일성이 1932년 안투에서 조선인 무장세력을 지휘한 것이 그 최초로 알려져 있다(와다 하루키(서동만·남기정 역) 2002).[29] 그때(4월 25일)를 기념해서 북한에서 조선인민혁명군 창건기념일로 지정하고 있다. 북한의 입장에서는 항일 빨치산 운동의 혁명적 계승의 첫 시작이 1932년 4월 25일이 되는 셈이다. 김일성이 당시 식민지 조선반도에 알려지게 된 사건은 1937년 보천보전투이다. 보천보라는 백두산 근처 갑산군의 작은 마을에서의 전투는 동아일보 등의 당시 신문에서 보도하였다. '보천보 피습사건', '비적단' 등의 표현이 신문에서 알려지게 되면서 김일성이라는 이름이 오히려 세상에 회자되게 된다.

1938년 이후 만주에서의 김일성 부대의 활동은 크게 위협을 받게 된다. 이른바 '고난의 행군'이라는 후퇴작전을 하게 된다. 1938년 12월에서 1939년 3월에 이르는 기간 동안 혹독한 시련을 겪게 된다. 당시 김일성과 함께 한 대원들은 이후 북한의 중추적 핵심 인물이 된다. 당시 고통을 상징적으로 보여주는 사건은 김일성과 함께 전투에 참가하였던 양징위(楊靖宇)의 부검기록을 통해서도 가늠이 된다. 1940년 1월 일본군에 의해서 사살된 그의 위장을 해부하자 들풀뿌리와 나무껍질만이 있었다고 한다(와다 하루키(서동만·남기정 역) 2002: 52).[30]

세 번째 사건은 1940년 3월에 있었던 마에다 부대와의 전투라고 할 수 있다. 총 140여 명의 일본군 부대원 중 120여 명이 죽은 사건이다(와다 하루키(서동만·남기정 역) 2002).[31] 북한에서는 이 당시 여러 전투가 있었다고 주장하면 이를 '대부대선회작전'으로 설명하고 있다. 일본군의 토벌에 대항하여 부대를 최대로 묶어서 대항하는 전법을 지칭한다(강홍수 외 2003).[32]

네 번째 사건은 부대를 소규모로 나누어서 국경을 넘어 소련령으로 피신하는 과정이다. 김일성 부대가 속한 동북항일연군 1로군에서 살아서 소련영토까지 간 조직원은 극소수에 해당된다. 북한에서는 이 당시의 상황을 이른바 '소부대활동'으로 묘사하고 있다. 북한 자료에서는 소련으로의 피신이라는 설명은 찾아보기 힘들다. 다만 정황적으로 이를 이해할 수 있는 내용이 담겨 있다. 즉, 이른바 '쏘일중립조약'(소련-일본 중립조약)으로 인해서 많은 항일운동가들이 좌절을 하거나 전향을 하였다는 주장을 한다. 만약 김일성 부대가 소련령에 있지 않았다면 이러한 내용을 굳이 언급할 필요가 없었을 것이다.

일련의 4가지 사건은 북한의 유격대국가의 이미지 형성에 중요한 역할을 하게 된다. 물론 역사적 사실의 해석에는 북한과 비북한 학자들 간의 차이성이 존재한다. 그러나 이 4가지 사실은 북한이든 비북한 연구자들이든 중요히 다루는 부분이다. 이 스토리의 전개의 중심적인 축은 바로 반일(反日)이라고 할 수 있다. 모든 이야기의 전개에서 일본제국주의자에 대항의 과정에서 전투, 고통, 피신, 승리가 점철되고 있는 것이다. 유격대국가의 스토리가 전개되기 위해선 그래서 '항상 잔혹하고 끈질긴 악(惡)'이 존재한다. 그것은 바로 일본이다. 따라서 북한의 유격대국가의 이미지가 현재도 효용성을 가지기 위해서 일본은 선한 이미지일 수 없다. 항상 간악한 악으로 남아있을 필요가 있다.

북한은 현재도 남한과 함께 일본을 주적으로 보고 있다. 따라서 일본과는 현재 수교도 이루어지지 않은 상태이다. 함축적으로 본다면 '식민지 시기 전범자'라는 인식과 함께 '현재의 적'이라는 인식을 하고 있다(이미경 2015).[33] 대일 인식에서 남한과 북한은 극명한 차이를 보인다. 남한에게 일본은 한때는 적이지만 현재는 (다소 불편하지만) 교류의 대상으로 본다. 그러나 북한은 기본적으로 과거와 마찬가지로 현재도 주적으로 인식하고 있다. 과거의 관계가 현재도 꾸준히 이어지고 있는 셈이다.

1930년대 만주의 김일성 부대와 활동하던 그 시기, 1935년 함경북도 종성군(현재 온성군)에 위치한 동관진에서 구석기 유물이 발견된다. 1932년 발견하고 1933년 그리고 1935년 발굴조사가 이루어졌다(국립문화재연구소 2013).[34] 1930년대 동관진의 조사는 일본인 학자 주도로 구성된 만몽학술조사단(滿蒙學術調査研究團)에 의해서 이루어지게 된다. 조사단의 이름 '만몽(滿蒙)'에서도 알 수 있듯이 해당 조사단은 한반도의 조사가 목적이 아니었다. 따라서 동관진의 중요성은 한반도 내의 유적을 조사하기 위함이 아니고 만주와 몽골의 조사에 방점이 있다고 할 수 있다. 그렇다면 과연 당시 만주와 몽골의 구석기 유적의 상황은 어떠하였을까?

1931년 중국 흑룡강성 하얼빈시에서 얼마 떨어지지 않은 곳에 위치한 구샹툰에서 유적이 발견되었다(顧鄕屯遺蹟). 석기 및 화석이 발견되었는데 당시 유적의 조사는 일본의 연구자들뿐 아니라 중국, 러시아 및 서구의 연구자들에게도 관심의 대상이었다. 따라서 이후 발견된 동관진의 존재에도 어느 정도 영향을 미쳤을 것으로 보인다. 당시 구석기시대 유적에 관한 사례가 흔치 않았기에 유적의 진위에 대해서 논란이 있었다.

그러나 당시에도 아시아 일부 지역에서 구석기유물이 이미 조사된 지역도 있었다. 바이칼지역에 위치한 말타 유적은 1927년에 이미 조사가 이루어졌고 공간적으로 많이 떨어져 있지만, 북경원인이 발굴된 주구점 유적 역시 1920년대 조사되었다. 전반적으로 동아시아에서 구석기의 가능성은 극히 적은 사례만이 보고가 되긴 하였으나 그 존재 자체가 완전히 부정되지는 않았다.

다시 동관진으로 돌아와서, 당시 해당 유적 그리고 당시 한반도에 구석기의 가능성에 대하여 식민지 일본 학자들은 어떠한 생각을 하였을까? 당시의 일본의 학자들에 의한 반응은 교차적 시각을 가진 것으로 보인다. 일본의 최초 구석기 유적은 1949년 발견된 이와주쿠 유적(Iwajuku Site)이다(Y. Nakazawa 2010).[35] 즉, 2차대전 종전 후 1940년 말이 되어야 조사가 되었기에, 1930년대 당시 일본열도 그 어느 곳에서도 공식적으로 구석기 유적의 존재는 확인된 바가 없었다. 아마도 일본 연구자의 입장에서 본다면, 1930년대 두만강 유역에서 발견된 석기 그리고 절멸된 동물화석은 상당한 당황함을 주었을 것으로 본다. 결국 일부 학자들에 의해서 그 진위에 대한 긍정적인 해석이 개진된다. 나오라 노부오의 경우, 해당 유적이 조선의 중요한 구석기 유적이라고 보고하고 있다(성춘택 2017).[36]

그렇다면 식민지 조선인 학자들의 반응 역시 살필 필요가 있다. 우선 밝혀야 될 부분은 당시 구석기 연구에 대한 직접적 접근은 식민지 조선의 학자들에겐 거의 불가능하였다는 사실이다. 직접적 접근, 즉 본격적인 발굴조사는 일본인 연구자들에 의해서 이루어졌기에 애초부터 불가능하였다. 게다가 당시 신설된 『조선보물고적명승천연기념물 보존령』(1933) 등으로 식민지 학자들에겐 행정적, 정치적, 정서적으로 진입장벽이 높은 대상이었다. 따라서 구석기에 대한 연구는 법적 경제적 부담이 되는 실질적인 발굴조사보다는 담론중심, 가설중심으로 이루어지기 마련이었다.

그 대표적인 인물로 백남운을 들 수 있다. 『조선사회경제사』를 저술한 백남운도 당시 조사된 석기에 관심이 있었던 것으로 보인다. 그는 그의 글에 다음과 같이 표현하였다; '원시조선(原始朝鮮)이 고석기시대(古石器時代)를 경과(經過)하였다는 것은 약우(若干)의 출토품(出土品)에 의하여 확증(確證)된다'(한창균 2020: 252).[37] 그런데 그의 언급은 1933년 그의 저서에서 나와있는데 동관진 조사의 시작이 1933년이고 구석기에 대한 공식적인 결과는 수년 후에 나온 것을 감안한다면 그의 주장에 대해서 좀 더 자세히 살필 필요가 있다. 그는 조사된 유물의 존재를 기반으로 구석기의 존재에 대해 주장을 하였지만, 그의 단계진화론적 사고도 한몫하였다고 본다.

그가 쓴 『조선사회경제사』는 단계적 진화론에 입각한 조선사회의 변화과정을 살핀 글이다. 그는 보편적이고 일반적인 역사발전의 법칙이 있다고 보았다. 즉, 사회진화론적 사고를 하였다. 그 보편적 역사발전의 법칙이란 원시씨족단계에서 원시부족국가로 그리고 노예제국가단계로의 전개를 설명하였다. 이러한 사고는 각각의 사회문화의 특수성보다는 일반성을 더욱더 중요히 생각하는 사고인

출전: 한국민족문화대백과사전38)

셈이다. 그리고 사회주의 사고관에 부합하는 입장인지라, 이후 북한의 인류진화와 구석기 연구에 주요한 기초적 사고가 된다.

그는 조선의 과거가 전 세계사적 입장에서 특수한 상황으로 보기보다는 인간 사회라면 누구나 겪게 되는 일련의 과정으로 보았다. 그 초기과정에서 원시씨족단계에 사용했을 법한 구석기 유물의 존재는 충분히 존재할 수 있다고 생각하였다. 미루어 짐작하건대, 설령 구석기 유물의 발견이 모호하였더라도 한반도에서 구석기 존재에 대해서 부정을 하지 않았을 것으로 보인다. 요즘의 북한의 용어로 표현한다면 역사의 합법칙성에 따라서 석기시대는 당연히 존재한다고 주장하였을지도 모른다. 아직 발견이 안 된 것이지 분명히 존재한다고 주장하였을 것이다.

그러한 그의 생각에 보다 유물중심적인 사고로 이를 반대한 학자가 있는데 그가 바로 한흥수이다. 한흥수는 이후 자세히 설명하겠지만, 도유호와 함께 북한의 구석기 연구의 1세대 연구자라고 할 수 있다. 그는 1936년 오스트리아 비엔나대학교를 입학하고 이후 스위스 프리부르 대학교(Fribourg University)에서 박사학위를 수여받게 된다. 그의 박사학위 청구논문의 주제는 한반도의 거석문화의 연구이다(한창균 2013).[39] 당시로서는 흔치 않은 주제로 학위를 받았다. 논문 내용을 기준으로 본다면 한흥수는 당시 조선인으로서 고고학을 전공하여 박사학위를 받은 최초의 인물이라고 할 수 있다. 그가 유학을 떠나던 1936년에 쓴 「朝蘇石器文化懶說」, 『진단학보』에 왜 조선반도에 구석기가 존재하지 않는지에 대해서 논박을 하고 있다. 그는 결과적으로 백남운의 의견과는 다른 주장을 하였다.

　　비록 그가 한반도의 구석기 존재에 대해서 회의적이었지만, 당시의 최신 서구의 석기문화에 대한 이해를 하고 있음을 알 수 있다. 현재도 사용되고 있는 석기문화용어인 아슐리안(Acheulian), 무스테리안(Mousterian), 오리그네시안(Aurignacian) 등을 언급하고 있다. 그는 백남운과는 달리 일반화 또는 나아가서 과일반화의 오류를 경계하고 있다. 그는 서구의 무스테리안, 오리그네시안 등의 석기가 전 지구에 일반적으로 나타나는 문화현상이라고 생각하지 않는다고 주장하고 있다. 백남운의 생각과 달리 문화의 일반화보다는 문화의 특수적 입장에 관심을 보이고 있다. 또 하나 이채로운 점은 석재에 대한 언급도 하고 있다. 유럽의 구석기유물이 흔히 프린트(flint)라는 정질이 석재로 만들어지는데 조선반도엔 그러한 석재가 산출되지 않기에 서구와의 비교도 힘들다는 점도 언급한다.

　　결과만 놓고 본다면 한흥수가 석기의 존재에 부정적이지만 구석기 고고학적 연구방법론에 있어서는 그의 접근이 실증적이다. 한흥수야말로 실제 구석기 문화현상에 대한 이해를 가지고 구석기의 존부를 다루었다고 할 수 있다. 실제 그는 황해북도 금천에서 구석기 조사를 하기도 하였다(한창균 2014).[40] 아쉽게도 그의 열정이 실제 고고학적 발굴 성과로 이어지지는 못하였다.

　　1930년대 만주라는 공통점을 가진 두 사건, 김일성과 김일성 부대 그리고 동관진 유적은 서로 아무런 관계없이 시간은 흐른다. 그러나 1960년대 말 이후 동관진유적은 1930년대 만주라는 시간의 원점을 가진 유격대국가에 의해서 '재무장'을 하게 된다. 동관진 유적에 대해서 진정한 구석기 유적이 아니라고 주장한 학자들에 대한 공식적인 비판이 나타난다. 북한 사회에서 문서상으로 공식적인 비판이 대상이 된다는 것이 무슨 의미인지는 쉽게 이해할 수 있을 것이다. 그런데 왜 이러한 일이 발생하였을까?

이를 살피기 위해서는 1950-60년대 북한의 고고학자가 생각하였던 동관진을 살펴볼 필요가 있다. 그 당시 북한의 상당수 연구자들은 동관진에서 발견된 유물에 대해서 구석기시대가 아닌 신석기시대로 판단하였던 것으로 보인다. 대표적으로 함경북도의 선사유물을 조사한 북한의 황기덕의 글을 살피면 동관진에 대해서 신석기시대 그리고 그 이후의 유적으로 파악하고 있음을 알 수 있다(황기덕 1957).[41] 아마 1950, 60년대 구석기 연구에 대해 가장 정통한 학자는 도유호와 한흥수일 것이다. 위에서 언급한 바와 같이 한흥수는 해방 이전부터 꾸준히 과학적 그리고 자료의 객관적 증거를 통해서 구석기의 존재 가능성에 대해서 부정적 입장을 취해왔다. 그의 입장은 1950년대에도 유지된다. 북한 정권이 수립되고 간행된 학술지 『력사제문제』(1950)에서 그는 함경북도에서 발견된 일부 석기 유물이 나오지만 이를 구석기시대로 보는 것은 인정할 수 없다고 주장한 바 있다(국립문화재연구소 2019: 23).[42]

도유호는 다만 구석기 존재의 가능성을 일부 있지만 아직 조사된 결과가 없기에 이를 단정할 수 없다는 의견을 피력하고 있다(민속학연구소 1962: 55).[43] 1960년대 남북한을 통틀어서 가장 최초의 고고학개설사라고 할 수 있는 도유호의 『조선원시고고학』에서도 조선 고고학의 시작이 구석기가 아닌 신석기부터로 서술되고 있다(도유호 1960).[44] 즉, 1930년대 발견된 동관진에 대해서 부정적 의견을 가진 셈이 된다.

당시 고고학자들의 구석기에 대한 부정적 의견은 학문적 고민의 결과였을 것이다. 그러나 결과적으로는 동관진 유물에 대한 그러한 부정은 결국 정치적인 문제로 비화되기에 이른다. '구석기시대연구에서 주체를 세울데 대한 당의 현명한 방침'이란 주제의 글에서 구석기 유적의 존재를 부정한 연구자들에 대한 비판이 언급된다(채희국 1987).[45] 그 언급의 당사자는 고고학자가 아닌 김정일의 이름으로 이루어지고 있음을 주의 깊게 살필 필요가 있다. 이후 이와 유사한 비판은 이어진다. 2015년의 글에서도 유적명을 언급하며 동관진(강안리) 유적에 대한 진위에 대해서 부정적 입장을 보였던 '일제와 어용사가들', '사대주의에 물젖어있던 일부 학자들'에 대한 비판이 전개되고 있다(리성철 2015).[46] 즉, 동관진에 부정적 의견을 피력한 학자들에 대해서 수십 년에 걸쳐서 비판을 유지하고 있음을 알 수 있다.

북한은 왜 동관진 유적을 부정하였던 학자들에 대해서 이상할 정도로 꾸준히 비판하는 것일까? 1960년대 행해진 비판에 대해서는 그 맥락을 충분히 읽을 수 있다. 당시 사상적 대숙청 기간임을 감안한다면 그 비판의 정황을 읽을 수 있다. 1967년에 있었던 '당면한 당선전사업방향에 대하여'라는 김일성의 교시와 관련하여 북한에서 이른바 인텔리의 전면적 개조작업이 있었던 시기였음은 상기할 필요가 있다(전미영 2011).[47] 당시 지식인 사회의 대숙청 기간인 관계로 여러 가지 이유로 비판이 공개되었으리라 본다. 그런데 문제는 이러한 비판이 해당 지식인, 즉, '일제의 의견에 동조한 어용학자'가 더 이상 북한사회에 존재하지도 않는 1980년대는 물론이고 2000년대 이후 현재까지 계속되고 있다는 점이다.

그 공격은 실제 '일제의 의견에 동조한 어용학자'를 비판한다기보다는 1930년대 만주의 기억을 다시금 끌어오는 과정이라고 볼 수 있다. 유격대국가의 정체성을 유지하기 위해서는 일제와 친일파에 대한 끊임없는 분노와 비판이 필요하다. 분노와 비판이야말로 현재도 이어지는 유격대국가를 구성하는 힘이 된다. 1950−60년대 순수한 학문적 의지로 유적에 대해 반대한 인물도 유격대국가의 극장에 출연 인물로 나오게 된다. 안타깝게도 당시의 일부 학자들은 '나쁜 적'으로 극장에 등장할 수밖에 없다.

3. 일탈된 시기의 북한의 구석기

앞서, 유격대국가, 극장국가, 순수인종, 가족국가, 피줄국가에 대해서 살피었다. 이 대표어들은 현재 및 과거의 북한의 정체성을 대변한다. 그런데 이들 대표어들과 어울리지 않는 기간을 꼽으라고 한다면, 바로 1950년대이다. 좀 더 구체적으로 살핀다면 1948년 북한 체제의 성립 이후 1960년대 초까지는 위의 5가지 대표어로 설명하기 어려운 시기라고 할 수 있다. 이 시기는 비북한인이 보기엔 어느 정도는 정상적인 시기라고 볼 수 있다. 비북한인에게는 정상적 시기이지만, 북한의 현재 기준으로 본다면 '비정상적 시기'라고 할 수 있다.

북한에서 탈북한 이들의 증언 중, 북한에서 발행된 도서라고 할지라도 오래된 도서를 마주할 경우, 각별한 눈치를 보게 된다는 증언이 있다. 이는 어느 정도 짐작이 간다. 북한에서 발행된 1950년대 도서에서는 막스·레닌에 대한 과할 정도의 존경을 보이는 문구가 꽤 많이 발견된다. 이는 북한이 항상 생각하는 이른바 김일성을 정점으로 하는 '유일적령도체계확립'에 어긋날 수 있다. 1970년대 이전의 논문에서는 지금과는 달리 모든 글의 시작에 앞서 최고지도자의 교시로서 글이 시작하지 않는다. 현재의 북한 독자들에겐 최고지도자의 교시가 없는 논문이란 상상이 불가능하다. 현재의 북한인이 보기엔 이러한 이상한 일이 가장 응축된 시점이 1950년대인 셈이다.

북한인이 보기에 비정상, 비북한인이 보기에 정상인 시기 중 고고학과 관련된 사건을 다루고자 한다. 해당 시기를 반드시 살펴보아야 될 이유는 이후 시기와 극명한 차이를 보이기 때문이다. 제반 사회 양상도 그러하지만 고고학문 역시 해당 시기를 지나며 크게 변화를 한다. 폭포의 강도를 알기 위해서 낙차 폭이 중요하듯 그 변화의 정도를 알기 위해서는 해당 시기를 살펴보아야 한다. 북한의 고고학 정체성의 획기적 변화를 읽어내는 데 중요한 역사적 분기점으로 보아야 한다.

설명하기에 앞서 우선 비북한인이 보기에 비정상적인 모습을 살펴보자. 유훈정치를 예로 들 수 있다. 김일성과 김정일의 사망 이후 북한은 이른바 유훈정치를 시행하였다. 최고지도자가 없는 정치일정이 시작된 셈이다. 김일성 사후 약 3년간이 애도기간, 유훈통치 기간이고 김정일 사후 약 4개월이 그 해당 기간이었다. 총 3년 4개월을 북한은 죽은 자가 산 자를 다스리는 셈이 된 것이다. 이러한 이해하기 어려운 상황이 비단 유훈정치에만 국한되지 않는다. 북한은 세계 5대문명 중의 하나로 대동강유역문명를 강조한다. 평양을 중심으로 한 대동강 유역의 문명을 티그리스-유프라테스문명, 나일강문명, 인더스문명, 황하문명과 대등하

거나 오히려 앞설 수도 있다고 주장한다(지화산 2017).48)

그 외 헌법에 특정 인물의 이름이 명기되는 문제, 항일 빨치산 운동의 지나친 강조, 김정은 시대에 와서 특히 강조되는 백두혈통까지 이 모든 일은 이해가 어렵다. 바로 여기서 우리는 중요한 사실을 살펴야 한다. 이상하게 보이는 그 행위 자체보다, 그 행위가 북한에서 완벽하게 문제없이 작동되고 있다는 점을 주의 깊게 들여다볼 필요가 있다. 그러면 이를 가능하게 하는 힘은 어디에서 나올까? 물론 여러 요소가 있을 것이다. 그런데 가장 중요한 부분은 해당 부분은 꾸준한 실천적인 대상이라는 데 있다. 이 내용들은 실제 받들어지고 공부되고 전수되고 그리고 꾸준히 다듬어진다.

1950년대 그리고 1960년대 초까지의 북한의 구석기 연구를 비롯한 고고학 연구는 현재의 북한 기준으로 본다면 분명 이상한 시기임에 분명하다. 한 사람의 논문이 한 사람의 사고를 담아내는 사례가 유독 많았던 시기였다. 즉, 현재와 같이 자신의 생각이 아닌 집단의 생각 또는 정책의 생각을 담아내는 공보(公報)적 성격의 글이 압도적인 시기가 아니었다. 더욱이 당시에는 일부 학술적 논쟁이 존재하던 시기였다. 고고학적 물적 자료를 해석함에 있어서 사회진화적 사고와 문화사적 사고의 논쟁, 구석기시대의 존재에 대한 이견, 고조선의 영역의 문제, 단군의 문제 등 학자들에 따른 주의와 주장이 서로 교차되던 시기였다. 비북한인이 보기에 지극히 정상인 학문 행위를 하던 시기라고 할 수 있다. 바로 이 시기, 그 중심에 있던 고고학 특히 구석기 고고학문에는 주요한 두 인물이 있다. 그들이 바로 도유호와 한흥수이다. 이들 중 특히 도유호의 학문적 업적은 이후 북한의 구석기 연구의 매우 큰 영향을 미친다.

그러나 북한 고고학 문헌에서 갑자기 사라진 이후 현재까지도 그들의 이름이 언급되는 경우는 없다. 다만 문맥상 그와 그의 동료들로 암시되는 '일제에 동조한 어용학자들' 정도로 문헌상에 부정적으로 나올 뿐이다. 당연히 그들이 이룬 성과들에 대한 긍정적인 평가는 없다. 그들의 성과가 이후에 상당 부분 반영되지만 그들의 이름이 긍정적으로 인용되는 사례는 결코 없다.

도유호 그리고 한흥수를 살핀다는 것은 비단 잊힌 그들의 업적을 알리는 데 주된 목적이 있는 것이 아니다. 그보다는 그들이 남긴 유산이 현재 어떻게 북한의 구석기 연구에 남아있는지를 살피는 데 그 목적이 있다. 북한 스스로 그토록 부정하는 두 인물이 사실상 현재의 북한 구석기의 상당 부분을 구성하고 있음을 밝히는 데 목적이 있다.

두 학자에겐 상당한 공통점이 발견된다. 비슷한 시기에 출생하여(도유호 1905년, 한흥수 1909) 비슷한 시기에 유럽 유학을 하였다. 그것도 독일어권의 대학에서 수학한 점도 빼놓지 않고 생각할 부분이다. 그리고 그들은 비슷한 시기에 당시 식민지 조선인으로선 드물게 박사학위를 받았다. 또한 거의 비슷한 시기에 남과 북의 갈림에서 북을 선택한 학자들이기도 하다. 거의 동시에 북한 정부에서 고고학 주요 업무를 맡게 된다. 그들의 학문적 고난 역시 시기만 다르지 거의 비슷하다. 두 학자는 결국 숙청 및 그와 유사한 처지를 겪게 된다. 현재 북한의 연구서에서 이 두 학자에 대한 언급은 결코 찾아볼 수 없는 점 또한 공교롭게 동일하다.

도유호는 함흥의 영신학교를 거쳐 1922년 당시 경성 휘문중학교에 편입을 한다. 이후, 경성고등상업학교를 1929년 졸업하고 동년 중국으로 유학길에 오르게 된다. 당시 기준으로 북평(현재의 북경)의 연경대학교에 입학을 한다. 당시 연경대학교는 서양 기독교 재단에 의해서 설립된 대학이다. 이러한 수학과정은 그의 유럽의 학문적 발판의 직·간접적 영향을 주었을 것으로 본다. 정황상, 실제 그는 연경대학교에서 학위를 마치지 못한 것으로 보인다. 그는 이듬해 1930년 독일로 입국하기 때문이다(한창균 2013).[49] 독일 프랑크푸르트 대학에서 수학한 후 대학을 옮기게 된다. 오스트리아의 비엔나(빈) 대학교 사학과로 옮겨 고고학을 전공하기에 이른다.

그의 학문의 과정에서 비엔나 대학교은 비엔나 학파라는 학문적 경향성과 구석기 연구라는 인연을 만들어준 장소이다. 1930년대 비엔나 대학을 중심으로 형성된 비엔나 학파는 유럽의 지성사에 중요한 중심축을 이루었다. 영어권을 대표하는 영국의 지성세계, 프랑스어권의 대표인 프랑스 지성세계에 대응하는 독

1936년 4월 7일 동아일보. 도유호 박사 관련 기사

오지리(오스트리아) 유야랍대학(비엔나대학)의 학위수여 사실을 알리는 기사.

출전: 동아일보 1936.4.7[50])

일어권의 지성의 축이 비엔나 대학을 중심으로 이루어졌다. 고고학을 포함한 인류학 부분에서도 독특하고 창발적인 학문적 경향이 모색되고 있었다.

　　The Kulturkreis(culture circle)라고 불리는 인류학(고고학)적 비엔나 학파가 구성된다. 이는 문화 특수주의적 입장에서 인간 행위 및 문화를 이해하려는 시도라고 볼 수 있다. 각 문화를 일련의 시·공간적 특수적 조건에 따른 변화로 본다. 즉, 문화, 그 정의는 항상 달라지지만 고전적 정의로 인간 행위의 모든 (고고학적) 결과물의 총체를 단수로 보기보다는 복수로 본다.

　　여기서 복수, 단수의 의미는 다소간 은유적인 표현인데, 단수 문화란 하나의 거대한 문화체계가 존재하고 이는 보편적 그리고 일반화된 특성을 지닌다는 의미이다. 이는 경우에 따라서 문화를 단선적으로 진화하는 사고와도 그 궤를 같이 할 수 있다. 세상의 모든 문화가 일정한 방향으로 단계를 밟아 진화하는 생각을 한다면 모든 문화는 하나의 체계만을 가진다고 할 수 있다. 비유하자면 세상의 문화가 A→B→C→D→E로 변화 발전한다면 외부의 영향이 없어도 결국엔 변화를 한다는 사고이다. 그리고 특성 사회가 A단계에 있다면 그다음은 B가 예상이 된다. 즉, 문화에서 예상이 가능한 스토리가 전개된다.

반면 복수의 문화란 각 집단의 문화가 고유의 특성이 있어서 어떠한 거대 원칙이나 보편적 원리에 의해서 변화되는 것이 아니라는 생각을 말한다. 즉, 각 문화의 특수성과 개별성을 강조한다. 따라서 모든 사회가 A→B→C→D→E로 변화하는 것이 아니다. 그리고 변화의 동력은 내부뿐만이 아니고 외부에서도 찾아진다. 즉, 문화체계가 외부의 자극에도 쉽게 변화할 수 있다는 사고다. 여기서 외부 자극이란 문화 복합도가 높은 발명이나 발견을 한 문화집단이 그렇지 못한 문화집단에 전파로서 영향을 줌을 의미한다. 바로 이러한 사고를 발전시킨 학파가 비엔나 학파이다.

이렇듯, 비엔나 학파에서는 각각의 별개의 문화의 변화 과정에서 전파론과 같은 외부의 자극이 중요한 역할을 한다는 사고를 하게 된다. 이러한 문화의 시각은 당시에 영국과 프랑스를 중심으로 전개되었던 단선진화론적 사고와 비교하면 매우 큰 차이성을 보인다. 프리츠 그레브너(F. Graebner), 빌헬름 슈미트(W. Schmidt)와 같은 학자들은 문화의 변화에서 전파를 중요시한다. 그리고 고도로 발달한(복합적인) 문화는 여러 이질적인 문화의 혼합에 의한 것으로 본다. 독일인으로서 미국에서 주로 활동한 프란츠 보아스(F. Boas)와 같은 걸출한 학자는 문화를 그 자체로 이해해야 될 고유하고 독특한 존재로 보았다(브루스 트리거(성춘택 역) 2019).[51]

따라서 문화현상은 각 집단마다 시기마다 다르고, 고유하고 특별한 발명은 항상 발생하는 것이 아니고 특별한 지역에서 특별한 시기에 발현하는 것으로 인식하였다. 만약 두 지역에서 동일한 문화현상, 예를 들어 동일 또는 유사한 거석물이 있다면 이는 어느 한쪽이 먼저 만들어 다른 쪽에 전파시킨 결과로 인식하였다. 이러한 전파론적 사고는 빌헬름 슈미트 등의 학자들에 의해서 적극적으로 주장되었다.

비엔나 학파는 1800년대 말 1900년대 초, 단선진화적 사고의 문화, 즉 문화를 단수로 보았던 영국과 프랑스의 많은 학자들과는 차이가 있는 이론이었다. 야

만에서 문명, 원시에서 왕국, 단순에서 복합이라는 일종의 보편적인 단계, 나아가서 그 보편적인 일련의 단계를 세분화시켜서 모든 집단이 이러한 일련의 과정을 거쳐서 변화, 아니 발전하였다는 단선진화적 사고가 고고학의 중심 담론이었다. 당시 영국과 프랑스의 걸출한 고고학 및 인류학 연구자들인 존 러복(J. Lubbock), 에드워드 타일러(E. Tylor)나 루이스 모건(L. Morgan), 에두아르 라르테(E. Lartet), 가브리엘 드 모르티에(G. Mortillet)와 같은 연구자들은 대체적으로 이러한 사고를 하였다. 부연하자면 이러한 학문적인 배경은 당시의 지질학 및 고생물학적 사고도 일부 담겨 있었다. 지층의 누중의 법칙에 따른 시간적 변화에 따른 지질학적 시간대의 이해, 그리고 절멸된 화석과 현재의 동물을 통해 본 진화과정은 시간의 깊이와 함께 변화를 단계적으로 이해하는 경향도 있었다.

종의 변화, 즉 진화는 끊임없는 변화이지만, 실제 발견된 화석은 얼마 되지 않기에 변화는 단속적인 것처럼 보이기 마련이다. 긴 시간대에서 단편적으로 파편화된 화석만이 발견되기에 생명의 변화를 일종의 단계와 같이 인식하기도 하였는데, 단선진화론자들은 이 변화를 문화에 대입하였다. 그리고 당시 제국으로서 많은 식민지를 거느리고 수많은 이질적인 집단의 문화를 접한 이들은 집단의 우열, 차등이 존재함을 주장한다. 1차 산업혁명에 이어 2차 산업혁명까지 거친 서유럽 국민들이 호주와 아프리카 원주민 집단을 어떻게 보았을까? 문화는 다르고 그 다름엔 차등이 있다는 생각을 하였다. 이들은 문화를 주로 단수로 보는 시각이 강했다. 기본적으로 보편 타당한 문화 발전 모델이 있고 서유럽은 이미 높은 문화단계에 있으나 그 원주민 집단은 과거 서유럽인들이 그랬던 낮은 단계의 문화에 머무르고 있다고 생각하였다.

비엔나 학파의 고고학은 결국, 기존의 공고한 영국과 프랑스의 단선진화론에 입각한 사고와 다른 사고로서 고고학적 물질을 바라본 셈이다. 그들은 각 문화를 고유한 특수성을 가진 것으로 생각하는 문화사적 시각(culture historical approaches)을 견지하게 된다.

비엔나 학파의 이론의 중심지에 도유호 그리고 이후 한흥수는 그 영향을 직·간접적으로 받았을 것으로 본다. 도유호는 1935년 박사학위를 취득하게 된다.

유럽에서 한국사를 주제로 박사학위를 받은 최초의 인물이다. 그러나 그의 주제는 고고학은 아니다. 더군다나 구석기 고고학은 결코 아니었다. 그의 논문 주제는 『문화적 맥락에서 본 조선사의 문제』(*Probleme der Koreanischen Geschichte in Kulturellem Zusammenhang*)이다(한창균 2017).[52] 구성은 고대, 중세, 근세로 전개된다. 고대는 단군조선, 기자조선, 민족의 유래로 시작이 된다. 즉, 선사 고고학, 구석기 고고학을 다루는 글이 아니다.

그럼에도 불구하고 비엔나 대학은 그에게 구석기 고고학과 인연을 맺게 하여 주었다. 비엔나 대학교에서 그의 은사 중의 한 명인 맹긴(O. Menghin)은 그의 구석기 고고학 학문에 절대적인 영향을 주었을 것으로 보인다. 그는 사실 식민지 조선인으로서 최초의 고고학 논문을 쓴 한흥수의 지도교수이기도 하다(한창균 2013a).[53] 도유호와 한흥수 모두 북한에서 고고학을 연구하였기에 맹긴의 구석기 고고학의 사고는 의도한 건 아니지만 북한 고고학에 일정한 영향을 주었다고도 할 수 있다. 구석기 고고학자로 맹긴은 『석기시대의 세계사』(*Weltgeschichte der Steinzeit* 1931)라는 책을 저술하였다.[1] 그의 연구는 당대의 석학인 영국 에든버러 대학의 고든 차일드 그리고 영국에서 최초의 구석기 개설서를 쓴 케임브리지 대학의 마일스 버킷에 의해서도 서평이 쓰였다.

당시 구석기를 전공하지 않은 도유호의 입장에서 해당 도서가 큰 의미가 있다고 보기 힘들다. 그러나 그가 귀국 후 일본에서 번역 업무를 하며 생계를 꾸릴 때 그는 일본인 동료 연구자와 이 책을 번역하였다. 일본에서도 생소한 구석기시대의 연구서의 번역이니만큼, 용어의 번역에서도 고민이 있었을 것으로 보인다. 도유호는 석기의 형식 용어를 필두로 다양한 구석기 용어의 번역에 참여하였을 것으로 본다. 실제 1950−60년대 그가 지면을 통해 보여준 구석기 고고학적 지식은 당시 그 번역과 무관하지 않을 것으로 본다.

---

1) 현재의 입장에서 본다면 맹긴의 일부 주장은 다소가 생소한 면이 있다. 예를 들어 현재 일반적으로 사용하는 석기시대, 중석기시대, 신석기시대와 같은 시기 구분에 소극적이었던 것으로 보인다. 기본적으로 문화사고고학적 입장에서 석기군을 이해하였다. 석기군의 변이성은 기본적으로 전파에 의함을 강조하였다. 나아가서 인종과 석기군 간의 상관성을 강조하기도 하였다.

출전: 위키피디아[54]

　　해방 후 북을 선택한 도유호는 김일성대학교 교수를 역임한다. 한국전쟁 중
에는 통역 장교로 활동을 하기도 하였다. 1952년 북한에서 과학원이 설립되는데
그 산하기관인 〈물질문화연구소〉의 소장을 맡게 된다. 이후 해당 기관의 명칭이
〈고고학 및 민속학연구소〉로 개칭되는데 소장직을 유지하였다. 그의 구석기 고고
학적 연구는 1960년대 초반에 집중된다. 북한의 학술지 『고고민속』, 『문화유산』
등에 3편의 주목되는 글을 쓴다. 3편 모두 전문적인 연구자를 위한 것이라기보다
는 사전 지식이 없는 독자를 위한 글이라고 볼 수 있다. 당시 구석기 연구가 전
무한 상황에서 대중에게 구석기시대를 알려주는 학술 논문으로 볼 수 있다. 각각
의 키워드로 본다면 구석기, 인류진화, 제4기 구석기시대 환경이라고 할 수 있다.
그중 구석기의 키워드를 가진 글은 1962년 도유호가 쓴 것으로 추정되는(한창균
1992)[55] 「구석기란 무엇인가?」이다(고고학 및 민속학연구소 1962).[56] 그리고 인류진
화와 제4기고고환경은 각각 「인류의 기원」, 「빙하기란 무엇인가?」이다(도유호
1962).[57][58]

　　그의 3편의 글을 통해서 현재 북한의 구석기 연구의 경향성과 비교해 볼 필
요가 있다. 공식적으로 그는 현재의 북한 고고학계에서는 잊힌 인물이다. 어쩌면
투명인간과 같은 존재가 되었다고 할 수 있다. 그의 화려한 활동에 비해 말년에

대해서 정확히 알려진 바는 없다. 1960년대 숙청되어 강계의 교원으로 재직하고 사망하였다는 설과, 출판사 편집원으로 배치되었다는 설 등 다양한 가설이 존재한다(한창균 2017; 이선복 1992).59)60) 확실한 부분은 1965년 논문(도유호·김용남 1965)61)이 공식적으로 그의 마지막 논문이라는 점이다.

북한은 모호한 어투로 그의 시대에 살았던 다른 숙청된 지식인과 함께 그를 비난을 하지만 정작 그를 특정하는 문구는 찾기 힘들다. 이처럼 투명인간이 된 도유호이지만, 그의 구석기 연구는 북한에 크나큰 영향을 미치었다. 그의 영향은 '정(正)'과 '반(反)'이 교차한다. '정(正)'은 그의 이름을 기리지는 않지만 그의 업적이 계승되어 현재도 상당 부분 사용됨을 의미한다. 언뜻, 이해가 되지 않을 수도 있다. 숙청된 인물의 업적이 어떻게 승계되는가? 물론 북한에서는 당연히 이를 받아들이지 않을 것이다. 그러나 그의 상당수의 업적은 알게 모르게 현재의 북한 구석기 연구에 스며들어 있다. 반면에 '반(反)'은 그의 업적 중 북한에 의해서 부정되는 부분을 의미한다. 특히 그가 사용한 서구적 용어, 문화권설이라고 백안시되었던 이론 등을 의미한다.

처음 6가지는 '정(正)'으로서의 의미를 가진다. 그가 주도적으로 또는 다른 여타의 학자들과 이른 시기 선구적으로 제시한 연구의 성과들이다. 나머지 2가지는 '반(反)'으로서 현재 북한에서 공식적으로 부정되는 내용이다. 그러나 그 부정되는 내용 역시 큰 의미를 가진다. 그의 연구성과가 부정되었다는 의미를 바꾸어 말하면, 그만큼 내재적 영향력이 크다는 의미를 가진다. 무시할 수 있는 내용이 아니기에 북한에 의해서 적극적으로 부정되고 있다고 볼 수 있다.

먼저 「구석기란 무엇인가?」(고고학 및 민속학연구소 1962)62)를 살피면 현재의 북한 구석기의 기초가 되는 많은 내용이 담겨 있음을 알 수 있다. 비록 그의 이름은 사라졌으나 그가 제기한 내용 그리고 그가 도입하고 정의한 내용의 상당 부분은 현재 북한의 구석기 연구의 골격을 이루고 있다고 해도 크게 틀린 말이 아니다. 이를 주제별로 본다면 다음과 같다.

정(正) 1) 서석기: 북한에서 상당 시간 동안 사용된 석기시대 시간 단위이다. 원어는 새벽, 여명을 뜻하는 그리스어 'eos'와 석기, 돌을 의미하는 'lithos'를 합성한 단어이다. 영어 Eolithic을 번역하여 서석기라 부르게 되었다. 영국과 함께 프랑스에서도 1800년대 해당 개념이 정착되었다. 인공의 흔적이 뚜렷한 석기와는 달리 자연석과 거의 구분이 되지 않는 모호한 석기에 사용된 용어이다. 따라서 서석기시대는 자연석과 인공석기의 교두보쯤 해당되는 시기를 상정한 셈이다. 프랑스의 에두아르 라르테(E. Lartet)는 연구한 지층, 절멸동물, 석기군의 연구를 통해서 그는 일련의 시간에 따른 석기문화의 변화를 구상하였다. 그는 현재 우리가 보기엔 단선적 진화론에 가까운 사고를 하였고 본격적 석기시대 이전의 시기로 서석기시대를 규정하였고, 이후 석기시대 편년의 기초를 완성한 가브리엘 모리티(G. Mortittet)에 의해 활발히 논의되기에 이른다. 영국의 경우, 최초의 구석기학 개론서라고 할 수 있는 마일스 버킷(M. Burkitt)의 저서에 등장한다(M. Burkitt 1925: 79).[63] 이후, 1900년 중반까지 유행한 이론 중의 하나이다(L. Leakey 1934: 95).[64] 그리고 2차대전 전후로도 꾸준히 전개되었다.

도유호가 이를 도입한 시기가 1960년대 초반이란 점을 감안한다면 당시 서구의 지극히 일반화되고 공론화된 개념을 적용하였다고 볼 수 있다. 이후 북한의 글에서 서석기라는 개념은 도유호 이후에도 일부 사용된다. 1970년대 북한의 자료에 의하면, 서석기를 전기 구석기시대 초기의 유물로 보고 있다. 서석기를 자연적으로 깨어진 석기와 구분이 힘들다는 주장을 하고 있다(고고학연구소 1977: 4).[65] 즉, 도유호의 이름은 없지만 그가 언급한 서석기 개념을 수용한 것으로 보인다. 그러나 이후, 서석기의 개념은 북한 문헌에서 서서히 자취를 감춘다. 이는 서구의 여러 문헌에서도 동일하게 보이는 경향성이라고 할 수 있다.

정(正) 2) 석기 용어의 소개: 물론 모든 석기 용어를 도유호가 모두 소개하였다고 볼 수 없다. 그러나 용어의 한글화 작업에 도유호의 역할은 매우 중요하다고 볼 수 있다. 석기형식 용어로서 주먹도끼는 대표적인 사례이다. 양면가공된 handaxe를 주먹도끼로 부르는 것을 제시한 학자가 바로 도유호이다. 그는 또한 후기 구석기시대의 표지성을 가지는 좀돌날석기(microblade tool)를 세석기(細石器)로 설명하고 있다. 초기에는 세석기라는 용어 외에도 꼬마석기로 표현하기도 하였다(고고학 및 민속학 연구소 1960).[66] 이후, 잔돌날석기라는 용어로 정착이 된다

(어해남 1999; 어해남 외 2010).67)68) 좀돌날석기는 북한의 구석기 연구에서도 중요한 표지 유물로서 인식되기 이른다. 1970년대 말 이후 조사된 만달리유적은 해당 유물에 대한 재조명을 하게 하는 계기가 되었을 것으로 본다. 만달리 유적에서는 인류화석과 함께 해당 석기가 발견되었고, 북한에서도 구석기시대 후기＝좀돌날석기라는 인식이 정착하게 된다.

비단 석기 형식뿐 아니라 감쇄과정에 사용되는 용어도 일부 소개가 된다. 그는 석기의 감쇄과정에서 발생하는 몸돌(core)을 석핵 또는 핵석으로 소개하고 있다. 북한에서 이를 현재는 속돌(고고학연구소 1977; 어해남 외 2010)70)71) 또는 몸돌로 부르고 있다. 석기 타격에 따라서 격지에 관찰되는 흔적에 대한 용어도 소개하고 있다. 그중 타격혹(bulb, bulb of percussion)과 같이 타격으로 격지에 생긴 혹처럼 부푼 흔적을 혹, 불루쓰로 명칭하고 있다. 이 용어는 약간씩 변형은 되지만 그 기초는 도유호의 업적을 빼고 설명하기 어렵다. 예를 들어 이를 도유호 이후, 불루기(력사연구소 1979: 31)72)로 부른다. 따라서, 용어의 규정과 그 의미 파악

만달리유적의 좀돌날몸돌

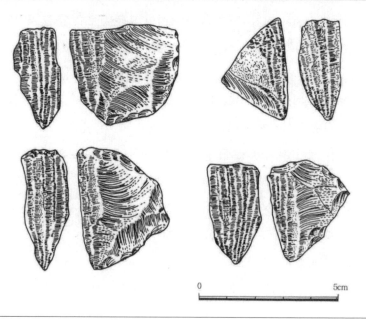

0   5cm

출전: 국사편찬위원회 외 200269)

의 첫 단추를 채우는 데 있어서 도유호의 업적을 무시하기 어렵다.

　정(正) 3) 석기를 보는 눈, 노동－사회－인간의 삼각 고리: 북한이 유적과 유물을 보는 독특한 시각을 바로 사회의 강조에서 찾아진다. 현재 북한은 노동 그리고 사회의 발전에 따라서 사람의 본질적인 특성이 형성된다고 보고 있다(장 우진 2010: 7).73) 인류의 등장에서 노동과 사회를 매우 중시한다. 아울러 사람이 다른 동물과 다른 것은 노동행위와 함께 고유의 사유기능을 가지기 때문이라고 본다(고광렬 2018: 21).74)

　북한 구석기 고고학 영역에서 이러한 사고는 1970년대 이미 매우 공고화된 다. 노동과 사회의 중요성 그리고 자연을 벗어나 인간만이 가진 고유한 특징인 노동은 지극히 목적 의식적 행동으로 규정하고 있다(고고학연구소 1977).75) 심지어 이는 북한에서 절대적인 가치를 가지는 교시로서도 규정된다. '로동생활은 사람 들의 사회생활에서 가장 중요한 자리를 차지합니다.'(고고학연구소 1977: 1).76) 그 리고 '사람에 발전된 유기체가 있음으로 하여 사람은 다른 생명물질들이 가질수 없은 특유한 기능인 사유기능과 로동기능을 가지며....'(고광렬 2018: 21)77)라는 문 구는 노동, 사회, 인간이 석기유물과 어떠한 관계성을 가지는지 알려준다.

　이러한 사고를 현재 북한은 '인간화과정'이라 부른다. 사람이 동물과 다른 점은 독특한 사유기능과 노동기능을 수행할 수 있는 생리적 기초가 마련되고(김 춘종 2012),78) 이를 토대로 자연에 적응하면서 발전을 한다고 보고 있다. 북한의 인류 진화를 설명함에 있어서 인류의 종의 변화만을 설명하는 경우는 거의 없다. 각각의 종을 사회적 관계 속에서 바라보기에 특정한 종은 특정한 사회에 부속되 기 마련이다. 심지어 진화의 주요 메커니즘이 되는 자연선택을, 북한도 인정하지 만 인간에 대해서는 추가적으로 하나의 중요한 메커니즘을 부여한다. 그것은 바 로 사회적 합법칙성이다. 절대 법칙으로서 사회적 요소를 강조한다. 예를 들어 호모 에렉투스인 〈원인〉에서 호모 네안데르탈인으로 비정되는 〈고인〉으로의 전 개에서 결코 잊지 말아야 될 사실은 사회 또한 변화한다는 것이다. 사회, 원시무 리사회에서 씨족사회로 이행된다고 보고 있다(장우진 2010: 36).79)

즉, 노동, 사회, 사람을 연결된 고리처럼 인식하고 있다. 그리고 인간활동의 결과물인 석기는 이러한 관계 속에서 설명된다. 이는 그리고 확고한 교시로서 규정되어 있는 이상, 그 어떤 의심의 대상이 아니다; '사회는 사람들과 그들이 창조한 사회적재부와 그것을 결합시키는 사회적관계로 이루어져있습니다.'(김춘종 외 2009: 151).80) 이를 고고학적으로 수용하여 구성하면 다음과 같은 문구가 완성된다; '인류의 진화단계가 문화 및 사회발전단계와 유착되어 있다'(장우진 외 2009: 61).81)

문제는 이러한 사고가 과연 언제부터 등장하였는가에 있다. 도유호가 1962년 발표한 〈인류의 기원〉이라는 글을 살펴볼 필요가 있다(도유호 1962).82) 상당 부분의 내용은 유럽의 그간 인류진화의 성과를 소개하고 있다. 아프리카의 영장류, 북경의 〈원인〉(호모 에렉투스), 유럽의 무스테리안 문화기의 네안데르탈인, 우리 자신인 호모 사피엔스에 대한 간단한 설명이 소개된다. 그러나 일부 내용을 살피면, 그간의 도유호의 글과는 사뭇 다른 어조로 쓰인 내용이 나온다. 도유호의 글은 기술한 바와 같이 비엔나 학파의 문화사 고고학적 경향성이 강하다. 즉, 북한에서 이른바 '문화권설'이라는 부르는 문화를 역사특수적 시각에서 보는 입장을 견지하였다. 그런데 이 논문의 일부 내용은 구소련 고고학적 사고가 엿보인다. 인간진화의 설명과는 다소 어울리지 않는다고 보이는 노동의 문제를 담고 있다.

도유호는 노동은 그 자체로서만 의미 있는 것이 아니고 노동 그 자체는 사회와 분리되어서 생각할 수 없다고 주장하고 있다. 현생인류의 진화는 결국 후기 구석기시대에 나타난 씨족사회가 나타나고 그 사회의 독특한 결혼 관습 등이 그 원인을 제공하였다고 보고 있다.

참고로 스탈린 시대 구소련 고고학에서는 고고학적 자료에서 일반화된 규칙성을 찾는 데 노력을 하였다. 그리하여 특히 사회의 변화는 단일한 일련의 단선 진화과정으로 보았다(브루스 트리거(성춘택 역) 2019).83) 그러나 유의할 점은 도유호는 이런 지나친 규칙성을 그대로 따르지는 않았다. 정작 그 규칙성은 도유호 이후 북한 고고학의 경향이 되긴 하지만 최소한 도유호의 글에선 지나친 경직성은 보이지 않는다. 어쨌든, 결과적으로 그의 글에서는 전반적으로 서유럽 고인류학적 성과와 舊소련의 소비에트 고고학이 혼재된 모습을 보여준다. 인류의 기원을 설명하면서 지금 기준으로 보면 느닷없이 등장하는 '엥겔스의 노동' 등이 대표적인 예이다.

결과적으로는 도유호의 노동과 사회에 대한 생각, 즉 구소련의 구석기 고고학적 시각은 이후 현재의 북한의 구석기시대 인류를 보는 시각이 기초가 되었다. 1960년대의 도유호의 글이 현재 북한의 노동, 사회, 인간의 연결고리를 완성하는 데 유일한 연구자는 물론 아니다. 그러나 해당 연구의 주요한 기여자임은 분명하다.

정(正) 4) 제4기 환경: 그는 인류의 진화 메커니즘에서 환경 적응 역시 중요한 요소로 보았다. 그는 기후 변화에 관심을 가졌다. 기후의 큰 사이클적 변화를 빙하와 간빙기로 보고 그 환경 속의 인류의 적응과정을 중시하였다. 현재 기준으로 본다면 인류 진화에서 환경의 적응 그리고 그 환경의 메커니즘을 파악하는 것이 당연하게 느껴질 수 있으나, 구석기 고고학의 토대가 없는 상태에서 이를 이해하고 소개하는 일은 쉽지 않았을 것으로 보인다.

그는 제4기 갱신세에 대한 언급을 하고 있다. 환경과 인간에 대한 본격적인 논의는 「빙하기란 무엇인가?」라는 글에 실려 있다(도유호 1962).84) 그는 글의 서두에 언급하길, 빙하기를 모르고 구석기를 이해하기 어렵다고 밝히면서 그 관계를 분명히 하였다. 이는 현재 남과 북에 공통적인 구석기시대 연구 학풍과 크게 다르지 않다. 이를 통해 그의 학문적 능력을 어느 정도 짐작해 볼 수 있다. 빙하와 관련하여, 우선, 대, 기, 세의 개념을 먼저 설명하고 있다. 대(代[era]; 예: 신생대), 기(紀[period]; 예: 제4기), 세(世[epoch]; 예: 플라이스토세)의 개념은 지질학적 개념에 대해 익숙지 않은 사람들에게는 생소한 개념일 수 있다. 당시에는 더욱 그러하였을 것으로 보인다. 그러나 그는 빙하기의 순환적 사이클의 이해를 위해서 지질 환경적 시간 단위로서 대, 기, 세의 사용을 역설하고 있다.

아울러 실제 빙하의 사례가 연구된 유럽 특히 알프스 빙하 편년을 소개하고 있다. 갱신세 기간 중 주요 빙하기를 '뀐츠'(귄쯔, Günz) ─ '민델'(Mindel) ─ '리쓰'(리스, Riss) ─ '위름(뷔름)'(Würm) 빙하 시기로 표기하고 있다. 또한 빙하 현상을 전 지구적인 현상으로만 살피지 말고 위도에 따른 차이성이 있을 수 있음을 상기시키고 있다. 그리고 서구와 구 소련의 사례를 소개하면서 빙하시기, 석기문화단계, 맘모스의 등장 등 제반 변화를 설명하고 있다.

　그의 이러한 연구는 북한학계에서 담론으로만 머물지 않았다. 해당 논문과 동년에 발표된 로영대의 글에서 실제 유적에 이를 적용하고 있다. 로영대는 제4기를 크게 3단위로 나누고 이를 상부, 중부, 하부로 구분하였다. 도유호와 마찬가지로 그 구분의 기준은 알프스의 빙하 단위를 사용하였다. 상부를 리스/뷔름, 뷔름으로 중부는 민델/리스, 뷔름 그리고 하부를 좀 복잡하게 선(先)귄쯔, 귄쯔, 귄쯔/민델, 민델로 구분하였다(한창균 2020).86) 그러나 알프스 빙하 시기의 사용은 1970년대에 와서 변화를 가지게 된다. 용어 '빙하'라는 한자어 대신에 '얼음강'이라는 용어가 등장하기에 이른다. Würm을 뜻하는 '위름'이라는 용어 대신에 시간적으로 가장 마지막 빙하기라는 의미에서 '마지막 얼음강 시기'로 부르고 있다(고고학연구소 1977: 54).87) 아마도 1960년 말 이른바 5.25 교시 이후 외래어에 대한 규제가 작용하였을 것으로 본다. 비록 용어는 변화되었지만 알프스 빙하기를 시

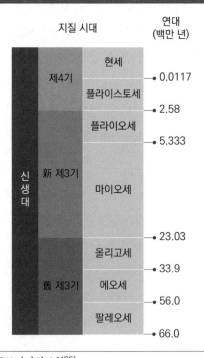

현재 지질 시기 구분의 사례(신생대(Cenozoic Era))

신생대	지질 시대		연대 (백만 년)
	제4기	현세	0.0117
		플라이스토세	2.58
	新 제3기	플라이오세	5.333
		마이오세	23.03
	舊 제3기	올리고세	33.9
		에오세	56.0
		팔레오세	66.0

인용 편집: 국토교통부 국토지리정보원85)

간 단위로 사용하는 것은 버리지 않았다. 2000년대 와서는 용어에 대한 완화된 분위기를 읽을 수 있다. 현재, 알파인 빙기를 여전히 사용하는 것은 물론이고 해당 용어를 그대로 1960년대 초와 동일하게 사용하고 있음을 알 수 있다(장우진 2002).[88]

정(正) 5) 〈남방원숭이〉 외(外): 도유호의 글 「인류의 기원」에서 남방의 원숭이라는 용어가 등장한다. 현재 한국의 독자들에겐 이 단어 자체가 생소할 수 있다. 그는 남아프리카에서 1924년 '아우스탈로피테쿠쓰'가 발견되었음을 설명하고 있다. 문맥상 1924년 남아프리카 학자 레이몬드 다트(R. Dart)가 발견한 오스트랄로피테쿠스 아프리카누스(*Australopithecus africanus*)를 지칭하는 것으로 보인다(도유호 1962b).[89] 현재의 일반적 시각에서 본다면, 오스트랄로피테쿠스 아프리카누스라는 종(species)은 〈오스트랄로피테쿠스속〉(Genus *Australopithecus*)에 포함되고 이를 더 포괄적으로 묶는다면 아족, 족으로 분류가 된다. 참고로 아족 단위로는 오스트랄로피테쿠스 아프리카누스는 〈오스트랄로피테쿠스아족〉(Australopith)에 포함된다.

도유호가 활동하던 당시엔 이러한 정교한 분류체계가 없었기에 그는 이 〈남방원숭이〉를 유인원(Ape) 또는 유인원을 벗어나는 단계에 있다고 정도만 밝히고 있다. 여하튼 그가 언급한 용어, 〈남방원숭이〉는 현재 북한에서도 사용되는 용어이다. 북한은 인류 진화의 큰 얼개를 단선 진화적으로 보고 그 단계를 다음과 같이 보고 있다; 〈남방원숭이〉-〈능인〉-〈원인〉-〈고인〉-〈신인〉. 이러한 계기적인 단계 변화는 1970년대 북한의 구석기 개론서에 본격적으로 등장한다(고고학연구소 1977).[90] 그리고 현재도 이 개념은 유효하다. 당시 도유호가 단선적이고 계기적으로 인류 진화를 단언하지는 않았다. 그러나 그는 당시 발견된 화석자료를 시간순으로 배열하였고 결과적으로는 이는 계기적인 변화로 인식될 수도 있게 되었다. 자이든 타이든 간에 인류 출현이 '유인원-유원인-원고인류(遠古人類)-중고인류(中古人類)-현대형 인류'로 전개됨을 암시하였다(한창균 2020: 212).[91] 그의 글은 이후 직·간접적으로 북한의 인류진화의 전개에 영향을 주었음은 거의 확실하다.

그가 언급한 해당 용어는 현재도 사용이 된다. 물론 그가 최초의 번역자 또는 고안자라는 의미는 아니다. 그러나 최소한 해당 용어를 꾸준히 쓰게 하는 데 영향을 주었을 것이다. 그리고 인류 진화를 종 단위로 계기적으로 인식하는 데 영향을 주었을 것이다.

또 하나, 〈남방원숭이〉와 관련한 부분에서 현재의 북한 인류 진화에 영향을 준 부분은 이를 본격적인 사람(인류)의 단계로 고려하지 않았다는 점이다. 그는 당시의 고고학적 해석을 제시하면서 이들이 최초 인류로서 (석기)문화를 가꾼 존재로 주장한 해석에 반대하였다. 물론 현재의 국제적인 기준과는 거리가 멀지만,[2] 당시 중국 주구점 및 인도네시아 자바의 인류와 같은 시기에 살았지만 사람의 계보와는 거리가 멀다는 식으로 언급하고 있다. 이는 현재 북한의 인류 진화의 설명에도 일부 부합된다. 최소한 〈남방원숭이〉를 본격적인 사람으로 보지 않는 점에서 동일하다.

정(正) 6) 인종, 인류 이후의 존재?: 도유호의 글에 인류와 인종의 상관성을 알 수 있는 짧은 문장이 있다; '인류가 지구 상에 처음 나타난 것은 여하간 백만 년의 한계를 넘지 못하는 과거의 일이였으며, 현대형의 인류가 나타난 것은 불과 몇 만 년 전의 일이였다. 인류가 여러 갈래의 인종으로 갈라진 것도 그 때부터였다고 보아도 좋을 것이다'(도유호 1962b).[92] 글의 전반적인 맥락을 본다면 이는 그의 연구 성과라기보다는 당시 또는 한 세대 이전의 연구 성과의 인용 성격이 강하다. 이 짧은 문장에서 시사하는 점은 사실 상당하다.

우선 최초 인류를 100만 년이 넘지 않는다고 하였다. 이 연대 산정은 나름 당시의 기준을 따른 것으로 보인다. 오스트랄로피테쿠스 아프리카누스의 출현에 대해서 자신의 의견을 제시하고 있다. 해당 종의 출현을 과연 제3기 말로 보아야 하는가 아니면 제4기 갱신세로 보아야 하는가에 대한 논의를 담고 있다. 그는 당시 소련의 학자 세미노브[3]로 추정되는 인물의 주장을 받아들여 제4기 갱신세일

---

2) 현재 국제적인 경향성은 사람(인류)은 침팬지와 분기를 시작한 시점 이후를 상정한다. 따라서 당시 〈남방원숭이〉라 불렸던, 현재 기준으로 〈오스트랄로피테쿠스속〉의 종들은 분기 이후에 발생하였기에 모두 사람(인류)으로 규정이 가능하다.

3) 도유호의 글에서는 쎄묘노브로 표현되었다. 추정하기에 세미노브(S. Aristarkhovich

가능성을 타진하고 있다. 당시 도유호가 생각한 제4기의 시작은 100만 년 전으로 보고 있다(도유호 1962).93) 수년 후, 김명근을 이를 구체화한다. 그는 제4기의 시작을 60만 년 또는 100만 년으로 보고 있다. 한편 아프리카 올두바이 연구 자료를 근거로 170−200만 년이라는 주장도 있다는 것을 환기시키고 있다(김영근 1967).94) 여하튼 당시 100만 년은 어느 정도 근거가 있는 주장이라고 볼 수 있다.

아울러서 그는 현대형의 인류, 즉 현생인류인 호모 사피엔스의 출현이 수만 년 정도 되었음을 주장한다. 당시의 학문적 성과로서 현재와 같이 아프리카 기원설의 확증, 그리고 화석 증거나 유전자 증거로 편년을 확정하기는 어려웠다. 다만 당시의 수준은 유럽을 중심으로 보이는 후기 구석기시대 획기적 유물 변이의 시작이 되는 오리그네시앙 문화기의 전개 그리고 관련된 화석 정도로 가늠을 하는 수준이었을 것이다. 당시의 한계성을 생각한다면 '수만 년'이라는 의미는 나름 신중한 접근이 아니었을까 생각한다.

그런데 정작 그의 글에서 중요한 부분은 바로 인종의 존재와 함께 그 시작 시점의 언급이다. 그의 글에서 인류가 인종으로 변화된다는 문구가 있다. 바로 이 부분이 당시의 그의 인종관, 나아가서 그 시기 일반적인 인종에 대한 사고를 대변한다고 볼 수 있다. 그는 인류와 함께 인종을 생물학적 연구대상으로 보는 듯한 인상을 준다. 나아가서 인류형성 시기 또는 이후에 인종이 분화됨을 주장한다.

현재의 서구권을 중심으로 대부분의 국가에서 인종학은 과거 우생학이 팽배하던 2차대전 이전까지의 시기와는 달리, 진지한 연구의 대상이 아니다. 다시 말해서 인류, 즉 호미닌4)은 생물학적 그리고 고인류학적 분류와 분석의 대상이지만 인종은 그렇지 못하다. 비록 과거엔 그랬지만 현재의 입장에서는 아니다.

그러나 현재 북한의 경우는 꾸준히 인종을 실제 존재한 진지한 연구 대상으로 보고 있다. 1940년대 말 발간된 북한 교육자료(조선민주주의인민공화국교육성

Semenov(1898−1978))로 생각되는 인물이다. 구 소련의 구석기학자로서 특히 현미경을 통한 석기 분석의 선구자로 알려진 인물이다.

4) 호미닌(hominin)은 사람과 침팬지의 분지 이후 사람의 계통에 위치한 모든 종을 지칭한다. 분류학상 〈사람아과〉에서 〈침팬지족〉과 〈사람족〉이 분지되는데 그 〈사람족〉의 종들이 호미닌이다. 관련 내용은 〈인류〉편에서 자세히 다룬다.

1948)95)에서부터 1980년대(장우진 1988)96)를 거쳐서 2000년대의 자료(장우진 외 2009)97)에서도 인종의 대분류 소분류가 이루어지고 있다. 그리고 이러한 분류에 따라서 각 인종의 특성을 설명하고 있다. 나아가서, 북한은 인류의 형성, 특히 호모 사피엔스의 분지 이후 그 호모 사피엔스가 지역적으로 서로 다른 인종으로 변화되었다고 생각하고 있다. 인종이 인류와 함께 의미 있는 생물학적 존재인 동시에 그 인종은 인류에 후행함을 주장하고 있다. 그 후행함이 시기적으로 모호하지 않고 사실 상당히 구체적이다. 호모 사피엔스, 즉 〈신인〉이 후기 구석기시기까지 활동하다가 신석기 이후 인종의 시기로 전환되었다고 보고 있다(장우진 외 2009).98)

현재, 북한의 인종에 대한 시각은 1950−60년대 도유호가 생각한 부분, 아니 도유호가 활동하던 시기의 생각과 근본적인 차이점을 발견하기 힘들다. 인종에 대한 부분은 도유호의 독창적인 생각은 아니다. 아무튼 당시 구석기학, 고인류학, 인종학 등을 유기적으로 바라보는 학자가 거의 없던 시절 도유호의 글은 이후 직·간접적으로 이후의 북한의 연구자들에게 영향을 주었을 가능성은 매우 높다고 본다. 물론 그의 이름은 삭제하고 말이다.

반(反) 1) 문화로서 구석기시대: 현재 북한에서 도유호의 연구와 가장 대척점에 있는 부분은 구석기 유물을 문화의 현상으로 보고 그 문화를 문화사 고고학적으로 보는 부분이라고 할 수 있다. 문화사 고고학적 입장에서는 문화의 발생과 변화에서 발명과 함께 전파를 중요하게 본다. 즉, 외부의 문화적 유입이 기존 문화의 변화에 중요한 동인으로 본다.

북한은 현재 한반도에서 전개된 모든 문화현상을 자발생적으로 본다. 북한의 근본적 생각은 외부에서 문화 속성이 유입되었다는 해석에는 거부감을 가진다. 석기연구에서도 동일하다. 북한 내에서 발견된 석기를 외부에서의 유입, 즉 전파에 의한 것으로 설명하지 않는다. 석기형식의 변화가 있더라도 이를 북한 내에서의 시간에 따른 자체적인 내적 요인에 의한 발전으로 보는 입장이 강하다. 예를 들어 내부적으로 발생한 모계씨족사회에서 부계씨족사회로의 변화에 따라서 단계적으로 변화된 로동도구로 본다.

그러나 도유호의 글에서는 이와는 달리 '기원'에 대한 궁극적인 질문, 의구심을 가지고 있음을 알 수 있다. 인류의 최초 기원에 대해서 아프리카 유적을 자주 언급하는 데서도 느낄 수 있다(도유호 1962).[99] 당시의 글에서 참고문헌이 없어 어떤 글을 읽고 언급하였는지는 알 수 없지만 기원에 대한 물음을 던지고 있다. 물질문화에서도 동일한 입장을 취하고 있다. 대표적으로 주먹도끼 문화로 알려진 아슐리안 문화(Acheulian Culture)를 '아쉘 문화'라고 부르면서 다분히 문화전통적 시각을 제시한다(민속학연구소 1962).[100]

'문화전통'이라는 문화사 용어를 굳이 사용하지는 않았지만 아슐리안 석기군을 비롯한 다양한 석기군을 이주와 전파 그리고 기원의 입장에서 보려는 시도는 보인다. 그의 글에서 프랑스의 석기 문화 전통의 용어가 등장한다. 현재 입장으로 본다면, 전기 구석기시대의 문화전통으로 해석되는 아슐리안 문화, 중기 구석기시대의 무스테리안 문화 그리고 후기 구석기시대의 오리그네시안, 막달레니안 문화 등이 소개된다. 이를 소개하면서 일련의 단선적인 변화로서 이해하지 말 것을 당부하고 있다. 전통의 역동성과 상이성을 강조하는 전형적인 문화사 고고학의 입장을 보이고 있다. 바로 이점은 현재의 북한 구석기 고고학에서는 찾아볼 수 없는 내용이다.

반(反) 2) 구석기시대 시기 분류: 구석기시대 시기 분류는 어쩌면 현재도 가장 논쟁이 되는 부분 중의 하나이다. 구석기시대를 구분하는 데 있어서 삼분법으로 또는 이분법으로 구분하기도 한다. 현재 남한의 경우, 상당수의 도서와 논문에서 전기, 중기, 후기 구석기시대로 나눈다. 북한도 역시 현재 명칭만 약간 다르지 이러한 삼시기 분류법을 사용한다. 즉, 구석기시대 전기, 구석기시대 중기, 구석기시대 후기로 표기한다. 이러한 방식이 북한 구석기 학계에 정착된 것은 1970년대 이후로 보인다. 이후 꾸준히 삼분법을 채택하고 있다.

시기를 구분하는 기준은 다양할 수 있다. 인류가 석기를 제작한 약 300만 년 전부터[5] 신석기시대 직전 약 1.2만 년 전까지의 긴 시간을 구분하는 데 있어

----

5) 최초 인류가 제작한 석기는 고고학적 조사의 결과에 따라서 지속적으로 업데이트된다. 즉 항상 그 연대는 오래되기 마련이다. 최근까지는 약 200여만 년 전 동아프리카의 케냐 올두

서 특정 인류의 등장시점, 특정한 표지석기[6] 등을 판단 근거로 시기를 나눈다. 그러나 시기 구분을 위한 화석자료와 석기자료의 변이성이 지구상 모든 지역에 동일하게 나타나지 않는다. 따라서 지역에 따라서 서로 다른 시기 구분을 한다. 영국과 프랑스를 중심으로 한 초기 연구기반이 강한 지역에서는 삼분법 또는 사분법을 주로 사용하곤 한다. 여기서 사분법은 앞서 언급한 서석기시대를 포함한 경우이다. 서석기시대를 제외한다면 대체적으로 삼분법을 주로 사용한다고 볼 수 있다.

가장 오래된 인류의 증거를 보이는 아프리카의 경우도 삼분법을 사용한다. 그러나 같은 삼분법을 사용한다고 할지라도 부르는 명칭이 다르다. 유럽을 기준으로 전기, 중기, 후기 구석기시대를 각각 Lower, Middle, Upper Paleolithic Period로 쓴다.[7] 반면 아프리카는 Early, Middle, Later Stone Age(ESA, MSA, LSA)로 부른다. 같은 듯, 다른 듯한 명칭의 차이는 각각의 시기가 가지는 특성이 너무나도 다르기 때문이다. 같은 전기 구석기시대라고 해도 아프리카는 수백만 년 단위로 시작하나 유럽은 거의 대부분이 수십만 년 단위에 그친다. 출토되는 석기의 형식, 그리고 인류화석의 양상도 경우에 따라 다르기 때문이다.

이분법을 사용하는 경우는 주로 중기 구석기시대의 특징과 연관되어 있다. 유럽 기준으로 중기는 네안데르탈인의 흔적과 함께 그들이 제작한 것으로 알려진 르발르와 기술에 의한 무스테리앙 석기문화가 발견된다. 그런데 이 인류와 석기의 조합이 유럽 밖에서는 전무한 경우가 많다. 이렇듯 상당수의 지역(한반도 포

바이 유적을 중심으로 고려되었다. 최근에는 동일한 국가인 케냐의 로메퀴이(Lomeki)에서 약 330만 년 전 유적에서 석기가 발견되었다.

6) 표지석기는 특정 시간 공간 등에 걸쳐서 가장 의미 있거나 대표하는 석기를 지칭한다. 전기 구석기시대의 가장 대표성을 가진, 즉 표지석기로는 찍개석기와 주먹도끼를 들 수 있다.

7) Lower, Middle, Upper Paleolithic Period 용어에서 알 수 있는 부분의 당시 구석기 연구의 선도 국가였던 프랑스와 영국의 입장이 드러난다. 특히 두 국가 모두 초기 구석기 연구는 지질학, 고생물학의 학문적 전통이 강하였다. 예를 들어 지질학자로 잘 알려진 찰스 라이엘의 경우, 구석기 관련 저서를 썼는데 이는 결코 우연이 아니다. 다시 말해서 인문학적 기반이 아닌 자연과학적 기반으로 구석기 연구가 진행된 학사적 전통을 고려할 필요가 있다. 이러한 측면에서 지질학적 입장에서 누중의 법칙에 입각하여 하부 지층이 상부 지층보다 오래되었다는 사실을 상기할 필요가 있다. 시간의 선후관계를 층서에 따라서 생각하는 학사적 전통이 있었다.

함)에서 중기 구석기시대가 다른 시대보다 그 특징이 명확하지 않기에 삼시기 분류보다는 이분법으로 시기 분류를 하기도 한다. 즉, 전기와 중기를 이른 시기로 그리고 후기를 늦은 시기로 분류하는 방법도 제안된다.[8]

표 1960년대 북한의 구석기시대 시기 구분의 사례

	한국(현재)	서구(현재)	북한(현재)	도유호 (60s)	로영대 (60s)	대표 문화전통(현재)
↑ 시간	후기 구석기시대	Upper Paleolithic Period	구석기시대 후기	구석기시대 상단(후기)	상부 구석기시대	오리그네시안, 솔루트리안, 막달레니안
	중기 구석기시대	Upper Paleolithic Period	구석기시대 중기	구석기시대 하단(전기)	중부 구석기시대	무스테리안
	전기 구석기시대	Upper Paleolithic Period	구석기시대 전기		하부 구석기시대	쉘리안, 아슐리안
					서석기시대	(선)쉘리안

참고 편집: 로영대 1962; 도유호 1962[101][102]

도유호로 다시 돌아가자. 그가 활동하던 시기는 과연 어떠한 시기 구분을 하였을까? 사실상 당시의 시기 구분에서 확고한 입장이 있었다고 보기 어렵다. 현재와 비교해서 극히 적은, 아니 없다시피 한 유적과 유물을 가지고서 한반도에 적용할 수 있는 이상적 체계를 구축한다는 것은 불가능한 일이다. 유럽의 경우도 상당한 자료의 축적이 있은 이후에나 가능하였다. 그리고 그 과정에서는 수많은 다양한 시도가 있었다.[9]

----

8) 시기 구분에 정해진 규칙은 없다. 끊임없는 석기의 변화과정, 인간 행위의 변화과정, 그리고 인류의 변화과정을 2분법 또는 3분법으로 구분하는 것이 과연 어떤 의미가 있는 것인지에 회의가 들 수 있다. 시기 구분은 문화 다양성 또는 석기 다양성을 지나치게 획일화하는 점이 있다. 그러나 역설적이지만, 그 단순함의 매력이 있다. 복잡한 변이를 쉽게 이해하는 데 도움이 되는 것을 부정하기 어렵다.

9) 한 가지 사례를 들면 다음과 같다. 1800년대 말 가브리엘 모르티에(Gabriel de Mortillet)와 같은 연구자는 문화전통에 입각한 각각의 단위로 구석기시대 전체를 구분하였다. 쉘리안 시기부터 아슐리안 무스테리안 등 총 6단위로 구분하기도 하였다. 마일스 버킷의 글에서는

도유호의 시기 분류를 설명하기 전에 당시의 연구 풍토를 짐작할 수 있는 부분이 있다. 그것의 바로 의견의 다양성이다. 현재의 글, 즉 공보의 성격을 띠고 논쟁이 없는 정리된 주장을 하는 글이 아님을 알 수 있다. 1962년 같은 시기 로영대(1962)[103]와 도유호(1962)[104]는 서로 다른 시기 구분을 한다. 비북한인 입장에서는 지극히 정상적인 모습이다. 그러나 현재 북한인에게는 이상하게 느껴질 것이다. 그러나 당시는 서로 다른 주장이 공존함을 볼 수 있다. 로영대는 본격적인 구석기시대 이전 시기를 서석기시대 보고, 다음으로 구석기시기를 상부, 중부 하부로 구분하였다. 전체 4단계 시기 구분을 하고 있다. 다소간에 차이는 있지만 현재의 전기, 중기, 후기 구석기시대에 대응되는 개념이다. 당시 시간적 의미가 아닌 공간적 상·중·하를 쓴 이유는 영어식 용어인 Lower, Middle, Upper Paleolithic Period의 번역어로 보인다. 전반적으로 서구 유럽의 구석기시대의 분류를 사용한 것이 눈에 띈다.

한편, 도유호는 전기 구석기시대를 광의적으로 생각하였다. 전기 구석기시대에 중기 구석기에 해당되는 문화전통인 무스테리안 문화전통을 포함시켰다. 그리고 이를 구석기시대 하단(전기)으로 불렀다. 심지어 해당 시기는 서석기시대인 셸리안 이전 시기까지도 포함한다. 그리고 후기 구석기시대를 구석기시대 상단(후기)으로 표기하고 있다(고고학 및 민속학연구소 1962).[105] 그는 한편 후기 구석기시대를 제외한 모든 시기를 해당 시기에 포함시키고 있다. 도유호의 분류가 광의적이라면 로영대의 분류는 상대적으로 협의적이다.[10]

한편 그는 지나친 단계발전을 지양하였기에 일정한 시간이 지나면 일정한 문화가 도래한다는 지나친 규칙을 부정하였다. 추정하기에 그는 문화를 여러 다

후기 구석기시대만 제시되고 그 이전의 시기 분류는 문화전통 단위로 채워져 있다.

10) 여기서 한 가지 중요한 사실이 있다. 유물이든 지층이든 인류화석이든 분류에서 광의적으로 볼 수도 협의적으로 볼 수도 있다는 사실이다. 호모 사피엔스와 호모 사피엔스 사피엔스의 차이가 대표적이다. 현생인류를 광의적으로 본다면 우리 자신 말고 다른 종도 호모 사피엔스일 수 있다. 예를 들어 네안데르탈인도 호모 사피엔스일 수 있다. 문제는 둘 다 호모 사피엔스라고 부르면, 우리와 네안데르탈인을 구분하기가 힘들어지는 것이다. 그래서 이를 분류하기 위해서 우리를 호모 사피엔스로 부르고 네안데르탈인은 호모 사피엔스 네안델탈렌시스로 부르게 된 것이다. 반면에 인류를 협의적으로 본다면 우리만이 유일한 호모 사피엔스이기에 더 이상의 세분화된 명칭이 필요하지 않게 된다.

양한 나뭇가지가 있는 나무로 생각한 듯하다. 현재 기준으로 거친 석기제작 기술인 동시에 전기 구석기시대로 알려진 클락토니안 석기전통과, 정교한 격지석기 제작을 하는 중기 구석기시대로 알려진 르발르와 기술을 가진 무스테리안 석기 전통을 각각의 고유한 문화전통으로 이해하였다. 이를 확대해서 해석하면 반드시 클락토니안 석기전통 다음에 무스테리안 석기전통이 도래한다는 규칙은 의미가 없다. 서로 간의 공존, 서로 다른 갈래로의 전개로 이해가 가능하다. 그렇기 때문에 이 두 석기전통을 굳이 시간 순서로 세분하기보다는 광의적으로 하나의 시간단위에 배치하는 방식을 취하였던 것으로 보인다. 즉, 법칙주의적인 세분화된 분류보다는 유연한 입장에서 광의적인 분류를 하고자 하였다고 볼 수 있다.

현재 북한에서 사용하는 시기 구분은 삼분법을 쓰고 있다. 그렇다면 도유호의 방안은 부정된 것으로 볼 수도 있다. 그런데 아이러니하게도 그가 쓴 이분법은 1990년대 이후 2000년대 들어와서 남한의 구석기 연구자들 사이에 그리고 중국의 일부 구석기 연구자들 사이에서도 공감대가 형성되고 있다. 물론 그의 논지를 수십 년이 지난 현재의 남한의 학자들이 그대로 따르는 것은 아니다. 그러나 도유호의 시대와는 비교가 안 될 정도로 많은 구석기 고고학적 자료가 쌓인 현재의 입장에서 시기를 광의적으로 보려는 의도와 목적은 같다고 볼 수도 있다.

현재 북한의 기준으로는 이상한 시기, 즉 일탈된 시기의 북한의 구석기시대의 주요 담론을 살펴보았다. 그중 북한의 구석기 고고학에 중요한 역할을 한 학자 도유호를 통해서 당시의 초기 구석기의 맹아기를 살펴보았다. 1960년대 말 북한에 몰아닥치는 엄청난 정치사회적 변화, 그리고 현재 북한의 기준으로 본다면 정상인 시기로의 전환 직전까지 이루어진 연구 부분을 살펴보았다. 비록 북한은 인정하지 않을지 몰라도 당시의 도유호를 중심으로 한 연구의 토대는 현재의 북한 구석기에 여러모로 영향을 미치고 있다.

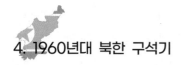

4. 1960년대 북한 구석기

　1960년대, 해당 시기를 다루면서 '1960년대 북한 구석기'라는 표현보다는 사실 '1967년 북한 구석기'라는 소주제를 달고자 하는 생각이 들기도 한다. 굳이 1967년이라는 표현을 쓰고자 하는 이유는 해당 연도가 가지는 중량이 매우 크기 때문이다. 비북한인이 보기에 정상사회에서 비정상사회로의 진입, 북한인이 보기에 정상사회로의 진입은 일종의 스펙트럼과 같이 전환되었지, 두부 자르듯이 특정 시점에 이루어졌다고 보기는 어렵다. 그럼에도 불구하고 1967년이라는 역사적 지점에 매달리는 이유는 그 특정 연도가 변화의 주요 변곡점이라는 생각 때문이다. 너무나도 강렬한 사건이 발생한 시점이기 때문이다. 1967년의 사건에 대해서는 후술하겠지만, 그 사건은 또 다른 사건으로 이어지게 된다. 이러한 사건의 연속이 1960년대에 두드러진다.

　이러한 의미에서 본다면 그 변곡점을 이해하기 위해서는 1967년을 전후로 한 북한의 주요 변화를 살펴볼 필요가 있다. 이를 조감하기 위해서 북한 현대사의 시기를 구분하고자 한다. 이종석에 따르면 북한 현대사의 시기 구분은 정치적 일정에 따른 측면이 강하다(이종석 2000).106) 앞서 『총론』(리주현·한은숙 2009)을 통해서 본 바와 같이 고고학사의 시기 구분에서도 정치적 일정이 얼마나 중요한 의미를 가지는지 알 수 있다. 따라서 북한의 사회 전체를 이해함에 있어서 정치적 변화의 이해는 중요하다.

표 이종석의 북한 역사 시기 구분

반제반봉건 혁명 시기	1945. 08 – 1947. 02
프롤레타리아 독재정권의 성립과 한국전쟁	1947. 02 – 1953. 07
전후복구사업과 반종파투쟁	1953. 07 – 1961. 09
주체, 자립의 고창과 유일체제의 대두	1961. 09 – 1970. 11
김정일 후계체제의 등장	1970. 11 – 1980. 10

| 김정일 후계체제의 완성과 새로운 시련 | 1980. 10 – 1994. 07 |
| 위기의 심화와 김정일체제의 출범 | 1994. 07 – |

출전: 이종석 2000[107]

1960년대를 이들 기준으로 본다면, 당대회로 보아 조선로동당 제4차 대회가 열린 1961년 9월을 기점으로 그리고 약 10년 후 조선로동당 제5차 대회 1970년 11월을 기준으로 큰 변화가 있었다고 본다. 단순하고 기계적 시기 분류이지만, 1961년 이전까지를 전쟁 복구가 어느 정도 이루어지고 상당한 경제적 성과를 이룬 시점이라고 볼 수 있다. 북한 내부적으로도 이 시기 이후부터 사회주의 국가 단계로 본다. 아마도 북한 전체 시기 중 경제성장이 가장 급속히 이루어진 시기로 볼 수도 있다. 이른바 천리마운동과 같은 노동 집약형 노력 경쟁 운동이 어느 정도 성과를 보인 시점이다.

이후 시기인 1970년 이전까지는 내부의 정치력 대결구도가 사라진 시기로 규정 가능하다. 즉, 김일성의 유일체계의 확고부동한 체제가 마련된 시점이라고 볼 수 있다. 후술하겠지만, 일부 정치 파벌인 갑산파가 존재하나 이는 근본적으로 김일성의 만주파에 대항하는 세력이 아니다. 한편, 미소 간의 갈등, 그리고 북한·중국, 북한·소련의 외교적인 긴장과 마찰의 시기라고 할 수 있다. 당시 해외 지원도 줄어들거나 사라지게 되면서 북한은 자의 반 타의 반으로 자립을 모색해야 되는 시점이기도 하다.

이종석의 고안대로 정치적 시기 분류를 한다면 다음과 같다. 1953년부터 1961년을 전후 복구건설과 '반종파투쟁시기'로 1961년부터 1970년까지를 주체, 자립의 고창과 유일체제의 대두 시기로 볼 수 있다. 전자의 시기에서 주목되는 사건은 1956년 어느 정도의 전후복구가 이루어진 시점에 발생한 이른바 '8월종파사건' 또는 '8월 전원회의 사건'을 들 수 있다. 지금은 상상하기 어렵지만 당시 반김일성 정치세력에 의한 일종의 정치투쟁이라고 볼 수 있는 사건이 발생한다. 해당 사건은 실제 북한 사회에서도 공식적으로 다루고 있다. 북한사회에서 이른바 '반당종파분자'를 언급할 때 소개되는 소재이기도 하다.

1950년대까지 북한사회는 비교적 다양한 정치세력이 존재하였다. 김일성 중심의 만주파(빨치산파)와 과거 식민지 시기 김일성을 돕기도 하였던 국내세력인 갑산파, 과거 중국 공산당 소속 또는 그에 준하는 신분으로 국공내전, 중일전쟁 등에 참여하였던 연안파, 구소련 지역의 한인 2세 등으로 이루어진 소련파, 그리고 박헌영을 중심으로 한 국내에서 항일운동을 하던 공산주의자들로 이루어진 국내파가 존재하였다. 이들은 단순한 파벌로만 존재한 것이 아니고 국가기관 주요직에 포진하고 있었다. 1940년대에서 50년대 주요 인물의 직위를 살피면 다음과 같다. 대표적으로 국내파의 박헌영은 내각 부수상, 소련파의 허가이는 내각부총리, 연안파의 거두 최창익 역시 재정상 및 내각 부수상을 역임하였다. 갑산파의 주요 인물인 박금철은 총정치국 부국장을 역임하기도 하였다. 이들은 모두 축출되거나 사형을 언도받거나 아니면 의문사하게 된다.

한국전쟁 중 그리고 그 이후 국내파, 소련파를 필두로 점차로 세력이 약해진다. 1956년 8월 전원회의에서 발생한 공개적인 김일성의 비판을 한 정치세력은 연안파이다. 연안파의 최창익, 윤공흠, 서휘 등은 1956년 8월 30일, 조선로동당 전원회의에서 김일성의 개인숭배를 공식적으로 비판을 하게 된다. 즉, 무력에 의한 쿠데타나, 어떠한 시위도 없이 구두로 공식적인 공개 비판만을 한 셈이다. 그러나 그 파장은 상상 이상이었다. 이후 비판은 제압되었고 이른바 '반종파투쟁'이 전개되면서 비판세력 또는 잠재적 비판세력으로 분류되는 집단의 대대적 숙청이 일어났다. 해당 사건 이후 만주파 이외의 정치적 세력으로는 김일성과 가장 가까운 파벌인 갑산파만이 남게 된다(김성보 2011; 이종석 2011).[108][109]

4차 당대회가 있었던 1961년을 기점으로 이종석은 주체, 자립의 고창과 유일체제의 대두 시기로 보았다. 북한에게 1961년은 긍정의 시기라고 볼 수 있다. 북한 입장에서는 이른바 '승리자 대회'로 불리는데(이종석 2000)[110] 북한 스스로 이전까지 시기를 진정한 사회주의 국가단계로 규정하지 않다가, 이 시기 이후 사회주의 국가단계로 진입하였음을 선언하였다. 그만큼 자신감을 가진 시기이다. 그 자신감은 경제적 성취뿐 아니라 김일성 입장에서는 정치적 입지의 공고함도 포함되었다고 볼 수 있다.

1961년부터 1970년까지의 시기 중, 정치적으로 중요한 사건은 갑산파의 숙청이라고 볼 수 있다(안성호 2015).[111] 1960년대 중반에 와서는 완성된 유일체제에 조금도 흠집을 허락하지 않는 절대 유일의 단계로까지 전개된다. 박금철을 중심으로 한 갑산파의 숙청은 1967년 조선로동당 제4기 제15차 전원회의를 통해서 이루어진 것으로 확인된다. 당시 갑산파의 죄명은 상당히 관념적이다. 이른바 부르죠아분자, 수정주의분자로서 유일사상체계 확립 문제에 중대한 오류가 있는 자들에 대한 숙청으로 알려지는데, 구체적인 죄목이라고 볼 수 있는 것은 조선시대 실학서인 목민심서를 유포하였다는 점이다(조우찬 2017).[112]

그렇다면 1950년대에서 1960년대의 북한의 고고학에서는 어떠한 일들이 발생하였을까? 북한의 구석기 고고학의 역사적 전개는 어떠한 양상으로 전개되었는지를 살펴볼 시간이 되었다. 해당 시기에서 가장 큰 변곡을 보인 사건의 지점은 어쩌면 1967년이다.

1967년 이후는 김일성에 견제를 할 수 있는 그 어떤 공식적 정치적인 조직체는 없다고 볼 수 있다. 그와 동시에 새롭게 부상하는 존재는 혈족의 정치화 과정이라고 할 수 있다. 당시 조선로동당에 입당한 지 2년여밖에 되지 않은 김정일이 갑산파와 같은 정치적 숙청에 관련되었을 가능성이 매우 높다(정창현 2015).[113] 1967년 조선로동당 제4기 제15차 전원회의가 김정일의 최초의 공식 연설이다. 그의 등장과 함께 북한은 새로운 전환점에 들어서게 된다. 즉, 권력의 집중화에 더해서 권력의 이어짐이 발생하는 시점이다. 카리스마의 완성에 이어, 완성된 카리스마의 승계라는 작업이 시작되는 시점이다. 그래서 1967년은 단순한 숙청의 문제가 아닌 그 이상의 의미를 함의한 시기이다. 어쩌면, 앞 장에서 살핀 5개의 대표어(유격대국가, 극장국가, 순수인종, 가족국가, 피줄국가) 중, 상당 부분이 이 시기에 적용되기에 이른다.

1967년 즈음은 북한의 대외적인 상황도 극단으로 치달았다. 북한과 소련은 그 관계가 1960년대 이후 불편해진 상태였다. 스탈린 이후 흐르시초프 집권 초기 두 국가의 불편한 관계는 지속되었다. 그리고 1966년 시작된 중국의 문화대혁명 이후 중국과 북한의 관계도 극도로 불안해졌다. 중국의 홍위병이 북한의 우상화숭배를 비판한 것이 주된 발단이다. 한편, 북한의 주적인 남한과 미국과의 긴장은 지속되었고 오히려 불안은 가중되었다. 1968년 1월 북한은 프에블로호 (U.S.S. Pueblo)를 나포하기에 이른다.

1967년 북한은 남한에 위협적 군사적 도발을 강화하였다. 극한 긴장 속에서 특수부대를 남한에 보내어 남한의 박정희 대통령을 암살하고자 하였다. 1968년 11월 이승복군 참상 또는 울진삼척지구무장공비침투사건으로 알려진 120여 명의 간첩단의 도발이전에도 이미 1967년 대단위 무력 도발이 이루어진다.

북한은 당시 중국과 소련의 갈등, 이른바 중소갈등의 정치적 상황에서 북한 에게 기존의 알던 우방과의 신뢰에 문제가 생긴다. 북한은 이 돌파구를 새로운 외교관계로 풀어가려 하였다. 남한이 베트남에 군사적 지원을 함에 따라 북한도 일부 군사적 지원을 베트남에 하게 된다. 한반도와 그 주변의 긴장은 극에 달하 였다.

이 시기부터 북한은 국방력 강화에 지나칠 정도로 많은 비용을 투입하기에 이른다. 국가 전체 예산의 무려 30% 이상을 국방비에 사용하기에 이른다. 전쟁 이 임박하였다는 사회 전반의 위기감이 촉발되고 그간에 부분적으로 성과를 보 았던 경제성장도 지체되기에 이른다(이종석 2000).[114]

사상적으로, 주체사상도 1967년을 기점으로 북한의 지도사상으로 전개된다. 1967년 이전의 주체사상은 마르크스·레닌주의의 하위사상이었다. 그러나 1967년 을 기점으로 김일성 고유의 혁명사상으로 탈바꿈하게 된다. 즉, 주체사상은 바로 김일성주의라고 볼 수 있다. 김일성을 중심으로 유일체제를 설명하는 이론으로 변화된 것이다(이종석 2000). 유일체제의 이론적 담론의 등장과 함께 전례 없고 강 도 높은 인텔리에 대한 관리가 이루어지게 된다.

북한이 스스로 몰아간 강경과 긴장의 시기에 학문적 영역도 강력한 전환기 에 봉착하게 된다. 그 전환기는 전례 없는 강도로 이루어진다. 1967년 '도서정리 사업'이라는 언뜻 들으면 온화로운 명칭의 조치가 이루어진다. 이는 대단위 학문 의 검열과 학자의 숙청으로 이어진다. 당연히 북한 학문계에 큰 파장을 일으킨다. 일시적 사건으로 끝나는 것이 아니고 북한 전역에 걸쳐서 광범위하게 진행된다.

기간도 상당했는데, 1970년대 중반까지 지속적으로 진행되었을 것으로 판단된다 (오경숙 2004).[115] 이러한 포괄적이고 지속적인 검열과 숙청이 가능한 한 근거는 북한에서 헌법 이상의 규범력을 가진 교시와 관련이 매우 깊다. 1967년 이른바 '5.25 교시'로 알려진 '당면한 당선전사업방향에 대하여'라는 김일성 교시(전미영 2011)[116]가 그 시작이 되었다. 사상 검열은 '불온한 도서'의 조사로 시작된다. 대상은 전국 기관의 출판물뿐 아니라 개인 소장 출판물에도 이르렀고, 출판물을 넘어서 불순하다고 판단되는 인물 자체도 검열 대상이 되었다(오경숙 2004: 335).[117]

학술지의 대정간 그리고 광범위한 검열은 지식인에게 1967년 이전과 이후는 전혀 다른 세계임을 의미한다. 해당 분야를 연구한 오경숙의 말을 빌려 설명하면 다음과 같다; '어떤 사회가 혁명이나 대규모 반란에 의하지 않고 크게 격동하고 나아가 짧은 시간에 전혀 다른 모습으로 변질될 수 있다면, 아마 1960년대, 특히 1967년의 북한 사회를 들 수 있을 것이다'(오경숙 2004: 330).[118]

표 북한 고고학 관련 학술지 발간과 발간 기간

학술지명	발행 기간
『력사제문제』	1948－50
『문화유물』	1949－50
『문화유산』	1957－62
『고고민속』	1963－67
『조선고고연구』	1986－
『력사과학』	1955/67/76
『유적발굴보고』	1956－85
『고고민속논문집』	1969－88
『민족문화유산』	2001－

출전: 국립문화재연구소 2019[119]

사상의 검열의 시대에 고고학 관련 학술지도 물론 예외가 될 수 없었다. 구석기 연구는 기본적으로 고고학의 영역에서 다루어지고 있고 따라서 고고학과 관련된 학술지의 현황을 살피는 것이 필요하다. 직·간접적으로 고고학과 연관된 학술지의 시작은 1949년부터이다. 1948년 『력사제문제』를 시작으로 『문화유물』, 『문

화유산』,『문화유물』,『고고민속』,『조선고고연구』,『력사과학』,『유적발굴보고』,
『고고민속론문집』,『민족문화유산』을 통해서 고고학 관련 연구가 지속되었다.

한국전쟁 이전에 발간된『력사제문제』,『문화유물』은 만 2년 발행의 역사를
가진다. 전쟁 이후『문화유산』,『문화유물』,『고고민속』,『력사과학』이 발간되었
고 1967년 이후 도서정리사업 기간 중 모두 정간된다. 해당 기간 중『유적발굴보
고』와『고고민속론문집』이 빈자리를 일부 대신할 뿐이었다. 1986년 발행된『조
선고고연구』가 등장하기까지 그 사이 시기는 학문적인 공백기라고도 볼 수 있다.

1960년대, 남과 북의 갈등이 증폭된 시기, 미국, 소련, 중국 등의 국제관계
가 숨 막히게 변화되던 시기에 북한의 선택은 범접할 수 없는 권력의 완성이었
다. 김일성의 유일체제의 확립, 즉 더 이상의 최소한의 견제기능을 가진 정치 집
단이 완전하게 사라진 단계에 이르게 된다. 그 무서운 권력의 전환기에 지식인
그리고 학문세계도 엄청난 소용돌이에 휘말리게 된다. 고고학도 당연히 예외가
될 수 없었다.

1967년 이후의 고고학의 변화는 학술지의 현황으로도 쉽게 짐작이 간다.
1967년 이후 거의 20년이 지난 1986년『조선고고연구』의 발행이 되기까지 한 세
대의 2/3에 해당되는 시간 동안 학문행위가 금지된 것이나 다름이 없다.

학술지의 변화로만 그치지 않고 인적변화도 있었을 것이라는 것은 쉽게 짐
작이 가는 바이다. 지식인에 대한 변화를 살필 필요가 있다. 북한에서 지식인은
근본적으로는 노동자, 농민, 지주계급과 같이 굳건한 계급으로 보기보다는 어떠
한 계급에도 동조가 가능한 유동적인 층으로 보는 경향이 강하다. 따라서 지식인
은 북한식 표현으로 규정한다면 '혁명화된 계급'이 아니고 '혁명화되어야 될 대
상'으로 본다. 5.25 교시 이후 단순한 검열 및 조사만으로 모든 일이 끝나지 않을
것이라는 강한 메시지가 최고지도자의 입으로 전해진다. 5.25 교시 이후 지식인
에 대한 '혁명화'가 필요함을 강조하는 교시가 명령된다. 이른바 '우리 당의 인테
리정책을 정확히 관철할데 대하여'라는 교시에서 지식인에 대한 큰 변혁이 있었
음을 알 수 있게 된다(전미영 2011).[120]

지식인에 대한 엄청난 충격, 북한식 표현으로 '인테리의 혁명화'에 대해서 북한은 이를 공개적으로 밝히고 있다. 2000년대 이후 고고학 관련 글에서 관련 내용을 살피면 다음과 같다. '일부 학자들속에서 나타나고 있는 사대주의, 교조주의적인 편향들에 대하여….'과 같은 문구에서 과거 지식인의 숙청을 알 수 있다 (리주현·한은숙 2009: 48).[121] 북한식 표현으로 유동적인(기회주의적) 위치에 있는 지식인을 '당과 수령의 사상전사'이자 '당 정책의 관철자이자 선전자'로 만들어야 한다는 의지가 보인다(전미영 2008: 190).[122]

지식인을 관리하는 문제와 함께 또 다른 문제는 과거 출판물에 대한 관리라고 할 수 있다. 도서정리사업이란 한마디로 미래의 출간될 출판에 대한 관리도 있지만 과거에 이미 출간된 출판물에 대한 관리도 포함된다. 과거의 출판물 중 부르주아풍의 출판물은 모두 관리대상이 됨은 물론이다. 따라서 지난 과거의 출판물이 금서가 되는 경우도 허다할 것으로 쉽게 짐작이 된다. 그런데 이러한 자본주의적 타락적인 출판물과 같은 명확한 대상이 아닌 경우도 있다. 바로 국가의 공식 문서라도 해당이 될 수 있다. 조선로동당과 같은 주요 기관의 출판물이라도 현재의 맥락과 맞지 않는 경우에는 금서는 물론 아니지만 개찬(改竄)의 대상이 된다. 서동만에 의하면 개찬의 대상이 된 공식 문서란 당대회 등 공식 집회의 보고나 결정서 당의 역사적 내용을 다룬 문건 또는 군의 기념 연설 등임을 밝히고 있다(서동만 2005: 31).[11][123]

개찬의 목적은 현실의 당면한 문제에 대한 일종의 정당성의 부여와 깊은 관련성을 가진다(서동만 2005).[124] 특정 인물이 한때는 동지였으나 현재는 대척점에 있는 경우, 그 특정인과 관련된 자료의 새로 쓰기가 발생한다. 앞에서도 살핀, 북

---

11) 개찬의 목적은 과거의 자료는 바로 현재의 맥락에 의해서 해석이 되는 대상이라는 생각을 북한은 굳건히 하는 것으로 보인다. 이러한 생각은 현재에도 변함이 없다. 개찬을 보다 넓게 본다면 북한은 과거형, 또는 미래형의 나라가 아니고 언제나 현재형의 나라라는 인상을 받게 된다. 이러한 개찬과 관련한 흥미 있는 진술은 실제 북한에 방문한 학자들을 통해서도 확인이 된다. 마이어스의 언급에 의하면 북한의 자료를 구하는 데 아이러니하게도 평양보다 서울이 더 유리하다는 이야기를 남긴다. 북한에서 바로 현재의 자료 외에 과거의 자료, 심지어 몇 개월 정도 지난 자료라도 요청을 하면 여러 가지로 의심을 받게 된다고 언급하고 있다. 마이어스의 지적대로 북한인 기준으로 이방인에게 경계의 눈빛으로 자료를 선별해서 제공하려는 의도에서 벌어진 일이다(브라이언 마이어스(고명희·권오열 역) 2011).

한에서 김일성의 식민지 시기 항일운동을 담은 도서 『항일 빨찌산 참가자들의 회상기』를 통해서 이를 살필 수 있다. 1959년 초판과는 달리 1969년 재판은 원래의 목적인 혁명정신을 배우는 것에서 김일성에 대한 충성으로 변화되었다(조은 희 2012).[125] 그런데 여기서 문제가 생긴다. 절대적인 충성을 다짐하였던 인물이 변절하였거나 또는 숙청이 된 경우, 이는 바로 개찬의 대상이 된다. 1968년 재판이 되는데 개찬이 관찰된다. 이종석에 의하면 1960년대 말 발간된『항일 빨찌산 참가자들의 회상기』에는 숙청된 인물인 김창봉, 허봉학, 석산 등의 내용이 삭제되었음을 확인하고 있다(이종석 2000: 53).[126]

북한의 구석기 관련 출판물에도 과연 개찬 또는 그에 준하는 행위가 발생하였을까? 1950년대 논문 중, 「10월혁명과 조선고고학의 발전」의 제목의 글이 있다(고고학 및 민속학연구소 1957).[127] '볼셰비키 혁명'이라고도 불리는 1917년 공산주의 혁명으로서 이후에 소련 국가 탄생의 견인차 역할을 한 혁명이다. 당연히 구 소련은 해당 혁명에 중요한 의미를 두었다. 조선 고고학과 그 혁명이 관계가 선뜻 떠오르지 않을 수 있지만 논문에서는 혁명 40주년을 기념하며 그 관계성에 의미를 두고 있다. 친소련적 이러한 논문은 1950년대 맥락성에는 가능하지만 1960년대 주체의 국가가 된 이후엔 금서 아닌 금서가 되었을 가능성이 있다. 그런데 이와는 차원이 다른 김일성 유일체제에서 숙청된 인물의 경우는 더욱 개찬의 소지가 됨은 분명하다.

그렇다면 고고학 학술지도 그 대상이 되는지에 대해서 살펴볼 필요가 있다. 고고학 영역 중 특히 구석기 고고학 관련 출판물에서 과연 개찬이 있었는지를 살필 필요가 있다. 개찬 증거는 원발행본 외에 재발행본이 있었는지의 유무의 판단과 원발행과 재발행 사이의 차이성을 파악하는 작업이 요구된다. 우선 기본적인 한계가 발생한다. 과거 도서정리사업 이전에 발행한 북한의 고고학 관련 학술지가 과연 북한에서 일반 연구자들에게 자유롭게 읽히는지 또는 해당 학술지가 과연 재편집되어 읽히는지를 알기가 어렵기 때문이다. 그러나 간접적으로 알 수 있는 부분은 있다. 북한의 과거 인물 중 숙청되었거나 숙청이 의심되는 인물에 대한 언급이 과연 이후에 있는지를 살피면서 짐작은 할 수 있다.

만약 개찬이 되었다면, 그 대상이 될 수 있는 인물 중 우선 한흥수를 거론할 필요가 있다. 그는 조선의 구석기 존재의 유무와 관련하여 해방 이전부터 논의를 시작한 대표적인 북한의 고고학자이다. 그의 학문적인 성향은 유럽 유학 이후 북한에 와서 남긴 여러 편의 글에서 어느 정도 읽을 수 있다. 그는 문화사 고고학을 부정하는 글을 남긴다. 이는 사실 독특한 부분이라고 볼 수 있는데, 그의 유학 시절 오스트리아 비엔나 대학교의 학풍이 지극히 문화사 고고학의 정수인 점을 생각할 때, 다소간 의외의 부분이라고 할 수 있다. 그는 글에서 배격해야 될 부분은 인종주의, 민족주의에 기반을 둔 고고학, 문화가치(역사 특수주의적 문화의 가치)를 지나치게 포장해서 본질적이고 중요한 사회발전의 발생학적 법칙을 무시하는 행위를 지적하고 있다(한창균 2013; 한흥수 1950).[128][129] 어쩌면 사회주의를 표방하는 북한이 생각하는 고고학적 방향, 즉 역사발전의 합법칙성에 따른 일정한 방향성을 가진 발전을 주장하고 있다.

그는 당시 중요한 선사 고고학자인 도유호와 비교해서 이른바 부르주아 고고학으로 평가절하된 문화사 고고학과 상당한 거리를 두고 있음을 볼 때(한창균 2013: 86),[130] 그가 학문적인 이유로 숙청이 되었을 거라는 생각은 하기 힘들다. 그러나 그의 공식적인 행보는 1950년대 초반 이후 관찰되지 않는다.

한흥수는 1950년대 중후반 숙청을 당하였던 것으로 보인다. 한흥수와 그리고 연관된 인물들의 정황 자료로서 파악이 가능하다. 1959년『문화유산』에 실린 자료로 본다면 '부르조아 반동 문학 체계를 수립하려고 시도한'(고고학 및 민속학연구소 1959: 4)[131]이라는 문구와 함께 한흥수 이름이 거명된다. 추정컨대 당시 박헌영을 비롯한 남로당계 숙청과 관련되었을 것으로 보인다. 한흥수와 같이 숙청된 인물은 림화, 김남천, 이태준이다. 이들은 모두 남로당계 문학인으로서 1956년 이전에 이미 숙청된 것으로 알려져 있다(서동만 2005: 528).[132] 따라서 그의 숙청 시점은 1952년에서 1956년 사이로 보인다. 그런데 흥미로운 사실은 이러한 숙청의 내용이 공식으로 문건에 나타난 시점이 언제인가에 있다.『문화유산』으로 본다면 1959년도이다.

그 이후 한흥수의 이름은 북한의 고고학 관련 연구자료에 결코 드러나지 않는다. 다만 그와 비슷한 시기에 숙청된 인물이 '반당종파분자, 사대주의자, 교조주의자' 등의 이름으로 등장할 뿐이다(리주현·한은숙 2009).[133] 그는 단순한 학자이기 전에 북한의 주요 공무 직책을 맡는 자이기도 하다. 북한의 문화유산을 관리하는 조선물질문화유물조사보존위원회의 의원장이기도 하다. 그가 담당하였던 업무와 관련된 공식자료가 어떻게 기록으로 현재 남아있는지 궁금할 따름이다.

현재 북한에서 1960년대 말 이전에 출간된 자료를 어떻게 관리하는지를 확인할 수 없기에 개찬과 관련된 사항을 정확히 확인하기는 어렵다. 그러나 최소한 북한 구석기 고고학은 정치적인 일정과 상관이 있음은 분명하다. 도서정리사업 이전의 주요 학자들의 글이 과연 최근의 북한 학계에서 얼마나 그리고 어떻게 인용되고 있는지를 파악한다면 정확한 개찬 내용까지는 아니더라도 정치적 일정과의 연관성을 파악할 수 있다. 구석기 고고학과 관련된 출판물인『조선민족의 역사적 뿌리』(장우진 2002)[134]에서 인용 문헌은 총 74건 등장한다. 이 중 도서정리사업이 발생한 시점인 1967년을 포함하여 그 이전 자료의 인용은 불과 5회에 머무른다. 3회는 러시아어 자료이고 2회는 영문자료로서 북한의 학술자료는 실질적으로 0회이다. 전혀 인용이 되고 있지 않다.

표 **일부 도서를 통한 1968년 이전의 북한 자료의 인용 정도**

	1) 장우진, 1988[135]	2) 인류진화발전사연구실, 1995[136]	3) 장우진, 2002[137]	4) 전일권 외, 2009[138]
인용 횟수	–	–	78	18
인용 자료 수	11	58	74	11
1968년 이전 북한 자료	0	3	0	1
1968년 이전 해외 자료	1	8	5	0

인용: 1) 장우진, 1988.『인류학(2판)』; 2) 인류진화발전사연구실, 1995.『조선서북지역의 동굴유적』; 3) 장우진, 2002.『조선민족의 력사적 뿌리』; 4) 전일권 외, 2009.『북부조선지역의 구석기시대유적』

이보다 구석기 고고학의 장르에 더 부합된다고 판단되는 『인류학(2판)』, 『조선서북지역의 동굴유적』을 살펴보았다. 『인류학(2판)』의 경우, 전체 저서와 논문의 수는 11편이다. 그중 1968년 이전 자료 중 북한 자료는 없고 러시아어 자료 1권뿐이다. 『조선서북지역의 동굴유적』에서는 총 58편의 인용 자료가 관찰된다. 조선어 23편, 중국어 16편 러시아어 4편, 일어 4편, 영어 11편으로 구성되어 있다. 영어 11편은 서구권 출판 자료 5편, 일본 출판 자료 2편, 중국 출판 자료 4편으로 구성되어 있다.

1968년 이전 북한 자료는 단 세 편이 보고된다. 『궁산 원시 유적 발굴 보고』(1957), 『지탑리 원시 유적 발굴 보고』(1961), 『금탄리 원시 유적발굴 보고』(1964)이다. 해당 출판물은 유적의 보고 자료이기에 고고학적 성과라도 개인의 이론과 해석이 녹아있는 자료라 보기 힘들다. 단순한 유물과 유적의 보고 내용이기에 인용이 가능한 것으로 보인다. 게다가 『금탄리 원시 유적 발굴 보고』를 제외하고 나머지는 저자명이 없다.[12] 『금탄리 원시 유적 발굴 보고』의 저자는 김용간인데 도서정리사업 이후에도 꾸준히 활동하는 학자인 관계로 개찬 또는 그에 준하는 대상의 연구자는 아닌 것으로 생각된다.

『북부조선지역의 구석기시대유적』에서 인용 자료는 11건 그리고 인용 횟수는 18회이다. 1968년 이전의 해외 자료는 없고 북한 자료는 1건이 있다. 1965년 『고고민속』에 소개된 「굴포 문화에 관한 그 후 소식」으로 도유호와 김용남에 의해서 쓴 글이다. 김용남은 1980년대 이후에도 활동이 확인되는 인물이다. 반면 도유호의 경우에는 사정이 다르다. 도유호의 말년에 대해서는 앞서 밝힌 바와 같이 정확한 행적은 알기 어렵다(한창균 2017).[139] 다만 그가 북한의 고고학계에서는 더 이상 거론되는 인물이 아니라는 점은 분명하다. 『북부조선지역의 구석기시대유적』에서 인용된 그의 글도 만약 공저가 아니고 도유호 혼자 쓴 글이라면 인용이 되었을까라는 생각이 든다.

---

12) 북한의 출판물의 특성상 공동 작업 공동 출판 형식을 띠는 경우가 많아 무기명으로 출판되는 경우가 많다.

5. 교시와 구석기시대

북한에서 구석기 연구의 시작을 언제로 보아야 하는가에 대한 질문에 대답은 간단하면서도 한편으로는 숙고할 필요가 있다. 북한 지역이라는 공간적 의미에서의 최초의 구석기 유적은 앞서 지적한 바와 같이 1930년대 동관진(강안리) 유적이다. 그러나 이를 북한의 최초의 구석기 유적으로 보는 데는 무리가 있다. 우선 북한 정권이 수립되기 전의 유적이라는 점, 한반도의 구성원이 아닌 일본에 의해서 발굴이 되었다는 점이 북한 최초라는 수식어를 붙이는 데 어려움이 있다. 또하나 중요한 사실은 동관진 유적을 북한 스스로 실재하는 구석기 유적으로 인정하지 않았다는 점이다. 유적이 발견된 1930년대는 물론이고 정권 수립 후 1950−60년대까지 동관진은 학술적인 측면에서도 진정한 구석기 유적으로 인정받았다고 보기 힘들다.

북한 스스로 발굴한 최초의 구석기시대 유적은 1962년 굴포리 유적이라고 할 수 있다. 이른바 조선반도에서 스스로 최초로 발견한 기쁨이 실제 학술지에 묻어난다. 최초 공식 보고는 학술지『고고민속』을 통해서 이루어진다(고고학 및 민속학연구소 1963).[140] 본격적인 분석의 글이 아닌 단순 보고 형식이지만 다른 논문과는 달리 진한 글씨로 그 중요성을 강조하고 있다. 그렇다면 굴포리 유적을 북한의 최초의 구석기 유적으로 볼 수 있을까? 이 부분에 대해서도 1967년 기점으로 발생한 대규모 변화를 생각하고 판단할 필요가 있다. 굴포리를 북한 최초의 본격적인 유적으로 남한의 많은 글에서도 소개를 하고 있다.

물론 이 사실이 틀린 것은 아니다. 그런데 문제는 구석기시대 연구사 또는 구석기시대 전반을 설명할 때 도입부에 언급할 만한 최초의 구석기 유적, 또는 구석기 조사의 시작으로서의 굴포리의 자리매김은 지극히 남한식 사고에서 시작한다고 볼 수 있다. 북한의 도서자료 논문에서는 남한과 같이 굴포리에 대한 큰 강조를 한다고 보기 힘들다. 다만 여러 유적 중의 하나로서 굴포리를 다루는 경향이 강하다.

북한의 최초의 본격적인 구석기 개론서라고 할 수 있는 『조선의 구석기시대』, 그리고 주요 구석기 유적 발굴 이후 간행된 고고학 전반의 개설서인 『조선 고고학 개요』의 내용을 살피면 학사적으로 중요한 굴포리에 대한 지나칠 정도의 프리미엄을 부여하고 있지 않다. 두 출판자료에서 굴포리를 제외한 것은 아니다. 그러나 여러 중요 유적의 하나로 설명할 뿐이다. 이후 문헌에서 굴포리가 최초의 유적임을 밝히고는 있지만 그 조사를 한 구체적인 인물에 대한 언급을 보이지 않는다. 즉, 최초로서 굴포리를 북한 역시 언급을 하나, 이에 대한 과도한 프리미엄이 있다고 보기는 힘들다.

그 이유는 여러 가지로 볼 수 있다. 직접적인 원인은 해당 유적의 조사자의 상당수가 이미 숙청을 당하였거나 그에 준하는 여러 가지 곤혹을 치르고 있기 때문일 수 있다. 유적의 조사는 도유호가 이끌었던 것으로 보이는데, 그는 1960년대 중반 이후 숙청 또는 그에 준하는 고난을 당하였기에 그에게 '북한 최초의 구석기 유적 발견자'라는 타이틀을 줄 수는 없는 노릇이다.

설사 그가 숙청이 되지 않았다고 해도, 예를 들어 '최초의 구석기 유적과 고고학자 도유호'식의 전개는 불가능하다. 북한 사회의 특성상 최고지도자 이외의 특정 인물에 대한 높은 존경심을 표하는 일은 극히 드물다. 설사 있다고 하더라도 최고지도자와 당과 국가에 헌신한 인물에 국한하기 마련이다. 대체 불가능한 이미지를 가진 가족국가의 어버이인 최고지도자에 대한 무한한 충성을 바치는 사람의 경우가 아니라면, 일반인에게 높은 존경을 표하는 경우는 그리 많지 않다.

북한은 근본적으로 이른바 '특출하고 우수한' 어버이가 이끄는 가족국가임을 잊어서는 안 된다. 따라서 자식, 즉 국민은 근본적으로 성실하고 충성심이 많은 영웅은 있어도, 특출하거나 우수한 영웅이 될 수는 없다. 그 특출하고 우수함은 어버이의 몫이기 때문이다. 바로 이러한 이유에서 특정인에 대한 특출하고 우수함으로 존경을 표하긴 어렵다.

어버이에 대한 충성의 정도는 1967년 이후 모든 부분에서 경직화를 거치면서 가속화된다. 즉, 모든 사회 영역에서 특출하거나 우수한 영웅이 사라지고 그 자리엔 유일한 영웅인 최고지도자가 자리 잡게 되기 때문이다. 이즈음 1960년대까지 보이지 않던 현상이 1970년대 나타나는데 그것은 출판물의 서두를 최고지도자의 교시나 그에 준하는 내용으로 시작하게 된다. 책의 머리말에 정치적인 또는 최고지도자의 내용을 담는 것은 이전에도 있었으나, 모든 논문의 첫 시작을 획일적으로 최고지도자의 메시지로 시작하는 것은 이때부터이다. 북한사회 모든 부분에 교시가 엄청난 규정력을 가지게 된다. 학계도 물론 예외가 아니다. 모든 것을 아는 어버이이기에 어버이의 지도를 우선적으로 따르게 된다.

구체적으로 본다면 1970년대부터 김일성의 교시가 글에 중요하게 인용되기 시작하고 1980년대부터는 김정일의 교시도 등장한다. 특히 김정일의 교시는 조선로동당 제6차대회(1980년 10월) 이후인데 바로 이 시기는 김정일이 공식적으로 후계자로 인정되던 시기이다(한창균 2013: 203–204).[141]

교시 부분에서 고고학 영역도 물론 동일하게 적용이 된다. 단순한 정치적인 메시지의 전달뿐 아니라, 그간의 북한 고고학의 성장과 주요 발견에 최고지도자가 중요한 역할을 하였다는 점을 부각하기에 이른다. 바로 이러한 상황에서 최초의 발견자는 자연스럽게 최고지도자의 공적으로 돌아가기 마련이다. 다시 말하지만, 가족국가에서 '특출하고 우수한' 자식은 없지만 '특출하고 우수한' 어버이는 존재하기 때문이다. 특히 최초의 구석기 발견과 관련해서는 김정일의 공적이 유난히 강조된다. 구석기 유적이 존재하지 않던 시절에 구석기의 가능을 미리 예견하고 이를 바로잡도록 지시한 인물이 바로 김정일이라는 점을 강조하고 있다. 이는 단순히 우연하게 언급되는 내용이 아니다. 김정일이라는 최고지도자가 구석기의 불모지에 구석기의 존재를 일깨워주었다는 메시지는 1980년대 논문에서 최근 2010년대까지 꾸준히 반복적으로 등장한다.

물론 김일성에 의한 교시와 관련하여 고고학 성과의 주체를 알리는 내용도 전개된다. 주의 깊게 살펴보아야 될 사실은 김일성이 단군 그리고 고조선 문화에 대한 가장 중요한 기여자로 자리매김을 하였다는 사실이다. 그만큼 김일성에게 제공된 의미는 조선민족의 첫 시작을 알린 고조선을 수호하는 인물로 규정된다. 민족의 기원을 잇는 '특출하고 우수한' 어버이의 이미지가 김일성에게 부여된다면, 민족 이전의 인류의 기원을 잇는 '특출하고 우수한' 어버이의 이미지는 김정일에게 부여된다.

따라서 실제 고고학 주요 성과는 개개인 연구자의 노력의 결과로 귀결되기보다는 최고지도자의 현명하고 예지력 있는 지도의 결과임을 강조하다. 이를 고려한다면 최초 구석기유적의 발견의 주체자는 결국 최고지도자가 된다. 실제로 최초의 구석기 유적에 대한 언급을 살펴보자. 해당 내용은 1962년 발견하고 1963년 최초 발굴조사된 굴포리 유적에 관한 내용이다; '1960년대는 우리 나라 고고학발전력사에서 획기적인 전변이 일어 난 뜻 깊은 년대기였다....당시까지만 하여도 우리 고고학자들은 구석기시대유적을 찾지 못하고 있었으며 구석기분야는 우리 학계의 가장 큰 공백으로 남아 있었다. 바로 이러한 때 경애하는 장군님께서는 비범한 예지와 과학적통찰력을 지니시고 우리 나라에서 구석기시대유적이 아직 발견되지 않았다고 하여 그 존재마저 부정할수는 없다고 하시면서 ....가르쳐 주시었다.'(사회과학원 고고학연구소 2002: 3).[13][142]

해당 글에서 1960년대 초까지 구석기의 존재를 고고학자들도 몰랐거나 아니면 부정되었다고 말하고 있다. 그러다가 1960년대 비록 유적은 없지만, '특출하고 우수한' 어버이가 그 가능성을 지적하고 발굴로 이끌었음을 주장하고 있다.

그럼 최근의 북한의 공식적인 입장에서 동관진 조사의 경위에 대해서는 어떻게 생각할지 궁금하다. 이에 대한 언급은 다음과 같다; '1930년대 공사과정에서 알려진 강안리 유적(동관진 유적)의 구석기시대적 성격을 부인하고 말살한 일제어용사가들의 견해에 동조하는 경향도 나타내고있었다… 위대한 령도자 김정일동지께서는 과학적 예지와 비범한 통찰력으로 이러한 실태를 깊이 혜아리시고 우리 고고학자들에게 과학적인 담력을 안겨주시고…'(리주현·한은숙 2009: 54).[143] 즉, 동관진 유적의 구석기시대 성격에 대해서 일제의 연구자들과 일부 북한의 연구자들이 이를 부정적으로 폄하하였다고 주장하고 있다. 그럼에도 불구하고, 최고지도자의 능력으로 이를 올바르게 바로잡았음을 설명하고 있다.

---

13) 앞서 밝힌 바와 같이, 북한 자료 인용 시 띄어쓰기 및 맞춤법은 북한식 기준임을 알린다.

여기서 최고지도자의 지도, 즉 교시라는 부분을 살펴볼 필요가 있다. 북한 사회를 움직이는 가장 중요한 지침으로 그 규정력이 강함은 앞서 지적한 바 있다. 북한에서 흔히 올바른 행위를 한다는 것은 '당성, 로동계급성의 원칙과 력사주의 원칙'의 준수함을 가르킨다. 그런데 실제 '당성, 로동계급성의 원칙과 력사주의 원칙'을 준수하기 위해서 구체적으로 무엇을 해야 하는지 정확하지 않을 때가 많다. 아마도 교시는 이러한 오류 아닌 오류를 막기 위한 방도로서도 사용될 수 있다고 본다. 교시가 단순한 수사가 아니고 매우 구체적이기에 이를 반드시 관철함이 바로 '당성, 로동계급성의 원칙과 력사주의 원칙의 준수'로 이어지기 때문이다.

실제 이러한 언급이 고고학 문헌에서도 발견된다; '위대한 수령님께서는 혁명발전의 매 시기마다 조선고고학이 나아갈 앞길을 뚜렷이 밝혀 주시었을뿐 아니라 최고인민회의에서 국가적인 법령과 결정을 채택하도록 하시어….'(손수호 2002: 3).[144] 이 문장에서 교시가 국가법령보다 규정력이 더 강하다는 사실을 알 수 있다.

가족국가라는 대표어 속에서 최고지도자는 대체불가능한 아버지이다. 한편 사회조직은 형제자매, 그리고 개인은 자식이라는 구도가 만들어진다(강진웅 2001).[145] 고고학과 같은 문화사업을 다루는 모든 기관은 형제가 되고 그곳에서 일하는 연구자는 자식이 되는 셈이다. 그리고 이 형제와 자식은 어버이 최고지도자의 품에 있을 때가 가장 안정적으로 행복하게 된다. 바꾸어 말하면 어버이 지도자의 교시를 잘 따라야 된다는 의미와 함께 모든 성취는 기본적으로 최고지도자의 능력에 의해서 이루어짐을 명확히 하고 있다.

모든 가족의 대표로서 아버지, 최고지도자의 교시는 그래서 절대적인 가치를 가진다. 그리고 매우 구체적인 경우가 많다. 그럼 예를 들어서 살펴보자.

가) '위대한 수령 김일성동지께서는 다음과 같이 교시하시었다. 〈지금까지 전설로만 전해져오던 단군이 반만년전의 실재한 인물로 고증된것은 우리 민족사에서 매우 중요한 의의를 가집니다.〉'(류병흥 1995: 2).[146]

나) '경애하는 장군님의 현명한 령도밑에 단군과 고조선에 대한 연구를 심화시킬데 대하여 주신 위대한 수령님의 유훈교시 관철에 떨쳐나신 우리 고고학자들은…'(사회과학원 고고학연구소 1997: 4).[147]

다) '친애하는 지도자 김정일 동지께서는…. 〈우리나라에서 아직 구석기시대의 유물을 발굴하지 못하였다고 하여 우리나라에 구석기시대가 없었다고 단정할수는 없습니다.〉'(채희국 1987: 2).[148]

라) '친애하는 지도자 김정일동지께서는… 우리 나라에 구석기시대가 없었다고 단정하는 것은 심히 그릇된 견해라는 것을 밝히시고…'(장우진 1992: 8).[149]

마) '위대한 령도자 김정일동지께서는 다음과 같이 교시하시었다. 〈사람이 장구한 진화발전의 산물이라는 것은 이미 오래전에 과학에 의하여 확증된 사실입니다.〉'(고광렬 2015: 25).[150]

바) '위대한 령도자 김정일동지께서는… 〈우리 나라에 구석기시대가 있었는가 없었는가 하는 것은 단순한 학술사의 문제가 아니라 우리 민족의 유구성, 특히 우리 민족의 기원문제와 직접 잇닿아있는 매우 심중한 문제입니다.〉'(김춘종·한금식 2016: 15).[151]

사) '경애하는 최고령도자 김정은동지께서는 다음과 같이…. 〈참으로 위대한 김일성동지와 김정일동지는 … 우리 민족의 현대력사를 찬연히 빛내여주시였을 뿐아니라 반만년의 민족사를 옳바로 정립해주시고 ….'(최광림 2017).[152]

이 예시와 그 외 여러 자료를 통해서 교시가 가지는 구체적 방향을 살펴볼 수 있다, 첫째, 단군과 고조선과 관련된 부분은 기본적으로는 김일성의 교시로서 구성되고 있음을 알 수 있다, 둘째, 비록 김정일에 의해서 단군 및 고조선이 언급이 되더라도 이는 김일성이 유훈으로서의 의미를 가진다고 볼 수 있다. 셋째, 구석기시대와 관련된 부분에서는 김정일의 교시가 집중됨을 알 수 있다. 넷째, 광의적으로는 구석기시대에 포함되는 주제인 진화, 인류진화의 문제에 대해서도 김정일에 귀결됨을 볼 수 있다. 다섯째, 김정일의 경우에는 상당 부분 선대의 두 최고지도자의 문화적 성취를 그대로 이어받는다는 메시지가 주를 이루고 있다.

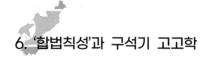

6. '합법칙성'과 구석기 고고학

북한의 고고학 문헌에서 흔히 발견되는 용어 중의 하나는 '합법칙성'이다. 모든 현상을 설명할 수 있는 법칙이 존재한다고 본다. 비단 합법칙성은 고고학 영역에만 쓰이는 용어가 아니다. 주체사관을 설명할 때 합법칙성을 언급하기도 하고, 계급혁명을 언급할 때도 합법칙성을 언급한다. 합법칙성 중에서 가장 흔한 문구는 수식어 '역사'를 붙인 역사적 합법칙성 또는 역사발전 합법칙성이라고도 할 수 있다. 시간을 통한 변화과정이 발전이고 그 발전의 과정을 일정하게 정해져 있다는 사고이다. 흔히 언급되는 대표적인 사례는 자본주의가 결국 사라지고 사회주의가 승리하는 것은 역사발전의 합법칙성이라고 할 수 있다. 북한의 맥락에서 법칙은 매우 긍정적인 의미를 담은 단어가 된다.

북한 사회에서 현재도 쓰이는 합법칙성, 특히 역사적 합법칙성에는 '단방향', '발전'이라는 요소가 담겨있다. 모든 역사에는 정해진 방향으로 변화하고 그 방향은 발전이라는 것이 핵심적인 요소이다. 정해진 방향으로의 변화로만 이루어지기에 외부적인 특별한 사건에 의해서 그 방향이 변경되지 않음을 강조한다. 이후에 언급하겠지만 이러한 사고에서 어떠한 변화를 가져오는 동인은 결코 외부에서 올 수 없음을 암묵적으로 강조한다. 외부에서 철기 기술의 도입으로 철기시대가 도래하는 등의 설명은 개입할 여지가 없다. 그래서 북한의 합법칙성을 설명함에 있어서 '단방향', '발전'이라는 요소만큼이나 중요한 키워드는 '내적변화'이다. 즉, 모든 변화는 외부의 특수한 조건에 휘말려서 전개되는 것이 아니고 정해진 순서, 정해진 시간에 따라서 정해진 내부적 힘에 의해서 변화함을 강조한다.

고전적인 사회주의 전개 설명을 살피면, 자본주의 자체 내의 모순이 생겨서 새로운 사회주의 단계로의 변환이 된다고 본다. 즉, 자본주의 자체 내의 노동자와 사용자의 갈등이 자본주의를 붕괴시키는 힘이라고 주장한다. 외부의 힘에 의한 변화보다는 자체적인 내부의 모순이 변화의 주된 동인으로 본다. 따라서 역사적 합법칙성'을 구성하는 요소로서 '단방향', '발전'과 함께 '내적변화'를 포함시켜야 한다.

고고학 영역에서도 합법칙성을 강조한다. 긴 시간대의 변화를 설명하는 학문이 고고학이기에 사실상 합법칙성을 증명하는 연구단위로서는 가장 이상적일 수도 있다. 실제 합법칙성과 관련된 문구는 상당히 많이 발견된다. 비교적 최근의 예를 들면 다음과 같다. '인류의 진화과정이 합법칙적으로 련면하게 진행'(장우진 외 2009: 34),[153] '인류진화발전의 합법칙적 과정'(한금식 2015: 80),[154] '우리나라 신석기시대문화발전의 합법칙적과정으로 생겨'(서국태 · 리주현 2000: 10),[155] '고조선문제와 노예사회문제가 해명됨으로써 우리나라 력사발전의 합법칙적과정을 과학적으로 체계화'(리주현 · 한은숙 2009: 83).[156] 지금 살펴본 내용은 최근의 사례이나, 고고학에서 언급된 합법칙성은 1970년대에도 이미 발견된다.

어쩌면 북한에서는 고고학 연구의 중요 목표 중의 하나는 합법칙성을 증명하는 작업이라고도 볼 수 있다. 긴 시간대의 인간행위와 관련된 일정한 규칙을 만들고 일정한 규칙을 통해서 발전함을 설명함이 아마도 중요한 목표일 수 있다. 북한의 연구자들은 합법칙성이라는 큰 일반 법칙이 과연 구석기시대에 어떻게 적용되는지에 대해서 관심을 가진다. 즉, 주어진 규범체계에 새롭게 획득한 고고학 자료를 대응시키는 노력을 기울인다는 인상을 받는다. 굳이 표현한다면 극단적으로 연역적 사고에 집중한다고 볼 수 있다. 새로운 고고학 자료가 새로운 법칙을 만든다기보다는 기조의 법칙을 확인시키는 작업이 우선시된다.

예를 들어, 인류 진화에서 북한이 주장하는 인류의 진화과정인 〈남방원숭이〉-〈능인〉-〈원인〉-〈고인〉-〈신인〉은 지난 수십 년간 큰 변화 없이 이어지고 있다. 국제적으로 지난 수십 년간 새로운 종의 출현과 속[14]의 변화가 있었지만 기존의 법칙을 그대로 유지하고 있다. 여기서 중요한 점은 북한의 연구자들이 새로운 화석의 발견과 새로운 종의 자료를 모르는 것이 아니라는 점이다. 북한 문헌에서 해외 자료의 인용과 설명을 보면 새로운 자료의 접근 속도가 다소 느릴 수 있어도 전적으로 이를 거부하지는 않는다. 북한의 연구자가 업데이트된 자료

---

14) 종(species) 및 속(genus)과 관련된 부분은 사람(인류)의 진화와 관련된 분석 단위로서 중요한 의미를 지닌다. 해당 부분은 북한의 인류의 진화 부분을 설명하면서 본격적으로 다루어진다.

를 인지하고는 있지만 북한이 생각하는 법칙의 중요성으로 이를 쉽게 변경하지 못한다고 해석하는 것이 옳다.

또 다른 예로 구석기시대의 시기 구분과 관련해서 1970년대 이래로 정착한 구분인 삼시기 분류는 지금도 여전히 사용되고 있다. 새로운 유적과 새로운 연대 측정값이 출현함에 따라서 세부적인 표지유물과 연대의 상한과 하안은 변화가 있을지 몰라도, 삼시기 분류 그 자체에 대한 어떠한 비판이나 의문이 보이지 않는다.

북한 사회를 움직이는 거대한 합법칙성이 존재하고 이를 중요하게 생각하듯이, 구석기 고고학에서도 규칙, 법칙을 만드는 것이 익숙한 셈이다. 문화의 다양성, 특수한 역사적 사건, 역사 특수주의 등의 단어들은 북한에서는 결코 익숙하지 않다. 특히 긴 시간대를 다루는 구석기시대 연구에서는 그 경향성이 뚜렷하다.

다음 문제는 거대한 '합법칙성'의 나라에서 구석기 고고학의 세부적인 법칙들이 언제 어떻게 형성되었는지가 관건이다. 고고학, 그리고 이 중에서 구석기 고고학은 신생 국가 북한에게 생소한 학문이었다. 생소한 학문에서 어떻게 법칙을 만들어갈 수 있을까?

그 과정을 살피기 전에 현재 북한의 구석기 고고학에서 다루는 세부적 법칙의 구조를 살필 필요가 있다. 그 법칙을 구분하면 편년 연구, 사회 진화, 유물 조합, 인류 진화, 지질 환경으로 구성된다고 볼 수 있다. 편년 연구는 구석기시대의 시기 구분, 편년 연구 등을 지칭한다. 사회 진화는 구석기시대 인류가 구성한 집단의 규모나 성격과 관련된 부분이다. 유물 조합은 유물의 형식 또는 유물군의 양태와 관련된 연구를 말한다. 인류 진화는 특정 종 또는 속의 동정과 그 동정된 종 또는 속의 전개과정의 연구를 의미한다. 지질 환경은 구석기시대 인류가 존재하였던 제4기 시기의 환경의 이해를 지시한다.

이를 '5개의 조각면'에 비유할 수 있다. 각각의 연구 단위, 다시 말해서 편년 연구, 사회 진화, 유물 조합, 인류 진화, 지질 환경은 각각의 조각면으로 이해할 수 있다.[15] 이 '5개의 조각면'은 1970년대 북한의 최초의 구석기 개설서인 『조선의 구석기시대』에서부터 현재의 구석기 관련 논문과 저서에서 공통적으로 관찰된다. 일부는 상대적으로 미흡할 수는 있어도 대체적으로 각각의 조각면을 유지하려는 경향이 강하다. 이 각각의 연구단위는 여타 다른 비북한 구석기 연구에서도 흔히 적용하기에 크게 이상할 것은 없다.

북한 구석기시대 연구를 이해하는 5개의 조각면

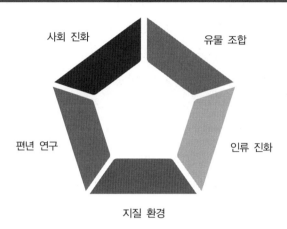

사회 진화

유물 조합

편년 연구

인류 진화

지질 환경

표 5개의 조각면의 상응 사례

5개 조각면	사례: 구석기시대 전기
● 편년 연구	약 100만 년 전
● 사회 진화	원시무리단계
● 유물 조합	주먹도끼형석기, 제형석기
● 인류 진화	〈원인〉
● 지질 환경	전기 갱신세

15) '5개의 조각면'은 필자의 자의적 기준에 따라서 나누어진 것이다. 그 조각면은 북한 구석기시대 연구사를 해석하는 시각에 따라서 더 늘어날 수도 아니면 줄어들 수도 있다. '5개의 조각면'은 다른 말로는 5개의 연구단위인 셈이다. 따라서 북한의 연구자가 구석기시대를 보는 데 있어서 중요하게 생각하는 주요 연구단위라고 할 수 있다.

그런데 중요한 점은 각 연구가 엄격한 상응을 이루는 구조로 되었다는 점이다. 편년 연구의 일정 부분이 변하면, 사회 진화의 일정 부분이 변화된다. 유물 조합, 인류 진화, 지질 환경의 일정 부분도 일정한 속도와 방향으로 변화됨을 볼 수 있다. 여기서의 변화란 시간에 따른 발전을 의미한다.

예를 들어 보자. 편년 연구에서 구석기시대 전기는 최근의 북한의 연구성과로 본다면 최고 약 100만 년 전을 지칭한다. 북한은 북한에서 발견된 최초 인류를 〈원인〉으로 보고 있다. 유물 조합으로는 검은모루 동굴유적에서 발견된 주먹도끼형 석기 또는 제형석기를 지칭한다. 가장 이른 시기의 석기들인 관계로 그 형태에서 정형성은 극히 떨어지고 제작 기술도 가장 단순하다. 구석기시대 중기가 되면 그 '합법칙성'에 따라서 보다 발전된 기술에 따른 발전된 양상의 석기형식 또는 석기군이 제시된다. 지질 환경 입장에서 구석기시대 전기는 전기 갱신세가 된다. 그리고 사회 진화 단계로 본다면 집단의 원시성이 가장 극명한 단계인 원시무리단계에 해당된다. 이 원시 무리 단계는 이후 '발전하여' 모계씨족단계로 발전하는 것이 합법칙성의 내용이 된다.

'5개의 조각면'이 어느 정도 구성되어 제시된 시점은 1970년대이지만 이를 이루는 속성들, 즉 편년 연구, 사회 진화, 유물 조합, 인류 진화, 지질 환경의 세부 개념과 용어 등은 실상 1960년대부터 부분적으로 제시되기 시작한다. 조각면 중 우선 편년 연구를 살펴보자. 앞서 도유호의 연구성과를 다룰 때 언급한 것과 같이 구석기 연구 초기의 편년 연구를 살피면, 구석기시대를 삼분법 또는 이분법으로 나누었다. 앞서 언급한 바와 같이, 도유호가 쓴 글로 보이는 1962년 논문에서는 삼분법이 아닌 이분법을 사용하기도 한다(고고학 및 민속학연구소 1962).157) 그러나 이후 실제 사용된 시기 구분은 삼분법이다. 이러한 시기 분류는 실제 존재한 유적의 연대측정을 통해서 이루어진 것이 아니고 서구의 시기 분류를 도입하여 제시한 수준일 수밖에 없었다. 당시 유적이 없거나 실제 존재한다고 해도 유적의 누적된 정보의 양이 없는 관계로 서구의 기준 안에 유적 또는 유적의 유물층을 대입하는 방법을 취하였다. 예를 들어서 초기의 굴포리 유적은 구석기시대 하단(전기)에 굴포문화 I과 II가 해당될 것이라고 조심스럽게 고려하고 있다(도

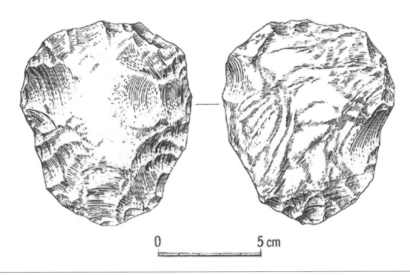

0   5 cm

출전: 조선유적유물도감 편찬위원회 1988[162]

유호 1964: 7).[158]

　북한 정치 지형에 부합되는 사회 진화적 설명은 극히 제한적이다. 후기 구석기시대를 '모가장적 씨족제도'(고고학 및 민속학연구소 1958: 75)[159]로 단편적으로 서술하는 정도에 그친다. 그러나 보다 구체적인 내용은 충분히 전개되었다고 보기는 힘들다. 그러나 문화사 고고학적 입장의 유물 조합에 관한 서구 유럽적 시각은 가감 없이 관찰된다. 「구석기란 무엇인가?」(고고학 및 민속학연구소 1962)[160]에서 유물 조합 용어에서 서구 유럽적 시각을 담고 있다. 「용어해설(고고학, 구석기시대, 중석기시대)」(고고학 및 민속학연구소 1958)[161]에서 언급한 '쉘 문화'(Chellean Industry)를 당시 새로이 규정된 '압월문화'(Abbevillian Industry)로 고쳐 부르고 있다(한창균 1992: 328).[163]

　단순히 용어에서 서구 유럽적 시각을 담고 있을 뿐 아니라, 당시 서구 유럽 유행 사조인 문화사 고고학 시각을 다분히 보이고 있다. 동일한 시기라도 지역에 따라서 문화에 따라서 서로 다른 문화가 생산되고 사용될 수 있는 역사 특수주의적 사고를 하고 있다. 이러한 예는 여러 곳에서 보인다. '무스찌에'(Mousterian),

'오리냑'(Aurignacian), '쏠루트레'(Solutean), '마들렌'(Magdalenian) 등의 용어 사용이 보인다. 해당 유물 조합 용어는 당시 영국을 중심으로 영어권에도 사용하였다 (Burkitt 1925; Leakey 1934).[164][165] 따라서, 서구 유럽의 일반화된 용어 사용을 하였다고 판단할 수도 있다. 이러한 사례는 앞서 도유호의 정(正)과 반(反)의 설명에서 다룬 것과 마찬가지로 일시적인 현상에 그친다. 즉, 문화사 고고학과 같은 연구단위는 '5개의 조각면'에 해당되지 않고 극히 예외적으로 1950−60년에 일부 사용되었을 뿐이다.

인류 진화의 개괄적 설명을 시도한 논문도 해당 시기에 보인다. 「인류의 기원」(도유호 1962)[166]은 막스 레닌주의 고고학과 인류 진화의 종의 변화를 동시에 담아낸 글이라는 평가를 할 수 있다. 타 시기의 고고학 연구와는 달리 구석기 연구에서 지질 환경적 입장을 담아내고자 노력하였다. 제4기 환경, 특히 빙하기와 관련해서 서구 유럽 알파인 빙기를 사용하여 시기 및 환경 구분을 하고 있다. 기본적으로 '뀐츠'(귄쯔, Günz)−'민델'(Mindel)−'리쓰'(리스, Riss)−'위름(뷔름)'(Würm) 빙하 시기를 설명하고 있다(한창균 1992: 14).[167] 빙하와 특정 석기시대의 대응을 제시한다.

당시 구석기 유적의 연대값이 없던 시기이므로 일종의 편년의 잣대로 빙하기의 구분과 이를 구석기시대에 대응하는 시도를 하였다. 후기 구석기시대는 '리쓰' 빙하기와 마지막 빙하기인 '위름(뷔름)' 빙하기 시기로 설명하고 있다(고고학 및 민속학연구소 1958).[168] 알파인 빙하기 사용도 서구 유럽에서 이미 구석기 개론서에 등장하는 바(Burkitt 1925),[169] 이 또한 유물 조합 용어와 마찬가지로 서구 유럽적 구석기 연구 입장에서 바라보았다고 볼 수 있다.

1950−60년대 초반까지의 시도들은 이후 북한 구석기 연구에서 중요하게 다루는 '5개의 조각면'의 출발선이 된다고 볼 수 있다. 현재 북한은 당시의 연구에 대해서는 긍정적 입장에 있다고 보기 힘들다(리주현·한은숙 2009: 48).[170] 그러나 역설적으로 현재의 북한 구석기 연구의 세부 '법칙' 구성에 기여를 한 시기가 1950−60년대 초반이라고 볼 수 있다.

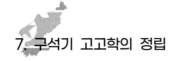

7. 구석기 고고학의 정립

1950−60년대 초반, 정교하지는 않지만 편년 연구, 사회 진화, 유물 조합, 인류 진화, 지질 환경이 모색되었다. 다만 당시는 일종의 법칙을 구성한다는 의도는 크게 없었던 것으로 보인다. 그러나 이후, 증가된 고고학적 조사로 획득한 고고학 자료의 설명과 해석을 위해서 해당 연구 단위의 적용이 필요해지게 된다. 즉, 고고학 자료가 늘어나면서 '5개의 조각면' 연구 단위의 적용이 더욱 활성화된다.

1960년대 말 1970년대 들어서 북한에서 많은 구석기 조사가 이루어진다. 1968−1980년 사이에 조사된 상당수의 유적들은(편집부 1986; 국립문화재연구소 2017a, b)[171][172][173] 현재도 북한의 주요 유적으로 평가받고 있다. 이러한 누적된 성과를 바탕으로 종합된 결과물을 제시하기에 이른다. 대표적으로 1958년 발간되어 1962년, 1977년에 걸쳐서 수정되어 집필된 『조선통사』(사회과학원 역사연구소 1988)[174]를 들 수 있다. 해당 출판물에서 구석기시대 시기 구분에 대한 논의를 시도하고 있다. 동년 1977년 『조선 고고학 개요』(고고학연구소 1977)[175] 역시 구석기시대에 대한 설명을 개괄적으로 담아내고 있다. 1979년에는 『조선전사』(력사연구소 1979)[176]가 발간되었다. 이들 3종의 도서에서 전체 분량 대비 구석기시대는 일부분이지만, 구석기시대 연구가 일정 부분 자리 잡았다는 의의를 가진다. 한편, 구석기시대만을 독립적으로 다룬 본격적인 개론서도 출간을 하게 된다. 1977년 발간된 『조선의 구석기시대』(사회과학원 고고학연구소 1977)[177]가 그것이다.

『조선의 구석기시대』, 『조선 고고학 개요』에서 이른바 '5개의 조각면'이 어느 정도 완성된 형태로 제시된다. 시기 구분에서 삼시기법의 정착과 용어의 통일성과 일관성이 보인다. 그리고 용어도 정리된다. 예를 들어서 전기 구석기시대 경우, 1958년의 자료에서는 전기(하기) 구석기(고고학 및 민속학연구소 1958),[178] 1962년 자료에서는 구석기시대 하단(전기) 또는 하부 구석기라는 용어를 사용하였다(로영대 1962).[179] 용어는 1970년대 와서 통일된다. 전기 구석기는 구석기시대 전기 그리고 그 이후를 구석기시대 중기, 구석기시대 후기로 명명하고 있다.

이후 현재까지도 지속적으로 사용되고 있음을 알 수 있다.[16)

1970년대 자료 정리에서 북한은 사회 진화적 기본 골격을 정립한 것으로 본다. 1970년대 『조선통사』의 내용을 기초로 본다면 원시부터 고대사까지 크게는 원시사회-노예소유자사회-봉건사회로 보고 있다(사회과학원 역사연구소 1988).[180) 이는 『조선 고고학 개요』(사회과학원 고고학연구소 1977)[181)에서도 동일하게 적용된다. 원시사회를 세분한다면 원시무리사회-모계씨족사회-부계씨족사회로 구분하고 있고 이후 노예소유자 사회로 전환된다. 이러한 틀은 1970년대 이후부터 최근까지도 큰 변화 없이 유지되는 것으로 보인다. 1970년대 중·후반에 발간된 개설서인 관계로 당시 발굴 중인 자료를 충분히 담아내지 못했지만 원시무리사회의 유적으로는 검은모루 그리고 모계씨족사회의 경우는 굴포문화 II기층을 대응시키는 작업을 하였다.

유물 조합은 1970년대 와서 가장 큰 변화를 가진 조각면이라고 볼 수 있다. 시기별 유물 조합 양상에 대한 설명에서 북한은 1950-60년대 초반과는 사뭇 다른 입장을 취하고 있다. 유물 조합에서 과거 서유럽의 문화사 고고학적, 역사특수주의적 문화양상을 연상하는 용어를 사용하지 않는다. '아쉘', '무스찌에', '오리냑', '쏠류트레'(고고학 및 민속학연구소 1958)[182)와 같은 서구 유럽식 유물 조합 용어는 자취를 감춘다. 해외 유적의 소개 등에는 사용되지만 북한의 유물설명에는 극히 예외적으로 사용된다. 석기 기술의 설명, 즉 르발르와 기술 등 예외적인 경우에만 사용이 된다. 문화적 현상으로 도구를 보는 입장에서 '로동'적 입장에서 도구를 설명하려는 전환적 사고가 보인다. 석기가 문화적 활동의 의미보다는 사회적 집단의 '로동도구'의 의미를 더 가지게 되는 셈이다.

또한, 표지 석기로 이해되는 석기의 제시를 통한 시기별 이해를 도모하는 노력이 보인다. 특정 시대의 대표성을 가진 도구는 문화사 고고학에서 주로 언급

----

16) 통일성과 지속성의 예외적 경우도 있다. 예로서 본다면, '후기구석기시대사람'(백기하 1990: 11)이나 '사실상 후기 구석기시대에 많이 선택되어'(어해남 1994: 35)와 같은 경우를 들 수 있다. 전자의 경우는 중국 자료와의 비교 중에 사용되었다. 후자의 경우는 '구석기시대 후기'라는 용어와 병행해서 사용되고 있다(어해남 1994: 35). 이러한 예외적인 사례를 제외하고 통일성은 지속된다.

되는 개념이나, 이는 큰 변화 없이 사용된다. 전기, 중기, 후기 시기별 석기 대표되는 형식에 대한 일종의 정리가 1970−80년대 이후 이루어진 듯하다. 구석기시대 전기의 대표 석기형식으로 주먹도끼형석기, 제형석기, 찍개, 그리고 중기는 찌르개, 긁개, 칼날이 제시된다. 후기에 와서는 새기개, 칼날 그리고 속돌[17])을 대표 석기로 제시하고 있다(사회과학원 고고학연구소 1977; 김용간 1984).[183)][184)]

석기를 문화적 전통의 결과로 보는지 아니면 아직 정확히 정립되지 않은 '로동도구'로 보는지에 대한 극단적 시각의 차이를 보여주는 석기는 주먹도끼이다. 문화사 고고학에 집중을 하는 남한과, 이를 거부하는 북한은 동일한 주먹도끼에 서로 다른 시각을 보여준다. 남한에서의 주먹도끼는 특정한 형식과 그 형식의 시간적 공간적 분포로서 문화의 시작, 전파 및 교류를 강조한다. 1970년대 초기 전곡리 주먹도끼가 발견되었을 때, 주먹도끼를 아프리카와 유럽의 아슐리안 문화전통과의 유사성을 강조한 부분에서도 이를 알 수 있다.

구대륙을 중심으로 주먹도끼가 집중되는 지역과 그렇지 않은 지역의 공간적 구분을 다룬 모비우스 선(Movius Line) 이론이 있다. 문화전통의 입장에서, 모비우스 선의 서쪽(아프리카 유럽 인도 등지)에서 발견되는 석기와 전곡리의 석기가 유사하다면 이를 동일한 문화전통의 산물로 볼 수 있다는 주장이 있다. 동일한 문화전통의 의미는 독특한 문화가 일종의 전통처럼 한 지역에서 유행하여 타 지역으로 퍼지고 시간적으로도 오랜 기간 유지됨을 의미한다. 만약 전곡리의 주먹도끼가 아프리카보다 이후의 석기라면 기원은 아프리카가 되고 전곡리 석기는 이를 이어받은 석기가 된다. 문화전통에서는 발명은 언제나 어디에서나 흔하게 발생하지 않는다. 그 자체가 독특하기에 주로 복수가 아닌 단수로 발생하고 나머지의 시간과 공간으로 그 발명이 퍼져나가게 된다.

그러나 사회 진화에 입각한 주먹도끼는 다르다. 해당 석기는 그 누구와 그 어느 지역과도 연결이 없어도 자체적으로 발생할 수 있다고 본다. 그래서 설령

---

17) 속돌은 만달리 유적 조사 이후 돌날 몸돌과 좀돌날 몸돌로 구분되기 시작한다. 좀돌날 몸돌에 해당되는 용어는 초기에는 설명적인 용어로 등장한다. '좁고 긴 격지를 떼고 남은 속돌'(김용간 1984: 75)로 소개된다. 이후 잔돌날 속돌로 정착된다.

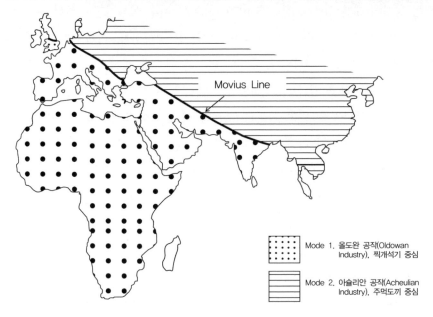

모비우스 선(Movius Line)

Movius Line

Mode 1. 올도완 공작(Oldowan Industry), 찍개석기 중심

Mode 2. 아슐리안 공작(Acheulian Industry), 주먹도끼 중심

찍개를 중심으로 한 석기군(석기공작)은 아시아 중심으로 분포를 하고 주먹도끼를 중심으로 한 석기군은 아프리카와 유럽을 중심으로 분포한다는 이론이다. 현재는 아시아에서 많은 주먹도끼가 출토되어 모비우스 선 이론에 대한 논쟁이 벌어지고 있다.

인용 편집: S. Lycett and C. Bae 2010[185]

아프리카의 주먹도끼와 북한의 주먹도끼가 서로 유사하다고 해도 문화이동, 문화전파로 굳이 설명할 필요가 없다. 북한식 표현인 '역사적 합법칙성'에 따라서 일정 기간이 지나면 자체적으로 출현하는 석기라고 볼 수 있는 것이다. 북한의 최초의 주먹도끼, 주먹도끼형석기는 검은모루 동굴유적에서 발굴되었다(고고학연구소 1969).[186] 해당 석기에 관해서 북한에서는 모비우스 선 또는 아슐리안 문화와 같은 설명을 전혀 하지 않았음을 살필 필요가 있다. 문화사 고고학과 확실한 거리를 두고자 하는 시도가 보인다. 서구의 이론에 대한 인용도 극히 제한적이기에 해당 이론은 언급의 대상도 되지 않았다.

그러나 2000년대 이후부터 이러한 기조엔 약간의 변화가 보이고 있다. 최근 조사된 청파대 유적에서 주먹도끼가 발견되면서 모비우스 선을 연상하는 설명이 보인다(한금식 2014).[187] 다만 구체적 언급은 피하고 주먹도끼가 한반도와 아시아

검은모루유적의 주먹도끼형석기

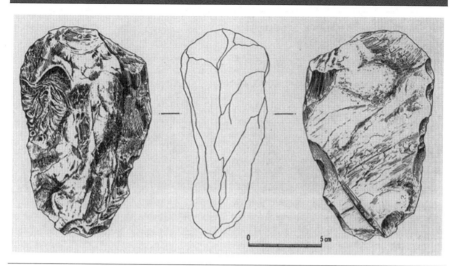

출전: 조선유적유물도감 편찬위원회 1988[188)]

주변국에서 출토됨에 따라서 해당 이론의 문제를 지적하는 내용으로 구성되어 있다. 아무튼 1970년대는 서구 시각이 담긴 내용에 대해서 격렬한 저항이 강한 시기이기에, 이른바 부르주아 고고학과 결별을 하고자 하는 격렬한 몸부림이 있었음을 주지할 필요가 있다.[18)]

현재 국제적으로, 일반적으로 받아들이는 석기도구 제작과 관련된 내용을 살필 필요가 있다. 돌망치를 사용해서 석재를 일정한 각도, 일정한 힘, 일정한 위치에서 가격을 하였다면 일정한 형태의 몸돌과 격지가 분리된다. 기본적으로 이 과정은 +의 작업이 아니고 −의 작업인 셈이다. 일정한 돌이 가격을 통해서 작아지는 과정이기 때문이다. 그래서 이를 감쇄과정(reduction process)이라고 부른다. 그리고 이러한 감쇄를 하는 일정한 규칙을 가진 기술을 감쇄기술(reduction technology)이라고 부른다.

---

18) 실제 개설서 등의 문헌에서 '부르죠아반동학자' 등의 용어가 등장하기도 한다(사회과학원 고고학연구소 1977).

1차 분류	2차 분류	3차분류	4차분류	5차분류	6차분류
원석, 석재	부스러기	부스러기	부스러기	부스러기	부스러기
	격지	격지	대형격지석기	대형긁개, 칼형석기, 주먹도끼 등	폐기/ 재활용
			소형격지석기	긁개, 밀개, 홈날, 찌르개	
		르발르와 격지	르발르와 격지석기	찌르개, 밀개 등	
		돌날	돌날석기	밀개, 슴베찌르개 등	
		좀돌날	좀돌날석기	복합석기	
	몸돌	몸돌	대형몸돌석기	찍개, 여러면석기, 주먹도끼, 클리버 등	폐기/ 재활용
			소형몸돌석기	소형찍개, 소형주먹도끼 등	
		준비된 몸돌	르발르와 몸돌	르발르와 몸돌	폐기/ 재활용
			돌날몸돌	돌날몸돌	
			좀돌날몸돌	좀돌날몸돌	
			폐기/재활용		

참고 및 편집: 성춘택 2017[189]

원석에서 석기 그리고 재활용 및 폐기에 이르는 감쇄의 과정에 따른 변화된 모습의 분류는 일정한 답이 존재하지 않는다. 다분히 연구자의 자의성이 포함된다. 그리고 일반적으로는 위계성을 또한 가진다. 따라서 1차 분류, 2차 분류라는 구분이 생긴다.

통상, 구석기 고고학자가 생각하는 감쇄과정은 다음과 같이 설명된다. 최초 원석(석재)을 일정한 위치로 이동시켜 타격 또는 가압(압력) 등으로 몸돌(core)과 격지(flake)를 분리, 즉 떼어내기를 한다. 이후 몸돌과 격지를 사용해서 도구를 제작한다. 몸돌과 격지는 크기나 준비된 정도에 따라서 세부적인 분류를 하기도 한다. 완성된 도구는 이후 사용한다. 사용 후 또는 사용 도중 부서진 경우, 재활용하거나 폐기에 이른다. 비록 폐기된 도구라고 할지라도 이후 다른 목적으로 재활용되기도 한다.

감쇄과정을 통해서 도구를 제작하게 되는데 석기의 제작과 관련된 분류는 연구자에 따라서 다르다. 원석에서 도구 그리고 폐기와 재활용에 이르는 과정의 분류를 살피면 다음과 같다. 원석을 감쇄시키면 부스러기, 몸돌, 격지가 파생된다. 그중 격지는 크기에 따라서 소형과 대형으로 분류된다. 일반적인 격지 이외에도 준비된 몸돌(prepared core)에서 떼어낸 르발르와(Levallois) 격지, 돌날(blade), 좀돌날(microblade)이 있다. 이들은 이후 추가적인 가공을 통해서 도구가 된다. 몸돌 역시 일반적으로 크기에 따라서 대형과 소형의 몸돌로 구분이 된다. 상당수의 몸돌은 격지를 생산하고 폐기되지만 일부 몸돌은 그 자체가 도구가 된다. 이 역시 크기로 구분이 된다. 몸돌 중에서 보다 복합도가 높은 몸돌은 준비된 몸돌이다. 르발르와 몸돌과 함께 돌날과 좀돌날을 생산하기 위한 준비된 몸돌이 있다. 일정한 과정을 통해서 도구가 완성이 되면 사용을 한다. 그런데 이 전체과정에서 폐기와 재활용은 끊임없이 발생한다. 제작 중에 부러진 도구가 다른 도구로 재활용되기도 하고 사용 후 더 이상 용도가 없는 도구가 버려진 후 활용되기도 한다.

생명체의 분류 또는 물질의 분류 시 마주하는 공통적인 기준은 변이의 종류를 나열하는 것만큼이나 위계의 이해가 요구된다. 생명체의 분류에서 최소단위가 종이고 종의 묶음이 속, 과, 목 등이 되는 것과 같이 석기제작의 분류에서도 위계가 요구된다. 물론 위계가 없이 분류도 가능하지만 보다 많은 변이를 종합적으로 판단하기 위해서 위계가 요구된다. 필자는 석기를 1차분류에서 6차분류로 구성하였다. 이는 석재 단계에서 석기로 그리고 사용 및 폐기의 일련의 사이클의 측면으로 분류하였다.

감쇄과정에 따라 전개되는 용어를 일부 정리할 필요가 있다. 나타나는 현상과 관련된 용어 몇 가지를 살피면 다음과 같다. 해당 용어는 석기제작 기술의 가장 기초적인 용어이기에 석기의 동정을 위해서는 가장 필요한 용어이다. 마치 한글을 배우는 데 기초적인 자음과 모음에 해당된다.

북한의 경우 대부분의 용어가 유럽식으로 이루어진 관계로, 이를 서둘러 한글화하려고 하였던 정황이 보인다. 1960년대 중후반 이후, 엄혹한 시기부터 이른바 '부르죠아 반동'의 색채가 보이는 서구식 용어의 절연이 가속화된 것으로 보인다.

현재 남한에서 몸돌(core)이라고 번역된 용어를 북한은 1960년대 석핵(石核)으로 표현하였다. 도유호가 쓴 것으로 추정되는 논문에서 이는 'nucleus'의 번역

어임을 명시하고 있다(고고학 및 민속학연구소 1962: 52).190) 이후 1970년대 와서는
한자어인 석핵(石核) 대신에 속돌로 정리하고 그 개념을 '돌덩어리에서 격지와 쪼
각들을 때려내고 남은 알맹이 돌'(사회과학원 고고학연구소 1977: 8)191)로 설명하고
있다. 속돌이라는 용어는 이후 북한에서 지속적으로 사용되는 용어가 된다.

남한의 격지 또는 박편(flake)의 경우, 북한에서도 1960년대엔 동일하게 격
지라고 사용되었다. 도유호는 격지에 나타나는 흔적의 용어들을 열거하면서 설
명한다. 그는 현재 남한 기준, 몸돌에서 파생된 격지에서 보이는 여러 흔적에 대
한 묘사를 하고 있다. 그는 '때린 자리', '혹', '때린 흠점', '가로 물결진 면', '세로
몇 줄의 금'이라는 용어를 사용하여 설명하고 있다(고고학 및 민속학연구소 1962:
52-53).192) 도유호의 용어를 현재의 기준으로 남한에서 사용되는 용어와 비교해
서 몇 가지 정리하면 다음 표와 같다.

표 감쇄과정 중 격지에서 나타나는 흔적들과 관련된 용어. 1962년 북한 자료 기준

현재 남한 용어(영문)	북한 용어(1962)	용어 설명
타격면, 때림면 (striking platform)	때린 자리	격지를 양상하기 위해서 타격이 이루어진 위치
타격혹(bulb of percussion)	혹	타격으로 격지에 생긴 흔적으로 혹처럼 부푼 자국
타격흔(bulb scar, eraillure)	타흔, 때린 흠점	타격혹 주변에 눈물 자국처럼 보이는 흔적
파상문, 동심원문 (ripple mark)	가로 물결진 면	타격의 직각 방향으로 생긴 파상문 형태의 동심원 흔적
틈(fissure)	세로 몇 줄의 금	타격의 방향으로 생긴 좁고 희미한 몇 줄의 틈새

출전: 고고학 및 민속학연구소 1962193)

석기제작의 기본 개념도

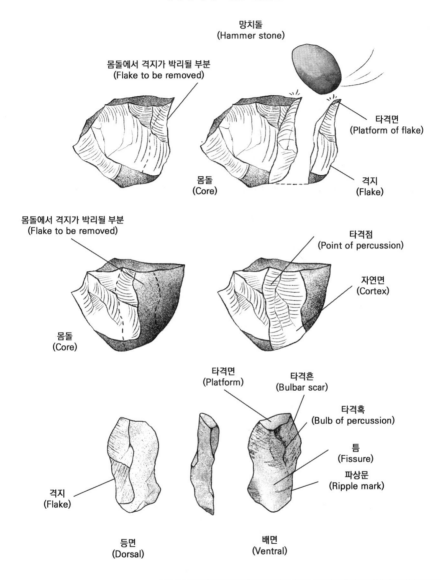

망치돌
(Hammer stone)

몸돌에서 격지가 박리될 부분
(Flake to be removed)

타격면
(Platform of flake)

몸돌
(Core)

격지
(Flake)

몸돌에서 격지가 박리될 부분
(Flake to be removed)

타격점
(Point of percussion)

자연면
(Cortex)

몸돌
(Core)

타격면
(Platform)

타격흔
(Bulbar scar)

타격혹
(Bulb of percussion)

틈
(Fissure)

파상문
(Ripple mark)

격지
(Flake)

등면
(Dorsal)

배면
(Ventral)

인용 편집: K. Schick and N. Toth 1993[194)]

북한에서는 이렇게 이미 1960년대 감쇄작업과 관련된 용어가 일부 소개가 되었고 이를 1970년대 서구식 용어 및 한자어를 아닌 북한 용어로 변경시키는 작업을 지속적으로 한다. 이를 『조선의 구석기시대』[195]를 통해서 살피면 다음과 같다. 몸돌을 속돌로 부르는 것과 같이 격지 역시 가능한 바뀌어서 쪼각이라는 용어로 부르게 된다. 그러나 격지라는 용어도 병행하여 사용하는 것을 볼 수 있다. 급격한 변화는 용어의 혼란을 주기에 그러한 것으로도 보인다. 그리고 1962년 도유호가 명명한 때린 자리는 때림면으로 바꾼다. 혹은 불룩이라고 명명하게 된다. 타흔, 때린 흠점은 때린 홈으로 명명한다.

일반적으로 후기 구석기시대 감쇄작업에서 몸돌과 격지 외에도 돌날몸돌 (blade core)과 돌날(blade)이 발견된다. 그리고 후기 구석기시대 후반기에 오면 좀돌날몸돌(microblade core)과 좀돌날(microblade)이 발견된다. 한국에선 돌날몸돌과 돌날을 각각 석인핵(石刃核), 석인(石刃)으로 부르기도 한다. 한편 좀돌날몸돌과 좀돌날은 각각 세석인핵(細石刃核), 세석핵(細石核)으로 명명하기도 한다. 좀돌날의 경우 이외에도 세석기, 잔돌날 또는 잔석기로도 부른다.

북한의 경우, 돌날과 관련해서는 의외로 일찍 1950–60년대 여러 편의 글에서 언급이 관찰된다. 1950년대 황기덕의 글에서 '양변에 날을 가진 인기'라고 하면서 이를 석엽(石葉)으로 부르고 있다(한창균 2020: 552).[196] 사실 석엽이라는 용어보다는 인기(刃器)라는 용어가 이후 더 많이 사용되기도 한다.

용어 인기(刃器)는 1960년대 지속적으로 사용된다. 도유호는 인기(刃器)가 프랑스식 용어인 '람(Lame)'에서 유래함을 밝히고 있다(고고학 및 민속학연구소 1962).[197] 이후 현재는 남한과 동일하게 돌날이 정착한 듯하다. 1990년대 그리고 2000년대 문헌에서는 돌날을 주로 사용하고 있다. 돌날몸돌의 경우, 현재의 북한에서는 돌날속돌로도 표기한다(어해남 외 2010).[198]

한자어 세석기인 좀돌날의 경우, 1950–60년대 꼬마석기 또는 세석기로 불리었다. 1950년대 황기덕의 글에서 세석기라는 표현이 있으나(황기덕 1957),[199] 당시는 구석기의 존재에 대해서 부정적인 시각이 강하였던 시기이기에 구석기시대의 전형적인 석기로서 세석기를 지시하지는 않았던 것으로 보인다. 북한에서는 이를 1990년대 이후 잔돌날로 부르고 있다. 남한의 좀돌날몸돌을 북한에서는 잔돌날속돌로 불린다.

북한은 1970년대 3시기 분류법이 정착됨에 따라서 제작기법, 즉 감쇄기법이 3단계로 변화함을 제시한다. 전기 구석기시대의 제작기술은 내리쳐깨기와 때려내기(때려떼기)가 사용되었다고 보고 있다. 내리쳐깨기는 주먹도끼류 석기를 제작하는 데 적용한 기술로 보고 찍개석기의 시초형인 제형석기는 때려내기 수업으로 제작되었다고 본다. 중기 구석기시대에 와서는 때려내기가 발전하여 여러 개의 격지를 만드는 기법으로 발달하였다. 그리고 후기 구석기시대에 와서는 대고때리기, 눌러뜯기 등의 새로운 제작기술을 보여준다고 보고 있다(사회과학원 고고학연구소 1977; 사회과학원 고고학연구소 1977).[200][201]

알프스 빙하 편년, 즉 알프스 지역 지질 자료를 근간으로 만들어진 빙하 편년 용어는 북한에서도 초기부터 사용되었다(고고학 및 민속학연구소 1958).[202] 1970년대 빙하(氷河, glacier)라는 표기 대신 '얼음강'이라는 용어의 사용 등 외래어의 사용을 극도로 피하려는 움직임이 보인다. '위름' 빙기(Würm glaciation)라는 표현 대신에 '마지막 얼음강 시기'(사회과학원 고고학연구소 1977: 54)[203]를 사용하는 것도 같은 맥락에서 이해된다. 단순한 외래어를 넘어서 서유럽적 인상이 강한 외래어이기에 적극적으로 회피하려는 시도가 보인다. 그러나 2000년대 이후 알프스 빙하 편년 관련 용어는 다시 사용되는 것을 볼 수 있다(장우진 2002; 장우진 외 2009).[204][205] 1960년대 말 이후 유일체제의 강화와 기존의 인텔리 숙청의 결과로 모든 비북한적 용어의 극단적 회피현상이 보이다가 일정 시간이 지난 2000년대 와서는 어느 정도의 유연성이 회복된 것으로 볼 수 있다.

인간 진화의 연구 단위는 많은 변화를 보였다. 북한은 기본적으로 '진화'라는 단어를 강조하는 시각을 가지고 있다. 관련 문구를 보면 다음과 같다; '사람은 각종 종교류파들이…. 류인원의 한 갈래에서 진화발전하였다'(사회과학원 고고학연구소 1977: 17).[206] 인류 진화와 관련된 부분은 김정일의 일종의 '교시' 형태로도 살펴진다. '사람이 장구한 진화발전의 산물이라는 것은 이미 오래전에 과학에 의하여 확증된 사실입니다.'(장우진 1988: 69).[207] 따라서 북한에서 진화는 의심의 대

상이 되지 않는다.[19)]

　진화 중에서 특히 인류 진화는 단선적인 진화, 즉 단선적인 발전임을 강조하고 이는 엄격한 '합법칙성'임을 강조한다. 인류 진화의 과정을 〈남방원숭이〉, 〈능인〉, 〈원인〉, 〈고인〉, 〈신인〉으로의 전개임을 강조하는데, 해당 용어는 1960년대 이미 발견된다. 이후 1970년대 와서 확고하게 정립을 하였다고 볼 수 있다. 그리고 이는 현재도 사용되고 있다.

　북한의 화석인류 발견이 1970년대 이후에 늘어난 것을 감안할 필요가 있다. 1960년대까지 가설 또는 파편적인 정보에 그친 인류의 종과 그 진화의 계보가 1970년대 이후 북한지역의 자체적인 화석 발견에 따라서 이를 법칙화된 계보로 구성하였다고 볼 수 있다.

표 1960년대 말 1970년대 주요 성과

유적	위치	조사시기
검은모루 동굴 유적	평양시 상원군 흑우리	1966 – 1970
청청암동굴 유적	평양시 상원군 상원읍	1969 – 1970
해상동굴 유적	황해북도 평산군	1967 – 1970
덕천 승리산 유적	평안남도 덕천군 덕천읍	1972 – 1973
화천동 유적(화석산지)	평양시 승호구역 화천동	1977
대현동 유적	평양시 력포구역 대현동	1977
만달리 동굴 유적	평양시 승호구역 만달리	1979 – 1980
매리 동굴 유적	평양시 승호구역 매리	1980
룡곡 동굴 유적(화석)	평양시 상원군 룡곡리	1980

출전: 편집부 1986; 국립문화재연구소 2017a, b[208)209)210)]

----

19) 맥락에 따라서는 북한에서 진화론의 옹호는 창조론을 부정하는 의미에서 진화를 상당히 강조하는 인상을 받는다. 전형적 다위니즘에 입각한 진화론의 옹호라기보다는 창조론의 반대로써 진화론의 옹호가 아닌가라는 생각도 일부 든다.

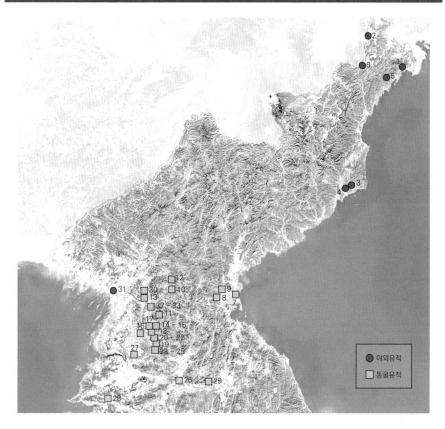

01 나선 굴포리유적 02 온성 강안리유적 03 화대 장덕리유적 04 화대 석성리유적 05 나선 부포리유적 06 회령 지경동유적 07 금야 굴재덕 동굴유적 08 고원 다천리 범굴유적 09 금야 용남리 동굴유적 10 북창 풍곡리 동굴유적 11 성천 금평리 동굴유적 12 덕천 승리산 동굴유적 13 순천 장선동 동굴유적 14 승호 만달리 동굴유적 15 승호 화천동 동굴유적 16 역포 대현동 동굴유적 17 승호 승호 3호 동굴유적 18 승호 금옥리 동굴유적 19 상원 검은모루 동굴유적 20 상원 중리 동굴유적 21 상원 금천 동굴유적 22 상원 청청암 동굴유적 23 상원 룡곡 동굴유적 24 상원 노동리 동굴유적 25 상원 대흥리 동굴유적 26 평산 해상리 동굴유적 27 황주 청파대 동굴유적 28 태탄 냉정골 동굴유적 29 철원 저탄리 동굴유적 30 순천 동암동 동굴유적 31 숙천 신풍리 유적 32 강동 향목리 동굴유적 33. 강동 림경 동굴유적.

참고 편집: 국립문화재연구소 2013: 424; 한창균 2020: 205; 한창균·김현진·서인선 2024(211)212)213)

8. 2000년대 이후의 구석기 연구

1970년대에 완성된 기본적 연구 단위는 큰 변화 없이 유지된다. 즉, '5개의 조각면'은 더욱더 확고히 유지되고 있다. 새로운 담론의 등장, 기존 이론의 비판과 같은 전개과정을 보인다고 보기보다는 기존의 연구 단위를 보다 공고히 다지는 전개과정을 보인다고 할 수 있다. 결과적으로 가장 달라진 점을 찾는다면 유적의 수의 변화이다.

5가지의 연구 단위인 편년 연구, 사회 진화, 유물 조합, 인류 진화, 지질 환경은 그 내용이 더욱 충실해지는 방향으로 전개됨과 동시에 각 연구 단위의 표지 개념은 서로 대응되는 양상이 매우 공고해진다. 예를 들어 시기 분류의 구석기시대 전기는 인류 진화의 〈원인〉과 대응되며 유물 조합으로 주먹도끼형석기와 대응이 되는 양상이다. 그리고 사회 진화적으로 본다면 원시무리사회 단계이다. 물론 각각의 연구 단위의 표지 개념을 이처럼 1:1 대응을 시키는 작업은 북한 구석기 연구 초기부터 관찰되었다. 2000년대 이후에도 이 부분이 굴절되거나 변형되지 않고 공고화되고 있다.

편년 연구에서 삼분법 체제는 그대로 유지된다. 다만 달라진 부분은 각 시기의 상한과 하한이 달라졌다. 연구 초기에는 상한과 하한은 실제 유적의 연대값들을 근거로 구성되었다고 보기엔 무리가 있다. 비록 일부 유적에서 연대값이 제시되었으나, 대부분 상대연대이고 연대값이 없는 경우가 대부분이었다. 따라서 제시된 연대는 비록 인용을 제시하지 않지만 서구 및 기타 해외 자료의 연대값을 사용하였다고 볼 수 있다. 그러나 1970년대 이후 유적의 증가와 그리고 상당수 유적에서 절대연대가 적용이 본격화된다. 이에 따라서 유적에 기초한 진정한 의미의 시기 구분이 시도되었다고 볼 수 있다.

1970년대 전기 구석기시대는 검은모루 동굴 유적의 동물 화석을 근간으로 40-60만 년 전으로 보았다(사회과학원 고고학연구소 1977: 11).[214] 2000년대 와서는 현무암의 절대연대값을 통한 제시로 100만 년 전 또는 그 이상을 고려하고 있다

(장우진 외 2009: 29).[215] 검은모루는 제4기 편년으로도 이와 유사한 주장을 한다. 전기 갱신세로 주장하고 있는데, 최근 지질학적 기준(Gibbard and Cohen 2008)[216]을 따른다면 전기 갱신세의 끝은 약 80만 년 전이므로 북한의 전기 구석기시대는 최소 80만 년 전이 된다.

2010년대에 와서 조사된 동암동 유적에서 다양한 절대연대 측정이 실시되었다. 열형광연대측정법, 전자공명연대측정법, 고지자기연대측정법을 통해서 88만 년 전에 가까운 연대값을 보여주고 있다; 1 문화층(88만±7.4만), 2 문화층(74만±5.2만)(김춘종·한금식 2016; 국립문화재연구소 2017b: 1095).[217][218] 발견된 석기는 1과 2 문화층 모두 주먹도끼, 찍개 그리고 망치가 보고된다. 한편, 검은모루의 연대값은 수정되어 발표되었다. 기존 1970년대에는 40−60만 년 전으로 보았으나, 2000년대 이후부터 100만 년 전 이전으로 편년을 주장하고 하고 있다(정우진·김홍걸 2004).[219]

중기 구석기시대의 편년은 1970년대 약 10−5, 4만 년 전으로, 그리고 후기 구석기시대는 약 4−1.4만 년 전을 제시하였다(사회과학원 고고학연구소 1977).[220] 발굴 조사된 유적의 연대값이 아니고 문헌 인용으로 설정된 연대값으로 편년이 정해졌다. 그러나 2000년대에 와서 화대 유적의 열형광측정법(TL dating method)을 통해 30만 년 전 이전의 측정값을 제시하고 있다(장우진 외 2004: 100).[221] 과거 10만 년 전을 중기 구석기시대의 시작으로 보는 시각에서 크게 변경되어 그 시작을 30만 년 전으로 보고 있는 것이다.

후기 구석기시대의 경우, 최근에 발굴된 룡곡동굴과 랭정동굴에서 4만 년 전 이상의 연대값을 보여주고 있다. 룡곡 유적은 우라늄시리즈법(Uranium series dating)으로 약 49,000년, 랭정 유적은 열형광측정법(Thermoluminescence dating)으로 약 46,000년의 측정값을 제시(고광렬 2015: 27)[222]하고 있다. 랭정 유적에서 공반된 동물 화석은 후기 갱신세 중기로 보고되는데, 이는 4만 년 전 이상을 주장하는 추가적인 근거 자료로 제시된다(장우진 외 2009: 68).[223] 2013년 단순화된 편년 자료에 근거해서 본다면, 전기 구석기시대(100−30만 년 전), 중기 구석기시대(30−5만 년 전), 후기 구석기시대(5−1.5만 년 전)의 편년이 제시된다(조대일 2013).[224]

'합법칙성' 또는 '역사적 합법칙성'과 가장 밀접하게 연관된 연구영역은 사회진화 영역이다. 원시무리사회 그리고 이후에 전개되는 씨족사회는 구석기시대 전체의 사회집단의 정체성을 지시한다. 원시무리사회에서 최종적으로 사회주의 그리고 공산주의로의 전개를 설명함에 있어서 구석기시대는 가장 초기 사회의 모습을 보인다고 주장된다. 즉, 모든 사회가 일정한 단계를 가지고 일정한 속도로 일정한 방향으로 진화함을 주장한다.

그 주장에서 가장 규범적이고 규칙적으로 전개되는 부분이 사회 진화이다. 이는 사실 역설적인 성격이 강하다. 사회는 사실상 고고학적 자료로서 애초에 입증하기 힘든 영역이다. 따라서 근본적으로 관념적인 성격이 강하다. 그런데 역설적으로 관념적이기에 지극히 확고부동하다. 새로운 고고자료가 이를 뒤집기 어렵기 때문에 확고한 법칙이 된 상태를 변화시키기 어렵다. 따라서 고고자료가 업데이트되더라도 기존의 법칙이 그대로 유지되고 있다.

변화가 불가능한 또 다른 이유는 사회 진화는 고고학적 영역이 아닌 북한의 많은 인문사회 영역에서도 적용되는 연구단위이기 때문이다. 구석기 연구 영역 밖에서 정립된 일반화된 이론이다. 따라서 새로운 확증가능한 고고학적 자료가 기존의 사회진화의 틀에 비판을 하려 하여도 다른 학문체계와의 조화에 문제가 생길 수밖에 없다. 애초부터 법칙으로 시작되었고 현재도 굳건한 법칙으로 자리잡고 있다.

전기 및 중기 구석기시대 그리고 〈원인〉과 〈고인〉 단계를 원시무리사회로 규정하고 있다(장우진 1988: 11).[225] 이러한 입장은 2000년대 이후에도 꾸준히 전개되고 있다(김춘종 외 2009).[226] 씨족사회의 등장은 후기 구석기시대부터이다. 씨족사회 중 모계씨족사회는 신석기시대에 공고해지나 그 최초 등장은 후기 구석기시대로 보고 있다. 이러한 관점 역시 북한에서 수십 년간 그대로 이어온다고 볼 수 있다. 1950년대 모가장씨족제도(고고학 및 민속학연구소 1958)[227]가 주장된 이래로 이의 다른 표현이라고 볼 수 있는 모계씨족사회는 북한의 구석기시대 사회 진화의 설명에 중요한 개념으로 고려된다.

9. 석기제작과 관련된 용어와 개념

1) 용어의 전개

1950, 60년대 이래 현재까지의 북한 구석기 연구의 변화를 살피는 잣대로서 석기제작 기술과 관련된 용어와 그 개념의 전개과정은 눈여겨볼 필요가 있다.

북한의 감쇄기술(석기제작기술)의 용어를 정리할 필요가 있다. 북한식 표현으로 로동도구제작기술을 설명함에 있어서 분류의 기준과 분류의 사례를 살피는 것이 필요하다. 일단 가장 간단한 분류로 가서, 크게 직접적으로 손에 들고 타격하는 직접타격과 돌감에 직접이 아닌 간접도구를 사용하여 이를 타격하는 간접타격이 있을 수 있다.[20] 이 다음에 위계에 따라 세부적으로 분류하기도 한다. 또 다른 분류법은 타격을 하느냐 아니면 압력을 사용한 가압법이냐를 우선적으로 분류한 다음 세부적으로 분류가 가능하기도 한다. 그 외에도 다양한 기준을 가지고 분류를 하기도 한다.

즉, 분류에는 완벽한 규범이 있다기보다는 연구자의 경향성에 따라서 달라진다. 구석기시대 전체 수백만 년 동안의 제작기술을 분류는 기본적으로 단순화시키기 어렵다. 그럼에도 불구하고 굳이 단순화시킨다면 다음 표와 같다. 해당 표는 남한을 비롯해서 일반적으로 석기제작과 관련된 기술을 간략하게 분류한 표이다. 가장 크게 분류한다면 직접타격과 간접타격 그리고 타격이 아닌 압력을 사용한 가압법으로 나눌 수 있다(분류 A, B, C).

---

20) 타격 대신에 떼기라는 용어도 흔히 쓰인다. 타격은 knapping의 번역이라면, 떼기는 reduction, flaking의 번역이다. 현재 한국의 연구자들은 두 용어를 모두 사용한다. 북한의 경우도 이와 크게 다르지 않다. 예를 들어 직접타격과 직접떼기 둘 다 사용이 가능하다. 다만 연구자가 원석에서 석기로 그리고 폐기되고 재사용되는 전 과정에서 타격, 즉 knapping을 중요시하는지 아니면 감쇄, reduction 그 자체가 중요한지에 따라서 각각 타격과 떼기가 적용되고 사용된다.

표 석기제작기술 분류, 남한의 용어를 기초로 분류

분류 A. 직접타격 (direct percussion)	직접타격(direct percussion)
	모루타격(anvil technique)
	양극타격(bipolar flaking)
	돌망치타격(hard−hammer percussion)
	연망치타격(뿔망치타격)(soft−hammer percussion)
분류 B. 간접타격(indirect percussion)	
분류 C. 가압법(pressure flaking)	

한편 북한은 어떠한 기준으로 분류를 하는지 살펴보자. 2010년도에 발간된 『우리 나라 구석기시대의 석기제작 방법에 관한 연구』[228]를 기준으로 살피면 다음과 같다. 우선 주의할 내용은 해당 표의 세부 내용은 북한의 문헌을 재정리한 것이다. 전체 모든 석기제작을 포괄적으로 구분한 것이 아니고 일종의 주제별로 분류한 내용임을 밝힌다. 북한이 위계적이고 체계적으로 모든 석기의 변이성을 총괄하여 분류한 것이 아니기에 이를 재정리하여 설명할 수밖에 없다.

해당 자료를 근거로 본다면, 일부 기술에 대한 주제에 따른 분류를 시도하고 있다. 예를 들어 직접타격의 상대되는 개념으로 간접타격, 무른망치에 대별되는 의미에서 단단한 망치의 사용과 같은 분류를 한다. 시기별 주제도 보이는데, 후기 구석기시대와 같이 문화복합도가 높은 시기의 도구의 분류를 따로 제시하고 있다.

표 북한의 제작 기술의 분류, 내용별 분류

A.	1. 때리기법	1) 떼려떼기(망치때리기)
		2) 내리쳐떼기(모루때리기)
		3) 놓고떼려떼기(망치모루때리기)
	2. 대고때리기법	
B.	떼려떼기(때리기법)	1) 굳은 망치 때기기법
		2) 무른 망치 때리기법
C.	구석기시대 후기 기술	1) 대고때리기
		2) 누르기법
D.	최종결과물에 따른 분류	1) 속돌석기제작
		2) 쪼각(격지)석기
		3) 여러벌떼기
		4) 돌날석기제작
		5) 잔돌날석기제작

상기 내용은 북한의 자료를 해석하여 재정리한 내용임.
출전: 어해남·최승택·윤송학 2010[229]

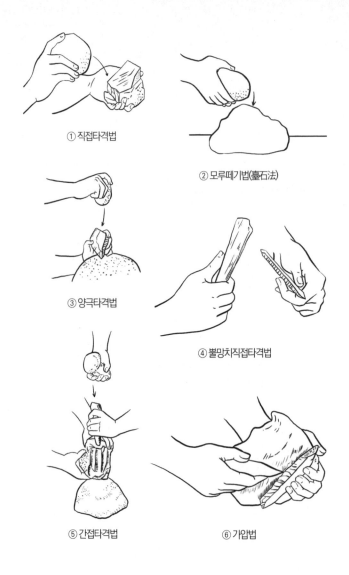

① 직접타격법

② 모루떼기법(臺石法)

③ 양극타격법

④ 뿔망치직접타격법

⑤ 간접타격법

⑥ 가압법

인용 편집: 국사편찬위원회 외 2002[230)

2) 분류의 문제

분류 A: 일차적인 분류는 직접타격과 간접타격으로 분류하고 있다. 남한에서 사용하는 직접타격법(direct percussion)을 북한에서는 때리기법이라고 부르고, 간접타격법(indirect percussion)을 북한에서는 대고때리기법, 간접타격법으로 부른다.

1. 직접타격은 세분된다. 북한식 용어, 때리기법은 떼려떼기(망치때리기), 내리쳐떼기(모루때리기), 놓고떼려떼기(망치모루때리기)로 세분한다.

1) 북한 용어, 떼려떼기(망치때리기)는 가장 일반적인 석기 가공 방식으로 한 손에 망치를 다른 손에 돌감을 들고 감쇄작업을 하는 방식이다. 남한에서는 일반적으로 직접타격법이라고 부른다.

2) 북한 용어, 내리쳐떼기(모루때리기)는 남한에서 모루타격법(anvil technique)으로 부르는 방식으로 주로 두 손으로 돌감을 들고 딱딱한 모루에 내려치는 방식을 지칭한다.

3) 북한 용어, 놓고떼려떼기(망치모루때리기)는 남한에서 양극타격법(bipolar flaking)으로 부르는 방식으로 모루에 돌감을 놓고 손으로 망치로 내려쳐 가공하는 기술이다.

분류 B: 1. 북한 용어, 떼려떼기(망치때리기)(한국 용어 직접타격법)는 세분되는데 이는 북한 용어, 1) 굳은 망치 때기기법과 2) 무른 망치 때리기법으로 나누어진다. 남한에서 이를 각각 돌망치떼기법(타격)(hard-hammer percussion), 연망치떼기법(타격)(뿔망치떼기(타격))(soft-hammer percussion)으로 부른다. 전자는 돌망치를 이용하는 방식이고 후자는 딱딱한 나무나 뼈 또는 (사슴류)뿔을 사용하는 방식이다.

분류 C: 1. 후기 구석기시대 사용된 돌날과 좀돌날을 생산하는 기법은 따로 정리하였다. 북한 용어, 대고떼기법과 누르기법을 구분하고 있다.

1) 북한 용어 대고때리기는 타격하는 위치에 끌과 같은 간접도구를 놓고 타격하는 방식으로 정확한 타격을 할 때 사용한다고 밝히고 있다. 돌날류와 같은 좁고 긴 석기의 제작에 사용된다. 남한에서는 간접타격(떼기)이라고 부른다. 주지

할 사실은 해당 기술은 반드시 후기 구석기시대에만 국한되지는 않는다.

2) 북한 용어, 누르기법, 눌러뜯기는 남한의 눌러떼기법, 가압법(加壓剝離)(pressure flaking)을 의미한다. 구석기 감쇄작업이 대부분 타격에 의해서 이루어지는 것이 사실이나 정교한 작업을 위해서는 압력을 사용하기도 한다. 가압의 방식으로는 손으로 누르는 방식도 있으나, 다양한 도구를 사용해서 압력을 통해 정교한 가공을 하기도 한다.

분류 D: 석기제작과정의 궁극적인 목표는 완성된 성형도구의 제작이다. 성형도구라는 최종적인 목표에 따라서 5가지로 구분이 가능하다.

1) 북한 용어, 속돌석기 제작: 앞서 밝힌 바, 속돌석기에서 속돌은 한국의 몸돌(core)을 의미한다, 따라서 속돌석기는 몸돌로 제작된 석기를 지칭한다. 북한에서 과거와 현재 쓰였던 그리고 쓰이고 있는 누클레우쓰, 석핵, 핵석(核石), 속돌은 모두 동일한 개념이다.

2) 북한 용어, 쪼각석기(대형쪼각와 격지석기) 제작: 쪼각석기에서 쪼각의 의미는 남한의 격지 또는 박편(flake)을 의미한다. 북한에서는 격지와 쪼각을 동시에 사용한다. 격지석기제작을 대형과 소형 격지제작으로 구분한다. 사실상 이는 남한도 동일하다. 대형 격지석기제작은 몸돌석기 크기의 석기를 격지로 제작하는 경우 등을 지칭한다. 이를 대형쪼각석기제작으로 부른다. 반면 소형의 격지석기인 긁개, 밀개 등의 석기제작을 지칭할 때는 격지석기제작으로 부른다.

3) 북한 용어, 여러벌떼기 제작: 북한은 한반도에 르발르와 기술이 존재한다고 보고 있다. 여러벌떼기란 르발르와 기법(Levallois technique)을 의미한다. 이는 유럽을 중심으로 중기 구석기시대에 나타나는 유사한 격지를 연속적으로 생산하는 격지 가공 기술이다. 이전 시기의 격지 가공 기술보다 많은 수의 정형성 있는 격지를 생산할 수 있는 기법이다. 북한은 해당 기술이 한반도에 존재한다고 주장한다. 그러나 남한의 연구자들은 그 존재에 대해서 상당히 회의적이다.

4) 북한 용어, 돌날 제작: 격지석기 제작 중 길이가 길고 양변의 날카로운 날이 있는 정형성이 있는 돌날(blade)의 생산을 지칭한다. 돌날은 남과 북 모두 동일하게 사용하는 용어이다. 북한에서 돌날기술은 후기 구석기시대에 널리 퍼

진 기술로 규정하고 있는데 이 역시 남과 북이 거의 유사한 해석을 내리고 있다. 돌날석기 제작의 대표적인 사례로서 만달리 동굴유적의 규암제 각추형 속돌과 부포리 덕산유적의 각암제 원추형 속돌을 제시하고 있다. 제작은 북한용어 때려 떼기로도 가능하지만 주로 대고떼거나 눌러떼기와 같이 정교한 방법으로 제작됨을 설명하고 있다. 또한 돌날의 제작을 위해서는 우수한 석재의 선별도 필요함을 설명하고 있다.

5) 북한 용어, 잔돌날 제작: 가장 정교하고 규칙적인 작은 돌날을 생산하기 기술이다. 북한 용어, 잔돌날속돌에서 잔돌날이 생산된다. 생산된 잔돌날의 크기는 길이 4cm 미만이고 너비는 0.5−1cm 정도이다. 해당 기술도 돌날기술과 마찬가지로 후기 구석기시대 널리 보급되었음을 주장한다. 만달리 유적의 흑요석으로 제작된 소형의 쐐기형 속돌이 대표적이다. 형태상 배 모양으로 생긴 잔돌날속돌도 있다. 이러한 소형의 석기제작을 위해서는 고정구에 단단히 장착을 한 이후 가공이 이루어졌을 것으로 보고 있다. 남한에서는 잔돌날을 좀돌날, 세형돌날, 세석인 등으로 부른다.

표 남과 북의 석기제작과 관련된 용어의 비교표

남한	북한
석기 제작 기술, 감쇄 기술(reduction techniques)	로동 도구 제작 기술
석기는 문화적 현상(cultural phenomena)	석기는 로동 도구
몸돌(core), 석핵(石核)(nucleus)	석핵(石核), 속돌, nucleus
격지(박편)(flake)	격지, 쪼각
타격면, 때림면(flaking(striking) platform)	때린 자리, 때림면
타격혹(bulb of percussion)	혹, 불룩이
타격흔(bulb scar, eraillure)	타흔, 때린 흠점, 때린 흠
파상문, 동심원문(ripples marks)	가로 물결진 면
틈, 균열흠(fissures)	세로 몇 줄의 금
르발르와 기법(Levalloisian technique)	여러벌떼기 기법
돌날몸돌, 석인핵(石刃核)(blade core)	돌날속돌

돌날, 석인(石刃)(blade)	석엽(石葉), 인기(刃器), 돌날
좀돌날몸돌, 세석인핵(細石刃核)(microblade core)	잔돌날속돌
좀돌날, 세석기, 잔돌날, 잔석기(microblade)	세석기, 꼬마석기, 잔돌날
직접타격법(direct percussion)	때려내기(때려떼기), 직접타격법, 망치때리기
간접타격법(indirect percussion)	대고떼기법, 대고때리기, 간접타격
모루타격법(anvil technique)	내리쳐떼기(모루때리기)
양극타격법(bipolar flaking)	놓고떼려떼기(망치모루때리기)
돌망치타격법(hard−hammer percussion)	굳은 망치 때기기법
연망치타격법(뿔망치타격법)(soft−hammer percussion)	무른 망치 때리기법
가압법(加壓剝離)(pressure flaking)	누르기법

북한의 경우 현재 사용되는 용어와 함께 과거 사용된 일부 용어도 표기되었다. 남한의 경우 영문
도 병기되었다.
자료 인용 편집: 한창균 2020[231])

표 **1970년대 이후 북한 구석기시대 전, 중, 후기의 대표되는 석기 제작 기술**

구석기시대 전기: 내리쳐떼기와 때려내기(직접타격을 의미)

구석기시대 중기: 여러벌떼기 기법(르발르와 기술을 의미)

구석기시대 후기: 누르기법(가압법을 의미)

중기와 후기 구석기시대의 경우, 이전 시대의 기술이 사용되기도 함(북한 용어로 표기됨).

10. 현재 북한 구석기시대의 주요 내용

각 시기를 대표하는 표지석기는 그동안의 발굴조사로서 약간의 변화를 보여
주고 있다. 북한의 구석기 연구자들은 특정한 시기에 특정한 석기가 존재함을 상
당히 강조한다. 그리고 특정 시기가 지나면 그 특정 석기는 항상은 아니지만 상당
부분 다른 석기로 대체됨을 주장한다. 그러면 그 변화의 동력은 무엇일까? 북한은
이 모든 변화가 외부의 영향이 아닌 내부의 힘에 의해서 변화됨을 강조한다.

시기별 표지석기의 강조는 문화사 고고학 경향이 강한 남한 역시 마찬가지이다. 그러나 남한의 문화사 고고학과는 차이를 가진다. 남한의 경우, 표지석기의 변화가 내적인 요소라기보다는 외부적인 요소, 즉 이주, 발명, 경쟁, 확산 등과 같은 주로 외부적인 자극에 의한 변화로 해석한다. 따라서 표지석기의 강조가 남과 북이 유사하다고 해도 그 원인에 대한 생각은 다르다.

피줄국가 북한에서 외부의 영향에 의한 문화의 변화란 있을 수 없다. 북한은 그 어떤 변화가 외부에 의한 것임을 주장하지 않는다. 예를 들어 북한의 전기 구석기시대 표지석기인 주먹도끼를, 가장 오래된 주먹도끼가 출토되는 아프리카나 해당 석기 연구가 가장 오래된 프랑스나 영국의 사례들과 비교하는 작업을 적극적으로 하지는 않는다. 그러한 시도가 전혀 없지는 않았으나 1960년대 중반 5.25 교시 이후 이 모든 시도는 사라지게 된다.

북한 사례를 보다 구체적으로 살피면 다음과 같다. 전기 구석기시대를 대표하는 검은모루 동굴 유적은 2000년대 이후에도 석기의 유물 조합 연구에서 여전히 중요한 위치를 차지한다. 유물 조합에서 고형의 주먹도끼형석기와 제형석기를 강조하는데 이는 전기 구석기시대의 시작을 알리는 의미도 내포하는 것으로 보인다. 이른 시기의 또 다른 유적인 동암동 유적과 그리고 검은모루 동굴 유적 사이에 차이가 나는 부분은 전형성의 차이이다. 동암동에서는 검은모루와는 달리 주먹도끼형석기가 아니고 주먹도끼로 표현하고 있다. 다시 말해서 고형의 주먹도끼에서 시간이 감에 따라서 전형적 주먹도끼로의 '발전'을 암시한다. 제작 수법은 검은모루와 같이 동암동의 석기 역시 내리쳐깨기와 때려깨기 수법으로 제작되었다(김춘종·한금식 2016).[232]

중기 구석기시대 특징적인 석기 제작 기법으로 르발르와 기술(북한 용어, 여러 벌떼기 기법)의 존재를 지속적으로 주장하고 있다. 그러나 실제 유물의 제시는 찌르개, 긁개, 홈날, 톱니날 등이 관찰된다(어해남 2011; 리홍렬 2016).[233][234] 표지 유물에서도 2000년대 들어와서 달라진 점이 있다. 주먹도끼도 중기의 유물로 삼고 있다(리홍렬 2016).[235] 이는 2000년대 초반부터 보고된 청파대 유적의 중기 구석기시대 문화층에서 출토된 주먹도끼(김찬범 2005)[236]에 연유한 것으로 볼 수 있다.

후기 구석기시대에 와서, 밀개, 새기개 등의 석기와 함께 주목되는 석기는 좀돌날(북한 용어 잔돌날) 그리고 좀돌날 몸돌(북한용어, 잔돌날 속돌)이라고 볼 수 있다. 대표적으로 만달사람 화석이 발견된 만달 유적에서는 흑요석으로 제작된 좀돌날 몸돌이 관찰된다. 북한에서는 이들 석기들은 외부의 문화적 전파 없이 내적 발전에 의한 전개로 파악하고 있다(서국태 2012).237) 즉, 4만 년 전 이전의 룡곡 문화가 4만 년 전 이후의 만달 문화로의 진행을 주장한다. 석기 제작(북한 용어, 로동 도구 제작)은 기존의 때려내기(때려떼기) 또는 내리쳐깨기(내리쳐떼기)(모루때리기)도 사용되지만 대고때리기, 눌러뜯기(눌러떼기) 기법이 사용된다. 즉, 남한 용어로 간접타법에 의한 가공과 가압법에 의한 제작 방식을 해당 시기 대표적 특징으로 본다.

북한에서 석기 형식과 제작 기술의 설명에서 전기의 형식과 기술이 누적적으로 중기와 후기에 이어짐을 주장하는 경우가 많다. 후기의 밀개, 새기개, 째개, 뚫으개가 이전의 표지 석기와 이전의 제작 기술과 겹치는 경우를 인정한다. 이는 석기의 형식과 기술을 기본적으로 자발생적으로 타 문화에서 영향을 받지 않고 독립적으로 동일 또는 유사한 단계로 진행된다는 생각을 주장하기 위해서도 꾸준히 주장된다. 기술복합도가 높은 좀돌날석기(북한 용어 잔돌날석기) 역시 보편적으로 어느 집단에서나 일정한 시기가 되면 독립적으로 제작할 수 있다고 본다(장우진 외 2009: 96).238)

인류 진화 영역은 전 세계적인 기준으로 새로운 화석과 기존 화석의 새로운 검토 그리고 보다 진보된 유전자 연구 등으로 새로운 담론이 양산되고 소비된다. 이러한 역동적 영역에 북한 역시 일정 부분 대응을 하는 것으로 보인다. 북한이 생각하는 인류, 즉 호미닌(hominin)에 대한 정의는 과거의 동정된 종의 분류에 새로운 종을 대응시키는 방식을 취하고 있다. 최근의 연구 자료를 기준으로 본다면, 북한에서 최초 인류로서 다루는 대상은 〈남방원숭이〉이다. 이후, 〈능인〉을 최초의 호모 속(genus *Homo*)의 주인공으로 보는데 종으로 본다면 호모 하빌리스를 지칭한다. 그리고 〈원인〉인 호모 에렉투스, 이후 네안데르탈인에 해당되는 〈고인〉으로 전개된다. 그리고 마지막으로 호모 사피엔스인 〈신인〉으로 전개됨을 주장한다. 즉, 〈남방원숭이〉−〈능인〉−〈원인〉−〈고인〉−〈신인〉의 전개과정을 강조한다.

인류의 진화도 다른 여타의 영역과 마찬가지로 합법칙성으로 보는 것으로 판단된다. 북한에 발견된 새로운 고고학적 증거는 해당 구도를 더욱 확증시키는 방향으로 나아간다.

1980년대 이후 빙하기연구, 하안단구층의 이해, 고생물화석의 조사 그리고 빙하기의 연구가 축적되었다고 볼 수 있다. 제4기 연구를 통한 구석기시대 시기 구분의 주목할 만한 변화가 보인 것은 1980년대 말로 확인된다(한창균 2020: 207).[239] 제4기의 시기 구분을 기존의 4단계에서 5단계로 구분하게 된다. 그 구분의 기준은 주로 고식물화석 등의 변화를 통해서 시기 구분을 제시하고 있다. 구세, 신세, 현세로 구분하고 구세를 다시 나누어서 구세하부, 구세상부로 구분하였다. 신세도 신세하부와 신세상부로 구분하였다. 이를 현재의 국제적으로 통용되는 제4기 시간구분으로 전환하면 다음 표와 같다.

표 북한의 고고 및 자질자료와 국제적으로 통용되는 기준의 대응

북한 제4기층 구분			북한 자료와 국제 자료 대응	북한 지질자료와 구석기 시기 구분 및 인류 변화 대응		
현세		Q1	홀로세 (Holocene)	신석기시대 이후		
신세	신세 상부	Q3 −2	후기갱신세 (L. Pleistocene)	구석기시대 후기	후기갱신세 중기−후기	〈신인〉
신세	신세 하부	Q3 −1	후기갱신세 (L. Pleistocene)	구석기시대 중기	중기갱신세후기−후기갱 신세전기	〈고인〉
구세	구세 상부	Q2	중기갱신세 (M. Pleistocene)	구석기시대 전기	전기갱신세중기−중기갱 신세중기	〈원인〉
구세	구세 하부	Q1	전기갱신세 (E. Pleistocene)			

자료 인용 편집: 리상우 1987; 한창균 1990, 2020[240][241][242]

어떠한 특정 기준에 따라서 시기 구분을 한다는 의미는 어떤 면에서 본다면 지질학적 시기 구분에 대하여 고고학자의 이해도가 높아졌음을 시사한다. 실제 지질학적 시간을 분류하는 기준은 지층 또는 암석(암석층위), 고생물 화석(생물층위), 지구 자기장의 변화(고지자기 변화), 산소동위원소값(MIS) 등 다양한 기준이 있고 그 기준을 단독 또는 복합하여 제시하곤 한다. 북한의 구석기 연구자들도 이를 어느 정도 수용하였다고 볼 수 있다.

북한은 제4기의 시작에 대하여, 과거와는 달리 다양한 가능성에 대해서 의미 부여를 하였다는 점이 이채롭게 느껴진다. 1960년대 초 자료에서는 제4기가 100만 년이 넘는다고 주장을 하였다(로영대 1962).243) 북한의 이러한 주장은 당시 국제적인 기준과 크게 동떨어져 있다고 볼 수는 없다. 제4기의 시작이란 제3기 말의 플라이오세(Pliocene)와 제4기 초의 플라이스토세(Pleistocene)의 경계시점이다. 국제적으로 저명한 기관인 국제4기학회(INQUA, Inernational Union of Geological Sciences)는 1969년 그 경계를 180만 년 전으로 보았다(이선복 2018: 67).244) 따라서 당시 시점을 생각한다면 북한이 어느 정도 국제기준에 의거한 기준을 제시한 것으로 본다. 최근의 INQUA(Inernational Union of Geological Sciences)의 주장은 약 260만 년 전으로 본다. 이렇게 국제적 결과가 달라짐에 따라서 북한도 이에 상응하는 조치를 하고 있다. 2010년 북한에서 발간된 자료를 기준으로 본다면 제3기와 제4기의 경계를 200만 년 전 이전으로 보고 있다(장우진·김홍걸 2010).245)

1970년대 도입된 이른바 '5개의 조각면'은 2000년대에 와서도 그 근간을 유지하고 있다. 편년 연구, 사회 진화, 유물 조합, 인류 진화, 지질 환경의 기본 골격을 유지하는 것을 알 수 있다. '5개의 조각면'의 모든 조각이 일정한 단계에서 일정한 시간이 지나면 일정한 변화를 가짐을 지속적으로 주장하고 있다. 북한의 구석기 연구에서 '5개의 조각면'이 도입된 이후 여전히 중요한 의미를 가짐은 사실 북한만이 가진 이상한 현상이라고 보기는 힘들다. 해당 연구단위는 국제적으로 구석기 고고학에서 중요하게 다룬다.

다만, 재차 강조하지만 특별한 부분은 각각의 연구단위가 지나칠 정도로 법칙적으로 일정한 방향과 속도로 변화한다는 데 있다. 즉, 갑작스러운 변화보다는 준비된 변화 '합법칙성'에 따른 변화를 강조한다는 사실이다. 그 합법칙성의 이면에 담겨있는 가장 중요한 의미는 바로 이어짐이다. '합법칙성'에 따라서 일정한 변화가 일정한 시간, 일정한 단계에 발생하는데 그 변화는 과거와 이질적인 것이 아니고 과거를 이어서 변화함을 강조한다.

11. 북한의 구석기시대를 읽는다는 의미

　　1960년대 이래 북한 구석기 연구의 지나간 행적을 10년 단위로 정리하면 어떨까 생각해 본다. 1950년대 문헌을 통한 구석기의 개념 이해, 1960년대 최초 발굴, 1970년대 구석기 개설서 발간, 1980년대 학술지의 재발행, 1990년대 민족주의와 구석기, 2000년대 지속적 연구와 보완이라고 볼 수도 있을 것이다. 1950년대 그리고 그 이전의 구석기 존재 가능성의 타진, 1960년대 굴포리 구석기 유적 발견과 그리고 검은모루 유적의 조사 시작은 현재까지도 학사적으로나 학문적으로나 충분한 가치를 지닌다. 1970년대 당시의 연구성과를 토대로 발간된 『조선 고고학 개요』, 『조선의 구석기시대』, 『조선전사: 원시편』은 북한 구석기 연구의 학문적 위치를 살피는 데 매우 중요하다. 1980년대 학술지 『조선고고연구』의 탄생은 도서정리사업 이후 연구의 회복을 알려주었다. 1990년대 민족주의에 대한 정치·사회적 일정과 이에 따른 새로운 구석기 고고학연구의 설명은 구석기 고고학이 시간적으로 민족과 큰 시간차가 있어도 북한 사회 그 자체의 영향에서 무관할 수 없음을 알려준다. 2000년대 새로운 유적과 유물 그리고 절대연대값의 적극적 이용 그리고 북한 스스로의 학사의 정리는 북한의 구석기 연구의 지나온 과정을 알려주는 동시에 현재의 연구를 가늠케 하여준다.

　　비북한인의 입장에서 북한의 구석기시대를 이해한다는 것이 어떠한 의미를 가지는지에 대해서 살펴보았다. 70여 년이 넘는 시간 동안 북한의 구석기 연구는 초기 일부 시기를 제외하고는 여타의 다른 국가의 구석기와는 다른 궤적을 그리며 진행되었다. 그 궤적에서 상당 부분 중요한 요소는 바로 정치·사회적 맥락이라고 볼 수 있다. 북한 구석기 고고학을 '읽기' 위해서는 문헌의 정보를 살피는 동시에 문헌의 밖을 보는 시도가 필요하고 그 문헌의 밖은 정치적 환경이라고 볼 수 있다. 이를 위해서 정치적 메시지나 사회적 변혁에 따른 구석기 고고학의 변이를 관찰할 필요가 있다.

따라서 북한의 구석기 연구는 다른 방향으로도 정리가 또한 가능하다. 1950년대 종파사건 이후에 구석기 연구의 초기 방향성이 어떻게 변화되었는지 아직 정확히 모른다. 북한의 고고학자들은 자신의 1950년대를 어떻게 생각하는지 궁금하다. 1960년대 초까지 구석기 또는 구석기 관련 고고학 연구의 많은 업적을 남겼으나 한편으로 낡은 지식인으로 분류된 학자를 북한의 현재 연구자들은 어떻게 생각하는지도 우리는 잘 모른다. 1967년의 5.25 교시와 현재의 구석기 고고학의 관계성에 대해서는 남한은 피상적으로 알고 있고 북한은 자신의 학문적 삶과 너무나도 밀접하게 붙어 있다. 따라서 양측 모두 평가에 편견이 작용할 수밖에 없을 것이다. 1970년대 김일성주의는 이전의 사회주의 사상을 대체하였고, 당연히 교시는 모든 학문에도 크나큰 영향을 미치게 된다. 1976년 11월 28일 최고지도자의 교시 내용인, '인류발상지에 대한 독창적 사상'(장우진 1988: 78)이 과연 북한의 학계에 얼마나 심도 있는 영향을 미치는지에 대해서 비북한 연구자가 얼마나 가늠할 수 있을까라는 자문을 하게 한다. 1980년대 냉전 이후 고립화의 길을 가게 된 북한의 남은 선택지인 민족이란 담론과 조선민족제일주의가 구석기 연구에 어떠한 방향성을 부여하였는지 남측 연구자들은 어렴풋하게 알게 된 듯하다. 1990년대 중반의 김일성의 사망과 유훈 통치가 구석기 고고학에 어떠한 영향이 있는지에 대해서 여전히 현재의 북한의 공보적 자료에 의존해서 해석할 수밖에 없다. 1980년 이래로 1990년대 그리고 그 이후에도 꾸준히 제시되는 가족 국가적 사고와 고고학 그리고 구석기 고고학이 어떠한 관련성을 가지는지에 대한 논의는 이제 의문의 초기 단계에 있다고 볼 수 있다.

구석기 연구는 기본적으로 한반도의 토착학문이 아니다. 서구의 학문적 전통에서 시작한 연구단위임은 부정할 수 없다. 북한이 지난 70년 이상의 기간 동안 이를 내재화, 즉 이른바 '조선화 과정'을 어떻게 하였는지 비북한인 입장에서는 겨우 가늠할 수 있을 정도이다. 순수한 인종의 국가, 끈끈히 이어지는 피줄을 가진 조선민족의 국가 그리고 위대한 지도자가 다스리는, 그 다스림을 순수하게 친자식처럼 따르는 국민이 있는 국가에서 어떻게 구석기학을 내재화하였는지를 이제 조금씩 알아가고 있다.

03

인류

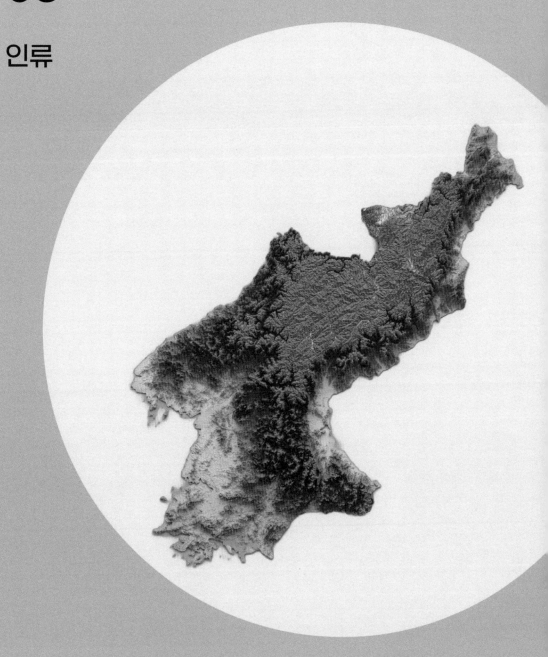

03 인류

1. 다윈을 사랑하는 북한, 북한의 인류 진화 그 스토리

순수인종의 국가, 북한에서 비북한인을 기리는 우표를 만들 수 있다고 볼 수 있는가? 그것도 자본주의 국가의 주요 인물의 우표를? 정답은 바로 '만들 수 있다'이다. 물론 정권의 정당성과 국가의 대소사와 관련된 우표가 압도적인 것이 사실이다. 최고지도자의 모습이 담긴 우표와 함께 사회주의 국가 건설, 항일운동, 애국자, 남북교류, 주요 문화 및 자연유산 등 다양한 주제로 우표를 제작한다.

눈에 띄는 부분은 주요 외국인의 우표이다. 외국인으로는 충분히 예상 가능한 인물이 등장한다. 사회주의 사상 그리고 북한의 동맹국의 인물이 주로 등장한다. 엥겔스, 맑스와 레닌과 푸틴, 모택동, 등소평 같은 인물의 등장은 충분히 예상이 가능하다. 그런데 예상치 못한 인물도 등장하는데 다이애나 비와 함께 노벨, 뉴튼, 다윈이 등장을 하기도 한다. 다윈의 우표는 다윈의 탄생 190주년을 기념하는 우표이다. '챨즈 다윈과 진화론'이라는 타이틀과 함께 1995년 발행되었다.

자본주의 국가의 주요 인물을 대상으로 하는 이유는 다양한 시각으로 생각할 수 있다. 우선 체제의 홍보성도 있을 수 있다. 정상국가의 하나의 모습을 보이는 일환일 수 있다. 그리고 경제적 목적도 없다고 볼 수는 없다. 수많은 경제제재 속에서 판매가능한 물품이 제한된 북한에서 우표는 몇 안 되는 비제재대상이기 때문이다. 그러나 이런 목적에도 불구하고 북한 체제의 정반대되는 인물을

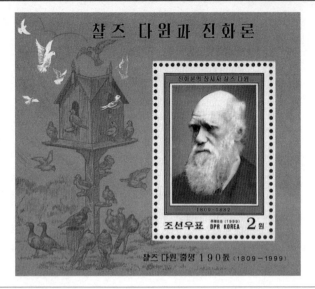

출전: Paleophilatelie.eu[1]

내세우는 건 불가능할 것이다. 그렇다면 그다음 의문점이 생긴다. 과연 북한에서 진화론은 어떠한 대접을 받고 있는가?이다.

북한에서 절대적 규정력을 가지는 교시로서 진화는 확고부동한 가치를 지닌다. 최고지도자가 직접 교시로서 진화의 가치를 부여한 이상, 북한 사회에서 진화에 대한 의심은 없다(김춘종 2006: 35[2], 2008: 44[3]; 김성일 2010: 40[4]). 김정일에 의한 관련 교시를 살피면 다음과 같다; '사람이 장구한 진화발전의 산물이라는것은 이미 오래전에 과학에 의하며 확증된 사실입니다'. 해당 문구는 인류, 진화 등을 설명하는 내용에서 반복적으로 등장하는 교시이다.

교시로서 정해질 만큼 진화, 특히 인류 진화는 주요한 연구대상이 된다. 비단 김정일의 교시뿐 아니라 김일성에 의한 관심도 목격된다. 김일성은 인류의 기원과 진화과정을 연구하는 지시를 하게 되고 이에 따라서 김일성대학 내 인류진화발전사연구실이 조성되었다(한창균 2020).[5]

북한에서 구석기시대의 인류 행위의 이해, 인류의 변화과정, 화석의 분석은 중요한 연구대상이라고 볼 수 있다. 그러나 한편으로는 북한의 인류 진화는 국제적인 입장에서의 인류 진화와는 일정한 거리가 있는 것이 사실이다. 이러한 사실을 살핌에 있어서 우선적으로 그 기초가 되는 관련 용어를 살피는 것이 필요하다.

앞서 간략하게 언급한 바와 같이, 북한에서 인류 진화는 〈남방원숭이〉-〈능인〉-〈원인〉-〈고인〉-〈신인〉이라는 키워드로 시작한다. 해당 명칭은 현재 남한의 일반인에게 일견 생소하게 느껴질 수 있다. 그러나 사실, 과거 교과서에도 소개된 내용이다. 1997년 고시되고 2002년 고등학교 입학생부터 시행된 7차 교육과정의 고등학교 국사에는 선사시대 원시 인류의 진화를 남유인원, 손재주 좋은 사람(능인), 곧선 사람(원인), 슬기 사람(고인), 슬기 슬기 사람(신인)의 전개로 묘사하고 있다(국사편찬위원회 2002: 17).[6] 물론 각각의 학명인 오스트랄로피테쿠스, 호모 하빌리스, 호모 에렉투스, 호모 사피엔스, 호모 사피엔스 사피엔스가 병기되기도 하지만 아무튼 남한에서도 공식적으로 쓰인 용어다.

바로 이 사실에서 중요한 두 가지를 우리는 알게 된다. 첫째, 남과 북이 인류 진화에 대한 이해도가 '한때는' 서로 유사하였다는 점이고 둘째, 이제는 더 이상 공유점보다는 이질성이 크다는 것이다. 마지막 하나는 그만큼 해당 연구분야, 즉 고인류학이 지난 수십 년간 빠르게 변모를 하였다는 것을 알 수 있다. 고인류학 분야는 특히 서구를 중심으로 매우 빠른 속도로 연구 결과가 축적되고 있다. 지난 수십 년간 새롭게 발견된 화석뿐 아니라 새롭게 동정되어 과거에 알던 종이 새롭게 다시 재명명되는 일도 빈번하게 발생한다. 남한의 경우, 아직도 충분한 연구 역량이 쌓였다고 보기는 힘들지만(사실 그렇기 때문에), 국제적 경향성에 개방된 시각을 가진다. 따라서 서구 학계의 경향성에 따라가기 마련이다.

그러나 북한의 사정은 다르다. 최소한 고고학적 자료의 양적인 부분을 본다면 북한이 우위에 있다. 인류 화석의 발견과 그 축적 측면에서 남한과는 비교가 되지 않는다. 표에서 보듯이 북한은 호모 사피엔스로 주장되는 〈신인〉과 호모 사피엔스 이전의 종으로 판단되는 〈고인〉의 발견이 꾸준히 보고된다. 실제 화석의 발견으로 직접적인 연구의 시작만 보더라도 1970년대부터이다. 남한의 경우 화석의 발견에 대한 절대수의 한계와 함께, 일부 발견된 화석에 대한 진위여부에 대한 논쟁이 현재도 진행 중이다(이상희 2018).[7] 일부 연구자에 의하면, 남한에서 고인

류학 연구는 아직은 가야 할 길이 많이 남았음을 설명하고 있다(이선복 2018).[8]

상대적으로 고인류자료의 양적 우위에 있는 북한이지만, 북한의 구석기 연구를 포함한 고인류 연구의 학문적 전통은 과거의 시각에 고착되어 있음을 느낀다. 과거의 학문적 규칙을 그대로 유지하려는 의지가 보인다. 이는 학문적 수준의 높고 낮음을 의미하는 것이 아니다. 과거로의 집중은 지극히 정치적인 선택일 수 있기 때문이다.

2. 용어의 유래

북한에서 사용되는 인류와 관련된 용어를 살핌에서 우선, 그 용어는 과연 어디에서 왔는지를 살펴볼 필요가 있다. 북한 초기 자료를 따진다면 1940년대 구소련의 영향을 받은 것으로 추측된다. 당시 북한 교육자료에서 인류 진화와 관련된 종의 명칭이 등장하고 있다(조선민주주의인민공화국교육성 1948).[9] 본격적으로 고고학 연구단위에서 등장은 1960년대 초반으로 보인다. 앞서 도유호 연구의 '정(正)'과 '반(反)'에서 다룬 바와 같이 용어의 실마리는 해당 시기의 도유호와 일부 연구자들로부터 시작한다. 도유호는 오스트랄로피테쿠스의 설명에서 '남방의 원숭이'라는 의미를 가진다고 설명하고 있다. 그리고 호모 에렉투스의 설명에서 중국의 주구점에서 발견된 화석을 예시하며 이를 〈원인〉('씬안트로푸스')으로 부른다. 그리고 이들의 석기 문화 단계를 서석기(Eolithic) 단계로 규정한다(도유호 1962).[10] 그리고 현재 북한에서 사용되는 〈고인〉에 해당되는 용어를 〈중고인류〉(〈中古人類〉)로 부르고 네안데르탈인이 주요 인류로 등장한다. 그리고 구석기시대 전기의 최후 시기를 무스테리안 문화기로 규정하고 있다. 〈신인〉의 경우는 '호모 사피엔쓰'와 같이 학명으로 표기하거나 아니면 '현대 인류형'으로 표현하고 있다(고고학 및 민속학연구소 1962: 54).[11]

앞서 제기한 바와 같이, 〈남방원숭이〉, 〈능인〉, 〈원인〉, 〈고인〉, 〈신인〉이라는 용어는 북한뿐 아니라 남한에서도 사용된 용어이다. 그렇다면 중국 및 일본의 한자 표기를 통해서 사용 사례를 살필 필요가 있다. 중국과 일본 역시 학술적 목적에서 학명을 그대로 쓰지만 일부의 경우 위와 유사한 표현어를 사용한다. 라틴어로 남쪽을 뜻하는 *australis*와 그리스어로 유인원을 뜻하는 *pithekos*의 조어인 *Australopithecus*를 지칭하는 〈남방원숭이〉의 경우, 일본과 중국에서는 〈南方古猿〉, 〈猿人〉 등으로 표기한다. 즉 학명의 뜻을 풀이한 용어를 사용하고 있고 이는 북한에서 쓰는 개념과 일치한다.

　*Homo habilis*를 뜻하는 북한의 〈능인〉을 일본, 중국에서는 〈能人〉 또는 〈用手人〉으로 부른다. 이 역시 하빌리스(*habilis*)란 손재주가 있는 사람이라는 라틴어를 풀어서 한자어로 만들었음을 알 수 있다.

　*Homo erectus*를 뜻하는 〈원인〉을 일본과 중국에서는 〈猿人〉, 〈直立人〉 또는 〈原人〉으로 부른다. 에렉투스(*erectus*)의 직립을 뜻하는 의미에서 〈直立人〉도 쓰지만 근본이라는 의미, 최초 사람이라는 뜻에서 〈原人〉을 흔히 쓰는 것으로 보인다. 1960년 이전까지 호모 에렉투스는 〈사람속〉에서 최초의 지위를 가졌다. 1960년 조사되어 1964년 발표된 호모 하빌리스의 등장 이전만 하더라도 최초라는 의미의 〈原人〉은 설득력 있는 용어라고 판단된다.

　*Homo neanderthalensis*의 경우 북한에서는 과거 〈고인〉으로 풀이하였다. 그러나 최근의 경향성은 〈고인〉을 고형 호모 사피엔스(archaic *Homo sapiens*)로 고쳐 부르기도 한다. 아무튼 북한에서 〈고인〉은 여전히 〈능인〉과 〈원인〉 이후 단계 인류를 지칭한다. 과거 기준으로 네안데르탈인을 일본 및 중국에서는 〈旧人〉 또는 〈舊人〉으로 표기한다. 네안데르탈인을 〈旧人〉, 〈舊人〉으로 부르는 주된 이유는 이후 전개된 새로운 현생인류와 비교를 위한 상대적 의미가 크다. 현생인류인 〈新人〉 이전의 사람이란 의미인 것이다.

　*Homo sapiens*를 부르는 용어, 〈신인〉을 중국, 일본에서는 〈智人〉, 〈叡智人〉 등으로 부른다. 즉 '이성 있는 자'의 의미를 담고 있다. 남한의 협의 또는 광의에 따라서 차이는 있지만 슬기 사람, 슬기 슬기 사람의 경우와 그 뜻이 동일하다고 본다. 한편 경우에 따라서 〈智人〉, 〈叡智人〉과 병행해서 최근의 종이라는 의미에서 〈新人〉을 사용하기도 한다.

이상과 같이 다소간의 차이는 있지만 〈남방원숭이〉(〈南方古猿〉, 〈猿人〉)−〈능인〉(〈能人〉, 〈用手人〉)−〈원인〉(〈原人〉, 〈直立人〉)−〈고인〉(〈中古人類〉, 〈旧人〉, 〈舊人〉)−〈신인〉(〈智人〉, 〈新人〉, 〈叡智人〉)은 동아시아 한자문화권에서 사용되는 용어이다. 따라서 직접적이든 간접적이든 관련 학명을 한자어로 번역한 동아시아 국가들의 영향을 받았을 가능성이 있다. 그리고 이 영향을 받은 시점은 1960−70년이고 이를 정리하자면, 〈남방원숭이〉, 〈능인〉, 〈원인〉, 〈고인〉, 〈신인〉은 각각 〈오스트랄로피테쿠스아족〉,[1] 호모 하빌리스(*Homo habils*), 호모 에렉투스(*Homo erectus*), 호모

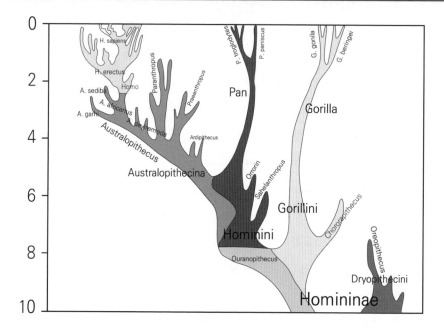

국제적으로 통용되는 인류진화의 모식도

생명체의 진화는 이처럼 나무의 가지와 같다. 분지하고 지속되고 멸종되며 진행된다. 이를 차별적 지속이라 부른다(성춘택 2003).[12] 〈사람족〉(tribe hominini)의 구성집단을 호미닌(hominin)이라고 부른다. 호미닌의 시작은 학자들마다 다르다. 대체적으로 〈침팬지족〉과 〈사람족〉이 분지된 이후 시점부터 보고 있다.

출전: 위키미디어 커먼스[13]

---

1) 현재 분류 체계 기준으로 본다면 종이 아닌 아족의 의미를 담기에 이를 부르는 용어 오스트랄로피테쿠스아족(Australopith)으로 표기하였다. 그러나 한편, 속의 의미도 내포하고 있다. 자세한 내용은 본문을 통해서 언급된다.

네안델탈렌시스(*Homo Neandelthalensis*), 호모 사피엔스(*Homo sapiens*)가 된다.

중요한 사실은 전 세계적으로 수십 종의 호미닌이 밝혀진 현시점에 불과 5개종으로 전체를 분류한다는 것이 모순적으로 들린다. 수백만 년 전에서 현재까지 수십 종의 호미닌이 존재함을 북한 역시 잘 알고 있는데도 북한은 해당 분류를 지속적으로 사용하고 있다.

3. 인류 진화의 학문적 장르

인류의 분류, 기원 그리고 진화 연구는 북한 기준으로는 인류학의 연구 단위가 된다. 북한에서 인류학은 우리의 기준으로 본다면 문화인류학보다는 고인류학의 성격을 가진다. 고인류학은 북한에서 독립적 연구 단위로 보기보다는 고고학의 상호보완적 관계에 있다고 보는 것이 옳다. 그 일례로 들 수 있는 것은 조선사회과학학술집 사업을 통해서 엿볼 수 있다.

조선사회과학학술집 사업은 2000년대부터 북한 사회과학원이 주도로 벌이는 출판 사업으로서 해방 이후 현재까지 북한의 사회과학 전반에 걸친 출판 사업이라고 할 수 있다. 2023년 기준으로 통일부 북한자료센터에 입수된 자료만 보아도 약 600여 권 가까운 단행본이 살펴진다.[2] 북한에서 사회과학은 정치, 철학, 어문, 경제, 법학, 역사 등을 모두 아우르는 큰 범위의 의미를 가진다. 학위명으로만 분류해도 경제학, 철학, 법학, 역사학, 언어학, 문학 및 예술학, 교육학, 군사학, 사회정치학을 포괄한다(강성윤 2006).[14]

조선사회과학학술집에서 고고학편으로 분류된 도서는 총 60권이 넘는다. 『조선의 화석인류와 옛류형사람』(고광렬 2014),[15] 『화산용암속에 묻힌 인류화석』(장우진 외 2004),[16] 『인류진화발전사』(장우진 2010a),[17] 『아득히 먼 옛날의 우리 선조들을 찾아서』(장우진 2009)[18] 등은 지극히 고인류학적인 글이다. 즉, 고인류 연구가 고고학

---

2) 모든 학술자료가 신간인 것은 아니다. 오히려 상당수의 도서는 기존의 도서자료를 재출간하는 경우가 많다.

연구와 연관성을 지니고 있음을 알 수 있다. 그러나 한편으로는 인류학이라는 학문 단위로서 고인류학을 규정하기도 한다. 따라서 고인류학은 북한 기준으로 체질인류학 또는 인류학이다.

예를 들어 남한에도 간행된 2009년의 『조선고고학총서』[3)]의 경우, 인류학편으로 정리된 도서가 5편 있다. 그 제목을 살피면, 『사람의 발생과 인류사회의 형성: 인류학편 1』(김춘종 외 2009),[19)] 『조선사람의 기원과 형성: 인류학편 2』(장우진 외 2009),[20)] 『조선사람의 체질: 인류학편 3』(장우진 외 2009),[21)] 『초기조일관계에 대한 인류학적연구: 인류학편 4』(김영일·김광남 2009),[22)] 『인류학적으로 본 조선사람과 북방주민들: 인류학편 5』(김성일 2009)[23)]이다. 그 내용을 살피면 진화에 따른 현재 국제적 기준으로 고인류학적 연구도 있지만 과거 의미의 체질인류학적 연구(인종학 포함)도 포함됨을 알 수 있다.

북한의 분야별 연구 성과에 의한 분류 및 학문 분류상, 인류학은 학문의 심도가 높지 않아서 하나의 독립적인 분과 학문으로 인정받지 못할 수 있다(강성윤 2006).[24)] 즉, 하나의 독립적인 학문단위로 보기보다는 다른 학문 단위 내에 맥락에 따라서 부속이 된다고 본다. 그렇다면 실질적인 의미에서 어떤 학문 영역에 부속되는지가 궁금하다. 관련 논문과 저서, 그리고 관련 논문이 실리는 학술지의 성격 등을 살피면 다분히 고고학, 나아가서 구석기 고고학과 밀접한 관계를 가지고 있음을 알 수 있다.

연구자의 연구 경향이나 발간되는 학술지 등을 살피면 대부분 고고학자로 분류되는 연구자가 고고학 전문학술지를 통해서 연구성과를 발표하고 있다. 예를 들어 「조선사람의 시원문제에 대하여」(장우진 1987),[25)] 「인류진화발전의 기본 특성」(장우진 1988)[26)] 논문들은 『조선고고연구』를 통해서 고고학자에 의해서 쓰였다. 물론 연구자에 따라서 연구의 경향성의 차이는 있지만 북한에서 고인류학과 고고학, 특히 구석기 고고학은 서로 밀접한 관계에 있다.

---

3) 남한에서는 『조선고고학전서』로 발행되었다.

1977년 발간된 『조선의 구석기시대』[27]에 관찰되는 고인류학적 성과로서 가장 돋보이는 부분은 승리산 동굴유적에서 발견된 인류 화석이라고 할 수 있다. 아마도 북한의 인류학적 연구, 즉 인류 진화와 관련된 고인류학(북한 기준으로 체질인류학 또는 인류학) 연구의 시작은 해당 시점부터로도 볼 수 있다. 이전에도 인류학의 언급 또는 인류학적 관련 연구의 언급은 간간이 존재한다. 고인류학과 간접적으로 연관된 화석 연구와 관련된 논문 그리고 두개골의 계측과 관련된 체질인류학적 연구가 일부 관찰된다.

예를 들어 두개골의 수치 측정과 관련된 논문(리동성 1949)[29]은 그 예가 된다. 인류 진화와 관련된 개괄적 설명을 하는 논문도 보고된다. 대표적으로 도유호의 「인류의 기원」(도유호 1962)[30]을 들 수 있다. 북한에서 고인류와 관련된 연구의 실질적 시작은 1970년대이지만 그 기초는 1960년대로 거슬러 올라간다. 따라서 1960·70년대가 연구의 초기 단계로 규정 가능하다.

덕천 승리산 전경모습

1970년대 초부터 조사가 이루어졌다. 구석기유물과 함께 〈고인〉 단계의 사람인 〈덕천사람〉과 〈신인〉 단계의 사람 〈승리산사람〉 화석이 발견되었다.

출전: 국가유산청[28]

1970년대 승리산 동굴유적 조사(이융조 1991: 16-17).[31] 이후, 평양일대 역포구역 대현동 유적조사(1977년), 승호구역 만달리 유적(1979-80년)의 인류 화석과 관련된 조사(한창균 2013: 204)[32]는 북한에게 고인류학의 새로운 전기를 마련한 시기로 볼 수 있다. 김일성대학교 인류진화발전사연구실이 조성된 것도 이와 무관하지 않을 것으로 보인다. 또한 2000년대 북한에서 자체적으로 고고학사를 정립한 자료에서, 1970년대 최고지도자들의 교시와 관련하여 구석기시대와 함께 조선사람의 시원문제를 언급(리주현·한은숙 2009: 77)[33]한 것도 시사점이 많다고 본다.

해당 교시는 추정하건대 북한의 인류진화 연구에 중요한 이정표가 되었을 것으로 보인다. 『총론』[34]의 내용을 기초로 본다면, 크게 두 가지 중요한 의미를 담고 있다. 첫째는 최고지도자의 교시가 대를 이어 언급되었다는 사실이다. 북한 사회의 특성상 당연히 선대 김일성의 지도가 후대인 김정일, 김정은에 계승됨은 당연한 일이다. 그럼에도 불구하고 하나의 주제를 대상으로 두 최고지도자의 교시(김일성·김정일), 그것도 구체적인 교시를 언급하였다는 것은 그만큼 사안의 중대성을 알 수 있다. 두 번째는 교시 내용이다. 구석기시대와 조선사람의 문제를 확증하라는 교시가 언급되어 있다. 1970년대 기준으로 당시 북한은 현재의 조선사람(조선민족)의 기원을 구석기시대 인류에서 찾으려 하였다는 것이고, 이 교시에 대한 한점 의문 없이 이를 수행하여 〈고인〉, 〈신인〉의 화석을 발견하였음을 강조하고 있다. 즉, 현재의 사람과 과거의 사람의 핏줄로 이어짐을 과거 1970년대는 물론이고 현재까지도 이를 사실 그것도 확증된 사실로 받아들이고 있다. 피줄국가의 면모가 꾸준히 지속되고 있음을 알 수 있다.

『총론』이 출간된 시기는 2009년으로서 김정은에 대한 내용은 없다. 최근의 자료를 기초로 본다면 다음과 같다. 김정은 시대에 와서는 '민족문화보호사업'을 강조한다(권영학 2017).[35] 이는 기존의 조사된 문화유산의 보존과 관리를 의미한다. 이전의 최고 지도자시기에 조사된 자료의 보존과 그 활용에 초점을 맞추고 있다. 선대의 위업을 계승한다는 부분에서는 크게 기조가 달라진 것은 없다. 다만 큰 변화를 꼽는다면, 기존의 문화유산을 효과적으로 관리하자는 의지와 함께 북한의 문화유산을 국제적 가시거리에 들어오게 하려는 작업을 하고 있다.

이와 관련하여 김정은 시대에 와서 수차례나 문화유산 관련 법을 재정비하고 있다. 또한 세계적인 권위를 가진 유네스코 유산 등재에 관심을 기울이고 있다(정창현 2017).36) 정리하자면 이전 두 지도자는 조사가 그 목적이라면 김정은 시대는 보존과 활용에 그 방점이 있다고 할 수 있다.

북한에서 고인류학적 인식의 증대와 함께 이를 연구하는 연구 영역으로서 구석기 고고학의 연관성을 인식할 수 있다. 실제로, 인류 단위와 석기 문화의 연관성은 학문적인 결과로도 관찰되는데 특정 인류와 특정 석기 문화 단계의 상응이 관찰된다. 전술한 바와 같이, 구석기시대를 연구하는 편년 연구, 사회 진화, 유물 조합, 인류 진화, 지질 환경이라는 '5개의 조각면'의 중요한 하나로서 고인류학이 인류 진화 연구의 주요 축이 된다. 1970년대 이후 공고히 마련된다. 구석기시대 전기, 중기, 후기에 따른 인류 분류 단계의 계기적 변화와 구석기시대 시기별 인류의 상응이 눈에 띈다.

1970년대 이래 일부 화석이 발견되면서 〈남방원숭이〉, 〈능인〉, 〈원인〉, 〈고인〉, 〈신인〉이 단위인 동시에 단계로 자리를 잡게 된다. 표지적 의미를 가진 화석을 기초로 동정된 〈남방원숭이〉, 〈능인〉, 〈원인〉, 〈고인〉, 〈신인〉은 북한에서는 종을 의미하는 단위 그 이상의 의미를 가진다. 단방향적 발전을 석기 변화로 보는 북한에서 인류 역시 단방향적 발전을 진화로 보는 경향이 강해진다. 이는 현재 우리가 일반적으로 사용하는 생물학의 진화 개념과는 차이를 가진다. 인류는 일정한 시간을 흐르면서 변화한다는 시각보다는 발전한다는 시각이 강하다. 따라서 〈남방원숭이〉, 〈능인〉, 〈원인〉, 〈고인〉, 〈신인〉은 바로 〈남방원숭이〉 → 〈능인〉 → 〈원인〉 → 〈고인〉 → 〈신인〉으로 표현이 가능하다. 단위이자 단계이기에 '5단위/단계'라고 표현이 가능하다.

5단위/단계, 즉 〈남방원숭이〉-〈능인〉-〈원인〉-〈고인〉-〈신인〉4)은 진화의

---

4) 북한 고고학 연구는 집체적 성격이 강하다(이선복 1992: 58). 인류 진화 연구도 마찬가지로 집체적 성격이 강하다. 비록 저자가 다르더라도 특정 사안에 대해서는 동일한 입장을 취하고 있음을 느낄 수 있다. 예를 들어 인류 진화의 단계이자 단위는 1970, 80년대 고안되었고 이를 거의 모든 학자가 2000년대 이후에도 거의 동일한 시각으로 바라보고 사용한다. 개인 단위에서 일부 문제점의 지적이 있지만 1970, 80년대 집체적 연구의 틀을 2000년

정해진 방향에 따른 단계 발전을 연상시킨다. 북한은 인류의 진화에서는 정치·경제·사회·문화뿐 아니라 인간이라는 생명체에도 합법칙성이 존재한다고 본다(장우진 1988a: 7).[37] 그 합법칙성은 새삼 강조해도 지나침이 없다. 자본주의에서 사회주의로의 전환이 역사적 합법칙성인 것처럼 〈고인〉에서 〈신인〉으로의 진화도 합법칙성에 부합된다.

그리고 인류의 변화는 석기 문화의 변화와도 연동한다고 북한은 생각한다. 따라서 구석기시대 전기는 〈원인〉 단계의 사람이 살았다고 주장한다. 그리고 〈고인〉의 행위 증거가 보이는 시기는 구석기시대 중기로 보고 있다, 마지막으로 〈신인〉은 구석기시대 후기에 해당된다. 따라서 〈신인〉이 〈고인〉보다 먼저 발생할 수 없고 그리고 〈원인〉과 〈고인〉이 동시기에 공존하는 부분도 고려되기가 극히 어렵다. 이러한 편년은 1970년대『조선고고학 개요』(사회과학원 고고학연구소 1977a),[38]『조선전사』(력사연구소 1979)[39] 등을 통해서 그 정립이 관찰된다. 아마도 해당시기 북한은 기본적인 인류 진화와 석기 문화의 얼개를 구성하고 이를 현재도 꾸준히 사용하고 있다고 볼 수 있다.

북한에서 사용하는 〈남방원숭이〉-〈능인〉-〈원인〉-〈고인〉-〈신인〉을 간단히 정리한다면 다음과 같은 성격을 가지고 있다고 볼 수 있다. 첫째, 인류 진화의 각각의 단위로서 〈남방원숭이〉-〈능인〉-〈원인〉-〈고인〉-〈신인〉으로 볼 수 있다. 둘째, 단위인 동시에 각각은 특정 시기와 문화를 대변하는 단계로서의 의미를 가진다. 셋째, 단계의 변화는 단방향적이다. 정해진 궤적에 따른 진화를 주로 주장한다. 넷째, 각 단계는 구석기시대 물질 문화기의 각 단계와 상응을 하는 구조로 이루어져 있다.

위의 네 가지 측면을 통해서 본다면 북한에서 사용하는 용어에는 강한 단선 진화적 사고가 내포되어 있다. 그리고 그 사고는 구석기 문화와 상응하기에 구석기 물적 자료의 해석에도 영향을 미친다고 할 수 있다. 물론 북한 문헌에서 온전

대 이후 연구자가 전면적으로 거부하는 일은 거의 없다. 소수의 의견으로 대표적으론 2010년 김성일의 논문을 들 수 있다. 그는 새로운 학명이 도출됨에 따라서 기존의 체계로 이를 수용하지 못하는 어려움은 언급한 바 있다. 그럼에도 불구하고 북한이 생각하는 인류 진화의 단계이자 단위는 변함없이 사용되고 있다.

히 단선 진화론적 사고만을 한다고 볼 수 없는 부분도 존재한다. 가령, 진화가 단일한 방향의 전개가 아니고 나뭇가지와 같이 분지를 하면서 차별적인 지속을 하고 있음을 인식한다. '사회적 합법칙성'(장우진 1988)[40]와 같이 정해진 궤적만을 주장하기도 하지만 동시에 '전형적인 고인은 신인에로 이행하지 못하고 사멸한 진화의 곁가지'(고광렬 2015: 26)[41]와 같은 내용도 살펴볼 필요가 있다. 그럼에도 불구하고 단선 진화론적 사고는 북한의 고인류와 구석기 고고학에 흐르는 핵심 담론으로 보인다. 그 이유는 현재의 이른바 조선사람은 사멸하지 않고 이어진 존재이고 조선사람만으로 국한한다면 단선진화가 된다.

북한의 인류 진화 사고는 현재의 국제적인 사고와는 다를 수 있지만, 그렇다고 해서 북한이 해외 자료를 전혀 외면하고 있다고 보는 건 큰 오해이다. 북한 체제의 한계에도 불구하고, 구석기시대 고인류학 부분에서 해외 자료의 인용과 도입은 상당하다. 궁극적으로 고인류학 연구는 지구상의 존재한 전체 인류를 조

일반적으로 자주 떠오르는 인류 진화 이미지, 과연 도면처럼 단선적일까?

Australopithecus afarensis / Homo habilis / Homo erectus / Homo neanderthalensis / Homo sapiens

시간에 따른 단일한 방향(발전되는 방향)을 암시한다. 마치, 북한의 인류 진화 5단계(〈남방원숭이〉-〈능인〉-〈원인〉-〈고인〉-〈신인〉)를 연상시킨다. 그러나 현재 국제적 시각에서 진화는 해당 도면처럼 단방향적 진화가 아니고 나무의 가지처럼 변화한다. 북한의 경우는 해당 도면과 같은 진화를 더 강조하는 경향이 있다.

인용 편집: GFC[42]

감하면서 연구가 이루어져야 하기에 북한 역시 해외 연구에 의존해서 진행할 수밖에 없다. 그런데 이러한 사고는 해외 자료의 접근과 인용이 용이한 체제에서는 별문제가 안 되나, 북한이라는 특수한 사정을 생각할 때 어려운 일이다. 그것이 얼마나 어려운 일인지는 1960년대 말 5.25 교시 이후의 변화된 연구풍토를 보면 쉽게 가늠이 된다. 그럼에도 불구하고 해외 자료를 그들의 출판물에 인용하고 있음을 상기할 필요가 있다.

표 북한의 인류 진화 단위/단계별 주요 내용 설명

	〈남방원숭이〉	〈능인〉	〈원인〉	〈고인〉	〈신인〉
주된 단위 및 종	〈오스트랄로피테쿠스아족〉	호모 하빌리스	호모 에렉투스 외	네안데르탈인, 고형 호모 사피엔스	호모 사피엔스
대표 한자 표기	〈南方古猿〉, 〈猿人〉	〈能人〉, 〈用手人〉	〈原人〉, 〈猿人〉, 〈直立人〉	〈中古人類〉, 〈旧人〉, 〈舊人〉	〈智人〉, 〈新人〉, 〈叡智人〉
분류체계 기준으로 본 단위	아족(subtribe), 속(genus)	종(species)	종(species), 속(genus)	종(species), 속(genus)	종(species), 아종(subspecies)
북한 대표 화석	X	X	X	〈력포사람〉, 〈화대사람〉 외	〈승리산사람〉, 〈만달사람〉 외

해당 표의 내용은 본문에 언급된 내용을 근간으로 구성됨. 학명은 주요 종 및 단위만 표기.

4. 〈남방원숭이〉, 〈능인〉, 〈원인〉, 〈고인〉, 〈신인〉의 정의

〈남방원숭이〉, 〈능인〉, 〈원인〉, 〈고인〉, 〈신인〉 용어는 기본적으로 생명분류 단계에서 종을 지칭하는 용어에서 시작하였다. 그러나 이후 여러 과정을 거치면서 특정한 종 그 이상의 의미를 지니게 되었다. 북한의 경우, 학명의 번역어에서 시작한 용어가 단위이자 단계의 의미를 가진 용어로 전환되었다고 볼 수 있다. 이러한 진행과정을 살피기 위해서 각 용어의 설명이 필요하다.

1) <남방원숭이>는 종(species), 아족(subtribe) 아니면 속(genus)?

북한에서 <남방원숭이>는 익숙한 용어다. 과거 1960년대 '남방의 원숭이'에서 현재는 고유명사 <남방원숭이>로 정착이 되었다. <남방원숭이>를 현재 북한에서는 '인간화과정'의 첫 번째 단계로 보고 있다(김춘종 외 2009).[43] 그런데 그 최초를 국제적으로 통용되는 분류체계로 가늠해 볼 필요가 있다. 북한이 생각하는 기준과 국제적으로 통용되는 기준상의 간극을 이해하기 위해서 이는 필요하다.

현재 국제적으로 통용되는 인류의 분류는 가장 작은 단위인 <아종>(subspecies)에서 시작하여 종(species) — 속(genus) — 아족(subtribe) — 족(tribe) — 아과(subfamily) — 과(family)로 전개된다(이선복 2018).[44] 물론 사람이 범위를 벗어나서 생명체의 범위로 본다면 계(kingdom) — 역(domain)까지도 진행되지만 고인류학에서 인류 진화와 관련된 연구의 범위이자 대상은 호미닌(hominin) 범위까지 본다. 즉, 사람과 침팬지가 분지하기 시작한 시점부터이다. <사람족>으로서 <오스트랄로피테쿠스아족>과 <사람아족>을 거느리는 시기부터가 연구 대상이다.

시기는 연구자들마다 다르지만 최고(最古) 5백여만 년 전으로 보기도 하고(Fuentes 2019),[45] 7백여만 년 전(Klein 2009)[46] 또는 8백여만 년 전(이선복 2018)[47]으로도 보고 있다. 아프리카 차드(Chad)에서 발견된 사헬란트로푸스 차덴시스(*Sahelanthropus tchadensis*)(Lebatard et al. 2008)[48]를 기준으로 한다면 약 700만 년 전[5]을 시작으로 설정할 수 있다.

물론 이러한 분류 체계를 모든 학자들이 따르는 것은 아니다. 게다가 2000년 이전의 서구권의 대부분이 출판물에서 인류 연구의 시점을 호미닌(hominin)이 아니고 호모니드(hominid)로 시작하는 경우가 대부분이다. 과거엔 호모니드 중심의 서술 양태가 일반적이었다(R. Lewin 1993; S. Jones et al. 1994).[49][50] 인류의 시작과 전개를 분류학상 <족>(tribe)이 아니고 <과>(family)로 본다는 뜻이다. 정확지는

---

5) 어떤 기준을 두고 보느냐에 따라서 연대는 달라지지만 본고에서 700만 년의 의미는 <사헬란트로푸스속>의 사헬란트로푸스 차덴시스(*Sahelanthropus tchadensis*)의 약 700만 년의 연대값을 기준으로 제시되었다.

않으나 북한은 호모니드식 전개로 추정이 되나, 이에 대한 구체적인 자료는 확인되지 않는다.

　　고인류학적으로 '사람'이 누구인가라는 문제는 과연 사람을 어떻게 분류하는가와 그 맥을 같이한다. 사람을 분류하는 기준으로 과거에는 해부학적 기준을 주로 사용하였지만 현재는 유전자 연구의 결과도 동시에 고려한다(이선복 2018).[51] 사람을 규정함에 있어서 진화상 가장 가까운 대상은 유인원(ape)으로 분류된 집단들이다. 결국, 유인원들 내에서의 분지의 과정이 인류 진화 연구 대상이다. 그런데 같은 유인원이라고 해도 오랑우탄, 고릴라, 침팬지 사이에 진화적 관계가 모두 같지는 않다. 사람을 기준으로 가장 가까운 존재는 침팬지이다. 따라서 사람과 침팬지가 분지된 지점이 보다 정확히 인류 진화의 연구 지점이 된다. 이를 생명분류체계에 근거하여 설명하면 〈침팬지족〉과 〈사람족〉으로 나누어지는 지점이다. 즉, 〈사람족〉에 해당된 모든 존재가 결국 '사람'이 되는 것이고 인류 진화의 연구 대상이 된다. 그 〈사람족〉이 분류군 일반명칭으로는 호미닌(hominin)이다.

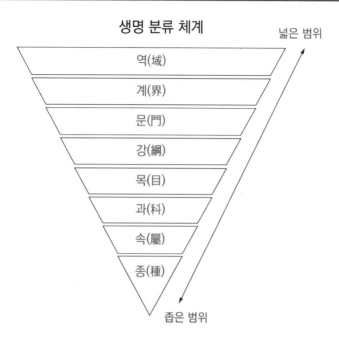

생명 분류 체계

넓은 범위

역(域)

계(界)

문(門)

강(綱)

목(目)

과(科)

속(屬)

종(種)

좁은 범위

가장 큰 범주의 분류 단위는 생명 또는 역이다. 그리고 가장 작은 분류 단위는 종이 된다. 그러나 세밀한 분류를 위해서 단위 사이에 세분된 단위도 사용된다. 예를 들어서 상과(上科), 아과(亞科), 또는 아속(亞屬) 등이 사용되기도 한다.

표 사람의 위계적 분류체계(상과(上科)에서 종(種)까지)

분류 단위	라틴어학명	분류군 일반명칭
〈사람상과〉	superfamily Hominoidea	hominoid
〈사람과〉	family Hominidae	hominid
〈사람아과〉	subfamily, Homininae	hominine
〈사람족〉	tribe Hominini	hominin
〈사람아족〉	subtribe Hominina	hominan
〈사람속〉	genus *Homo*	
〈사람종〉 (현생인류)	species *Homo sapiens*	

해당 표에서는 〈사람상과〉가 가장 포괄적인 단위이다.

참고 편집: 이선복 2018[52]

북한에서는 오스트랄로피테쿠스란 용어보다 〈남방원숭이〉가 더 익숙하다. 북한이 1960년대 〈남방원숭이〉를 언급한 당시는 〈남방원숭이〉 개체수가 매우 적을 때이다. 그러나 이후 아프리카에서의 눈부신 고인류학적 발견으로 이른바 〈남방원숭이〉로 이름 붙일 수 있는 종은 매우 많아졌다. 최근 기준으로 이름이 잘 알려진 종만 하더라도, 오스트랄로피테쿠스 아파렌시스, 오스트랄로피테쿠스 아프리카누스, 오스트랄로피테쿠스 바렐가잘리, 오스트랄로피테쿠스 가르히, 파란트로푸스 로부스투스, 파란트로푸스 보이세이, 사헬란스로푸스 차덴시스, 오로린 투게넨시스 등을 들 수 있다.

사헬란스로푸스 차덴시스(*Sahelanthropus tchadensis*)

프랑스학자 마이클 브루넷(M. Brunet)과 그의 동료들이 2001년 아프리카 차드에서 발견함. 오스트랄로피테쿠스의 종들과는 다른 속과 종으로 분류된다. 북한식 분류체계에 따른다면 이를 새로운 학명으로 부르기보다는 기존의 〈남방원숭이〉에 편입시킬 수밖에 없을 것이다.
출전: 위키피디아[53]

종이 많아지면서 종의 묶음단위인 속 그리고 속의 묶음 단위인 아족의 분류체계로 이루어진 상태이다. 다시 말해서, 1900년대 초반, 레이먼드 다트(R. Dart)가 발견한 오스트랄로피테쿠스 아프리카누스(*Australopithecus africanus*)와 로버트 브룸(R. Broom)이 발견한 파란트로푸스 로보스투스(*Paranthropus robustus*)는 초기

에는 거의 모든 연구자들이 〈남방원숭이〉로 생각하였을지는 모르지만 현재에 와
서는 종 자체가 서로 다른 것은 물론이고 속 역시 다르다. 오스트랄로피테쿠스
아프리카누스는 〈오스트랄로피테쿠스속〉에 해당되고, 파란트로푸스 로보스투스
는 〈파란트로푸스속〉에 해당된다.

따라서, 북한에서 주장하는 〈남방원숭이〉는 현재 국제화된 분류 체계로 고
려한다면 속을 넘어 아족이기에 〈오스트랄로피테쿠스아족〉(Australopith)으로 표기
할 수 있다. 북한에서 발간된 1980년대 이후의 자료를 근거로 본다면 오스트랄
로피테쿠스를 아족보다는 속 또는 그게 준하는 분류로 생각하는 것으로 보인다.
〈남방원숭이〉는 두 개의 유형으로 구분하고 있다(장우진 1988: 14).[54] 하나는 섬세
형이고 다른 하나는 완강형으로 분류하고 있다. 이는 두개골 및 턱 등의 저작기
능의 강건성의 차이를 가지고 판단한 호리호리한 유형(gracile form)과 강건한 유
형(robust form)을 설명하는 것이고(이선복 2018: 126)[55] 일반적으로 두 개의 대별
되는 유형으로 설명된다(C. Stringer · P. Andrews 2005).[56] 어쨌든 북한은 이러한 구
분을 2000년대 이후에도 동일하게 적용하는 것을 알 수 있다(김춘종 2006: 35; 김
춘종 외 2009: 57).[57][58] 문제는 두 개의 대별되는 구분이 과연 유형인지, 종 차이인
지 아니면 속의 차이인지에 있다.

현재 국제적 입장에서는 그 구분이 종 차이를 넘어서 서로를 독립된 속으로 규
정하고 있다(A. Fuentes 2019).[59] 과거의 오스트랄로피테쿠스 보이세이(*Australopithecus
boisei*)는 현재 많은 학자들이(모두 동의하는 건 아니지만) 파란트로푸스 보이세이
(*Paranthropus boisei*)라고 부른다. 이러한 변화는 사실 2000년 이후에나 정착이 되었
다. 반대로 그전에는 그렇지 않았다는 뜻이 된다. 1980년대 서구의 출판물에서
*Australopithecus boisei*로 명기하는 것은 흔하였다(L. David 1987).[60]

어쨌든 2000년대 두드러진 이러한 국제적 경향으로 오스트랄로피테쿠스라
는 명칭은 사실 〈오스트랄로피테쿠스아족〉의 의미를 가진다. 〈사람족〉(hominin)
은 〈오스트랄로피테쿠스아족〉과 〈사람아족〉으로 구성되어 있다. 그리고 〈오스트
랄로피테쿠스아족〉은 다시 〈아르디피테쿠스속〉, 〈오스트랄로피테쿠스속〉, 〈케냔
트로푸스속〉, 〈오로린속〉, 〈파란트로푸스속〉, 〈사헬란트로푸스속〉으로 구성된다

(이선복 2018).[61] 그러나 북한에서 〈남방원숭이〉는 〈오스트랄로피테쿠스아족〉으로 인식하는지는 확실치 않다. 최근에 주로 조사된 〈오로린속〉, 〈아르디페테쿠스속〉 등에 대한 구체적인 언급이 없기 때문이다.

북한에서 고인류 분야에서 해외 자료의 인용은 다른 학문 영역에 비해서 비교적 활발하다고 볼 수 있다. 〈오스트랄로피테쿠스아족〉 설명에서 위에서 언급한 1924년 레이몬드 다트(R. Dart)에 의한 오스트랄로피테쿠스 아프리카누스 발견이나, 1970년대 도날드 요한슨(D. Johanson)과 그의 동료에 의해서 조사된 루시(Lucy)로 알려진 오스트랄로피테쿠스 아파렌시스에 대해서 조사자의 국명과 이름은 없지만 유적지의 국명과 지명 등이 비교적 상세히 소개되고 있다(김춘종 2006).[62]

이뿐만이 아니고 남한 개설서에 쉽게 등장하지 않는 해외사례에 대한 소개를 하고 있다. 1930년대 당시 저명한 학자인 로버트 브룸(R. Broom)(1938)의 연구 결과 소개와 함께 1936년 당시 학명과 수정 학명인 *Australopithecus trans- vaalensis, Plesianthropus transvaalensis*를 각각 '아우스트랄로피테쿠스 트란스발렌씨스', '플레시안트로푸스 트란스발렌씨스'로 명기하고 있다(김춘종 외 2009: 57-58).[63] 그리고 메리 리키(M. Leakey)에 의해서 조사된 1959년[6] OH 5(Olduvai Hominid Number 5)의 조사를 설명하는 내용이 수록되어 있다. '아우스트랄로피테쿠스 보이쎄이'로 표기하였고, 편년을 200만 년 전으로 추정하고 있다. 1967년 이디오피아 오모강(Omo River) 유역에서 카밀 아람버그(C. Arambourg)와 이브 코펜스(Y. Coppens)에 의해서 조사되어 파란트로푸스 에디오피쿠스(*Paranthropus aethiopicus*)로 불린 인류 화석과 1985년 케냐 투르카나 호수(Turkana Lake)에서 발견된 동일종인 KNM WT 17000(Black Skull)도 간략히 기술되어 있다. 인상적인 것은 서구의 관용적 표현어인 'Black Skull'을 영어로 표기하고 있다.[64]

편년적으로 본다면 북한은 〈남방원숭이〉의 가장 이른 시점을 약 400만 년 전으로 보고 있다. 추정한다면 오스트랄로피테쿠스 아파렌시스의 최고(最古) 연대값(370만 년 전, 1970년대 기준)을 인용한 듯 보인다(Y. Haile-Selassie 2010).[65] 한

---

6) 다만 연도를 1951년으로 표기하였는데, 실제 루이스 리키와 메리 리키가 2차대전 이후 조사에 다시 참여한 시점이 1951년이다. 따라서 해당 시점을 의미하는 것이 아닌가 생각된다.

편 1990년대 이후 더 오래된 〈오스트랄로피테쿠스아족〉 중의 하나인 오스트랄로
피테쿠스 아나멘시스(*Australopithecus anamensis*)에 대한 언급은 발견되지 않는다.
필자의 한계일 수 있지만 아직까지 북한 구석기 및 고인류 관련 문헌에서 400만
년 전 그리고 그보다 오래된 종인 예를 들어 오스트랄로피테쿠스 아나멘시스의
언급이나 사헬란트로푸스 차덴시스(*Sahelanthropus tchadensis*), 오로린 투게넨시스
(*Orroin tugenesis*), 아르디피테쿠스 라미두스(*Ardipithecus ramidus*) 등에 대한 언급
은 아직 발견하지 못하였다.

　　북한에서 〈남방원숭이〉의 생물학적 위치는 일단 사람의 범주와는 상당히 거
리가 있다고 보는 것이 일반적이다. 북한에서는 아프리카에서 인류가 기원하여
구대륙 전체로 확산되는 내용의 전개를 적극적으로 언급하지 않는다. 관련해서,
현재의 북한의 인류와 남방원숭이와의 관계에 대한 설명도 거의 없다.

　　사람의 단계를 〈능인〉 또는 〈원인〉으로 보는 시각이 강하기에 그러한 것으
로 보인다. 그러나 〈남방원숭이〉를 설명함에 있어서 두발걷기는 중요한 주제가
된다. 도유호에 의해서 두발걷기의 가능성이 제시된 이후(도유호 1962)[66] 자주 등
장하는 내용이다. 실제 두발걷기는 직립을 의미하기에 이를 위해서 또는 두발화
의 과정으로 발뼈, 골반뼈, 갈비뼈 등의 큰 변화가 발생할 수밖에 없다(R. Lewin
1993).[67] 북한 역시 이를 중시하고 있고 '인간화 과정'의 주된 요소 중 가장 이른
시기에 발현된 특징 중의 하나로 보고 있다. 선행되는 두발걷기는 후행된 손의
자유로움의 원인을 제공한다고 본다. 〈남방원숭이〉의 두발걷기가 유인원이 사람
으로 되는 인간화 과정(장우진 1988: 15)[68]에 중요 부분을 차지한다고 본다. 구체
적으로 두발걷기는 사유 기능과 노동 기능을 수행할 수 있게 하는 기초가 된다
고 본다(김춘종 2012).[69] 북한에서 사람을 규정함에 있어서 노동은 중요한 위치를
차지한다. 그 노동의 가치를 고인류에게 투사하기 위해서는 손의 자유로움에 대
한 언급은 필수적이다. 그 손의 자유로움이 전개되기 위한 선결조건은 두발걷기
이다. 따라서 두발걷기에 대한 관심은 북한의 정체성을 생각하면 자연스러운 현
상으로도 보인다.

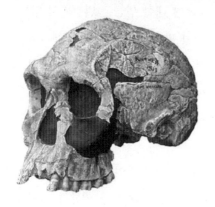

왼쪽: 1973년 케냐 쿠비포라(Koobi Fora)에서 발견된 호모 하빌리스로 동정된 화석
　　　(KNM-ER 1813)의 복원판이다.
오른쪽: 과거에는 호모 하빌리스로 동정되었으나 현재는 호모 루돌펜시스로 동정되는 화석
　　　(KNM-ER 1470)의 복원판. 이 역시 쿠비포라(Koobi Fora)에서 1972년 발견되었다.
출전: 위키미디어 커먼스, 왼쪽70) 오른쪽71)

2) 시작으로 보기엔 아쉬운 <능인>

　　북한 인류 진화의 5단계(⟨남방원숭이⟩-⟨능인⟩-⟨원인⟩-⟨고인⟩-⟨신인⟩) 중, 2번째 위치한 ⟨능인⟩은 '재간 있는', '재능 있는' 한자식 이름이라고 설명하고 있다(김성일 2012: 37).72) 라틴어로 호모 하빌리스가 가진 의미인 'able man'을 풀어서 설명하기도 한다. 어쨌든 북한에서는 호모 하빌리스라는 학명보다 ⟨능인⟩을 주로 사용한다. 북한에서 ⟨능인⟩의 등장은 '류인원으로부터 사람에 이르는 인간화 과정'(김춘종 2006: 35)73)의 한 과정이다.

　　북한은 ⟨남방원숭이⟩에서 ⟨능인⟩으로의 변화를 앞서 언급한 바와 같이 ⟨남방원숭이⟩의 섬세형과 완강형 중에서, 섬세형이 약 200만 년 전에 ⟨능인⟩으로의 진화가 이루어졌다고 보고 있다(김춘종 외 2009: 59).74) 특히 ⟨능인⟩ 중 케냐, 이디오피아의 화석 사례를 들면서 연대값이 230 – 150만 년에 달한다고 보고하고 있다(김성일 2012: 37).75) 당시 북한이 주장하는 이러한 결과값은 일반적으로 통용되는 연대값과 크게 다르지 않다. 국제적으로 가장 오래된 화석으로 동정되는 하다

르(Hadar) 출토 화석 기준으로 233만 년을 지시하고 있어(R. Klein 2009: 236)[76] 북한이 제시한 연대는 유효하다.

〈능인〉은 〈남방원숭이〉와 마찬가지로 북한에서 화석으로서 보고가 없다. 따라서 해당 부분의 소개는 해외 자료의 인용을 통해서 이루어진다. 1980년대 북한 문헌에서 인용과 설명을 가하고 있다. 〈능인〉, 즉 호모 하빌리스가 출토된 지역으로 탄자니아 올두바이(Olduvai Gorge)와 케냐 쿠비포라(Koobi Fora)유적에 대한 설명을 하고 있다. '올두바이계곡', '코오비－포라'라는 용어와 함께 당시 기준으로 학계의 관심이 불러일으키는 쿠비포라의 화석 코드명인 KNM－ER 1470을 직접 언급하고 있다(장우진 1986).[7)77]

1980년대 북한은 〈능인〉을 과연 사람으로 충분히 규정할 수 있는지에 대해 다소간 회의적인 시각을 제시한다. 북한의 1988년 글에서 호모 하빌리스를 새로운 종으로 확신에 차서 규정하기 어려움을 서술하고 있다. 동시에 유적과 화석에 대한 소개를 비교적 자세히 전개하고 있다. 올두바이 유적 조사 당시의 화석 코드명 OH－7, OH－13 등을 제시한다. 학사적 입장에서 중요한, 즉 초기의 중요 발견이라고 할 수 있는 OH 5, 현재 기준으로 파란트로푸스 보이세이(*Paranthropus boisei*)의 자세한 설명이 가해진다. 당시 Zinjanthropus 또는 Nutcracker Man으로 불렸던 해당 화석을 '진잔트로푸스', '진즈'라고 소개하고 있다(장우진 1988b: 30).[78]

그런데 북한은 이 종을 인류 진화의 의미 있는 이른바 '사람'으로 인정하는 데 주저하고 있다. 대표적으로 다음의 글이 이를 대표한다; '동물계에서 갓 분리된 최초의 사람인 원인이 고인을 거쳐 신인에 이르는…'(장우진 1988: 7).[79] 최초의 사람이 〈남방원숭이〉나 〈능인〉이 아님을 간접적으로 시사하고 있다.

사실, 그 당시 국제적 시각에서도 호모 하빌리스는 그 정체성에 대한 의문점이 끊이지 않았던 것이 사실이다. 발견된 화석도 너무 적고 그리고 호모 루돌펜시스(*Homo rudolfensis*)와의 관계에서 여전히 모호한 점이 많다(이선복 2018).[80] 1972년 쿠비포라에서 발견된 KNM－ER 1470은 두개골과 치아구조에서 하나의

---

7) 해당 화석은 현재 새로운 종, 호모 루돌펜시스(*Homo rudolfensis*)로 파악되고 있다. 그러나 과거에는 호모 하빌리스로 받아들여졌다.

종의 양상이 아니고 마치 두 개종의 복합화된 양상이 보였다. 그래서 미브 리키 (M. Leakey)와 동료들은 〈사람속〉의 하나로 규정하였지만 알란 워커(A. Walker)는 당시 이를 〈오스트랄로피테쿠스속〉으로 생각하였다(R. Lewin·R. Foley 2004: 287).[81] KNM－ER 1470은 과거 일부의 연구자들은 이를 호모 하빌리스로 보기도 하였으나 현재는 호모 루돌펜시스로 동정되고 있다.

　　KNM－ER 1470과 같이 큰 두뇌나 큰 치아를 가진 경우는 당연히 혼돈을 야기한다. 과연 이 개체와 기존의 호모 하빌리스와의 차이가 성별의 차이인지 아니면 전혀 다른 종의 차이인지 그리고 무엇보다 두 집단이 과연 〈사람속〉에 포함되는지 등 혼란의 대상이었다고 할 수 있다. 1980－90년대 서구권에서 출판된 개설서에서 이와 관련된 기조가 보인다. 서유럽에서 진행되었던 견해인 호모 하빌리스가 과연 독립된 종으로서의 의미를 가지는가(R. Jones et al. 1994: 242－3)[82]에 대해서 논의하고 있다.

　　실제로 남한의 1980－90년대 대표적인 고고학 개설서에서도 호모 하빌리스는 〈사람속〉의 하나로 설명되지 않는 것을 볼 수 있다. 현재 기준으로 〈오스트랄로피테쿠스아족〉에 속한 하나의 종으로 설명된다(이선복 1999; 2018).[83] 다시 말해서 북한이 과거 〈능인〉을 중요한 단계의 종으로 인식하지 않는 것은 부분적으로나마 설득력이 일부 관찰된다.

　　비교적 최근의 글인 2012년 글에서는 〈능인〉과 함께 영문 학명으로 호모 하빌리스와 호모 루돌펜시스를 소개하면서 과거와 다른 입장을 제시한다(김성일 2012).[84] 특히 호모 루돌펜시스와 같이 상대적으로 대형 두개골(R. Klein 2009: 235)[85]을 보여주는 경우엔 사람화 단계로 규정하기도 한다. 즉, 호모 하빌리스는 약 680cm³인데 루돌펜시스는 약 800cm³를 보여준다고 지적하면서 '일부 발전된 〈능인〉은 최초의 사람의 한 류형'이라는 주장을 펼치고 있다(김성일 2012: 38).[86]

　　결론적으로 북한에서 〈능인〉의 존재는 해외 자료의 수용과 함께 그 해석을 공유하고 있다고 볼 수 있다. 석기와 관련해서, 호모 하빌리스가 제작한 석기의 존재를 북한도 인식하고 있다. 일부 석기에 대해서는 연대측정의 결과 250만 년 전이라는 언급도 하고 있다(김춘종 2006: 37).[87] 2000년대 들어서는 〈능인〉 이전의 오스트랄

만약 해당 석기를 호모 하빌리스, 호모 에렉투스 이전의 인류가 제작하였다면, 북한은 이를 '진정한 석기'로 보는 데 주저할 것이다.

출전: 위키미디어 커먼스89)

로피테쿠스 단계에서 석기제작을 할 수 있음을 비추기도 한다(장우진 2009: 92).88)

    그러나, 그 석기가 인류 최초의 '진정한 석기'인지에 대해서는 부정적이다. 기본적으로 북한에서는 〈원인〉 이전에 제작된 석기에 대해서는 평가절하한다. 설사 그들이 석기를 만들어도 이는 자연 환경에 대응하는 반사적 행동이지 어떠한 진정한 목적을 가지고 제작하였다고 판단하지 않는다(김춘종 외 2009: 75).90) 〈능인〉도 〈원인〉들처럼 석기를 제작한다고 본다(장우진 외 2009: 25).91) 그러나 이를 진정한 '로동도구'로 인정하지는 않는다.

    이는 현재 국제적으로 형성된 일반적 석기의 인식과는 상당한 거리가 있다. 석기란 감쇄작업의 결과로서 인간의 행위가 투여되어 일정한 형태 또는 형식을 가진 결과물을 지칭한다. 그러나 북한은 진정한 사람이 만든 결과물만이 도구가 된다. 진정한 사람이란 사유기능과 노동능력이 있는 존재를 말하며 이는 〈원인〉부터 시작된다.

    〈원인〉 이전의 인류의 석기제작은 진정한 '로동행위'가 아니기에 인정을 받을 수 없다. 그리고 북한은 주장하길, '사람화 과정'에 있는 존재라면 그들의 만드는 도구는 '류사성과 반복성'이 있다고 주장한다. 사람의 의식은 사회적 성격을 가지기에 누구나 일정하고 유사한 형태의 석기를 반복적으로 제작한다고 보는 것이다. 그리고 나아가서는 이에 대표적인 석기가 주먹도끼라고도 생각한다(장우진 2009: 44).92)

북한의 이러한 언급을 클라크(G. Clark)의 석기제작기술양태(technological Mode)를 적용하여 살펴볼 수 있다(G. Clark 1969).93) 클라크는 구석기시대 전체 기간의 석기군을 기술적 변화의 정도로 5단위로 나누어서 설명하고 있다. 가장 기술이 낮은 단계가 Mode 1이 된다. 단순한 찍개석기를 포함한 단순제작된 석기군이 해당 기술단계에 속한다. 이보다 기술이 한 단계 높은 경우가 Mode 2가 된다. 해당 기술로 제작된 대표적인 석기가 주먹도끼이다. 그다음 Mode 3의 르발르와 기술로 제작된 무스테리안 석기군을 거쳐서 돌날 기술이 적용된 Mode 4, 그리고 마지막 최종 기술단계는 Mode 5로서 좀돌날 기술로 제작된 석기군이 된다.

단순 타격으로 정형성이 떨어지는 찍개 등의 석기를 만드는 석기제작기술인 Mode 1은 중요하게 고려하지 않는다는 뜻으로도 추정된다. 북한식 표현으로 한다면 〈능인〉은 사유 기능과 노동 기능이 완성된 단계가 아니기에 그들이 만드는

클라크(G. Clark)가 고안한 석기 제작 기술의 변화를 5 Mode로 정리한 도면

클라크의 석기제작기술 양태(Technological 5 Modes)

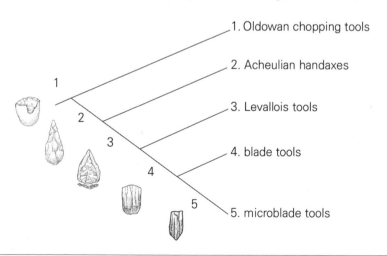

1. Oldowan chopping tools
2. Acheulian handaxes
3. Levallois tools
4. blade tools
5. microblade tools

인용 편집: R. Foley and M. Lahr 2003[94]

석기는 유사성과 반복성이 결여된다. 결국, 올바른 형식이 없는 석기이고 이는 사람이 만든 석기로 규정되지 않는다.

그렇다면 과연 북한에서는 찍개 등의 석기를 초기 인류의 석기로 규정하지 않는가? 그렇지는 않다. 후술하겠지만 검은모루에서 출토된 석기에서 제형석기는 북한에선 찍개의 하나로 보고 있다. 그리고 비록 거칠게 가공하였다고 하더라도 '목적의식의 로동의 산물'의 석기는 유사성과 반복성이 존재하다고 본다(김용간 1984).95) 최근의 자료에서는 구석기시대 전기의 석기군 설명이 일반적으로 남한 구석기의 경향과 크게 다르지 않다. 찍개, 주먹도끼, 자르개 등을 시대를 대표하는 표지 유물로 보는 것으로 보인다(어해남·최승택·윤송학 2010).96) 그러나 다시 강조하지만 해당 석기군의 주체를 〈능인〉으로 생각하지 않고 이후 전개된 〈원인〉으로 규정한다. 결론적으로 본다면, 그 제작 주체가 누구인가에 따라서 동일한 석기 형식이라도 다르게 해석을 하고 있다.

표 클라크(G. Clark)가 고안한 석기 제작 기술 양태의 변화

	석기군	assamblage	주요 석기	주요 시기
Mode 1	올도완	Oldowan	찍개석기	전기 구석기시대부터
Mode 2	아슐리안	Acheulian	주먹도끼	전기 구석기시대부터
Mode 3	무스테리앙	Mousterian	르발루아 석기	중기 구석기시대부터
Mode 4	돌날석기	blade	돌날석기	후기 구석기시대부터
Mode 5	좀돌날석기	micro blade	좀돌날석기	후기 구석기시대부터

참고: R. Foley and M. Lahr 2003[97])
기본적으로 시간이 가면서 생명체가 분지하듯이 새로운 기술전통이 출현한다. 그러나 기존의 기술전통이 항상 완전히 사라지는 것은 아니다. 마치 생명체의 진화와 같이 새로운 종이 출현한다고 기존의 종이 모두 멸종하는 것이 아니듯이. 이러한 사고는 석기란 물질을 마치 생명의 진화처럼 보는 시각을 말한다. 그런데 북한은 이러한 시각보다는 일정한 방향으로 단선적으로 변화하는 사고를 주된 담론으로 삼고 있다.

3) 〈원인〉, 그 무한한 의미

북한인에게 〈원인〉은 단순한 인류가 아니다. 〈원인〉, 그 이상의 의미를 가진다. 전술한 바와 같이 북한의 인류 진화의 전체 단계는 〈남방원숭이〉-〈능인〉-〈원인〉-〈고인〉-〈신인〉이다. 그러나 상대적으로 진화 서술에서 〈원인〉 이후가 절대적으로 높은 비중을 차지한다. 북한은 기본적으로 최초의 사람으로서 그리고 한반도에 최초로 등장한 사람으로서 호모 에렉투스, 즉 〈원인〉을 생각한다. 이를 잘 표현 문구를 인용하면 다음과 같다; '원인의 출현과 함께 지구상에는 고도로 발전된 생명유기체를 가진 사람이 발생하게 되였으며…'(김춘종 외 2009: 76).98) 따라서 한자로 표기 시 원숭이를 의미하는 猿人이 아니고 근원을 의미하는 原人으로 표기한다(김성일 2012: 38).99)

앞서 언급한 바와 같이, 북한은 한반도 내 최초 인류 증거(정확히는 간접 증거)가 〈원인〉 단계에서 나타난다고 주장한다. 그리고 그 간접 증거가 나온 유적이 검은모루 동굴 유적이다(한창균 1999: 16). 검은모루 동굴 유적에서는 인류 화석은 발견되지 않았다. 그러나 시기가 오래된 것으로 추정되는 석기가 출토되었고 이를 기초로 그 석기의 주인공을 〈원인〉으로 보고 있다. 해당 유적에서는 다양한 동물화석과 함께 심지어 주먹도끼보다 오래되었다고 생각하는 주먹도끼형 석기, 제형석기 등이 출토되었다. 이러한 고고학사적 의미로 1970년대 이래로 해당 유적은 북한의 고고학 개설서에서 항상 첫 시작으로 장식되고 있다.8) 북한의 입장에서 〈원인〉은 동물계를 갓 벗어난 첫 단계의 사람이고 구석기시대 전기를 일군 사람이 된다(사회과학원 고고학연구소 1977).100) 즉, 〈원인〉=구석기시대 전기라는 등식의 시작이 1970년대부터 생기게 된다. 그리고 그 구도는 현재도 어느 정도 유지되고 있다.

1970년대에는 검은모루 동굴 유적을 약 40–60만 년 전으로 보았다(사회과학원 고고학연구소 1977: 11).101) 그러나 현재는 현무암반의 절대연대값을 기준으로 그 연대를 100만 년 전 이전으로 본다(장우진 외 2009: 24).102) 이는 북한의 〈원인〉의 등장을 그만큼 더 오래되었음을 주장하는 근간이 되고 나아가서 '동물계에서 갓 벗어난 최초의 사람'(고광렬 2015: 25)103)이 조선 강토에 등장한 지 100만 년이 더 되었다는 주장이 된다.

---

8) 그런데 해당 고고학사적 의미도 있지만 내면적으로는 북한에서 공식적으로 제기하는 낡은 인텔리의 구습을 제거한 이후 시기의 고고학적 조사라는 의미가 강하다. 즉 북한 고고학의 1세대인 한흥수 그리고 도유호의 연관성이 없는 최초의 구석기 유적 조사라는 의미가 강하다고 해석할 여지가 있다.

검은모루 동굴 유적 그리고 〈원인〉의 등장(물론 실제 화석은 없지만)은 그 의미를 추적하는 노력을 하게 되고 이는 바로 타 지역, 즉 국외의 사례 연구로 자연스럽게 이어진다고 본다. 폐쇄적인 북한의 특성상 타 지역의 조사 사례를 자세히 공개하는 일은 흔하다고 볼 수 없는데, 1980년대 이미 당시 해외 주요 유적에 대한 자세한 설명을 하고 있음을 알 수 있다. 1988년 발간된 『인류학』 기준으로 본다면, 인도네시아의 〈자바원인〉과 중국의 〈북경원인〉을 비롯하여 당시 중국의 〈원모원인〉(〈元謀原人〉, Yuanmou Man), 〈남전원인〉(〈藍田原人〉, Lantian Man)에 대한 간략한 설명을 하고 있다. 그리고 1900년대 초·중반의 조사 성과인 서부 독일의 유적인 하이델베르크(Heidelberg) 근처 마우어(Mauer)유적의 설명과 함께 동부 독일의 빌징스레벤(Bilzingsleben)유적 인류 화석 언급도 이루어진다.

탄자니아 올두바이 고지(Oldvai Gorge) 전경

출전: 위키미디어 커먼스104)

표 아프리카 탄자니아 올두바이 유적의 지층별 환경

올두바이 유적 모식도	환경	인류	석기전통
Naisiusiu Beds	하천퇴적 및 풍성기원	*H. sapiens*	LSA(후기 구석기시대)
Upper Ndutu Beds (0.1 Mya−?)	하천퇴적 및 풍성기원	*H. sapiens*	MSA(중기 구석기시대)?
Lower Ndutu Beds (0.4 Mya−0.1 Mya)	하천퇴적 및 풍성기원	*H. sapiens*	MSA(중기 구석기시대)?
Masek Beds (0.6 Mya−0.4 Mya)	하천 존재, 그러나 전반적으로 건조한 환경	*H. erectus?*	MSA(중기 구석기시대)?
Bed IV (0.8 Mya−0.6 Mya)	하천 활성화	*H. erectus*	발전된 올도완 및 아슐리안 석기전통(C)
Bed III (1.2 Mya−0.8 Mya)	건조한 환경과 다습한 환경 반복	*H. erectus*	발전된 올도완 및 아슐리안 석기전통(B)
Bed II (1.7 Mya−1.2 Mya)	호수퇴적물질감소, 하천과 초지 형성	*A. boisei, H. habilis, H. erectus*	올도완 및 발전된 올도완 석기전통(A, B)
Bed I (1.9 Mya−1.7 Mya)	호수퇴적물질	*A. boisei, H. habilis*	올도완 석기전통

인류, 석기의 변이성. 대부분의 변화가 점이적이다. 지층 변화에 따라서 점이적 변화이지 분절적 변화가 아님을 밝힌다. 지층 내 고고학적 양상은 이해를 돕기 모식화하였음을 알린다. 유적 내 일부 화석의 동정과 유물군의 정의는 연구자들마다 상이하다. 해당 표는 이를 수렴하여 편집한 것이다. 출전: J. Wymer 1982; D. Roe 2002; G. Ashley et al. 2010[105)106)107)]

북한 밖의 유적 설명에서, 북한이 비중 있게 다루는 곳은 올두바이 유적이다. 해당 유적은 1980년대를 넘어서 2000년대 각종 자료에서 자주 다루어진다(장우진 1988[108)]; 장우진·김홍걸 2004[109)]; 장우진 2009[110)]; 김춘종 외 2009[111)]). 1970−80년대 북한에서 언급된 해외 유적 중의 일부는 수십 년이 지나도 꾸준히 언급되는 경우가 있는데 올두바이 유적이 대표적이라고 할 수 있다. 일부 자료에서는 올두바이 문화의 전환적 특징을 보여주는 사례를 인용하기도 한다. 이는 〈원인〉과 〈능인〉의 석기 중 〈원인〉이 만든 석기에 의미를 부여하기 위한 보족적인 설명 자료로서 의미를 가진다. 올두바이 유적을 '올두바이문화'와 '후기올두바이문화'

층으로 나누고 있다. 그리고 '후기올두바이문화'는 '발전된 올두바이문화A'와 '발전된 올두바이문화B'로 나누고 있다(김춘종 외 2009).112) 해당 내용을 설명하기 위해서는 관련 유적의 지층과 문화상을 간단히 설명할 필요가 있다.

유적을 조사한 서구 연구자의 입장에서 본다면, 올두바이 유적 지층은 하층부터 Bed I, Bed II, Bed III, Bed IV, Masek Beds Ndutu Beds 그리고 Naisiustu Beds로 나누어진다. 이 중 초기 인류와 관련성을 가지는 지층은 Bed I과 Bed II이다. Bed I은 수차례의 화산재층으로 경계가 나누어지나(예: Tuff Ib, If), 초기 호미닌 〈오스트랄로피테쿠스속〉 화석과 함께 호모 하빌리스 화석이 발견되었다. 석기공작으로는 단순한 석기제작기술로 구성된 올도완(Olowan) 석기군이 관찰된다. Bed II는 하층부터 Lower Bed II, Middle Bed II, Upper Bed II 순으로 전개된다. 그중 Middle Bed II, Upper Bed II에서는 〈오스트랄로피테쿠스속〉 화석도 일부 발견되지만 호모 에렉투스도 발견된다. 화석의 변화 양상도 중요하지만 구석기 고고학적으로도 의미 있는 석기 조합 전개가 보인다. 즉, 기술적 복합도가 높아지는 발전된 올도완 A(Developed Oldowan A), 발전된 올도완 B(Developed Oldowan B) 석기전통, 그리고 아슐리안(Acheulian) 석기군이 이어서 관찰된다(J. Wymer 1984; D. Roe 2002).113)114)

북한은 발전된 올도완 석기전통 B부터 의미를 두고 있는데, 해당 지점에서 발견된 석기는 〈원인〉이 제작하였고 목적 의식적 성격이 반영되었다고 주장하는 동시에 이는 뇌수가 큰 〈원인〉만이 제작 가능함을 주장하고 있다(김춘종 외 2009).115) 아울러 발전된 올도완 단계 이전의 석기는 아직 정식 '로동도구'로 규정하지 않는다. 즉 〈오스트랄로피테쿠스속〉 화석과 함께 호모 하빌리스가 출토된 문화층의 석기는 '돌제품'은 맞으나 이를 궁극적인 인간의 석기로 규정하지 않는다. 문헌 편찬 시기로 보아서 〈남방원숭이〉는 물론이고 〈능인〉의 석기를 사람이 만든 석기로 규정하지 않는 입장은 1980년대 이후 2000년대에도 꾸준히 해당 기조를 유지하고 있다.

올도완 석기군의 시간에 따른 형식 변화와 기술 복합도 증가는 북한 석기 변화를 설명하는 데 사용된다. 시간에 따른 종의 변화와 석기의 변화가 북한이

주장하는 '합법칙성'에 부합된다고 보고 있는 듯하다. 북한은 한반도 내에서 자체
적 진화를 상당히 암시한다. 그 대상은 생물학적 그리고 물질적 진화가 모두 포
함된다. 그리고 이미 지적한 바와 같이 일정한 궤적을 가진 단방향 진화를 고려
한다. 따라서 초기 〈원인〉의 석기가 검은모루의 석기라면 이후 전개된 석기는 당
연히 발전된 모습을 마땅히 보여주어야 한다. 그래야 그 '합법칙성'에 부합된다.
이에 대해서 북한은 남한의 전곡리를 예를 들면서 검은모루보다 이후 시기의 주
먹도끼의 발전된 사례로서 삼고 있다(리홍렬 2016: 43).[117] 2010년대 조사된 북한
의 대표적인 주먹도끼 유적인 동암동의 경우는 최고(最古) 편년 약 88만 년(리재
남 2018)[118]을 지시한다. 북한은 전기 구석기시대의 이른 시기는 검은모루, 중간
시기는 동암동 그리고 늦은 시기는 전곡리라는 생각을 하는 것으로 추정된다.

비록 화석은 발견되지 않았지만 북한은 한반도에 처음 존재한 〈원인〉의 기
원을 어떻게 생각하는지 궁금하다. 우선 편년 입장으로 보아, 북한의 〈원인〉이
가장 선행한다고는 주장하지 않는다. 북한에서는 인류 형성과 관련된 〈원인〉을
150만 년 또는 200−300만 년까지도 고려한다(김춘종 외 2009: 77).[119] 이는 타 지

연천 전곡리 유적 등에서 발견된 주먹도끼

출전: 국립중앙박물관 2021[116]

역의 〈원인〉이 검은모루 그리고 동암동보다 오래되었음을 간접적으로 밝히는 셈이 된다.

북한은 전술한 바와 같이 인류 진화와 관련해서 해외 자료를 자주 인용한다. 특히 아프리카 자료에 의미를 두고 있고 '사람의 발상지', 즉 호모 에렉투스의 발생과 관련해서 이른바 '단지역기원설' 그리고 '다지역기원설'을 모두 인용한다. 북한에서 말하는 '단지역기원설'은 호모 에렉투스가 아프리카에서 구대륙으로 확산한 것을 의미하며[9) 기원은 아프리카가 유일함을 지칭한다. 반면에 후자는 아프리카에서 호모 에렉투스가 기원한 것은 맞지만 그 외 지역에서도 충분히 기원을 할 수 있다고 보는 이론이다. 국제적으로 후자는 일부 학자들에 의해서 주장되긴 하나(R. Lewin and R. Foley 2004: 340－341),[120) 현재는 주된 가설이라고는 결코 볼 수 없다. 그러나 북한에선 〈원인〉의 '다지역기원설'의 가능성을 열어 놓고 생각하고 있다. 따라서 〈원인〉의 기원은 한 곳이 아니기에 반드시 아프리카에서 기원한 〈원인〉을 북한의 〈원인〉이라고 반드시 생각하지 않는다. 그렇다고 해서 한반도에서 발견된 〈원인〉이 아프리카보다 오래되었다고 주장하지도 않는다. 다시 언급하지만 북한에게 〈원인〉은 최초 인류인 동시에 그 존재는 화석이 아니고 석기로서 나타난다.

북한에서, 석기와 관련된 다소간 이색적 언급은 2009년 자료에서 나타나는 부셰 드 페르트(J. Boucher de Perthes)의 인물 소개와 아베빌(Abbeville) 유적 설명을 들 수 있다. 그간 경직된 북한의 해외 자료의 언급에서 탈피하는 인상을 일부 가진다. 북한에서 서방권의 언급은 적극적으로 하지 않는데 다소간 변화된 모습을 보여준다. '어느 날 한나라의 두메산골인 아베빌이라는 마을에 부세드 벨트…'로 시작하는 내용에서 일정하게 규격화된 석기인 주먹도끼의 발견 사례를 언급한다. 아울러서 '큰 뇌수를 가진 원인단계의 사람…'(장우진 2009: 92－93)[121)과 연관을 짓고 있다.

....

9) 여기서 다루는 내용은 현생인류의 아프리카 기원설(Out of Africa model(OoA))이 아니다. 일반적으로 아프리카 기원설이 현생인류의 기원과 관련하여 매우 대중적이라, 혼돈의 여지가 있어서 이를 밝힌다.

프랑스의 지질학자이자 고생물학자였던 에드와르 라르테(E. Lartet)와 공무원이자 구석기 연구자였던 부셰 드 페르트(J. Boucher de Perthes)의 자필 노트가 있는 아슐리안 주먹도 끼(Acheulian handaxe).

출전: 위키피디아[122]

〈원인〉과 관련된 일부 입장 변화는 2000년대 이후 관찰된다. 비록 짧은 글이지만 북한이 관행적으로 쓴 〈남방원숭이〉에서 〈신인〉까지의 5단위/단계에 대한 보완적 검토를 언급하기도 한다(김성일 2012).[123] 북한의 체제 특성상 강한 비판적 문구는 없지만 그 내용에서는 5단위/단계의 한계성의 언급과 함께, 국제적으로 사용되는 학명의 중요성을 일부 밝히고 있다. 즉, 호모 에렉투스=〈원인〉이라는 공식에 대한 조심스러운 의견을 피력한다.

그러나 해당 글이 5단위/단계 구도를 정면으로 비판하였다고 보기는 힘들다. 다만 인식의 전환을 꾀하고 있다. 기존 5단위/단계에 해당하지 않는 종을 어떻게 수용하여야 하는지에 대한 고민이 담겨 있기도 하다. 호모 에르가스터(*Homo ergaster*)의 최근 경향성을 설명하면서 일반적 〈원인〉보다 이른 시기에 등장하고 〈능인〉의 속성을 많이 간직한 종으로 설명을 한다. 또한 광의적으로는 호모 에렉투스, 즉 기존의 〈원인〉에 포함될 수 있음을 설명한다. 그리고 스페인 아타푸에르카(Atapuerca) 지역의 그란 돌리나(Gran Dolina)에서 출토된 호모 엔티세서(*Homo antecessor*)에 대한 설명을 하고 있다. 이 역시도 〈원인〉의 하나로서 포함시키고 있다(김성일 2012: 38).[124]

북한에서 〈원인〉은 비록 합리적이지 않은 부분은 있지만 지속적으로 인류 진화의 단위로 사용함을 알 수 있다. 그리고 〈원인〉이 유일한 단일종이 아닐 수도 있다는 의견을 일부 피력하고 있다. 결국, 종의 단위에서 벗어나서 일종의 속의 의미로 보고 있지 않는가라는 생각도 하게 한다.

4) 脫네안데르탈인으로서 〈고인〉

북한에게 〈고인〉은 실존하는 화석으로서 그 의미가 중요하다. 〈남방원숭이〉, 〈능인〉, 〈원인〉과는 달리 북한에서 실제 발견된 가장 이른 시기 화석이 바로 〈고인〉이다. 따라서 북한에게 〈고인〉은 문헌이나 아니면 석기를 통한 연구를 넘어 직접 연구 대상이 된다. 정확하게 표현한다면, 문헌을 통해서 기존에 알던 종을 실제 화석으로 발견한 셈이 된다. 그 기존에 알던 종이 바로 〈고인〉, 즉 네안데르탈인이다.

1970년대 이전까지만 해도 〈고인〉은 네안데르탈인으로 가감 없이 해석되었다. 그러나 1970년대 이후 사정이 달라진다. 1977년 발간된 『조선의 구석기시대』[125]에서는 당시 경직된 사회를 반영하듯, 학명 언급이 없이 〈고인〉으로만 표기된다. 전술한 바와 같이 당시 북한의 극단적 '부르죠아 반동이론' 척결의 시기를 감안한다면 서구 용어에 대한 거부감을 충분히 짐작할 수 있다.

당시 문헌을 살피면, 학명이 없어도 〈고인〉이 바로 네안데르탈인임은 쉽게 가늠된다. 〈고인〉의 두뇌 용적을 1300−1700cm³로 규정하여 현생인류보다 경우에 따라서는 더 크게 묘사한 점은 당시 네안데르탈인의 서구권 연구를 수용한 것으로 보인다. 또한 구석기시대 중기 인류로 〈고인〉을 규정한 점은 〈고인〉을 네안데르탈인을 보고 있음을 짐작게 한다(사회과학원 고고학연구소 1977: 30−32).[126]

1980년대 들어와서 상대적으로 해외 자료에 대한 유연한 입장이 관찰된다(장우진 1988).[127] 구체적으로 〈고인〉이 네안데르탈인임을 언급할 뿐 아니라 다수의 관련 해외 유적을 기술하였다. 중국 유적인 마파, 정촌, 허가요를 언급하고 있다. 유라시아의 주요 유적으로서 인도네시아 솔로(Solo), 이스라엘 타분(Tabun)과 스홀(Skhul), 이라크 쉬나이더(Shanidar), 러시아의 테식—타쉬(Teshik—Tash)가 거론된다. 그리고 아프리카 유적인 로데지아의 브로큰 힐(Broken Hill), 남아프리카공화국의 살단하(Saldanha), 모로코의 제벨 이르후드(Jebel Inhoud)가 언급되고 있다.

유럽의 경우, 더 많은 유적이 언급된다; 이링스도르프(Ehringsdorf), 스텐하임 (Steinheim), 크라피나(Krapina), 사코파스토르(Saccopastore), 스완스콤(Swanscombe), 폰테체발데(Fontechevade), 몬마우림(Montmaurin), 지브롤터(Gibraltor), 네안더 계곡(Neander Valley), 나우레트(Naulette), 스파이(Spy), 사펠옥스세인트(La Chapelle—aux—saints), 무스티에(La Moustier), 페라시(La Ferrassie), 키나(La Quina), 몬테 시세오(Monte Circeo), 스타로셀제(Staroselje) 유적이 기술되어 있음을 확인할 수 있다.[10]

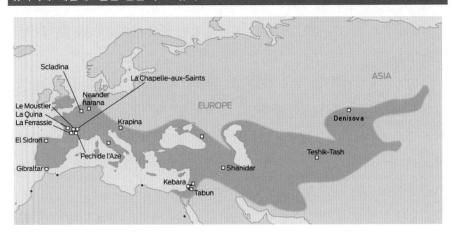

유라시아 네안데르탈인 관련 주요 유적

북한은 1980년대에 비록 네안데르탈인에 관한 최소한의 정보 열거에 불과하긴 하나, 이를 공식적으로 언급하고 있다.

출전: 위키피디아[128]

이들 화석증거가 현재의 기준으로는 네안데르탈인이 아닌 경우가 많다. 현재 기준으로는 고형 호모사피엔스(Archaic *Homo sapiens*) 또는 호모 하이델버겐시

---

10) 유적에 대한 자세한 설명은 일부에만 해당되고 대부분 지명만 거론되는 수준이나, 해외 자료 인용의 적극성이 보인다는 측면을 생각해볼 필요가 있다.

스(*Homo heidelbergensis*)로 새롭게 동정되는 사례가 많다. 예를 들면, 스완스콤, 제벨 이르후드와 브로큰 힐 화석이 대표적이다. 이러한 점은 북한 학자 역시 인식하고 있다. 2000년대 이후의 자료를 살피면 〈고인〉의 진화 수준은 일정하지 않으며 브로큰 힐 그리고 스홀의 경우는 〈신인〉의 특성(〈고인〉이지만 〈신인〉의 발달된 모습)이 보인다고 주장하고 있다(김춘종 외 2009: 95-97).[129]

지난 20여 년 동안 전 세계적으로 새롭게 종이 동정되기도 하지만 새롭게 발견된 종 역시 많다. 특히 네안데르탈인과 시기를 공유한 종은 상당하다.[11] 예를 들어, 호모 하이델버겐시스(*Homo heidelbergensis*), 호모 앤티세서(*Homo ante-cessor*), 그리고 최근에 관심이 증폭되는 호모 닐레디(*Homo naledi*)를 비롯해서 심지어 아직 화석자료는 충분치 않지만 존재는 확실한 〈데니소바인〉(Denisovian)들이 이에 해당된다.

북한이 계속 5단위/단계만 사용하는 경우, 이들을 결과적으로 모두 〈고인〉으로 분류해야 되는 상황도 벌어질 수 있다. 이러한 고민을 북한도 모르는 것이 아니다. 따라서 2000년대 와서는 일반적으로 호모 에렉투스와 현생인류 사이의 모든 종들을 통칭하는 용어인 고형 호모사피엔스(Archaic *Homo sapiens*)를 사용하여 이를 〈고인〉을 표현한다(김성일 2012).[130] 이러한 표현은 새로운 종명을 가진 개체도 역시 〈고인〉으로 규정하는 데 문제가 크게 되지 않게 된다. 그러나 한편으로는 〈고인〉이 더 이상 특정 종을 대변하는 용어가 아니고 종들의 묶음이 되어 버린다.

북한에서 2000년대 들어서는 네안데르탈인=〈고인〉이라는 등식에 의문점을 가진 것은 맞지만, 여전히 이 등식을 그대로 사용한다. 2009년 발간된 문헌에 언급된 '고인을 일명 〈네안델탈인〉이라고도 한다'라는 문구에서 보듯이(김춘종 외 2009: 89),[131] 1980년대뿐 아니라 2000년대에도 네안데르탈인=〈고인〉이라는 등식은 유효하다. 따라서 북한에서 현재도 〈고인〉과 〈신인〉의 관계는 네안데르탈인과 현생인류의 관계로 생각할 수 있다고 본다.

....

11) 현재 인류 중에서 호모 사피엔스만이 지구상에 유일하기에 이를 정상으로 생각한다. 그러나 사람과 침팬지가 분지한 이후, 아프리카를 중심으로 그리고 구대륙에 걸쳐서 수많은 종과 속이 공존을 한 증거가 많다. 특정 시기에 단일한 종만 살아남은 경우가 오히려 특이하다고도 볼 수 있다.

1980년대 〈고인〉을 네안데르탈인으로 생각하였을 때 다양한 기준에 따른 분류를 시도하였다. 이러한 시도는 아마도 당시 북한에서 새로운 인류화석의 발굴에 따른 연구의 가속도가 붙어서 그러한 것으로 짐작된다. 우선 빙하 시기와 연관 지어서 '중부갱신세고인', '상부갱신세고인' 그리고 '제4빙하기첫시기고인'으로 나누기도 하였다. 유적들에 절대연대가 충분히 적용되지 않은 당시 수준을 감안한 분류라 볼 수 있다. 그리고 〈고인〉을 지역별로 나누기도 하였다. 아시아, 아프리카 그리고 유럽으로 분류를 하였다.12) 아시아의 〈고인〉에는 〈력포사람〉과 〈덕천사람〉 이외에도 중국과 근동지역을 포함시켰다. 아프리카 경우 브로큰 힐(Broken Hill)과 함께, 현재에는 호모 사피엔스의 화석으로 동정되지만 과거에는 네안데르탈인으로 해석된(J. Hublin et al. 2017)132) 제벨 이르후드(Jebel Irhoud) 자료가 눈에 띈다. 유럽의 경우 가장 많은 〈고인〉 화석이 발견된 곳이고 유럽 중심으로 유형별 대표 유적군으로 나눈다. '에린그스돌프류형'(Ehringsdorf type), '쇠별류형'(La Chapelle−aux−Saints type)으로 구분하였다. 〈고인〉의 특성이 보다 잘 나타나는 경우를 '쇠별류형'이라 지적하며 이에 해당되는 유럽의 유적은 무스티에(La Moustier), 페라시(La Ferrassie), 키나(La Quina), 몬테 시세오(Monte Circeo), 스타로셀제(Staroselje)이다. 반면 〈고인〉의 특징에서 상대적으로 거리가 있는 유형은 '에린그스돌프류형'이다. 이에 해당되는 경우로는 스텐하임(Steinheim), 크라피나(Krapina), 사코파스토르(Saccopastore), 스완스콤(Swanscombe), 폰테체발데(Fontechevade), 몬마우림(Montmaurin)이 그 대상이 된다(장우진 1988).133)

아울러서 〈고인〉 중, 유럽 화석의 경우는 이른 시기와 늦은 시기로 나눈다. 이른 시기는 '에린그스돌프류형'이고 늦은 시기 〈고인〉은 '쇠별류형'으로 나누었다.13) 이른 시기와 늦은 시기의 경계는 확실치 않다. 그러나 이후의 글을 통해서 살피면 대략 6만 년 전을 기준으로 한다(장우진 2002: 6).134) 동시에 〈고인〉을 전

---

12) 본 자료뿐 아니라 대부분의 해외 유적 명칭의 경우, 북한 용어로만 표기되고 영문으로 미표기된 경우가 대부분이라, 이를 옮기는 데서 실수가 발생할 소지가 있다. 이를 수정하고자 노력은 하였지만 여전히 아쉬움이 남는 문제이다.

13) 전술한 지질시기로 나눈 3시기와 어떠한 차이가 있는지는 확실치 않다. 다만 유럽형에 국한된 분류안이다.

형적인 〈고인〉 그리고 비전형적인 〈고인〉으로 나누기도 하였다. 전형적인 〈고인〉은 위의 '에린그스돌프류형'이고 비전형적인 〈고인〉은 '솨별류형'이고 현생인류와 비슷한 특징을 보인다고 보고 있다(장우진 1988).[135] 다시 말해서 〈고인〉을 매우 다양한 기준으로 교차하면서 분류를 시도함을 알 수 있다. 시기(지질 시기), 지역, 유형별 대표 유적군, 시기(유럽 화석), 전형성이라는 기준으로 나눈 것이다. '에린그스돌프류형' 또는 '솨별류형' 등의 분류는 정작 유럽에서는 현재 적극적으로 사용되는 개념이 아니다. 그러나 후술하겠지만, 북한은 북한 내 인류를 설명하는 기준으로 사용을 한다.

북한 우표에 표현된 인류의 모습

자료 인용: Paleophilatelie.eu[136]

표 북한의 다양한 분류 기준에 따른 〈고인〉의 분류

〈고인〉의 분류 기준	
빙하 시기별 분류	'중부갱신세고인', '상부갱신세고인' 그리고 '제4빙하기첫시기고인'
지역별 분류	아시아, 아프리카 그리고 유럽
유형별 분류	'에린그스돌프류형', '솨별류형'
선후 시기별 분류	이른 시기('에린그스돌프류형'), 늦은 시기('솨별류형')
전형성 분류	전형적 〈고인〉('에린그스돌프류형'), 비전형적 〈고인〉('솨별류형')

참고: 장우진 1988[137]

앞서 북한의 구석기시대를 살피면서 도구에도 사회성을 부여한다고 지적한 바 있다. 아울러서, 물질뿐 아니라 생명체의 진화에서도 사회는 중요한 요소가 된다. 일반적인 생명체의 진화와는 달리 사람의 진화는 고유의 사유 기능과 노동 기능을 가지고 있고 단순히 외부의 자연환경에 적응함을 넘어서는 특징을 보임을 주장한다. 따라서 사람에게는 통상적으로 생각하는 진화의 메커니즘과는 다른 메커니즘이 적용됨을 북한은 주장한다.

일반적으로 진화에서 자연선택(성선택 포함), 돌연변이, 표이가 중요한 메커니즘이다. 북한은 자연도태, 즉 자연선택을 주로 진화의 메커니즘으로 받아들이지만, 인간의 경우는 진화에서 다시금 강조하지만, 사회적 합법칙성을 강조한다. 사람의 자주성, 창조성, 의식성이 성장하는 과정을 진화의 주요한 메커니즘으로 보는 것으로 판단된다(장우진 1988: 7-8).138) 이러한 기조는 2000년대 들어서도 큰 변화 없이 이어진다고 보고 있다(장우진 2002: 27).139)

북한의 통상적 진화 메커니즘과 다른 생소한 설명이 하나 있다. 이른바, 분지적 진화(cladogenesis)를 연상하는 내용이 〈고인〉 단계에서 등장을 한다. 분지를 하고 진화의 과정을 이어가는 종이 있지만 반면 멸종의 길로 가는 종의 설명이 〈고인〉 단계에서 가해진다. 이른바 '진화의 곁가지'14) 등의 표현이 〈고인〉과 관련한 내용에서 자주 등장한다. 하나의 종에서 분지를 하여 복수의 종이 발생할 경우, 어떤 종은 사라지지 않고 이어지는 반면에 '진화의 곁가지' 같은 종은 이어지지 않고 사라짐을 주장한다. 그런데, 이를 언급하는 이유는 과연 무엇인가?

국제적인 입장은 네안데르탈인이 현생인류의 직접적 선조가 된다고 보지 않는다. 호모 하이델버겐시스 이후 네안데르탈인과 현생인류가 분지하였다고 보는 것이 일반적이다. 게다가 현재는 두 종(네안데르탈인과 현생인류) 사이에 혼혈의 가능성이 본격적으로 대두되기도 한다. 따라서 선조-자손 관계의 구도는 현재는 설득력이 낮다. 그러나 북한의 입장에서는 과거부터 꾸준히 〈고인〉을 〈신인〉의 직접적인 선조로 본다. 즉, 〈남방원숭이〉-〈능인〉-〈원인〉-〈고인〉-〈신인〉이라

---

14) 관련된 문구는 다음과 같다; '그러므로 고인을 인류진화발전과정에서 사멸한 곁가지로 볼 수 없는것이다'(장우진 2010: 226).

는 단방향적이면서 계승적 양태의 원칙을 북한은 고수하기 때문이다.

이와 관련해서 설명이 필요한 부분은 전신인 이론(前新人 理論)(Pre-*sapiens* hypothesis)이다. 전신인 이론은 현재는 생소한 이론이다. 그러나 1980년대만 하더라도 해당 이론은 국내 문헌(번역서)에서도 '선사피엔스'라는 용어로 등장하곤 하였다(프란시스 존스톤·헨리 셀비(권이구 역) 1987: 201).[140] 전신인 이론의 핵심은 호모 사피엔스의 맹아는 따로 존재한다는 이론이다.

현재 입장에서 본다면 하나의 종의 시작은 기존에 존속하였던 종과의 관계 속에서 설명된다. 그리고 종분화가 이루어져서 더 이상 생물학적으로 의미 있는 재생산이 안 되는 시점부터 새로운 종의 시작으로 본다(브루스 트리거(성춘택 역) 2019).[15)141] 오스트랄로피테쿠스에서 〈사람속〉의 시작과 함께 등장한 호모 하빌리스, 호모 루돌펜시스, 호모 에렉투스 등으로 분지 진화 또는 단계통 진화를 거쳐서 호모 사피엔스로 전개됨은 익숙한 하나의 지식이 되었다. 그러나 현생인류가 이러한 초기 인류와는 상관없이 전개되었다면 어떨까? 더 중요한 건 현생인류의 맹아가 되는 인류가 따로 존재하였다면? 이런 생각의 시작은 20세기 초로 거슬러 올라간다.

〈필트다운인〉(Piltdown fossils)의 논쟁에 깊숙이 관여하였던 영국의 해부학자 아서 케이스(A. Keith), 동물화석 전문가인 아서 스미스 우드워드(A. S. Woodward), 프랑스의 혈청학 연구자인 핸리 발로이스(H. Vallois), 프랑스의 고인류학자 마세린 불(M. Boule), 미국의 인류학자 윌리암 하우엘(W. Howells) 등이 해당 이론에 기여를 하였다. 20세기 초 유럽의 호모 네안데르탈인, 인도네시아의 피테칸트로푸스로 불린 호모 에렉투스 〈자바원인〉, 중국의 시난트로푸스로 불린 호모 에렉투스인 〈북경원인〉은 현생인류 진화와는 아무런 상관이 없다고 주장되었다. 대신 당시의 〈필트다운인〉이 현생인류의 맹아이고 이들을 통해서 현생인류로의 진화

---

15) 물론 본질론적 사고 또는 유물론적 사고에 따라서 〈종〉을 과연 독립된 하나의 실체로 볼 것인지 아니면 〈종〉을 하나의 실체로 보기보다는 연속적으로 변화하는 변이성을 일정한 기준으로 임의로 범주화한 결과로 볼지는 서로 입장이 다를 수 있다(마이클 오브라이언·리라이맨(성춘택 역) 2009). 그러나 본고에서 해당 내용을 깊이 다루는 것은 본고의 영역 밖의 문제이다.

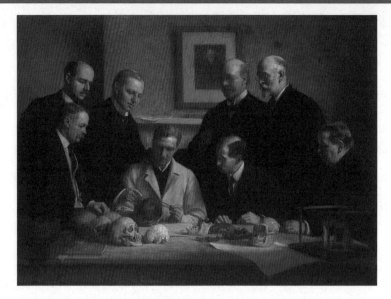

조사에 참여한 찰스 도슨(C. Dawson)(뒷줄 왼쪽에서 3번째), 그리고 본문에 언급된 아서 케이스(A. Keith)(앞줄 왼쪽에서 2번째), 아서 스미스 우드워드(A. S. Woodward)(뒷줄 왼쪽에서 4번째).

그림 인용: 위키피디아[142]

가 이루어졌다는 주장이 펼쳐진다. 또한 〈스완스콤인〉(Swanscombe Man)[16]인 역시 전신인의 대상으로 주장되기도 하였다(C. Stringer·J. Hublin 1999).[143] 화석인류의 증거가 적고, 부정확하던 시기에는 매우 설득력 있는 이론이었다(C. Stringer 2012; B. Wood 2011).[144][145] 그러나 이후 거짓으로 드러난 〈필트다운인〉 해프닝은 전신인 이론에 결정적 타격을 가했다고도 볼 수 있다. 게다가 루이스 리키(L. Leakey)에 의한 1930년대 케냐의 칸제라(Kanjera)유적의 현생인류 화석 발견, 1950-60년대 탄자니아 올두바이, 케냐 쿠비포라 유적의 조사를 필두로 비교적 정확한 편년을 가진 유적의 등장과, 이후 전개된 유전자 연구 등은 전신인 이론을 사라지게 하였다. 해당 이론은 국제적으로 1950년대 이후 더 이상 유효한 이

---

16) 〈스완스콤인〉은 초기에는 네안데르탈인으로 규정되었으나 현재는 고형 호모 사피엔스 또는 호모 하이델버겐시스로 동정된다.

론이 아니다.

북한은 전신인 이론이 〈신인〉의 모태가 되는 〈고인〉을 빼고 엉뚱한 종이 끼어드는 것으로 생각한다. 해당 언급을 보면 다음과 같다; '고인과 같은 시기나 그보다 좀 앞선 시기에 더 높은 진화단계에 있던 〈전신인〉이 존재하였고 그것이 신인에로 이행하였다는 것이다.'(장우진 2010: 223).146) 북한에서는 〈신인〉에서 〈신인〉으로의 전개를 주장하지 않기에 전신인 이론은 당연히 거부된다. 현재, 국제적으로 이러한 이론을 주장하는 연구자는 거의 없다. 그럼에도 북한은 해당 이론을 자주 언급하는 이유는 무엇일까?

이를 자주 언급하는 이유는 서구 자본주의 연구자의 부당성을 부각시키기 위함에 있다고 본다. 예를 들어; '...서방의 부르죠아학자들이 제창하고 있는 전신인단계설의..'(김춘종 외 2009: 91)147)과 같은 주장에서 반 서구적, 반 제국주의적 시각을 보여주는 정치적 메시지로도 볼 수 있다. 전신인 이론의 공격은 지극히 서구 제국주의에 대한 저항의 의미를 담고 있다. 1930년 유격대국가의 면모를 생각해 본다면 반일과 함께 반제국주의 속성을 언급 안 할 수 없다. 제국주의의 이론의 극복은 유격대국가의 국민으로서의 의무와 같은 인상을 남긴다. 정작 서구는 이미 전신인이단계설에 관심이 없어 과거의 이론이 되었지만, 이를 다시금 논쟁의 대상으로 만들어서 서구식 사고의 불합리성을 알리고자 한다.

진화의 곁가지의 의미를 다시금 살핀다면, 〈고인〉 중에 일부(늦은 시기의 〈고인〉)는 멸종하지만 우수한 일부(이른 시기의 〈고인〉)는 살아서 〈신인〉으로 진화한다는 의미를 담고 있다. 그리고 그 우수한 이른 시기의 〈고인〉이 북한에서 발견됨을 강조한다(김춘종 외 2009: 101).17)148) 북한에서 발견된 〈고인〉 중 하나인 〈력포사람〉을 대상으로 해당 글을 살피면 다음과 같다; '〈력포사람〉이 다른 고인들보다 비할 바없이 발전된 상태에 있다는 것을 의미한다'(장우진 2002: 29).149) 그리고 해당 〈고인〉은 서구 연구자들이 생각하는 것과는 달리 이어짐의 대상자이다; '고

---

17) 북한의 유럽의 화석자료를 인용하면서 이른 시기 〈고인〉과 늦은 시기 〈고인〉으로 구분을 한다. 이른 시기 〈고인〉은 진화에 성공한 종으로 그리고 늦은 시기 〈고인〉은 사멸한 종으로 표현된다. 그런데 한반도에서 발견된 〈고인〉의 시간적인 순서로도 이른 시기 〈고인〉과 늦은 시기 〈고인〉으로 구분한다. 따라서 용어의 혼란이 있는 것이 사실이다.

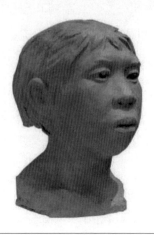 

출전: 조선유적유물도감 편찬위원회 1988[151)

인이 사멸한 사람의 선조인것이 아니라 사람의 직접적인 선조라는 것이 밝혀지게 됨으로써 인간기원 문제에서 유럽중심주의를 설교하려던 전신인 단계설의 부당성이 낱낱이 드러나게 되었다'(장우진 2010: 237).[150) 피줄국가 북한의 정체성 중의 하나인 '이어짐'의 강조가 인류 진화의 장르에서도 꾸준히 주장되고 있음을 알 수 있다.

1980년대 그리고 그 이후 전개된 <고인>의 분류는 해외 자료를 사례로 이루어진 분류이다. 그러나 북한은 축적된 <고인> 관련 화석 자료를 토대로 새로운 분류안을 내놓기 시작한다. 북한에서 <고인>이 발견된 시점은 1970년대부터이다. 사회과학원 고고학연구소에 의해서 1972-73년 조사된 덕천 승리산 유적의 <덕천사람> 그리고 1977년 발굴된 력포 대현동 동굴유적에서 발견된 <력포사람>은 <고인>에 대한 새로운 분류를 할 필요성을 가지게 하였다(국립문화재연구소 외 2013).[152)

1970년대 중반까지의 북한 문헌에서 <덕천사람>의 평가는 체질인류학적 계측적 자료의 제시 정도에 그친다. 두개골, 치아의 수치적 특성의 묘사와 함께 네안데르탈인의 생활상에 대한 인용을 생각되는 내용이 담겨 있다(사회과학원 고고학연구소 1977b).[153) 1980년대 들어서 <력포사람>에 대한 설명에서는 변화가 감지된다. 〈고인〉 화석에 대한 복수의 연구결과가 나오면서 비로소 〈고인〉의 정체성에 대한 설명이 가해진다. 위에 제시한 네안데르탈인에 대한 해외 자료의 언급도 이때 이루어진다. 그리고 〈력포사람〉을 〈신인〉에 가까운 〈고인〉, 즉 현생인류에 근접한 〈고인〉으로 규정을 하게 된다(김신규 외 1985).[154] 그리고 1980년대 말에 발간된 자료에서 북한의 〈덕천사람〉과 〈력포사람〉은 당시 네안데르탈인의 분류안에 따른 분류에 의해서 정의되기에 이른다.

앞서 언급한 시기(빙하 시기), 지역, 유형별 대표 유적군, 선후시기(유럽 화석), 전형성이라는 기준으로 본다면 다음과 같다. 시기(지질 시기)로는 '중부갱신세고인'으로 〈력포사람〉을 그리고 '상부갱신세고인'으로는 〈덕천사람〉을 포함시킨다. 지역으로는 아시아 집단으로 분류된다. 유형별 대표 유적군과 시기(유럽 화석)는 기준상 적용이 안 될 것으로 보이나 〈력포사람〉의 경우는 '에린그스돌프류형'으로 분류된다. 전형성의 면에서는 〈력포사람〉을 비전형적인 〈고인〉으로 규정하고 있다(장우진 1988b).[155] 북한에서 언급하는 전형적 〈고인〉은 진화의 과정에서 사멸된 종을 지칭한다. 비전형적 〈고인〉은 〈고인〉이나 〈고인〉의 특징과 함께 현생인류의 특징이 보이는 개체군을 지칭한다. 〈력포사람〉 기준으로 간단히 정리하자면, 지질 시기로는 이른 시기인 '중부갱신세고인'으로 분류되고, 유형별 대표 유적군으로는 '에린그스돌프류형'이다. '에린그스돌프류형'은 시기(유럽 화석)적으로 이른 시기를 대표하고 진화과정에서 사멸되지 않은 비전형적 〈고인〉이다. 따라서 〈력포사람〉은 이른 시기에 살았던 사멸되지 않고 〈신인〉의 모습을 일부 가진 비전형적 〈고인〉으로 규정된다.

북한에서 이러한 서술은 2000년대 초반까지 이어진다. 〈력포사람〉을 다른 〈고인〉들과는 달리 매우 발전된 〈고인〉으로 규정하고 나아가서 〈덕천사람〉도 동일한 유형으로 규정하고 있다(장우진 2002: 29).[156] 전형적인 〈고인〉은 진화에서 적응하지 못하고 사라진 우수하지 못한 종을 의미하고 비전형적인 〈고인〉은 현생인류로의 전환에 성공한 우수한 종, 즉 〈신인〉으로의 전환에 성공한 종으로 보는 시각은 2000년대에서도 그대로 적용된다(고광렬 2015).[157]

〈화대사람〉이 발굴되기 이전까지의 〈고인〉의 분류안, 〈력포사람〉, 〈덕천사람〉의 분류 세부 내용

	〈력포사람〉	〈덕천사람〉
빙하 시기별 분류	'중부갱신세고인'	'상부갱신세고인'
지역별 분류	아시아 집단	아시아 집단
유형별 분류	'에린그스돌프류형' (Ehringsdorf type)	–
전형성 분류	비전형적인 〈고인〉	–

자료 인용 편집: 장우진 1988[158)]

2000년 사회과학원 고고학연구소에서 발굴한 화대군 석성리 발굴조사(장우진 2002)[159)]는 많은 부분의 변화를 요구하게 만든다. 화대군 석성리 유적에서 출토된 화석은 〈고인〉으로 판명되었다. 이름하여 〈화대사람〉이 규정되게 된다. 〈화대사람〉은 열형광측정법에 의해서 약 30만 년 전 이상의 시간대를 보여준다. 북한의 구석기 그리고 고인류 연구의 특성상, 두 연구 단위는 연동이 되고 북한에서 〈고인〉의 활동은 중기 구석기시대로 규정된다. 그리고 당시 북한은 중기 구석기시대의 시작을 약 10만 년 전으로 보고 있었다(사회과학원 고고학연구소 1977).[160)] 〈화대사람〉의 연대는 이를 조정하게 만든다. 구석기시대 중기의 시작 시점 변동은 물론이고, 기존 화석과 〈화대사람〉과의 관계 설정도 조정할 필요를 느끼게 된다.

북한은 지구상에 최초 〈고인〉의 등장을 30만 년 전으로 보고 있다(김춘종 외 2009: 88).[161)] 그런데 〈화대사람〉이 30만 년 이상 되기에, 〈화대사람〉은 북한뿐 아니라 지구상에서 가장 오래된 〈고인〉(장우진 외 2009: 45)[162)]이 된다. 북한에서 〈화대사람〉의 등장으로 자주 인용되는 해외 사례는 스페인 아타푸에르카(Atapuerca) 지역에서 발견된 화석이다(고광렬 2015).[163)] 아타푸에르카 화석 인용 이유는 〈화대사람〉이 그만큼 오래된 〈고인〉임을 주장하기 위함에 있다.

하지만 문제는 아타푸에르카 지역 중에서 어느 지점인지에 대한 구체적인 설명이 없기에 어떠한 화석을 지칭하는지 모호하다. 스페인 아타푸에르카의 주요 유적으로는 그란 돌리나(Gran Dolina), 시마 델 엘판테(Sima del Elefante), 시마 데 로스 후에소스(Sima de Los Huesos), 갈레리라(Galeria) 등을 들 수 있다. 이 중,

그란 돌리나에서 출현한 호모 엔테세서로 추정되는 화석은 대상이 아닐 것으로 보인다. 김성일(2012)의 글에서 그란 돌리나의 화석[18]의 언급이 있고 이를 〈고인〉이 아닌 〈원인〉으로 지칭하고 있기 때문이다(김성일 2012: 38).[164] 추정컨대, 북한이 생각하는 〈고인〉이 발굴된 아타푸에르카 유적은 호모 하이델버겐시스와 네안데르탈인이 공반된 시마 데 로스 후에소스일 가능성이 높다. 갈레리라 유적은 석기 중심의 유적이므로 그 가능성이 낮고, 시마 델 엘판테에서는 서유럽에서 가장 오래된 인류 화석의 발견지이다. 실제 편년값이 약 120만 년 전으로 보이고 추정단계이지만 그란 돌리나의 화석(TD6), 즉 호모 엔티세서로 추정된다(J. Castro et al. 2011).[165] 따라서 호모 엔티세서는 시기적으로 〈원인〉에 가깝다고 볼 수 있기에 〈고인〉의 가능성이 성립되지 않는다. 북한 자료에서는 화대 유적과 관련한 인용 시 언급되는 아타푸에르카 인류 화석을 30만 년 전으로 보고 있는 것으로 보아서(고광렬 2015: 26)[166] 다양한 인류 화석이 시간을 달리하면서(약 130−30만 년 전) 나오는 시마 데 로스 후에소스로 추정된다.

북한에서 이제 전기형과 후기형의 구분은 2000년대 이후 〈화대사람〉이 나오고 달라진다. 〈력포사람〉과 〈덕천사람〉을 1980년대 시기상 차이를 두다가(장우진 1988),[167] 1990년대 말, 2000년대 초반 큰 틀에서 동일한 유형으로 규정한다(장우진 1999; 장우진 외 2009).[168][169] 즉, 사멸되지 않은 〈고인〉인 동시에 현생인류로 연결되는 인류로 보고 있다. 2000년대 이후, 이른 시기의 자리를 〈화대사람〉에 주게 되니 자연스럽게 상대적으로 늦은 시기 〈고인〉으로 되었다.

늦은 시기 〈고인〉을 언급할 때 인용되는 해외 사례로서 대표적인 유적은 타분(Tabun)과 스홀(Skhūl)이다. 북한에서는 팔레스타인 영토로 규정하는 이스라엘 카멜산(Mt. Carmel)에 위치한 타분과 스홀에서 출토된 화석은 〈덕천사람〉을 설명할 때 인용된다. 스홀 화석은 현생인류로 동정된다. 같은 카멜산에 위치한 유적인 타분의 화석은 현생인류가 아니고 네안데르탈인 화석이다(C. Stringer 2012: 45).[170]

---

18) 실제 해당 유적, Level TD−10에서는 호모 하이델버겐시스(*Homo heidelbergensis*)일 수도 있지만 호모 엔티세서(*Homo antecessor*) 또는 호모 에렉투스(*Homo erectus*)로 규정 가능한 인류 화석이 출토되었다.

따라서 동일한 지역에서 서로 다른 종이 공존한 셈이다. 서구의 학자들은 해당 지역의 네안데르탈인이 현생인류로의 진화로 생각하기보다는 아프리카의 현생인류가 기존의 네안데르탈인을 대체(replacement)하였다는 데 방점을 두고 있다. 그러나 일부 화석에서는 전환기적 단계의 증거가 발견되기도 한다. 대표적인 화석은 Skhūl V로 불리는 화석이다. 이는 현생인류의 특징과 현생인류 이전의 특징이 두개골에서 혼합되어 관찰된다.

북한은 바로 해당 화석의 사례를 들면서 〈고인〉에서 〈신인〉으로의 전환을 설명하고 있다. 구체적으로, 늦은 시기 〈고인〉으로 규정한 〈덕천사람〉이 〈신인〉이면서 〈고인〉의 특성을 가진 화석인 〈승리산사람〉으로의 이행을 설명함에 있어서 인용이 된다(김춘종 외 2009: 97, 107).[171]

2000년대 이후, 〈화대사람〉은 〈고인〉 중 전기형이 되고 〈력포사람〉과 〈덕천사람〉은 후기형으로 정리가 되기에 해당 자료는 북한의 자체 진화 이론을 강화하는 데 사용된다. 북한의 주장대로 세계에서 가장 이른 시기의 〈고인〉 중의 하나인 〈화대사람〉은 결국 〈고인〉의 초기 시작을 암시한다. 그리고 늦은 시기 〈고인〉인 〈력포사람〉과 〈덕천사람〉은 전기의 〈고인〉을 그대로 이어받은 〈고인〉이다. 즉 〈고인〉의 형성에 있어서 외부의 유입이 없음을 암시한다. 북한의 〈고인〉은 〈신인〉으로 이행되는 '직계선조'(장우진 외 2009: 38)[172]이므로 현생인류 역시 자체적 진화의 과정으로 설명되기에 이른다.

표 2000년대 〈화대사람〉의 발굴 이후 수정된 〈고인〉 특징

대표 화석	〈화대사람〉	〈력포사람〉, 〈덕천사람〉
시기별 분류	이른 시기 〈고인〉, 전기형	늦은 시기 〈고인〉, 후기형
특징	세계에서 가장 이른 시기의 〈고인〉	현대형의 특징을 가진 〈고인〉

출전: 장우진 2002; 김춘종 외 2009[173][174)

5) 면면히 이어지는 〈신인〉

〈신인〉, 호모 사피엔스(*Homo sapiens*), 즉 현생인류 연구는 국제적으로 많은 연구가 이루어지고 있다. 새로운 자료의 등장과 이론의 소개가 집중적으로 벌어지기에 기존의 이론에 대한 반박과 변화가 역동적으로 전개된다. 고고학적 자료만큼이나 고인류학적 자료를 가지고 있는 북한으로서 이 부분에 대한 대응이 어떠한지에 대해서 살필 필요가 있다.

북한의 〈신인〉, 즉 현생인류를 살피기 위해서는 우선 북한이 생각하는 유적과 편년을 살펴볼 필요가 있다. 북한은 스스로 전 세계에서 가장 많은 〈신인〉 화석을 보유한 나라 중의 하나로 스스로 생각하고 있다(장우진 외 2009: 62).175) 그러나 1970년대만 하더라도 북한에서 〈신인〉은 〈승리산사람〉 외에는 보고되지 않았다(사회과학원 고고학연구소 1977b).176) 1970년대, 1980년대 그리고 2000년대 출간된 문헌을 통해서 본다면 북한에서 〈신인〉의 증가 추이와 그 증가 추이에 따른 설명의 변화를 어느 정도 짐작할 수 있다(표 참조). 1980년대 문헌을 중심으로 본다면 〈승리산사람〉 외에 〈만달사람〉이 추가된다(장우진 1988b).177) 그러나 2009년 자료를 기준으로 본다면 〈중리사람〉, 〈풍곡사람〉, 〈금천사람〉 외 화석자료의 급격한 증가를 볼 수 있다(김춘종 외 2009; 장우진 외 2009).178)179)

최근의 자료까지 본다면 〈신인〉의 발견은 추가적으로 〈황주사람〉과 〈강동사람〉까지 포함된다. 〈황주사람〉은 청파대 동굴유적에서 발견된 화석이다. 동일한 지점이나 서로 다른 지층에서 다수의 화석이 밝혀졌다. 북한은 〈황주사람 1호〉는 이른 시기의 현생인류로 그리고 〈황주사람 2, 6, 7, 9호〉는 늦은 단계의 현생인류로 파악하고 있다(한창균 2020: 571).180) 〈강동사람〉은 아직 공식적인 학술자료가 아닌 보도자료 형태로 제시되어 그 세부 내용에 대해서는 밝혀야 될 부분이 있으나 현재까지는 현생인류의 화석으로 동정된다(신지혜 2022).181)

표 북한의 인류 화석 보고의 증가

인류 단위/단계	1977년도 자료	1988년도 자료	2009년도 자료
〈신인〉	〈승리산사람〉	〈승리산사람〉	〈승리산사람〉
			〈만달사람〉
			〈중리사람〉
			〈풍곡사람〉
			〈금천사람〉
		〈만달사람〉	〈대흥사람〉
			〈금평사람〉
			〈랭정사람〉
			〈룡곡사람〉
〈고인〉	〈덕천사람〉	〈덕천사람〉	〈덕천사람〉
			〈력포사람〉
		〈력포사람〉	〈화대사람〉

출전: 1977년도 자료: 사회과학원 고고학연구소 1977b[182]) 1988년도 자료: 장우진 1988b[183])
2009년도 자료: 김춘종 외 2009; 장우진 외 2009[184)185]) 2020년대 기준으로 본다면 그 수는 더
늘었다. 〈신인〉: 강동사람, 황주사람 등(한창균·김현진·서인선 2024)[186])

1. <역포인> 2. <만달인> 3. <승리산인>

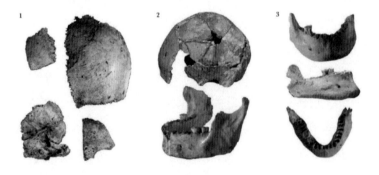

출전: 국립중앙박물관 2021[187])

1970년대부터 2000년대 이후라는 수십 년의 시간은 단순한 현생인류 자료가 늘어난 것으로 그치는 것이 아니다. 자료의 수가 늘어나면서 북한에서 현생인류를 대하는 관점도 관찰된다. 1977년 자료를 기초로 본다면 〈신인〉, 즉 호모 사피엔스의 생활과 문화 전반에 걸친 설명에 집중한다. 후기 구석기시대의 인류인 〈신인〉의 문화적 설명에 관심을 가지는 동시에, 사회 진화적 계기적 발달단계인 원시사회-노예소유사회-봉건사회-자본주의사회-사회주의사회-공산주의사회 단계에서 첫 단계에 해당되는 원시사회의 사회단계에 대한 관심을 두고 있다. 세분된 원시사회단계인 원시무리사회-모계씨족사회-부계씨족사회 중에서 〈신인〉이 출현한 구석기시대 후기를 모계씨족사회로 상정하고 있음을 알 수 있다(사회과학원 고고학연구소 1977).[188] 이러한 기조는 2000년대 이후에도 꾸준히 보고된다.

북한사회의 특성상 사회의 단계적 발전은 모든 역사적 설명의 근간을 이룬다. 이는 선사와 역사 그리고 현재와 미래를 모두 설명하는 핵심적인 지표라고 할 수 있다. 그 내용을 간단히 살피면 다음과 같다. 가장 최초 단계 사회는 원시무리사회(원시공동체사회)이다. 이후, 모계씨족사회, 부계씨족사회로 전개된다. 이후 노예제사회와 봉건사회로 전개된다. 자본주의단계와 사회주의 단계를 거쳐서 공산주의 단계를 최종의 궁극의 단계로 규정하고 있다.

원시무리사회는 구석기시대의 전반부가 되고 모계씨족사회는 후기 구석기시대와 신석기시대로 규정하고 있다. 부계씨족사회는 청동기시대의 시작으로 보고 있다(력사연구소 1979).[189] 세부적인 사회단계와 문화단계는 연구자에 따라서 일부 달라진다. 그러나 전체적으로 단방향적 단계발전은 부정할 수 없다. 시간이 가면서 보다 더 정교한 사회, 보다 복합화된 사회로 이행됨을 강조한다.

표 북한이 생각하는 사회의 변화

↑ 시 간	무계급사회(classless society)	공산주의사회(communist society)
		사회주의사회(socialist society)
	계급사회(class society)	자본주의(capitalist society)
		봉건사회(feudal society)
		노예제사회(slave society)
	선계급사회(pre-class society)	부계씨족사회(patriarchal society)***
		모계씨족사회(matriarchal socirty)**
		원시무리사회(pre-clan society)*

하단부가 최초, 시간의 흐름에 따라서 위로 진행된다. 경우에 따라 사회주의사회를 완전한 무계급 사회로 규정하지 않을 수도 있다. *: 구석기시대 전기·중기, **: 구석기시대 후기, 신석기시대 전기·중기, ***: 신석기시대 후기 또는 청동기의 시작(세부적 구분은 연구자들에 따라서 다르다).

1970년대 자료에서는 화석 자체의 고인류학적 연구의 결과는 상대적으로 비중이 적음을 알 수 있다. 그럼에도 불구하고 평안남도 덕천군 승리산지역에서 발견된 〈고인〉으로 분류된 〈덕천사람〉과 〈신인〉으로 분류된 〈승리산사람〉과의 비교를 통해서 〈고인〉에서 〈신인〉으로의 전환에 관한 설명을 시도한다. 즉, 기존의 〈고인〉으로부터 이어진 〈신인〉이라는 입장을 강하게 견지하고 있다. 북한 입장에서 최초의 현생인류 화석 발견이라는 흥분과 긴장이 있었을 것이고 이를 '조선사람의 기원'으로 해석하고자 하였다. 이를 풀어가는 데 있어서 〈신인〉의 기원은 〈고인〉으로부터 기원한다는 입장을 강하게 가진다. 이러한 맥락에서 강조한 부분은 두 가지인데 하나는 앞서 언급한 바와 같이 〈승리산사람〉은 〈고인〉의 특성을 간직한 〈신인〉이라는 것이고 둘째는 시간적으로 이른 시기의 〈신인〉, 즉 시초형이라는 주장을 하게 된다(사회과학원 고고학연구소 1977: 47).[190] 이러한 사고는 최근까지도 변함없이 유지되고 있다(김춘종 외 2009).[191]

1980년대 오면서 〈신인〉의 해외 사례에 대한 언급이 보인다. 아프리카, 유럽, 아시아의 사례도 간략히 언급하고 있다(장우진 1988: 63).[192] 그러나 그 해외 자료가 현재의 북한 내 집단 이동과 확산의 연구 대상으로 적극적으로 인용되지는 않는다. 당시, 북한의 〈고인〉은 〈신인〉의 직계 선조라는 기조는 굳게 유지된다. 아울러 〈승리산사람〉은 〈고인〉의 특징이 담겨있는 〈신인〉이라는 기존 입장을 유지한다. 그리고 구체적인 이유를 제시하는데, 그 내용은 다음과 같다; 1) 〈고인〉에서 〈신인〉으로 전환하는 데 있어 체질적 특징이 점이적으로 변화됨이 관찰된다. 2) 모든 〈신인〉에게는 〈고인〉의 특성이 다소간 남겨져 있다. 3) 일부 〈고인〉은 구대륙에 넓게 존재한 성공적인 종이다(따라서 모두 사멸되기 힘들다) 4) 체질학적 발전단계상 〈원인〉-〈고인〉-〈신인〉의 계기적 특징이 보인다. 5) 〈고인〉과 〈신인〉의 고고학적 자료에서 연속된 특징이 보인다(장우진 1988b).[193]

아울러 1980년대 〈만달사람〉에 대한 구체적인 보고 자료가 출간되기에 이른다(김신규 외 1985).[194] 이 시기에 와서 체질적 특징이 대한 비교적 구체화되어 두뇌 용적, 머리 높이, 이마 경사, 미궁골, 치아, 두개골 높이 지수 등은 인류 진화의 척도를 알려주는 자주 언급되는 지표로서 자리 잡게 된다. 체질학적 지표 중 하나의 사례로서 머리 높이 정도를 들 수 있다. 이는 장두형, 중두형, 단두형으로 나누어진다(백기하 1986).[195] 해당 지표[19]는 구석기시대 인류에게만 국한되는 것이 아니고 이후 시기의 인구집단에도 적용되는 지표가 된다.

이른바, 현대 조선사람은 단두형이나, 조선사람의 원시조는 장두형을 보여준다고 주장한다(장우진 1996: 3).[196] 단두형은 진화된 모습 반면, 장두형은 원시적인 특징을 보인다고 보고 있다. 진화의 마지막 단계인 〈신인〉까지는 장두형으로 규정한다(장우진 2004).[197] 실제 화석 계측값이 적용 가능한 〈룡곡사람〉, 〈만달사람〉은 장두형으로 규정한다(장우진 2012).[198] 그러나 중석기시대를 거쳐서 신석기시대로 접어들면 이른바 조선반도의 사람들은 단두형의 특징을 보인다고 판단한다. 그러나 유럽의 경우, 단두형이 늘어난 시기는 신석기시대가 아니고 청동기시대 이후로 보고 있다(김춘종 2002).[199] 정리하자면, 북한에서 단두형과 장두형의 문제는 시간적으로 인류를 넘어 인종의 구별 문제에 적용되는 지표라고 할 수 있다.[20] 또한 공간적으로도 한반도에 국한된 지표가 아니고 광범위한 계측 지표가 된다.

⋯⋯

19) 장두형은 머리지수가 75.9 이하인 경우를 말한다. 단두형은 81.0 이상이다. 머리지수는 머리 너비/머리 길이×100으로 이루어진다(백기하 1986: 30).
20) 북한은 인류의 진화가 완성된 이후 인종이 형성된다는 사고를 한다. 이 부분은 이후 자세히 논의된다.

〈신인〉의 등장과 함께 석기 자료를 통한 구석기시대 편년구축의 주요한 성과를 보이기 시작한다. 1979－80년 황해북도 승호군에서 찾은 〈만달사람〉은 주요한 〈신인〉 관련 화석으로 자리매김된다. 해당 만달리 동굴 유적에서는 화석과 함께 석기와 골각기가 공반되어 나왔다(김교경 1981).[200] 〈만달사람〉은 구석기시대 후기의 〈신인〉 중에서도 후기형으로 자리 잡는다. 이는 공반된 유물로서 설명되는데, 흑요석으로 제작된 좀돌날 몸돌을 비롯한 구석기시대 후기의 특징을 가진 석기가 출토되었다.

만달리 동굴 유적 조사 이후 1980년대 와서 화석의 계기적 순서가 마련되기에 이른다. 2000년대 이후 여러 차례 수정을 거쳐서 (유물로서만 존재하긴 하지만) 검은모루의 〈원인〉－이른 시기 〈고인〉으로서 〈화대사람〉－늦은 시기 〈고인〉으로서 〈력포사람〉, 〈덕천사람〉－이른 시기 〈신인〉으로서 〈승리산사람〉－늦은 시기 〈신인〉으로서 〈만달사람〉이라는 '기본 공식'이 만들어지게 된다. 이는 북한식 표현으로 '인류진화발전의 합법칙성'을 마련하였다는 의의를 가진다. 북한은 '최초' 인류인 〈원인〉에서 현재의 조선민족까지 외부인의 영향 없이 면면히 이어 내려온 집단이란 인식이 강하게 심어진 시기이기도 하다. 북한식의 이른바 '피줄국가'의 구석기시대 버전이라고도 할 수 있다.

면면히 이어 내려온 이른바 조선반도의 〈신인〉의 설명과 서구에서 제안된 현생인류 기원의 설명은 항상 부합되는 건 아니다. 아프리카 기원설 등으로 대표되는 현생인류의 기원의 문제를 북한이 어떻게 받아들이는지를 살펴볼 필요가 있다(장우진 2002).[201] 2000년대 북한에서도 현생인류의 아프리카 기원설(Recent African origin Model 또는 Out of Africa Hypothesis) 언급과 동시에 다지역 진화설(Multiregional Hypothesis)[21]에 대한 언급을 하고 있다. 아프리카 기원설은 현생인류의 기원이 아프리카에서 시작하여 이들이 전 세계로 확산되고 그리고 기존의 집단을 대체하여 현재에 이르렀다는 이론이다. 반면, 다지역진화설은 명칭에서도 알 수 있듯이 현생인류의 기원이 아프리카 이외에도 다양한 지역이라는 점을 강

---

21) 북한은 아프리카 기원설을 '노아의 방주모형', 다지역진화를 '연속진화'라고 부르기도 한다 (장우진 2002).

조한다. 아프리카, 아시아, 유럽 등 지역별로 존재한 기존의 인류들이 각각 진화하여 현재의 현생인류가 되었다는 이론이다.

표 2000년대 이후 자료를 통해 본 북한의 인류 진화 주요 내용

시기 구분	화석 인류	주요 내용	출전
구석기 시대 후기	늦은 시기의 〈신인〉인 〈만달사람〉	늦은 시기의 신인, 좀돌날석기의 제작	장우진 외 2009
	이른 시기의 〈신인〉인 〈룡곡사람〉, 〈승리산사람〉	7만 1,200년 – 4만 9,900년 〈랭정사람〉, 〈중리사람〉과 유사시기	김춘종 2007; 김춘종 외 2009; 장우진 외 2009
구석기 시대 중기	늦은 시기의 〈고인〉인 〈력포사람〉과 〈덕천사람〉	고인의 원시적인 특징과 신인의 진보적인 특징이 모두 존재, 이전과 이후의 인류를 이어주는 존재	장우진 외 2009
	전 세계적으로 가장 이른 〈고인〉인 〈화대사람〉	지구상에서 가장 이른 시기에 속하는 고인, 30만 년 전	고광렬 2015
구석기 시대 전기	화석 대신 유물만 존재하는 검은모루의 〈원인〉	최초 단계의 사람 증거	장우진 외 2009

출전: 장우진 외 2009; 김춘종 2007; 김춘종 외 2009; 고광렬 2015[202][203][204][205]

Out of Africa Model   Multiregional Model

modern
humans

archaic
humans

*Homo
erectus*

아프리카 기원설: 현생인류는 이전의 인류를 대체하여 구대륙을 비롯한 전 지역에 확산한다.
도면의 창 모양을 지역(예를 들어 아프리카, 아시아, 유럽 등)으로 생각하
면 된다.
다지역 진화설: 현생인류 이전의 인류들이 각각의 지역에서 고유 진화하여 현재의 현생인류
가 된다. 각 지역 간 약간의 교류가 있었다. 그리하여 각 지역의 인류가 종격
리로 서로 다른 별개의 종이 되지 않고 하나의 동일한 종이 되었다(희미한
선 참조).

출전: 위키미디어 커먼스206)

　　북한의 입장에서는 자신의 기원을 외부에서 찾지 않기에 당연히 다지역진화
설에 비중을 두고 있다. 그리고 이를 입증함에 있어서 4만 년 전 이전의 〈신인〉
의 증거를 주요 주제로 삼는다. 북한에서 4만 년 전은 후기 구석기시대의 시작이
면서 동시에 〈신인〉의 등장 시점이다. 확실하지 않지만 유럽의 호모 사피엔스에
의한 후기 구석기시대의 문화의 시작을 일종의 기준 아닌 기준으로 삼는 것으로
보인다.

북한에서 '신인발생 4만년설'(장우진 외 2009: 65)[207]은 하나의 중요 담론으로 규정하는 것으로 보인다. 아울러 이는 극복의 대상이기도 하다. 아프리카 기원설에서 〈신인〉은 오직 아프리카에서만 발생하고 나머지 지역은 대체됨을 강조하기 마련이다. 즉, 기존의 인류가 사라짐을 의미한다.

그런데 만약 현생인류가 4만 년 전 이전에 출현한다면? 이는 두 가지로 볼 수 있다. 하나는 외부의 현생인류가 4만 년 전보다 이전에 한반도로 더 일찍 유입되었다고 볼 수 있다. 다른 하나는 애초에 현생인류가 외부에서 유입된 것 아니고 지역 내 이미 존재한 인류가 진화한 것으로 볼 수도 있다. 북한은 전자가 아닌 후자를 강조하고 있다.

북한의 논리에서 인류가 4만 년 전보다 더 오래되었다면 이는 외부에서 유입된 현생인류가 아니고 자체적인 현생인류의 발현으로 볼 수 있다는 것이다. 북한의 아프리카 기원설에 대응하는 북한식 다지역 진화설의 요체는 비유한다면 '신인발생 4만 년 전 이전'이 된다. 즉, 북한에서 4만 년 이전의 〈신인〉의 흔적, 또는 〈고인〉과 〈신인〉의 중간단계를 찾고 밝히는 일이 중요해진다.

그래서 그런지 몰라도 북한에서는 출토되는 인류 화석의 시간적 의미를 고찰하려는 노력이 보인다. 그 노력의 첫 번째는 〈룡곡사람〉이다. 〈룡곡사람〉이 출토된 룡곡 동굴유적은 연대 측정에서 많은 논란이 있는 유적이다(한창균 2020).[208] 물론 북한 역시 연대의 모호함을 인정하는 것으로 보인다. 일부 지점에서 71,200－49,900년 전이라는 연대값을 제시하기도 하지만(장우진 2002: 50),[209] 보다 보수적으로 본다면 기존의 우라늄시리즈법(Uranium series dating), 열형광측정법(Thermoluminescence dating), 전자스핀공명법(Electron paramagnetic resonance)을 종합적으로 살펴서 약 4만 년 전 이상이 된다고 주장하기도 한다. 〈랭정사람〉의 경우, 다양한 측정방법으로 절대연대값을 확보하였고 최고 오래된 값을 보여주는 결과는 전자스핀공명법으로 구한 52,000년이다. 〈중리사람〉의 경우는 정확한 연대값을 제시하지는 않지만 〈룡곡사람〉, 〈냉정사람〉과 동일하게 4만 년 전 이상으로 보고 있다(장우진 외 2009).[210] 이를 통해서 〈신인〉 발생의 지역으로 동아시아에서 북한지역을 거론하는 근거가 된다(장우진 2002: 50).[211]

북한이 아프리카 기원설에 부정적 의미를 보이는 또 다른 이유는 바로 피줄 국가의 정체성에서 찾을 수 있다. 특히 〈신인〉의 경우는 인류 시기의 마지막 집단으로 이후 시기로 넘어가는 데 중요한 지점에 있다고 볼 수 있다. 〈신인〉은 면면히 흐르는 〈고인〉의 피를 이어받아 이후 집단인 이른바 조선옛류형사람의 피를 전달하여 주는 매개 역할을 한다. 외부의 피에 더럽혀지지 않은 순수한 '피줄'의 〈신인〉이 강조될 수밖에 없다.

조선민족의 기원은 단군조선에서 찾아지고 그 계보는 신석기시대 조선옛류형사람에게서 찾아진다. 그리고 그 조선옛류형사람은 거슬러 가서 구석기시대 〈신인〉에게서 찾아진다. 즉, 민족을 시간적으로 확장시키면 〈신인〉까지 올라가는 것이다. 물론 〈신인〉에서 〈고인〉 그리고 〈원인〉으로도 그 의미는 확장된다. 이러한 계보를 중시하는 입장에서 인류 단위에서 선행과 후행은 우리가 생각하는 그 이상의 의미를 가질 수밖에 없다. 그 의미는 물론 순수인종 그리고 피줄국가와 지극히 중요한 관련성을 가진다.

5. 북한만의 고유한 인류진화

지난 수십 년간의 북한의 고인류학적 성장은 지극히 독특한 전개 양상을 가진다. 구석기 고고학, 고인류학이라는 학문의 성장에서 일차 자료가 되는 유물과 화석은 풍부하다. 이를 이해하고 해석하는 데 있어서 북한의 이론과 방법은 북한만의 고유함을 유지하고 전개해 왔다. 그렇다고 해서 북한이 외부의 소식에 눈과 귀를 닫은 것은 전혀 아니다. 다만 북한이 가진 학문적 경험과 북한이 처한 정치·사회적 맥락 그리고 해외 자료가 뭉쳐진 북한만의 고유한 전개방향을 가지게 된 것이다.

그렇다면 지금까지 살핀 북한이 사용하는 인류 단위를 통해서 우리가 낯설어하는 북한의 인류 진화를 정리해볼 필요가 있다. 그 부분은 크게 세 가지로 구분된다; 단위/단계, 민족, 인용이다. 첫 번째로 단위/단계는 본문에서 이미 언급한 바와 같이 화석의 명칭과 분류의 문제로서 학명 중심의 남한과 매우 차이가 있는 부분이다. 해당 부분의 옳고 그름을 떠나서 이는 위에서 제시한 남한 연구자가 가장 생소하게 느끼는 부분이다. 두 번째로 민족의 문제이다. 북한의 인류 진화는 인류 진화로 끝나는 문제가 아니고 민족으로 귀결되는 특성이 가진다. 해당 부분의 이해는 북한의 인류 진화를 이해하는 열쇠가 될 수 있다. 현재의 북한 집단정체성의 개념어인 조선민족과 직·간접적인 연관을 항상 염두하고 인류를 바라보고 있다. 마지막 세 번째는 폐쇄적인 국가 구조임에도 불구하고 인용되는 해외 자료에 있다. 북한식 특유의 해외 자료 인용은 북한의 인류 진화를 보는 또 하나의 창인 동시에 현재 우리가 해외 자료를 보는 시각의 차이성을 알려주는 신호등 역할을 한다.

북한이 현재 공고히 규정한 인류 진화 단위/단계를 정리할 필요가 있다. 북한에서 사용되는 인류 단위/단계(〈남방원숭이〉-〈능인〉-〈원인〉-〈고인〉-〈신인〉)는 처음에는 하나의 독립된 종의 개념에서 시작을 하였다. 그러나 현재는 대부분 단위/단계들은 특정한 종의 지위는 유지된다고 볼 수 없다. 〈남방원숭이〉는 초기부터 특정한 종의 의미보다는 현재의 사람의 분류 체계로 본다면 〈오스트랄로피테쿠스아족〉의 성격을 가진다. 그러나 북한의 입장에서 어느 기준으로 보고 있는지가 불분명하기에 현재로서 〈남방원숭이〉에 대한 정확한 북한의 시각을 알기 어렵다.

〈능인〉의 경우 호모 하빌리스로 인식하였으나, 북한 역시 부분적으로 인정하듯이(김춘종 외 2009: 59),[212] 〈능인〉을 〈능인〉 단계의 여러 종들이 존재하는 하나의 속으로 보아야 된다는 시각을 가지고 있다. 그러나 이를 적극적으로 적용을 하는지에 대해선 의구심이 든다.

〈원인〉의 최근 경향을 살피면 북한도 특정한 종으로 인식하지 않는 것으로 보인다. 비록 다른 인류 단위들과 마찬가지로 사용을 하고 있으나, 호모 에렉투스와 함께 호모 에르가스터 화석의 언급을 보아서(김성일 2012)[213] 하나의 종으로 규정한다고 볼 수는 없다.

〈고인〉은 앞서 지적한 바와 같이 1980년대부터 네안데르탈인으로 규정하지만 한편으로 매우 다양한 분류 기준을 제시하여 설명하고 있다(장우진 1988b).214) 최근에는 〈고인〉을 네안데르탈인에서 옛 호모 사피엔스로 규정함으로써(김성일 2012)215) 학명이 아닌 일반 명칭으로 묶어서 표현을 하기도 한다.

〈신인〉은 특정 종을 지칭하는 용어로 남아있다. 말 그대로 〈신인〉은 하나의 종을 의미한다. 그러나 그 종을 바라보는 시각은 광의적으로 또는 협의적으로 다양한 입장에서 의미를 파악하는 것으로 보인다. 경우에 따라서는 호모 사피엔스로 또는 호모 사피엔스 사피엔스로 불리고 있는 것이 확인된다(김성일 2009; 장우진 2009).216)217)

북한의 '인류진화발전의 합법칙적 과정'(장우진 1988b: 59)218)은 1980년대 이래 2000년대 이후(한금식 2014: 40)219) 꾸준히 사용되는 개념이다. 따라서 〈남방원숭이〉−〈능인〉−〈원인〉−〈고인〉−〈신인〉이라는 단위이자 단계는 매우 공고히 유지되고 있다. 설사 새로운 종의 발견이 있고 새로운 이론이 있다고 할지라도 이를 능동적으로 수용하려는 의지를 가지지 않는다. 분류 단위에 대한 북한의 시각을 우리의 시각으로 본다면 의아함을 가질 수밖에 없다.

북한의 입장에서는 인류의 종 다양성보다는 종 연속성에 관심을 가진다. 북한이 인류 진화 주요 단계의 시작으로 보는 〈원인〉부터 〈신인〉까지의 과정에서는 특히 그 계보에 의한 변화의 설명에 집중을 한다. 북한에서 생각하는 인류의 진화는 '조선 강토에서 일어난 인간 진화과정'을 푸는 것이 주된 과제이다. 일차 자료의 확보가 어느 정도 이루어진 현 단계에 와서는 더욱 범지구적인 진화의 과정이 아닌 북한에서 발생한 진화 과정을 푸는 일에 집중을 하고 있다. 이는 북한의 집단정체성의 기원과 변화를 읽어내는 데 주력한다는 뜻이고 그 연장선은 시간적으로 이후의 집단정체성을 지시하는 단위로 이어진다.

04

인종

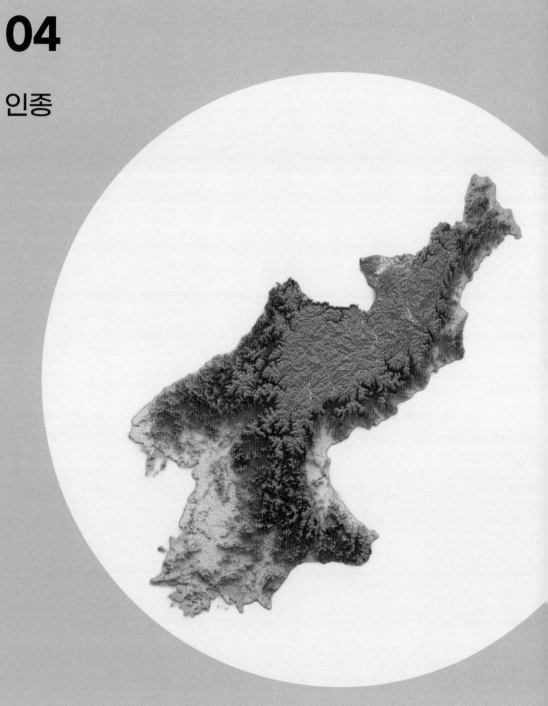

1. 순수한 이어짐의 중간자, 인종

북한을 대변하는 주요 대표어의 하나로서 유격대국가를 설명한 바 있다. 빨치산의 행위 그 자체를 따르는 것이 애국하는 행위가 된 북한에서 그 행위가 전개된 1930년대는 중요한 의미를 가진다. 1930년대 김일성과 그의 부대의 활동은 현재의 북한인들에게는 가장 중요한 기억이다. 그 기억은 모든 북한인들에게 항상 현재로 소환이 된다. 그 기억은 특정 인물의 기억이 아닌 북한인 전체의 기억, 즉 국가의 정체성이 된 지 이미 오래다. 1930년대의 강조는 일차적으로는 김일성의 강조이고 빨치산국가로서 북한의 정체성이 되었다.

1930년대 혁명전통을 굳건한 정통성 있는 이념으로 만들기 위해서 북한은 이어짐을 사용한다. 북한인들은 1930년대를 현재로 확장시키고 있다. 그 확장은 거기서 멈추지 않는다. 그 확장은 공간보다는 시간에 집중한다. 그리고 그 시간은 미래보다는 과거에 집중한다. 한 치도 의심할 수 없는 정체성을 만들기 위해서는 과거라는 시간을 빌린다. 북한이 현재를 합당화하기 위해서 1930년대를 빌리듯이, 1930년대를 합당화하기 위해서는 그 이전으로 시간여행을 한다. 그 기원은 수천 년 전 고조선인으로 이어진다. 수천 년 전 단군시조의 시간대로 시간여행은 진행된다. 단군의 주요 공간은 평양이고 단군의 주요 하천은 대동강이 되며 단군의 주요 계승자는 북한인 동시에 김일성이라는 구도가 만들어진다. 그런데 여기서 멈추지 않는다. 단군의 정통을 확고하게 하기 위한 시간여행은 멈추지 않는다. 그 시간은 거의 무한대로 나아간다. 수만 년 전 아니 수십만 년 아니 백만 년을 넘기도 한다. 현재의 순수한 북한인은 단군시조가 순수해서 가능한 것이고 구석기시대 〈신인〉, 〈고인〉, 〈원인〉이 순수하였기에 가능한 것이다.

　구석기시대 인류 그리고 문화는 결국 단일한 혈통의 사람들이 외부의 영향을 받지 않고 이어졌다. 100만 년 전 이전에 이미 한반도에 사람이 살았고 그 최초의 증거는 검은모루 동굴 유적에서 찾아진다. 전기 구석기시대를 이루었던 그 사람들은 잠시 머물다 사라진 집단이 아니다. 그들은 중기 구석기시대의 〈고인〉 그리고 후기 구석기시대의 〈신인〉을 거쳐서 현재의 조선민족으로 이어진다. 이어짐의 강조는 순수함의 강조로 이어진다. 이어짐의 과정이 단일하고 순수하였음을 강조한다. 북한에서의 '피줄'은 이어짐과 순수함의 다른 말이다.

　북한의 구석기 연구자의 입장에서 설명을 한다면 아마 이러한 내러티브가 만들어질 것이다. '보라! 우리의 '피줄'은 외부의 영향이 없이 면면히 이어온다! 그렇다면 남은 과업은 분명하다! 이어짐이 훼손하면 안 된다. 그 순수함이 이어져야 한다. 순수한 조선민족에 도전하는 세력이 너무 많다. 과거의 일제 식민주의자, 현재의 미제국주의자 그리고 남조선의 세력까지 모두 조선민족을 훼손하는 세력들이다. 이 위험에서 구출할 수 있는 최고지도자 필요하다. 이것이야말로 순수한 우리의 '피줄'을 보존하는 방법이다.'

　그런데 순수한 '피줄'이 면면히 이어왔음을 증명하여 주어야 한다. 그 증명 작업은 고고학이 담당한다. 고고학적으로 현재 정체성의 기원들이 순수함을 유지하면서 이어져왔음을 설명하기 위해서는 각 시대에 맞는 설명이 필요하다. 여기서 기원은 단수가 아니고 복수가 되어야 한다. 사람을 분류하는 여러 단위는 시대에 따라서 달라지기 때문이다. 그 단위가 민족이 될 수도 있지만 겨레가 될 수도 아니면 인류가 될 수도 있기 때문이다. 100만 년 전에서 수만 년의 시간은 인류라고 통칭되는 사람들이 단위를 대표한다. 현재는 여러 명칭 중에서 민족, 즉 조선민족이 대표적으로 사용된다고 볼 수 있다.

　북한에서 순수한 이어짐은 북한식 이상적 진화라고 볼 수 있다. 이는 일종의 법칙, 즉 역사적 합법칙성이 된다. 100만 년 전 인류에서 현재의 조선민족 사이에 이어짐이 굳건히 그리고 훼손되지 않고 유지됨을 설명함에 있어서 인류와 민족이 아닌 집단을 지칭하는 다양한 분류 단위가 동원된다. 인류, 인종, 씨족, 종족, 족(겨레), 민족 등 다양하다. 그중에서 인류의 시대를 바로 이어서 민족으로 이어주는 중간자적 위치에 있는 것이 인종이다. 그 인종 중에서 이른바 조선반도에 특화된 인종이 바로 조선옛류형사람이다.

1970년대 북한에서 인류와 인종의 문제에 대해서 최고지도자가 직접 교시를 내린 바 있다; '… 력사학에서는 자본주의발생발전에 관한 문제뿐만아니라 고조선문제, 노예사회문제, 인종문제들도 해명하여야 하며…'(리주현·한은숙 2009: 44).[1] 이와 동일한 맥락에서 최고지도자가 '인종문제를 해명하기위한 사업에도 깊은 관심을 돌리시고'라는 표현도 등장한다(리주현·한은숙 2009: 60).[2] 북한 사회의 특성상 교시가 가지는 규정력의 강도를 생각한다면 인종의 문제는 단순한 학문적 연구대상을 넘어 국가적 사업이 되었다고 볼 수 있다.

2. 남과 북이 서로 다르게 쓰는 단어, 인종

분단 이후 남한과 북한에서 같은 단어이지만 그 뜻이 상당히 달라지는 경우가 많다. 그 대표적인 단어 중의 하나는 바로 인종이다. 인종은 남한과 북한에서 이제는 상당히 다르게 쓰이는 단어가 되었다. 사실 이 단어는 더 이상 단어가 아니고 개념어가 된 지 오래다. 그러나 세상의 모든 단어가 개념어가 되는 건 물론 아니다(박찬승 2010).[3] 전문적인 단어는 개념어로 '승격'되지 않고 단어로 그대로 남아있는 경우가 허다할 수 있다. 오랜 시간 동안 논쟁, 반복, 사랑, 증오가 교차한 단어, 그 단어에 무한한 가치를 부여하기도 하고 그 가치에 수많은 감정이 교차할 때 그 단어는 개념어가 된다. 자동차의 기술적 용어, 가령 '점화플러그'와 같은 단어에 풍부한 개념성이 부여되기 어렵다. '압축된 연료를 점화시키는 자동차 실린더 내부에 장착되는 장치'라는 정의 이외의 밀도 높은 개념이 녹아있기 힘들다. 그러나 '민주주의', '평등', '자유' 등과 같은 단어에는 풍부한 개념이 응축되어 있다.

　마찬가지로 인종은 단순한 정의 그 이상의 개념어이다. 인종이라는 단어가 단순 기능과 목적을 넘은 개념성을 가지는 데 있어서 집단정체성을 살피지 않을 수 없다. 집단정체성의 이해와 해석의 과정에서 탄생하고 생산되고 소비되고 변형된 수많은 용어가 있다. 집단의 정체성을 규정하는 데 사용된 단어는 생겨나서 즐겨 사용되고 또는 변형되고 사라지기 마련이다. 앞서 마이어스의 순수인종을 언급하면서 인종이라는 단어를 사용하였다(브라이언 마이어스(고명희·권오열 역) 2011).[4] 마이어스의 인종은 특정한 집단을 은유적으로 표현하였다고 볼 수 있다. 즉, 인종학이 사라진 서구의 시각에서 인종을 은유적으로 표현하였다고 볼 수 있다. 정치·경제·사회·문화적으로 매우 특별한 집단을 지칭하기 위해서 사용하였다. 그런데 북한의 시각에서 인종은 그러한 은유의 대상이 아니다. 실체가 있는 엄연한 학문적인 대상이 된다. 집단의 정체성을 상징하는 용어가 아닌 직시하는 용어이다. 즉, 실천적 힘이 있는 단어이다.

　민족은 가장 대표적인 집단정체성을 지시하는 용어이자 동시에 밀도 높은 상징이 농축된 개념어이다. 1900년대 초반 대한제국 시기 이후 적극적으로 등장한 용어 '민족'(이진경 2007)[5]은 말 그대로 어마어마한 개념어로 성장하였다. 기본적으로 개념어로 성장하기 위해서는 논쟁과 그 논쟁이 진행되는 시간이 요구된다. 즉, 논쟁이 커져 나가는 절대 시간이 요구된다. 민족은 100년의 시간 속에서 자라난 개념어이다.

　한편, 인종은 어떠한가? 인종은 민족과 거의 유사한 시기에 성장하여 개념어가 되었다. 민족이 단어에서 개념어로 커져 나가던 바로 그 시기 즈음, 인종 역시 단어로 도입되고 그리고 개념성이 녹아들어 가기 시작하였다. 어쩌면 민족만큼이나 아니면 한 집단의 정체성을 이해하기 위한 단어로서 인종은 중요한 의미를 가진다고 본다. 민족이 갑자기 등장하였다는 말은 그 민족이 그전에는 우리에게 생소한 단어란 뜻이다. 인종도 마찬가지이다. 황인종이라는 인종은 우리에게 낯선 단어였다. 어느 날 갑자기 황인종이 된 셈이다(마이클 키벅(이효석 역) 2016).[6]

출전: 위키피디아[7)]

민족의 경우, 활발한 의미의 수용이 이루어졌고 의미가 풍부한 개념어가 되었다. 사실, 그 의미의 수용과정이 역사적 서술의 대상이다(이진경 2010).[8)] 'Nation'의 번역어가 구한말 대한제국인에게, 식민지 조선인에게 그리고 북한과 남한의 구성원에게 수용되어 갔다. 잠시의 외면이나 억압은 있었을지언정 수용의 과정은 줄곧 이어졌다. 인종도 고유의 수용의 역사가 있다. 그러나 그 역사는 민족의 수용의 역사에 비해서는 상대적으로 적게 알려져 있다.

타자의 역사성으로 만들어진 단어가 이식되는 수많은 순간을 우리는 충분히 겪었다. 그리고 이제는 그 이식이 이식으로 끝나지 않고 충분히 내재화되기에 이르렀다. 좋든 싫든 민족과 마찬가지로 인종도 내재화의 길을 걷게 된다. 1900년대 진행된 인종의 개념어는 이미 역사의 기차를 타고 운행하기 시작하였다. 그 기차는 1945년과 1948년의 전환기를 거치면서 서로가 다른 궤적을 그리며 역사를 만들어가게 되었다. 단어이자 개념어인 인종은 이제 남과 북이라는 체제 속에서 새로운 역사성을 가지고 내재화되고 있다.

그런데 개념어 인종은 이제 남과 북이 공유하는 사고의 표현형으로서 바라볼 수 없게 되었다. 남과 북이 서로 달리 쓰는 다의어가 된 지 이미 오래다. 과연 현재의 간극이 어떠한지를 알기 위해서는 1948년 두 체제가 구성된 이후, 해당 개념어가 어떻게 적용되고 소비되고 변형되었는지를 살필 필요가 있다. 체제, 즉 자본주의와 사회주의라는 거대하게 강요되고 구분된 체제 안에서 인종이란 단어는 굴절의 과정을 거치게 된다.

인종은 문서상의 단어로만 그치지 않는다. 이는 실천적 힘을 가지기도 한다. 인종은 단순한 수사로만 머물 수도 있지만 구체적인 실천 강령으로 표출되기도 한다. 선언적이면서 한편 실천적 요소를 가질 수 있다. 예를 들어 편협한 인종적 정체성 그리고 극단적 인종관을 가진 집단이라면 그 정체성을 표출하기 위한 실천적 장치를 마련할 것이다. 그것은 '이민제한법'이 될 수 있고, '위생법'이란 이름하에 특정 집단의 강제수용으로도 실천될 수 있다.

다시 말해서 용어는 실천이라는 과정을 통해서 실체로서 다가온다. 예를 들어 용어 민족에서, '유구한 민족'을 실천하기 위해서는 '유구한 민족'이 만든 물질성에 대한 구체적인 보존과 활용이 필요하고, 얼마나 유구한지에 대한 학문적 검증이 필요하다. 고고학적 성과가 적용되기도 하고, 적용된 성과의 재해석으로 '유구한 민족'이 강화되는 과정을 거치기도 한다.

인종도 마찬가지이다. 만약 인종을 중요한 정체성을 정의하는 데 사용한다면 인종을 강화하는 작업이 요구된다. 북한이 바로 그 예이다. 순수한 인종, 면면히 이어진 인종을 주장하는 데 있어서 필요한 부분은 그 속성을 증명하는 작업이다. 그 작업을 북한은 지난 수십 년간 꾸준히 하고 있다.

3. 인종의 이미지

개념어 '인종', 남과 북은 상이하게 이해하고 사용하고 그리고 때론 폐기하고 있다. 인종이라는 단어를 듣는 순간 남한에서는 아마도 인종차별, 인종혐오, 인종갈등을 떠올리게 된다. 그다지 유쾌한 단어로 인식되지 않는다. 북한은 어떠할까? 북한 역시 많은 글에서 인종을 부정적으로 인식하는 것으로 보인다. 정확히 본다면 인종 그 자체보다는 '인종주의'가 부정적으로 받아들여진다. 북한의 글의 제목만 보더라도 이를 느낄 수 있다. 논문 제목, 「인종주의의 반동성」(백기하 1965),[9] 「부르죠아인종주의의 반동적본질」(장영철 2015)[10] 그리고 저서 『미제국주의는 인종주의의 아성이다』(김정일 2002)[11]는 인종의 부정적 시각을 그대로 보여준다.

북한 신문에서도 인종주의는 부정적인 이미지로 등장한다. 1950년대부터 최근까지 『로동신문』 기사 제목 몇 가지만 보더라도 수십 년간 일관적으로 인종주의의 부당성을 알리는 것을 알 수 있다; 「미국 인종주의자들의 만행」(로동신문 1957),[12] 「남아 련방에서 인종주의적 폭압을 반대하는 아프리카인들의 총 파업 개시」(로동신문 1961),[13] 「제국주의와 식민주의 인종주의를 반대하는 인민들의 민족해방운동을 전폭적으로 지지한다」(로동신문 1970),[14] 「로데시아는 인종주의무덤으로 되고있다」(로동신문 1977),[15] 「공화국정부는 인종주의와 인종차별의 청산과 새 세계를 건설하기 위하여 모든것을 다할 것이다」(로동신문 2007),[16] 「인종주의를 근원적으로 청산하기 위한 노력」(로동신문 2019).[17]

이것만 본다면 남과 북이 공통의 시각을 가지는 것으로 생각될 수 있다. 그러나 인종주의가 아니고 인종이라는 개념어의 단계로 들어가면 공유하는 지점은 희미해진다. 학문적 연구 대상으로서 남과 북의 차이는 커진다.

남한 입장에서 인종은 생물학적으로 그리고 인문학적으로 정의가 달라진다. 기본적으로 인종의 기준이란 사람을 분별함에 사용되는 단위이기에 집단이 과연 어떠한 차이가 있는지에 대한 기준에 따라 달라진다. 물론 동일한 학문 단위 안에서도 그 의미는 달라지기 마련이다. 하지만 대체적으로 생물학적인 의미에서는 인종은 일종의 종내집단(intraspecies populations)의 차이에 따라서 인종이 달라진다고 본다. 즉, 지역적 차이로 인한 형질적 변이를 가진 집단의 차이 정도로 이해될 수 있다(이선복 2018: 23).[18] 한편 인문·사회적으로는 인종은 생물학적(체질적) 요소와 지능, 감정, 혈통 등 문화적 요소와의 결합을 통해서 이해된다(김광억 외 2005: 20).[19] 그러다 보니 인종은 민족, 종족 등과 교차 또는 혼용 사용되는 용어가 된다.

비유하자면 상대적으로 변이의 시간이 많이 걸리는 생물학적 변이와 상대적으로 시간이 적게 걸릴 수도 있는 문화적 변이가 교묘하게 결합된 양태로 현재 남한에서 인종이 이해되고 있다. 그러나 이러한 생각도 일반적이라고 말하기 어렵다. 현재의 많은 연구자들은 인종은 비과학적 분류이기에 과학의 연구 대상을 보고 있지 않다. 따라서 인종은 생물학적 연구의 대상이 아니다(국립중앙박물관 2021: 230).[20]

인종의 개념을 비교적 일찍 고안하고 사용한 서구에서도 혼란스럽기는 마찬가지다. 서구에서 18세기에서 20세기라는 엄청난 시간 동안 인종을 정의하는 데 개입된 속성은 문화, 종교, 국가, 언어, 에스닉, 지역 등 너무나도 다양하다(N. Stepan 1982).[21] 다양한 만큼 인종의 의미도 선과 악, 부정과 긍정, 객관과 주관 등이 난무할 수밖에 없었다. 따라서 그 개념 역시 단일하게 규정하기 어려웠다. 혼란스러운 인종 개념을 수입한 일본 역시 당연히 사정이 크게 다르지 않았다. 1800년대 말 1900년대 초 일본에서 인종과 민족 간의 구분은 결코 뚜렷하지 않았다(사카노 토오루(박호원 역) 2005).[22] 한때, 인종을 열등과 우등으로 구분할 수 있는 대상으로 보거나, 민족을 포함해서 인종 역시 국민, 종족 등과 각각의 차이성을 명확히 가지지도 않았다.

인종의 시각은 혼란스럽지만 최소한 서구중심의 세계관에서의 공통점은 현재 인종은 과거의 인종학이 바라보았던 시각으로 살피지 않는다는 점이다. 즉, 유형적 분류하에 진행된 인종주의적 연구, 우생학으로 대표되는 연구단위는 진지한 학문 대상이 이제는 아니다. 남한 역시 이러한 사고와 궤를 같이한다. 한반도의 인간집단을 아시아인의 하나로 보고 나아가서 인종단위로 분류하고 이를 유형화하여 연구하던 시도는 사라지고 있다. 일반인의 인식과는 차이가 있을 수는 있지만 이제 인종에 대한 학문적 인식은 유형론적 인종관념에서 탈피하였다고 볼 수 있다(현재환 2018).[23]

어쩌면 학문명칭의 변화가 인종을 대하는 학문적 입장을 대변한다고도 볼 수 있다. 과거, 이차대전 이전 우생학의 수행 연구단위인 체질인류학(physical anthropology)이 현재는 생물인류학(biological anthropology) 또는 고인류학

(paleoanthropology)으로 많이 불리고 있다는 점을 들 수 있다. 서구의 경우, 체질인류학이라는 이름하에 진행된 우생학의 부정적인 인식 때문에 학과명에서(물론 현재도 일부 전통적인 학과명으로 존재하기도 하지만) 기존의 physical anthropology 보다는 biological anthropology로 더 많이 불리는 것으로 보인다. 이차대전 이후, 체질인류학의 위치는 많이 변화되었다. 1951년 위시본(S. Washburn)에 의해서 주창된 신체질인류학(new physical anthropology) 사고는 인간 진화와 관련된 새로운 융합적인 연구 지향을 보이는 계기가 되었다고 볼 수 있다(J. Mikels-Carrasco 2012).[24] 체질인류학(physical anthropology) 대신 생물인류학(biological anthro-pology)을 사용하면서 과거의 인종학과 구분되는 연구 단위를 제시하였다고 볼 수 있다. 따라서 인종적 분류, 인종적 우열성을 연구와는 결별을 한 것이 현재의 생물인류학이라고 할 수 있다.

북한은 사정이 어떠할까? 위의 간단한 기술에서 밝힌 사건들과 접촉할 기회가 쉽지 않았을 것으로 추정된다. 북한은 1950년대 자본주의 국가들이 취한 위시본식 신체질인류학 대신에 다른 접촉면을 가졌다. 북한은 자신들만의 독특한 역사적 과정으로 인종을 개념화하고 실천하였다. 그렇다면 과연 어떠한 과정을 겪고 그리고 그 실천이 어떠한 양상으로 전개되었는지를 살필 필요가 있다. 이를 알기 위해서는 북한의 학술 문헌에서 언급되는 인종을 통해서 그 특징을 살필 필요가 있다.

4. 집단을 분류하는 단위들

단어로서가 아니고 개념어로서 인종을 이해하기 위해서는 인종에 투영된 집단을 이해할 필요가 있다. 인종은 특정한 시간, 특정한 시기, 특정한 신체의 집단을 규정하는 단어이자 개념어임을 생각할 필요가 있다. 그렇다면 그 집단의 정체성을 살펴야 한다. 그런데 그 집단의 정체성을 살피기 위해서는 집단을 지칭하는 다양한 단어이자 개념어를 또한 살피어야 한다. 인종만이 집단을 지칭하지 않기 때문이다. 인종과 비교되는 집단을 지칭하는 단어이자 개념어를 살피면서 인종의 의미를 확인하는 과정이 필요하다.

북한에서 인종은 집단을 분류하는 여러 단위 중의 하나이다. 북한에서, 최소한 고고학적 입장에서 집단을 부르는 명칭은 다양하다. 위에서 잠시 언급한 인류, 인종, 씨족, 종족, 족(겨레), 민족 등이 사용된다. 집단을 분류하는 여러 단위 중의 하나가 인종이기에 이를 이해함에 있어서 분류 단위의 이해는 필요하다. 따라서 최소한 인종과 연접한 단위에 대한 설명은 필요하다.

이 글에서 살펴볼 단위는 인류, 인종, 씨족, 종족, 족(겨레), 민족이다. 각 단위에 대한 설명을 하기에 앞서 북한이 생각하는 단위의 근간을 알아볼 필요가 있다. 생명을 분류함에 있어서, 본질론(essentialism)과 유물론(materialism)의 시각은 크게 다르다(마이클 오브라이언·리 라이맨(성춘택 역) 2009).25) 본질론에서는 생명의 분류 단위는 고정된 실체 그 자체로 판단한다. 견고한 유형적 성격을 가진다. 현생인류와 네안데르탈인으로 규정된 단위는 명백히 존재하고 있고 그 차이는 분명하다는 생각이다. 반면에 유물론에서는 모든 변화는 끊임없이 일어나고 있으므로 유형(type)이란 지극히 임의적인 것으로 본다.

이를 무지개로 예를 들어 설명하면 다음과 같다. 태양광의 가시광선이 분산되어 나타나는 현상인 무지개의 색은 과연 몇 가지나 될까 생각해 보자. 일반적으로 무지개의 색은 7가지로 알려져 있다. 그러나 문화적 차이에 따라서 색의 수는 다르게 이야기된다. 과거 동양에서는 무지개의 색을 5가지로 표현하기도 하였다. 반면 과거 미국에서는 6가지로 보기도 하였다. 중동 및 아프리카의 경우에도 일반적 상식으로 알고 있는 7가지 색과는 다르게 인식한다. 혹은 빛의 스펙트럼을 보고 이를 과학적으로 200여 가지 이상으로 분리하기도 한다. 그러면 어떤 것이 옳은 정답일까? 사실, 정답을 찾는 게 무의미하게 느껴지기도 한다. 본질론으로 무지개를 보면 색이 개수가 중요하지만 유물론으로 본다면 그 개수는 큰 의미가 없을 수 있다.

다시 돌아와서, 유물론적 입장에서 사람의 변이를 본다면, 모든 것이 점진적으로 변화하고 있으니 고정된 실체라는 부분에 대해서 회의적이다. 그렇다면 다음 질문이 생긴다. 이러한 시각에서 그 분류 단위는 의미가 과연 있기나 한 것인가? 그 대답은 그래도 있다고 보아야 한다. 분류가 없다면 모든 것이 결국 하나일 뿐이기에 비교 자체가 불가능해진다. 100만 년 전의 인류와 현재의 호모 사피엔스를 동일하게 본다면 그 기간 동안의 진화의 설명은 힘들어진다. 그래서 분류 단위는 특정한 기준에 따른 임시방편적 의미는 가질 수 있다. 결국, 본질론과 유물론에서 생명을 바라보는 차이는 상당히 크다.

그렇다면 북한은 과연 생명을 어떻게 보는가? 전체적인 면모는 해당 연구서의 범위가 아니기에 다룰 수 없다. 그러나 최소한 고고학적 입장에서 보는 인류 단위와 인종 단위는 지극히 본질론적 성격이 강함을 알 수 있다. 즉, 각 단위를 고정된 실체로 인식하고 있음을 알 수 있다. 보다 자세한 내용은 각 단위의 설명을 진행하면서 살피기로 한다.

1) 인류

인류 부분은 이미 자세히 지난 장에서 다루었다. 따라서 해당 부분에서는 인종의 시대 직전의 호미닌인 〈신인〉에 대해서만 살피고자 한다. 구석기시대 인류를 분류함에 있어서 북한은 〈남방원숭이〉, 〈능인〉, 〈원인〉, 〈고인〉, 〈신인〉이라는 단위를 사용한다. 지난 장에서 북한의 인류의 분류에서 단위와 단계가 매우 중요하게 다루어지고 있음을 살핀 바 있다. 이 뜻은 바로 생명을 본질론적으로 바라보고 있다고 설명이 가능하다.

앞서 인류 부분에서 살핀 바와 같이, 초기부터 북한은 이들 5개 집단을 각각의 독립된 종으로 보았을 것으로 판단된다. 북한에서 본격적인 인류 진화와 관련된 종의 명칭은 전술한 바와 같이 초기 1940년대 말 이후, 1960년대를 거쳐(도유호 1962)[26] 1970년대 중반 정착한 것으로 보인다.[27] 1960−70년대 당시는 전 세계적으로 발견된 인류 화석이 양적으로나 질적으로 미약한 시기이다. 이 5개 종을 기준으로 북한은 견고한 유형적 분류 개념을 고안하였다. 〈남방원숭이〉, 〈능인〉, 〈원인〉, 〈고인〉, 〈신인〉이 전체 인류 진화의 변화 과정을 설명하는 틀로 사용된다.

이 중, 〈신인〉은 생물학적으로 현생인류, 현재의 사람이라는 통상적인 의미도 있지만 북한에선 과거의 종과 이후 전개되는 집단을 연결시키는 존재로 인식하고 있다. 다시 말해서 해당 존재는 이후 존재와 연결선상에 있다.

북한은 이른바 조선반도의 현생인류에 대해서는 독특함을 강조한다. 여타의 다른 지역의 현생인류와는 차별적으로 인식하고 있다. 아프리카의 호모 사피엔스, 중국의 호모 사피엔스가 아닌 조선반도의 호모 사피엔스만이 진정한 현재의 조선민족의 '피줄'이기 때문이다.

외부의 '피줄'이 아닌 조선반도의 고유한 '피줄'이 면면히 이어졌음을 강조한다. 그리고 〈고인〉 이전의 〈원인〉 역시도 자체적 진화에 의해서 이루어짐을 강조한다. 따라서 〈원인〉-〈고인〉-〈신인〉이 모두 외부의 유입이 없이 독립적인 자체 진화를 강조한다. 이를 잘 설명하여 주는 문구는 다음과 같다; '… 우리 강토의 고인들은 검은모루유적을 남긴 원인들로부터 혈연관계의 바통을 직접 이어 받아 그것을 신인들에게 넘겨 주어 진화의 련속성을 보장한 직계선조류형의 고인이었다…'(장우진 2002).[28]

2) 씨족

북한에서 씨족의 사용은 사회를 바라보는 북한의 사고를 보여준다. 'clan'의 번역어인 씨족(또는 혈족)은 북한에서 집단을 규정함에 있어서 매우 일찍 사용된 개념이다(김일성종합대학조선사강좌 1957).[29] 사회진화에 많은 의미를 부여하는 북한에서 씨족은 진화상의 한 단계의 의미를 가진다.

전술한 바와 같이, 북한의 선사시대 시기 분류에서 선계급사회(pre-class society), 즉 계급이 발생하기 이전의 사회는 원시무리사회, 모계씨족사회, 부계씨족사회로 구분한다. 씨족은 단방향적 사회 변화과정 중의 하나로서 이해된다. 씨족 그 자체로만 본다면, 이는 지극히 혈연적 사회집단을 강조한다. 1950년대 북한의 역사학에서 씨족은 하나의 조상에서 출생한 친족적 집단으로 규정한다(김일성종합대학조선사강좌 1957).[30] 이는 이후 전개된 고고학적 시간의 구분과 이해에 적극적으로 사용된다.

해방 이전, 씨족은 민족 이전의 단계로 인식하기도 하였던 것으로 보인다. 1932년 정칠성의 글에서 민족은 씨족, 종족을 거친 이후 발현된 역사적 현상으로 보고 있다. 즉 일부 연구자들은 씨족을 위계 척도로 생각하였던 것으로 보인다. 그리고 그 위계에서 최초 또는 최소 단위로 생각하였다고 볼 수 있다. 이범석의 글에서도, 씨족 → 족속 → 종족 → 민족으로의 전개를 제시하기도 하였다(박찬승 2010: 229).[31]

현재도 북한 고고학에서는 씨족을 인종 단위 이후 집단의 최초이자 최소 단위로 생각하는 것으로 보인다. 씨족은 이른바 족외혼으로 이루어진 집단으로 규정한다. 이전의 원시무리사회의 경우는 난혼이나, 씨족 단계부터는 일정한 사회적 규범에 따른 결혼 관계를 가진다고 본다(김춘종 외 2009: 203).[32] 한편, 혈연과 사회라는 두 가지 속성을 가진 최소 단위 집단으로 씨족을 규정하기 시작한다; '씨족은 집단적 로동을 둘러싸고 혈연적으로 맺어진 견고하고도 항구적인, 그리고 긴밀히 결합된 집단인 동시에 사회생활의 기본단위...'(사회과학원 력사연구소 1979: 48).[33] 씨족을 규모의 면에서 최소 단위로 규정하면서 상위 개념으로는 부족과 종족을 두고 있다. 즉, 하나의 종족이 여러 부족을 거느리고 그리고 각 부족은 여러 씨족을 구성한다고 보고 있다(장우진 외 2009: 111).[34]

이것만 가지고는 해방 직후의 씨족의 개념과 크게 다른 점이 없다고도 볼 수 있다. 그러나 실상은 좀 다르다. 고고학적 그리고 제반 인접학문의 자료가 누적된 1970, 80년대의 북한은 씨족을 단일 단위가 아닌 복합적으로 연결된 개념 속의 단위로 고려하고 정리하기에 이른다. 앞서 북한의 구석기시대 연구부분에서 '5개의 조각면'(편년 연구, 사회 진화, 유물 조합, 인류 진화, 지질 환경)이 서로 상응을 이루며 진행됨을 설명한 바 있다. 편년 연구의 단위인 연대값, 유물 조합이 단위인 석기형식, 인류 진화의 단위인 종, 지질 환경의 단위인 빙하 및 생물환경이 사용되는 것과 같이, 씨족은 사회 진화에서 중요한 단위로 사용된다. 씨족은 구석기시대 이후의 시기에도 물론 적용이 되지만 구석기시대를 한정해서 보더라도 복합된 개념 속의 단위임을 알 수 있다.

씨족은 종족 또는 부족과 연관성을 가진다. 인류와 인종이 생물학적 편중성이 있다면 씨족은 사회적이고 그리고 역사적인 맥락성과 연결이 된다. 인류의 종과 달리 특정 시기의 대표성을 가지는 집단명의 의미를 적극적으로 가진다고 보기 힘들다. 즉, 〈신인〉의 경우는 특정 시기, 즉 후기 구석기시대의 사람들이라는 등식이 성립된다. 그러나 씨족은 인류의 종과는 상이하게 사용된다. 후기 구석기시대와 신석기시대의 구성단위(모계씨족사회)로 쓰이기도 하고 청동기시대의 구성단위(부계씨족사회)로 사용되기도 한다.

3) 종족

북한정권 초기의 역사학적 입장에서 종족의 정의는 씨족들의 정치적 모임으로 규정하고 있다(김일성종합대학조선사강좌 1957).[35] 구체적으로 정치적 현안을 해결하는 정치체의 하나로서 생각하고 있는 것이 흥미롭다. 1950년대 기준으로 종족으로서 설명되는 대상은 고구려 종족, 부여 종족 등과 같이 역사시대 집단의 규정에 사용됨을 볼 수 있다. 고고학적 연구에서 종족의 사용은 지극히 역사학적 기준을 차용한 것으로 보인다. 특히 문헌에 언급된 집단, 즉 〈예〉, 〈맥〉, 〈삼한〉 등을 종족으로 규정하고 있다(사회과학원 력사연구소 1979: 308).[36]

이러한 사용은 식민지 조선에서도 흔하게 발견된다. 신채호의 조선 혼을 가진 주체로서 민족성을 주장하면서 총 6개 종족으로 구성되었음을 주장하기도 하였다(박찬승 2010).[37] 일제 강점기 시기에 역사적 맥락에서 사용된 종족은 이후 현재 고고학 맥락에서도 일부 사용된다. 2000년대 이후 북한 고고학 영역에서 종족은 정치체의 기능과 함께 동시에 문화적 코드를 담아내는 기능이 있다고 주장한다. 즉, 종족은 민회 등을 하는 정치체이기도 하지만 고유의 지역 언어와 고유의 매장 의례 등을 가진 문화적 집단으로 규정하고 있다(장우진 외 2009: 98).[38]

고고학적 맥락에서 종족 역시 씨족과 마찬가지로 반드시 특정 시기를 지칭한다고는 볼 수 없다. 신석기시대의 집단을 지칭할 때도 종족을 사용하기도 한다(장우진 외 2009: 150).[39] 대체적으로 선사와 역사에 걸쳐서 사용되는 용어라고 볼 수 있다. 물론 종족 중 특정 종족 예를 들어서 〈예〉, 〈맥〉, 〈삼한〉의 경우는 후술할 조선옛류형사람의 후손이라고(사회과학원 력사연구소 1979: 332)[40] 주장을 한다. 그래서 일부의 경우 시간적 서열의 의미를 가질 수는 있으나 이는 특정 종족을 지목하여 사용할 때만 사용된다. 씨족과의 공통점은 은연중 또는 공개적으로 혈연성을 강조한 용어라고 볼 수 있다. 일정한 결혼 관계를 통해 이루어진 계보가 그려지는 혈연 집단의 의미로 사용하였음을 알 수 있다. 그러나 종족과 씨족의 근본적인 차이는 씨족의 뿌리는 사회 진화 입장에서 서구 'clan'의 번역어이면서 번역된 개념이 녹아 있다면 종족의 개념은 보다 역사·문헌적 경향성이 강하다. 서로 다른 기원에서 시작된 집단을 규정하는 용어가 고고학 연구영역에 정착을 한 셈이다.

4) 족(겨레)

족(겨레)은 북한 고고학, 체질인류학 문헌에서 잘 다루는 단위는 아니다. 즉, 인류, 인종, 씨족과 같이 자주 사용되는 용어는 아니다. 북한 문헌에서는 족(겨레) 또는 족, 겨레와 같이 족과 겨레를 묶어서 사용한다. 이는 과거의 족과 겨레의 다양한 설명들을 정리한다는 의미에서 이를 묶어서 사용하는 것으로 보인다. 족과 겨레를 동일한 의미를 가진 동시에 민족에 선행한 집단으로의 규정은 최근 문헌에서 관찰이 된다(장우진 외 2009: 97).[41] 족(겨레)의 형성 단계를 살피면 맹아기는 구석기시대이고, 기본 징표의 형성 시기는 신석기, 청동기시대로 본다. 그리고 그 완성기는 민족 형성 직전으로 규정한다(장우진 2002: 56).[42] 따라서 족(겨레)은 민족에 선행하는 '준민족'으로 규정하기도 한다. 북한 문헌에 따라서 〈예〉, 〈맥〉, 〈삼한〉을 종족으로 부르기도 하고(사회과학원 력사연구소 1979),[43] 족(겨레)으로도 부르기도 한다(장우진 외 2009).[44] 즉, 용어의 혼란이 있다.

족(겨레)의 기능 중 특히 문화적 기능과 관련된 부분을 북한 고고학에서 강조한다. 종족은 정치체적 기능과 문화적 기능이 병존한다면, 족(겨레)에서는 문화적 특질을 강조하고 있다. 또한 족(겨레)은 씨족과 종족과는 달리 특정 시기의 문화적 특징을 강조한다. 여기서 문화적 특징은 고고학적 물적 자료에 기반하여 구성이 된다. 예를 들어, 신석기시대 새김무늬질그릇이라는 문화적 공통 속성을 가진 집단 등으로 규정되곤 한다. 즉, 고고학적 물적 자료에 근거한 집단을 설명하는 단위로도 사용된다.

결론적으로 현재의 족(겨레)은 핏줄의 공통성, 언어, 문화, 풍습 사회의 공통성 등을 가진 집단을 의미한다. 어찌 보면 민족의 정의와 유사하다고 볼 수도 있다. 족(겨레)을 한반도 집단에 적용을 하게 되면 그 명칭은 조선족, 우리 겨레로 부르기도 한다.

5) 민족

앞서 '피줄국가'를 포함한 대표어을 다루면서 북한에서 민족이라는 단어가 얼마나 중요한 의미를 가지는지 살펴본 바 있다. 대표어 '조선민족'의 소재가 되는 개념어 민족에 대해서 살펴볼 필요가 있다. 현재의 조선민족은 정치적인 단어가 이미 되었다. 대표어 유격대국가, 극장국가, 순수인종, 가족국가, 피줄국가와 연동된 정교한 정치적 단어가 된 셈이다. 과거 북한 정부 수립 이후 민족 개념의 전개과정을 보면 역동적인 변화를 거쳤음을 알 수 있다.

북한에서 사용하는 조선민족의 민족, 남한에서 사용하는 한민족의 민족은 사실 영어로 번역되기 쉽지 않다. 가장 흔한 번역은 Koreans, Korean people 또는 Korean nation이다. 그러나 이를 경우에 따라서 people, race, ethnicity, ethnic nation 등으로 번역하기도 한다(현재환 2018).[45] 그러나 단어의 번역 문제보다도 더 중요한 문제는 그 단어가 가진 의미의 해석이다. 그 이유는 여러 가지가 있지만 우선 출발어(source language)와 도착어(target language)의 과정을 생각할 필요가 있다. 예를 들어 출발어 'nation'이 도착어 '민족(Minjok)' 등으로 정착이 되는 과정에서 북한은 자신만의 독특한 과정을 거치게 된다. 간단히 말하면 부정의 해석에서 긍정의 해석으로 완전히 전환시켰다. 북한이 현재 북한이 조선민족을 중요시하듯이 민족도 숭고한 의미로 받아들이지만 과거는 그 의미가 달랐다. 즉, 개념의 변주가 있었다.

이는 앞으로 자세히 설명할 인종과는 다른 스토리가 담겨 있다. 인종(race)과 민족(nation) 모두 집단정체성을 담아내는 단어인 동시에 개념어이다. 사실 2

차대전 이전까지 해당 단어를 수입하여 소개하는 동아시아의 문헌에서는 혼용되어 사용되기도 한다. 특히 당시 일본의 많은 문헌에서도 인종과 민족은 혼용되어서 사용된다(사카노 토오루(박호원 역) 2005).[46] 문화적 개념에 가까운 민족과 생물학적 개념에 가까운 인종이라는 사고가 모든 연구자가 당시 공통적으로 가진 생각이라고는 볼 수 없다. 이러한 인종과 민족 두 단어는 2차대전 이후 또 다른 변화를 한반도에서 겪게 된다.

반면 북한에서 인종은 출발어와 도착어 사이에 간극이 크지 않다. 정확하게 본다면, 2차대전 이전의 출발어의 개념을 현재도 그대로 사용하고 있다. 사실 거의 동일한 의미로 자리 잡고 있다는 것이 오히려 문제일 수 있다. 2차대전 이후 서구사회에서 인종은 긍정에서 부정의 단어로 전환되었다. 특히 학문적 부분에선 특히 과거의 인종학과 거리를 두고 있는 것이 사실이다. 북한이 변화되지 않았다는 의미는 현재의 남한을 비롯한 서구적 개념과는 매우 동떨어졌다는 해석이 된다. 다시 북한 입장에서 본다면, 인종은 변함없이 유지되는 대표어인 셈이다. 북한의 건국 이후 가진 인종에 대한 사고가 현재도 유지되고 있는 셈이다.

그러나, 민족은 사정이 다르다. 남한을 비롯한 서구의 경우 그 개념의 큰 변화가 있다고 보기 힘들다. 일부 의미의 변화가 있지만, 최소한 긍정과 부정의 의미가 극단적으로 변하였다고 보기 힘들다. 그러나 북한이야말로 민족의 의미가 극단적으로 변한 대표적인 사례라고 할 수 있다. 부정에서 긍정으로의 급격한 변화를 가지게 되었다.

그럼, 북한이 생각하는 민족의 개념을 시대순으로 살펴보자. 일정한 시기에 생긴 봉건사회 이후 자본주의 사회가 오듯이 사회주의는 필히 온다는 생각을 북한은 과거에도 그리고 현재도 하고 있다. 북한 특유의 주장인 합법칙성은 당시 민족에도 적용한 것으로 보인다. 민족도 일정한 합법칙성에 따라서 나타나고 그리고 일정 단계가 지나면 사라질 수도 있음을 암시한다. 그리고 민족은 프롤레타리아 혁명의 대상으로서 반대의 대상이지 동경의 대상은 결코 아니다. 그 당시 최소한 '공식적'으로는 민족은 부정의 대상이었다.

그러나 민족에 대한 북한의 긍정적 인식은 어쩌면 표면적으로 드러나지 않았을 뿐 1950년대에도 이미 조짐을 보인다. 1957년 김일성에 의해서 사회주의적 애국주의와 부르주아 민족주의를 구분하여야 한다는 주장을 한다(정일영 2013).[47] 1960년대부터 일부 변화가 있으나, 공식적으로는 민족은 부정의 대상이다.

1960년대까지 민족을 자본주의 발생 과정 중에 도출된 일종의 결과물로 인식하고 있었다. 따라서 사회주의 단계에서는 민족은 부정의 대상이 된다고 보았다(최선경·이우영 2017).[48] 1980년대 이후 사정이 달라진다. 1950년대의 민족의 구성 요소를 언어, 지역, 경제생활 및 문화로 보았다면(최선경·이우영 2017)[49] 1980년대에 와서는 '령토와 피줄, 언어와 문화의 공통성'(편집부 1983: 890)[50]을 민족을 결정하는 데 가장 중요한 요소로 본다. 이러한 변화에서 가장 주목되는 점은 바로 종족적 의미, 즉 '피줄'이 추가되었다는 점이다. 이는 북한만이 가지는 새로운 공동체의 의미로 민족을 바라보게 되었다고 해석 가능하다. 또한 민족을 부정이 아닌 긍정적 개념어로 차츰 보기 시작하였다고 볼 수 있다.

1990년대 들어와서 비로소 민족 그리고 민족주의에 대한 긍정적인 내용으로의 전환이 확고히 정착하게 된다. 1992년 「조선말대사전」에서 민족주의는 '민족의 리익을 옹호하는 진보적 사상'인 동시에 '단일민족국가인 우리나라에서 진정한 민족주의는 곧 애국주의'로 규정한다(전미영 2018).[51] 2000년대 이후도 이러한 기조는 꾸준히 유지된다. 김일성의 교시를 인용하면서 민족의 중요성을 강조한다; '원래 민족주의는 민족의 리익을 옹호하는 진보적인 사상으로서 발생하였습니다'(박학철 2009: 54).[52] 1980년대 사고인 '전민족적 리익을 내세우면서 자기민족내의 부르죠아지의 리해관계를 합리화하는 사상'(전미영 2018: 229)[53]과 비교하면 매우 큰 변화를 겪었다고 할 수 있다.

이러한 개념적 변화에 따라서 고고학에서 집단을 규정하는 개념으로서 민족도 따라서 급격히 변화되었다. 1980년대까지 고고학, 인류학 관련 문헌에서 민족 개념이 긍정적으로 쓰이지 않았던 시기임을 감안할 필요가 있다. 따라서 '조선민족' 역시 공식적인 용어로 채택되지 않은 것으로 보인다. 해당 시기 '조선민족' 대신에 '조선사람'(사회과학원 력사연구소 1979),[54] '현대조선사람'(사회과학원 고고학

연구소 1977)[55]이라는 용어를 주로 사용하였음을 살필 수 있다.

그러나 1980년대 이후부터는 '조선사람'과 '조선민족'의 혼용이 대세를 이루는 것을 볼 수 있다(김용간 1990).[56] 1980년대 말의 문헌에서 북한이 당시 새롭게 정의한 민족의 정의인 '령토와 피줄, 언어와 문화의 공통성'(편집부 1983: 890)[57]을 그대로 이어받은 고고학적 설명이 나오기 시작한다. '조선민족은 하나의 핏줄을 이어온 단일한 민족이다'(장우진 1989: 351)[58]라는 정의가 도출되고, 무엇보다도 이를 실천하는 노력이 이루어지게 된다. 한발 더 나아가서 1990년대 이후 '조선민족은 단군을 원시조로 하는 단일 민족이다'(장우진 2002: 3)[59]의 증명 작업도 고고학적으로 이루어지게 된다.

5. 인종, 그 개념화 과정

1) 인종의 의미와 확장

지금까지 단어 인종을 제외하고 북한에서 사용되는 사람의 분류 단위에 대해서 살펴보았다. 인류, 씨족, 종족, 족, 겨레, 민족은 각기 서로 다른 맥락을 통해서 성숙화된 단어들이다. 사실상 북한 문헌에 등장하는 이들 개념어는 혼란스럽게 보인다. 북한과 같이 논쟁의 글보다는 정리되고 합의된 글을 쓰는 풍토를 감안한다면 그 혼란스러움은 더 크게 다가온다. 이러한 혼란함의 원인은 우선적으로 서로 다른 학문 단위에서 오는 용어의 충돌에서 기인한다고 할 수 있다. 역사학, 고고학, 체질인류학, 민속학 등 다양한 연구 분야에서 사용된 집단을 규정하는 단위가 북한의 고고학에 수용되면서 생긴 결과라고 볼 수 있다.

이들 중 인종 그 자체의 의미와 사용에 대해서 살펴볼 차례이다. 이미 해당 개념어를 통해서 알 수 있듯이 북한의 학계에서는 사람을 규정함에서 계기적이고 일반화된 설명을 주로 하고 있음을 알 수 있다. 인종 그리고 인종과 관련된 집단도 예외가 결코 아니다.

따라서 인종을 설명하기 위해선 이전에 존재하였다고 주장하는 인류를 다시금 살필 필요가 있다. 인류 진화에서 북한은 〈신인〉을 '완성된 존재'로 언급한다. 즉 진화는 일정 단계에서 멈추는 것으로 보고 있다. 〈신인〉 단계에 도달하면 더 이상 진화가 이루어진다고 보고 있지 않는다(장우진 외 2009: 63-64).[60] 그리고 중요한 사실은 완성형과 진행형이 있다는 사고에 있다. 〈신인〉은 완성형이 되고 이전의 인류는 진행형이 된다. 〈신인〉에 대해서는 다음과 같은 설명이 이루어진다; '사유기능이 완성되어 사물 현상을 리성적으로 깊이있게 인식할수 있는 능력이 생리적으로 형성…'(고광렬 2018: 20).[61]

　　그렇다면 인류적 완성이 〈신인〉에 이미 이루어진다면, 그 이후의 전개되는 집단은 어떻게 규정을 하는가? 이에 대해 북한은 인류 진화의 과정은 〈신인〉까지이지만, 그 이후의 시기는 인종화 과정으로 규정한다. 인류가 그러하듯 인종 역시 정해진 시간대에 진행된다. 발현의 시점을 다소 모호하게 표현하는데, 후기 구석기시대를 포함한 시기에서 신석기시대에 이르는 시기라고 주장하기도 하고(사회과학원 력사연구소 1979: 61),[62] 신석기시대부터로 규정하기도 한다(사회과학원 고고학연구소 1977: 67).[63] 그러나 2000년대 이후 자료에선 대체적으로 신석기시대부터임을 주장한다(장우진 외 2009).[64]

　　북한은 인종 설명에서 반드시 그 기원을 인류에서 찾는다. 〈남방원숭이〉와 〈능인〉을 제외한 모든 단위/단계는 한반도에서 발생하였음을 설명하기에 인류 다음 인종이라는 구도를 강조한다. 따라서 인종의 기원은 인류에서 찾을 수 있다. 그런데 이 주장은 담론적으로만 끝나는 이야기가 아니다. 그동안 축적된 체질인류학적 두개골을 중심으로 한 계측자료의 비교를 통해서 구현을 시키고 있다.

　　북한에서 인류와 인종은 독특한 위치를 차지하고 있다. 인류는 지역성보다는 생물학적 종의 의미가 강하다. 반면에 인종은 상대적으로 지역적 변이성에 의미를 둔다. 지역 환경에 적응하면서 상이한 집단화가 됨을 주장한다. 그래서 인류와 인종의 공통점을 굳이 찾으라고 한다면 이 두 분류 단위가 최소한 초기에는 생물학적 단위로서 설명이 진행된다는 점이다. 반면, 다른 점은 인류는 범지구적 현상이나 인종은 지역적 현상을 가진다.

인류 단위인 〈남방원숭이〉, 〈능인〉, 〈원인〉, 〈고인〉, 〈신인〉 등은 기본적으로 생물학적 연구단위에서 일차적으로 수용되고 이후 고고학적 연구단위에서 정착이 된 것으로 보인다. 북한 기준, 인류 개념이 1940년대 이미 등장하듯이 인종의 개념도 동시기에 이미 소개되고 교육되었다. 그리고 동일하게 생물학적 입장에서 다루어졌다(조선민주주의인민공화국교육성 1948).65)

북한의 인종적 관념에 익숙하지 않은 비북한인이 바라보았을 때 가장 눈에 띄는 부분은 인종을 명백하게 분류 가능한 유형학(typology)적 존재로 본다는 것이다. 앞서 설명한 바와 같이 북한에서 생명뿐 아니라 고고학적 문화를 바라보는 시각은 본질론(essentialism)에 매우 가깝다. 따라서 인종은 일정한 유형이 확고히 존재한다고 본다. 그 분류는 임의적, 임시적 기준에 따른 분류가 아니고 실재하는 존재로서 인식한다는 것이다. 조선반도의 인종에 대한 북한 학자의 언급을 보면 다음과 같다; '류형학적으로 통일되여있는 공통적인 특징이 있다'라고 주장한다(장우진 외 2009: 128).66) 북한에서 인종은 확고히 고정된 유형이라고 할 수 있다. 이러한 사고는 사실 매우 중요한데, 다양한 인종의 설명에 직·간접적으로 연관을 가지게 된다.

1940년대 말, 초기 북한의 진화와 관련된 학습서에는 인종을 호모 사피엔스의 종내집단 또는 그에 근접한 설명을 하고 있음을 알 수 있다. 정확히 종내집단이라는 용어를 사용하지 않았지만, 인종이란 동일한 종(호모 사피엔스) 내에서 발생한 이차적인 신체 외형의 차이(조선민주주의인민공화국교육성 1948)67)로 규정하고 있음을 주목할 필요가 있다. 가치중립적 생물학적 입장에서 바라보았는지, 인종에 특별한 문화적 코드를 입히는 작업이 과연 활발하였는지는 확실치 않다.

1940년대 북한은 인종의 구분을 신체적인 특징으로 대분류와 소분류가 가능하다고 본다. 대분류에 의거해서 5대 인종으로 구분하였다. 백인종(유럽인종), 황인종(몽고인종), 흑인종(니그로인종), 아메리카인디언인종(유럽, 몽고인종의 전환기적 특징), 호주인종(유럽, 니그로인종의 전환기적 특징)으로 구분하고 있다. 흥미로운 사실은 백인종의 부연 설명으로 유럽인종 그리고 황인종의 부연 설명으로 몽고인종으로 표기하고 있다. 즉 지역에 따른 분류와 피부색에 따른 분류를 혼용해서 사용하고 있다. 아울러서 인종 간의 신체적인 차이성은 있지만 우성과 열성으로 구분되지 않는다는 점을 강하게 강조하고 있다. 그 예시로서 나치 독일의 우생학적 인종주의를 강하게 비판하고 있다. 인종 간 우열은 없고 특정 인종이 다른 인종을 침탈할 권리는 없음을 강조하고 있지만 인종의 구분은 사실로서 받아들이고 있다68)(표 참조).

표 **북한의 인종 분류**

1948년 기준		1988년 기준	
대분류	소분류	대분류	소분류
백 인종 (유로파 인종)	소분류를 모두 명시하지 않으나 소분류 그 자체는 인정하고 있음.	아세아대인종	동북아세아인종
			황하인종
황 인종(몽고 인종)			동남아세아인종
			중앙아세아인종
			바이깔인종
			북극인종
			아메리카인종
			폴리네시아인종
			아이누인종
흑 인종 (네구로 인종)		아프리카 – 대양주대인종	네그로인종
			중앙아프리카인종
			남아프리카인종
아메리카 인디안 인종			오스트랄리아인종
			멜라네시아인종
			웨다인종
			동부아프리카인종
			남인도인종
오스트리야 인종		구라파대인종	북구라파인종
			발뜨인종
			중구라파인종
			발칸 – 깝자즈인종
			인도 – 지중해인종
			남씨비리인종
			우랄인종

용어(철자)는 원전에 있는 그대로 인용하였음을 알린다.
자료 인용 편집: 조선민주주의인민공화국교육성 1948; 장우진 198869)70)

1980년대 들어와서 생물학적 기조는 유지된다. 인종의 차이는 일정 시간 동안 자연·지리적 환경 차이의 결과로 설명을 한다(장우진 1988: 81).[71] 이러한 기본적인 생각은 인종·지리학적 법칙성을 띠고 있다는 표현(국립문화재연구소, 2017b: 457)[72]에서 볼 수 있듯이 일정한 법칙으로 현재까지 인식하고 있다.

접근 가능한 자료를 기초로 할 때, 1940년대와 다른 점은 5대 인종 대신에 3대 인종으로 구분하고 있다는 점이다. 대분류에 근거하여 아시아대인종, 아프리카-대양주대인종, 유럽대인종으로 구분하고 있다(장우진 1988; 고광렬 1992).[73][74] 해당 분류의 근간에 담긴 내용은 인종의 지역적 차이성을 의미한다. 대분류는 사실상 피부색에 의한 분류인 황인종, 흑인종, 백인종으로 치환이 가능하다.[1] 실제 각 인종의 외형적 특징을 설명함을 살피면 확실히 규명이 된다. 예를 들어 아프리카-대양주대인종의 설명에서 피부색이 연한 밤색에서 검은 밤색, 유럽대인종은 피부색과 머리카락이 연한 색상을 띤다고 주장한다(장우진 1988).[75]

세부적 인종의 분류(소분류)는 위의 1948년과 1988년 자료에서 공통적으로 관찰된다. 세부적인 인종의 분류가 가능하고 그를 범주화할 수 있다는 사고는 그간 꾸준히 유지된 것으로 볼 수 있다. 다만, 초기 자료에서는 세부적인 구분이 정확히 나오지 않으나 1988년 자료에서는 구체적 분류를 하고 있다. 1980년대 기준 분류 체계에 의거해서 한반도 집단인을 분류한다면 우선 대분류로는 아시아대인종에 포함된다. 그리고 소분류로는 동북아시아인종에 포함된다.

아시아대인종의 경우 소분류상 동북아시아인종, 황하인종, 동남아시아인종, 중앙아시아인종, 바이칼인종, 북극인종, 아메리카인종, 폴리네시아인종, 아이누인종을 제시한다(장우진 1988).[76] 그런데 2000년대 이후 아시아대인종을 태평양지와 대륙지로 또 다른 분류를 시도하기도 한다(고광렬 2013).[77] 기존 소분류와 어떠한 연관성을 가지는지 모호한 부분이다. 구체적으로 본다면 태평양지는 한반도가 포함된 동부와 동남아시아 지역을 지칭하는 반면, 대륙지는 중앙아시아와 시베

---

1) 북한 초기 자료를 제외하고 비교적 최근 자료에서는 피부색에 의한 명칭을 꺼리는 인상을 받는다. 즉, 황인종, 백인종 등의 단어가 관찰되지 않는다. 그 이유는 아마도 단어가 가져오는 부정적인 선입관과 연관성이 있을 것으로 보인다.

리아 지역임을 주장한다(김영일·김광남 2009: 52).[78] 즉, 한반도의 인종은 아시아 대인종 중에서 태평양지에 속한다. 경우에 따라서는 더 세분해서 같은 태평양지 중에서도 동부인으로 구분한다.

1980년대 이후 인종에 대한 생각은 과거와 크게 달라진 바 없다. 아울러, 인종은 관찰 가능한 유형적 실체인 동시에 측정 가능한 유형적 실체로서 계측 작업이 누적되고 있다. 측정 수치를 통해서 특정 시점 기준으로 전과 그리고 후의 변화의 모습을 구분하기도 하고, 지리적인 차이에 의한 인종의 상이성을 수치화하는 경향성이 꾸준히 관찰된다. 비교적 최근 자료를 통해서 두개골의 변이성을 살피면 다음과 같다.

앞서 잠시 언급한 바와 같이 진화과정에서 인류는 장두형을 유지하다가 〈신인〉 이후 단두형으로 진행된다고 주장한다(장우진 2004; 김춘종 2002).[79][80] 두개골의 길이에 비해 너비가 큰 경우를 단두형으로 보고 그 반대는 장두형이 된다(김광남 1998).[81] 이를 수치화(머리 너비/머리 길이×100)한다면 장두형(머리 지수 75.9 이하), 중두형(76.0−80.9), 단두형(81.0 이상)으로 분류된다(백기하 1986).[82] 예를 들어 후기 구석기시대 인류인 〈만달사람〉의 경우 머리지수는 72.6이다(장우진 1987).[83] 한편 정확한 연대는 제시하지 않았으나 조선사람의 고대, 중세, 현대의 머리뼈 지수는 남성 기준으로 각각 80.0, 80.5, 81.2를 제시하고 있다(김성일 2018: 21).[84] 머리뼈의 높이를 기준으로 한 장두형, 중두형, 단두형으로의 구분과 이를 통한 집단의 분류는 현재도 꾸준히 사용된다. 특히 한반도 내의 집단과 타 지역인과의 비교에서 자주 거론된다. 일본 관서지방 사람들과의 단두화 정도 비교(김영일 1998),[85] 시베리아 연바이칼 지역 사람의 머리뼈 지수의 측정과 비교, 중국 황하 유역 주민과의 체질인류학적 비교 연구를 그 예로 들 수 있다(고광렬 2014).[86]

2) 조선옛류형사람

조선옛류형사람은 무엇보다 남북한이 공통적으로 쓰는 용어가 아닌 북한만이 사용하는 용어이다. 그래서 남한과 북한의 이질성을 가장 많이 느낄 수 있는 동시에 북한의 정체성을 이해하는 데 일종의 나침반 역할을 한다고 볼 수 있다.

조선옛류형사람은 현재의 민족과 구석기시대 〈신인〉의 사이에 위치한 집단의 정의를 위해서 고안된 개념어로 보인다. 따라서 북한에서 조선옛류형사람이란 신석기 그리고 청동기 시대인을 지칭한다. 후술하겠지만 고인류의 주된 연구는 계측에 의한 동정과 비교이다. 따라서 계측가능한 상태의 고인류가 출토된 고인류학적 자료를 간단히 살펴볼 필요가 있다.

신석기시대의 경우, 북한이 스스로 인정할 만큼 적은 화석자료를 보여준다. 1960년대 초반 최초의 조사가 진행되었던 라선시 서포항유적 신석기 문화층에서 출토된 화석과 그 이후 출토된 평양시 상원군 대흥리 대흥동굴 그리고 평양시 강동군 림경산 동굴 화석을 들 수 있다(김성일 2009).[87] 청동기시대의 경우, 상대적으로 더 많은 유적에서 화석자료가 출토된 것으로 파악된다. 라선시 서포항유적 청동기문화층, 함경북도 무산군 무산읍 범의구석, 함경북도 회령군 남산리 등을 들 수 있다(방민규 2016).[88] 그러나 계측을 통한 비교에 사용되는 화석은 실제 화석이 출토되더라도 보존상태가 좋은 경우만 해당되기에 언급한 유적의 모든 화석이 계측의 대상이 된다고는 보기 힘들다.

비교적 최근 일부 자료에 근거하여 본다면, 북한이 밝히는 신석기시대 계측 가능한 인골의 수는 10개체분(남성 5개체, 여성 5개체)이다. 반면 청동기시대의 경우는 28개체분(남성 19개체, 여성 9개체)으로 주장된다(고광렬 2014).[89] 북한에서 조선옛류형사람의 인골 계측 자료로서 주로 인용되는 자료는 유적별 자료가 아닌 전체 평균을 사용하는 경우가 많다. 일부 경우에 유적별로 비교를 하나, 항상 그러한 것은 아니다. 즉, 집단 평균 자료가 비교를 위해 주로 사용된다. 대표적 인용 자료는 1989년 장우진의 자료이다. 조선옛류형사람의 체질인류학적 분석 자료는 두개골 자료 28개체분[2]임을 밝히고 있다(장우진 1989).[90] 해당 자료는 2000년대 넘어서도 아시아의 타 지역의 고인골과의 비교에 사용된다. 예를 들어 2009년 일본인 집단과의 비교 연구를 들 수 있다(김영일·김광남 2009).[91]

----

2) 장우진의 28개체분은 신석기시대가 아닌 청동기시대의 28개체분일 가능성이 있다. 고광렬의 2014년 글에서 해당 자료가 청동기시대의 조선옛류형사람 자료임을 밝히고 있다(고광렬 2014: 217).

앞서 인종은 신석기시대 출현하여 청동기시대 모계씨족사회를 벗어나 부계씨족사회에 들어와서도 유지된다고 보고 있다(사회과학원 고고학연구소 1977).[92] 강조하건대, 이들은 사라지는 것이 아니고 이후에 전개되는 조선민족으로 이어진다고 보고 있다. 그런데 신석기시대와 청동기시대를 지시하는 집단의 단위는 이미 존재한다. 위에서 살핀, 씨족, 종족, 족(겨레) 등이 모두 해당이 된다. 그리고 당연히 해당 글의 주제가 되는 인종 역시 해당 시기를 표지하는 집단이다. 그럼에도 불구하고 조선옛류형사람이라는 용어를 등장시킨 주된 이유는 무엇일까?

일차적 이유는 한반도 밖 타 집단과의 차별성을 강조하기 위함에 있다. 인종 중에서 이른바 '조선반도', '조선강토'에서 전개된 인종에게 특별한 의미를 부여하기 위함에 있다. 생물학적 인종에 문화적 코드가 합쳐지는 순간이다. 다른 표현으로는 생물학적 집단이면서 동시에 역사 특수주의적 집단이 되는 독특한 존재라고 할 수 있다. 〈고인〉의 핏줄을 이어 〈신인〉으로 전개되고 그리고 결국 민족으로 이어지는 단일성을 가진 집단이다. 이 집단은 타 집단과는 차별성을 가진 존재인 셈이다. 결국, 조선옛류형사람은 '조선반도에 특화된 인종'으로 해석이 가능하다.

조선반도의 인종, 조선옛류형사람을 실체화시키는 방법은 체질인류학적 계측을 통해서 이루어진다. 조선옛류형사람은 역사적 문헌으로 구현되는 종족, 족(겨레)도 아니고 선험적으로 규정된 사회 진화로 표현되는 씨족도 아니다. 계측을 통해서 객관적 정당성을 부여받는 존재가 된다.

조선옛류형사람은 지극히 계량적 분석의 결과물이 된다. 이른바, 머리뼈, 두뇌, 골반뼈, 팔다리뼈, 피부색, 치아구조, 혈액형, 지문 등 계측 가능한 신체적 특징으로 구현된 집단이다. 이를 통해 그들의 연구가 지극히 실증적이고 합리적이란 인식을 가지게 한다. 다만 살아있는 현대인과 달리 고인골 형태로만 존재하기에 현대인의 계측 속성의 수보다는 적을 수밖에 없다. 즉, 지문, 피부, 성장속도 등은 접근이 불가능하다. 그럼에도 불구하고 분석 계측 속성은 지나칠 정도로 세밀하게 나누고 있다.

비교적 최근 자료를 기준으로 두개골 계측만 보더라도 총 60개 계측 속성을 통해서 조선옛류형사람을 정의하고 있다. 머리뼈길이, 머리뼈너비, 머리뼈지수, 머리뼈높이, 평균머리뼈높이지수, 머리뼈높이－너비지수, 머리뼈높이－길이 지수 등이 사용된다(김영일·김광남 2009).93) 경우에 따라서는 49개 속성을 사용하기도 한다(김성일 2009).94)

　　다시 말해서 조선옛류형사람은 문헌으로만 존재하는 족(겨레)을 계측 가능한 고인류 화석으로 새롭게 재탄생된 존재가 되는 셈이다. 족(겨레)의 하나인 〈예〉, 〈맥〉, 〈삼한〉 대신에 계측된 실제 존재하는 집단으로 신석기와 청동기시대를 채우게 되는 것이다.3)

표 북한이 생각하는 집단의 분류와 그 관계도

전개 과정	인류진화과정					인종화과정		민족화과정
문화 시기	구석기시대					신석기 및 청동기시대		고조선 이후
초기 분류	인류					종족, 족(겨레)		민족
분류 단위	australo pith	*Homo habilis*	*Homo erectus*	archaic *Homo sapiens*	*Homo sapiens*	인종(대분류)		민족
						인종(소분류)		
분류 명칭 1	〈남방 원숭이〉	〈능인〉	〈원인〉	〈고인〉	〈신인〉	아세아 대인종	동북아세아 인종 (태평양지)	조선민족
분류 명칭 2	인류					조선옛류형사람		조선민족
사회 진화	선계급사회							계급사회
	원시무리시기		모계씨족사회			부계씨족사회		노예제사회

자료 인용 편집: 장우진 1988, 198995)96) 시기 분류의 일부 내용은 연구자에 따라 상이할 수 있다.

....

3) 〈예〉, 〈맥〉, 〈삼한〉의 경우, 북한의 입장에서는 해당 명칭이 우리 스스로가 부르는 명칭이 아닌 중국 문헌 위주로 구성된 명칭이기에 다소간에 부정적 인식이 내포되어 있다고 주장한다. 따라서 우리가 스스로 불렀다고 주장하는 명칭인 〈부루〉, 〈불〉, 〈발〉, 〈박〉에 대한 설명을 한다(장우진 2002: 52-53). 이는 밝음을 뜻하는 어원을 가졌다고 주장한다. 논점은 무엇이 맞는 것인가의 문제가 아니고 '밝음'은 객관화를 할 수 없다는 측면이 있다. 그러나 계측을 통한 조선옛류형사람은 전혀 다른 이야기가 된다.

대흥3호 동굴 출토 조선옛류형사람 머리뼈 계측자료, 총 49개 속성

계측 속성 명칭									
1	머리뼈길이	11	이마큰너비	21	뒤머리뼈곧은길이	31	얼굴뼈가운데각	41	이틀지수
2	머리뼈너비	12	이마너비지수	22	귀머리뼈굽은지수	32	이틀각	42	입천장길이
3	머리뼈높이	13	앞머리뼈구분길이	23	뒤머리뼈너비	33	얼굴뼈밑길이	43	입천장너비
4	머리뼈지수	14	앞머리뼈곧은길이	24	뒤머리벼너비	34	얼굴뼈돌출지수	44	입천장지수
5	머리뼈평균높이지수	15	이마각(G-B)	25	광대뼈너비	35	얼굴뼈웃각	45	수평머리-얼굴지수
6	머리뼈높이너비지수	16	이마각	26	얼굴뼈웃너비	36	눈확너비	46	수직머리-얼굴지수
7	머리뼈높이길이지수	17	웃머리뼈굽은길이	27	얼굴뼈가운데너비	37	눈확높이	47	량측눈확사이너비
8	머리뼈높이	18	웃머리뼈곧은길이	28	얼굴뼈웃높이	38	눈확지수	48	코뼈각
9	머리뼈밑길이	19	웃머리뼈굽은지수	29	웃얼굴뼈지수	39	이틀길이	49	머리뼈귀높이길이지수
10	이마작은너비	20	뒤머리뼈굽은길이	30	얼굴각	40	이틀너비		

자료 인용 편집: 김성일 2009: 25-27[97]

조선옛류형사람은 문화시기로서 신석기시대와 청동기시대에만 포괄하는 데 그치지 않는다. 북한이 항상 강하게 주장하는 사회 단계의 주요한 두 단계를 담당하는 집단도 된다. 즉, 모계씨족사회와 부계씨족사회를 모두 아우르는 집단이 조선옛류형사람이다. 동시에 전술한 사람을 분류하는 단위인 인종, 씨족, 종족, 족, 겨레를 부분적으로는 포함하는 개념을 가진다. 결국 구석기시대 인류와 청동기시대 이후 민족을 제외한 모든 집단의 성격을 부분적으로 포괄하는 개념어가 된다(표 참조).

6. 특별한 인종, 순수인종

1) 특별함은 바로 순수함

조선옛류형사람을 통해서 조선반도의 인종에는 특별함을 부여함을 알 수 있다. 그 특별함의 기준은 '얼마나 순수한가'에 초점이 맞추어져 있다. 특별함의 기준은 의외로 우수함보다는 순수함에 가깝다. 순수함의 근간에는 면면히 이어간 핏줄, 혼혈이 없는 핏줄이란 사고가 존재한다. 물론 이를 단일성으로 표현 가능하지만 그 내면의 의미를 생각한다면 순수함이 더 가까운 표현이다.

이른바 조선반도 집단인의 순혈성, 즉 순수함의 강조는 1980년대 말부터 자주 관찰된다. 이는 당시 북한의 새로운 민족 개념의 정립과 궤를 같이한다고 할 수 있다. 민족의 개념에 핏줄이 중요한 속성으로 자리 잡게 되면서부터 혈통의 순수성 강조로 나아가는 것이다. 여기서 한 가지 흥미로운 사실이 발견된다. 북한이 인종 그리고 인종학에 대해 긍정적으로 생각하고는 있으나 인종주의는 여전히 반대하고 있음을 상기할 필요가 있다.

따라서 조선 인종에 해당되는 조선옛류형사람의 우수성을 공공연히 내세우지는 않는다. 최고지도자의 교시를 통해 고등인종과 열등인종이 원래부터 존재하는 것이 아님을 공식적으로 주장하고 있다(김정일 2002: 2).[98] 이 부분을 이해하기 위해서는 서두에 다루었던 마이어스의 순수인종의 개념어를 살필 필요가 있다. 그의 주장에 따르면 북한은 자신이 우수한 집단이라는 생각에 집중하기보다는 순수한 집단이라는 데 더 집중한다고 주장한다(브라이언 마이어스(고명희·권오열 역) 2021).[99] 아울러 순수인종과 함께 가족국가, 피줄국가라는 대표어를 상기할 필요가 있다.

북한이란 국가의 구성원을 하나의 대가정으로 보고, 최고지도자를 아버지 또는 어버이로 등장시킴을 생각할 필요가 있다. 가족국가에서 최고지도자는 무한한 능력을 가진 존재다. 그러나 가족국가의 구성원은 순수하지만, 절대적인 능력을 가진 존재는 결코 될 수 없다. 그 아버지 또는 어버이는 대체불가능한 능력을 가진 존재로서 순수함을 지켜내는 존재이다. 그래서 가족국가의 구성원은 어려움을 당하면 어버이에게 의지하면 된다. 가족국가의 구성원이 스스로 판단하고 자주적으로 실행함은 곧 실패로 가는 길이 된다. 여리고 순수한 존재 중의 하나로서 조선옛류형사람도 포함이 된다. 그 이유는 현재의 가족국가의 구성원과 조선옛류형사람은 하나의 '피줄'로 이어져 오기 때문이다.

가족국가 북한의 사고에서 어버이는 절대적으로 우수하지만, 그 구성원은 절대적으로 순수하다. 구성원이 할 일은 어버이에게 의지하고 그 순수함을 유지하는 것뿐이다. 물론 혼혈은 애초에 거부된다. 순수한 인류가 순수한 인종이 되고 그리고 순수한 민족으로 전환하는 데 있어서 가장 경계해야 될 사고는 외부피의 혼혈이다. 이는 통념적인 그래서 단순한 잡담의 소재로만 머무르는 이야기로 생각하면 안 된다. 이는 진지한 학문적 대상이 된다.

그리고 고고학적 연구의 대상으로도 적용이 된다. 가장 위험한 학문적 사고는 '북방기원설', '남방기원설', '혼혈설', '외입설'이라고 북한의 학자들은 보고 있는 것 같다(김성일 2009: 4).[100] 조선옛류형사람의 기원과 관련해서 북한에서 가장 비중 있게 다루고 있는 지역은 시베리아 지역이다. 그 주된 이유를 북한은 명백히 밝히고 있다. 일제 어용학자와 남한 학자의 부당한 주장을 반박하기 위함임을 언급하고 있다. 그들이 주장하는 시베리아 집단이 이른바 조선반도의 구성원이 된다는 것은 용납할 수 없다는 것이다(장우진 외 2009; 김성일 2009).[101][102]

시베리아 지역과 관련된 '부당한 주장'의 대표적 사례는 '주민2단계교체설'이다. 내용은 다음과 같다. 시베리아에서 살던 집단인 고아시아족이 이른바 조선반도에 내려와 살게 되면서 신석기 문화를 일군다. 그러나 이들이 지속되는 것이 아니고, 청동기 문화를 탄생시킨 또 다른 집단이 기존의 고아시아족을 대체시켰다는 주장이다(김성일 2009: 165-166).[103] 이와 관련된 내용은 과거 남한에서도 다소간 익숙하다. 한때 한반도 신석기 주체세력이기도 하였던 고아시아족은 현재도 존속하고 있다고 보고, 이들은 동북 시베리아와 예니세이 강 중상류에 거주하고 있고 백색인종과 황색인종의 혼혈로 보고 있다는 언급이 과거 자료에는 심심찮게 등장하곤 한다(김원룡 1986).[104]

이러한 주장은 북한에서 강조하는 순수한 혈통의 면면히 이어감, 즉 '조선사람 본토기원설'(장우진 1996: 2-4)[105]과는 정면으로 대립된다. 신석기 문화인이 외부에서 유입된 것뿐 아니라 청동기 문화인 역시 외부 기원이라는 주장은 북한은 거부한다. 북한이 생각하는 이른바 본토기원과 관련된 부분을 설명하기 위해선 인접한 지역의 비교 설명이 요구되기 마련이다.

북한의 기본적인 인종의 유형적 분류에 따른다면 조선옛류형사람은 아시아 대인종의 태평양지에 속하고 시베리아의 옛주민은 아시아대인종의 대륙지에 속하기에(김성일 2009: 52)[106] 근본적으로 서로 다른 집단임을 분명히 하고 있다. 시베리아 지역은 크게, 바이칼 호수 서안과 동안으로 나눈다. 서쪽은 연바이칼 지역이고 동쪽은 자바이칼 지역으로 규정한다. 북한의 연구자들에 따르면, 연바이칼 지역은 유럽인종과의 혼혈이 발생한 지역으로 규정하고 있다. 연바이칼 지역의 신석기시대 주민의 코뼈의 양태, 머리뼈의 모습에서 유형적으로 조선의 조선옛류형사람과 구별된다고 본다(김성일 2009: 53).[107] 반면 자바이칼 지역에도 신석기시대 고인류 자료가 충분히 관찰되는데 유럽인종과의 혼혈의 모습이 보이지 않는다고 주장한다. 그렇다고 하더라도 조선옛류형사람과는 차이성이 있는데 가장 큰 차이는 머리뼈 높이에서 차이점을 보인다고 주장한다(김성일 2009: 54).[108] 조선옛류형사람은 머리뼈 높이가 매우 높으나 자바이칼 지역 신석기시대 고인류는 그 반대이다.

한편 북한이 중국 집단을 바라보는 시각은 어떠한지 살펴볼 필요가 있다. 중국의 경우 신석기시대 황하지역 주민을 아시아대인종 태평양지로 보고 있다. 이 점은 조선옛류형사람과 동일하다. 그런데 태평양지를 세분하여 동부군(집단)과 남부군(집단) 등으로 나누고 있다(장우진 외 2009: 142-143).[109] 조선옛류형사람은 동부군(집단)이라고 주장하는데, 이 분류는 중국의 신석기시대 황하인과 조선옛류형사람과의 차이점을 강조하는 데 적용된다. 따라서 중국인종과의 어떠한 관련성도 없음을 강조한다. 특히 중국의 황하 일부 지역에서 발견되는 체질인류학적 특징은 '2차적으로 파생된 지역적변종'으로 규정하고 있는 반면, 조선옛류형사람은 '우리 강토에서 드러난 신인들에 연원'하고 있음을 주장한다(고광렬 2014: 200).[110]

조선옛류형사람과 일본 집단과 관계에서, 분명한 차별성을 주장한다. 그 차별성을 체질인류학적 결과(두개골 및 얼굴뼈 계측 결과 자료)를 통해서 입증한다. 일관된 주장은 신석기시대 한반도와 일본 열도 집단인들 간의 대규모 인적 접촉을 부정하고 있다(김영일·김광남 2009).[111] 이후 시기에서는 접촉이 발생하지만 최소한 신석기시대, 다시 말해서 인종이 구성되는 초기 시기에는 대규모 접촉을 부정하고 있다.

대규모 접촉의 부정과 함께 두 집단 사이의 극명한 차이는 혼혈의 유무로도 알 수 있다. 북한에서 일본인의 기원, 특히 신석기시대의 기원과 정체성을 언급함에 있어서 주요 화두는 혼혈이다. 일본과의 비교 연구에서 가장 눈에 띄는 부분은 일본인의 기원이 단일하지 않고 복합적이라는 주장이다. 일본 신석기시대 집단을 크게 3개 유형으로 나누고 있다; 아오시마류형, 미야또류형, 쯔구모류형으로 나누어진다. 흥미로운 사실은 이들의 기원을 아시아 인종의 특징을 가지고 있지 않다는 점에 있다. 이들 중에서 조몽시대, 즉 일본의 신석기시대 대표되는 집단을 쯔구모류형으로 보고 있다. 그리고 이 쯔구모류형이 순수한 집단이 아닌 혼혈 집단임을 강조한다. 바로 이 점에서 순수한 단일성을 보이는 조선옛류형사람과 근본적인 차이를 가진다고 주장한다(김영일·김광남 2009).[112]

한편, 조선옛류형사람의 시간적 변화상을 살펴볼 필요가 있다. 조선옛류형사람은 공간적으로는 타 지역 집단과 차별화된 모습을 보이지만, 시간적으로는 계승적 모습을 보여준다. 체질인류학적 입장에서, 구석기시대 〈신인〉에서 신석기시대 조선옛류형사람으로 이행을 설명함에 있어서(국립문화재연구소 2017a: 194)[113] 핵심적인 내용은 역시 계측 자료이다. 곧추선 이마, 높은 머리뼈 높이, 짧고 넓은 아래턱은 승리산과 만달의 〈신인〉에게서 보이고, 이는 신석기시대 조선옛류형사람으로 전해진다고 주장한다; '…거의 모든 징표들에서(두개골 지표) 신석기시대의 조선옛류형사람들, 다시말하여 우리 겨레의 형태학적기초를 우리 강토의 신인들에게서 찾아볼수 있다'(장우진 외 2009: 131–132).[114] 조선옛류형사람들이 형태적 변이도가 낮고 서로 동질적인 유형을 보인다는 주장도 계측 자료로서 확인됨을 주장한다. 아울러서 이러한 유형학적 일관성은 동아시아의 다른 집단이 가지지

못한 특성으로 해석한다(고광렬 2014: 257).[115]

신석기시대 조선옛류형사람이 청동기시대에 전환되는 시기의 연구도 관찰된다. 두개골의 각종 부위의 수치와 그 수치의 비율 값을 통해서 규명이 된다. 그 해석은 다음으로 정리된다; '(두개골의) 단두화과정과 섬세화현상을 고려해볼 때 우리 강토에서 청동기문화를 창조한 조선옛류형사람은 신석기시대문화를 창조한 조선옛류형사람의 직접적인 계승자이고 그 후예라는 것을 인류학적으로 뚜렷이 확증해주고있다'(고광렬 2011: 2－3).[116]

체질인류학적 계측분석과 함께 자주 사용되는 방법론은 혈청학이다. 조선옛류형사람의 순수성의 증명은 체질인류학적 계측도 사용되지만 혈청학적 연구도 병행되거나 보족적으로 사용되고 있다. 혈청학, 즉 혈액을 통한 혈청(血清) 분석은 기본적으로 고인골에서 추출이 불가능하기에 현대인의 자료를 근거로 산출할 수밖에 없다. 북한도 이 점을 지적하고 있다(장우진 1989: 293).[117] 그럼에도 불구하고 해당 방법의 중요성을 여전히 강조한다. 이는 다음 문구를 통해서도 쉽게 알 수 있다; '그것은 유전적형질로 발현되는 혈청학적특징들이 인종집단의 형성과정과 족속들 사이의 친연관계나 차이를 잘 반영하고 있다는데 있다'(장우진 외 2009).[118]

ABO식 혈액형 분석의 결론은 역시 단일성의 확증을 위해서이다. 이른바 조선사람이 혈청학적으로 동아시아 시초류형의 특징을 그대로 보존하고 있음을 강조하기 위해 사용된다(장우진 2011: 2).[119] 디에고식 혈액형(Diego blood type)을 통해서도 조선사람이 주변의 다른 인종군과 독자적인 양태를 보이고 있음을 강조하기도 한다. 관련 문구는 다음과 같다; '이 혈액형(디에고식 혈액형)을 통하여 (조선사람이) 북아시아에 있는 아시아인종계렬의 북부지역 집단들과 련결되지 않는다는 것을 보여준다'(장우진 2010: 4).[120]

주변지역 인종과 비교하여 볼 때, 그 차별성은 바로 순수성에 있다고 볼 수 있다. 그리고 한반도 내의 일관성 있는 혈통 유지는 조선옛류형사람의 가장 중요한 정체성이다. 아마도 다음 문장이 조선옛류형사람 관련한 핵심적인 문구라고 생각을 한다; '조선사람은 그가 어느 시기에 살던 사람이든지 모두 하나의 인종적 특징으로 통일되어있다'(김성일 2018: 23).[121]

2) 순수함의 정당화, 체질인류학

한반도의 집단과 그 주변을 살피는 글에서 순혈과 혼혈이 교차함을 느낄 수 있다. 인종 형성에서 다른 집단과의 접촉 그리고 접촉에 따른 혼혈의 결과를 자주 언급한다. 이른바 단혈성 기원과 혼혈성 기원이라는 설명에서 인종 형성과정에서 순수한 혈통을 유지하는 집단과 그렇지 못한 집단을 설명하는 데 사용된다. 단혈성 기원, 순수한 핏줄의 오래됨과 그 이어짐의 강조는 인종의 문제에만 머무르는 것이 아니고 인류, 종족, 민족 단위에서 광범위하게 사용된다. 이와 관련된 문구는 북한 문헌에서 쉽게 찾아진다; '…민족의 단일성을 고수하는 문제…'(김내창 1987: 15),[122] '…우리 인민이 자기 강토에서 형성된 이래로 하나의 피줄을 이어온 단일한 민족…'(장우진 1992: 7).[123]

북한 문헌에서 자주 등장하는 순수함 그리고 순수함의 이어감(장우진 외 2009: 29)[124]을 고려함에 있어, 한 가지 짚고 넘어갈 사항이 있다. 순수함이 정당하고 긍정의 의미를 담고 있다는 상식 아닌 상식이 어떻게 형성되었는가에 있다. 이와 관련해서, 긍정적이든 부정적이든 간에 제국주의 일본의 영향이 존재한다고 본다. 당시 일본의 인종과 민족의 사고에서 단일성만큼이나 혼혈성에 대한 주장이 상당함을 볼 수 있다(사카노 토오루(박호원 역) 2005).[125]

일본의 혼합민족설을 살피면 고마이 다쿠(駒井卓)는 일본 민족은 아이누인과 지나조선(支那朝鮮)인 등이 혼합된 민족으로 규정하고 있다. 다니구치 도라토시(谷口虎年)는 광의적 일본민족은 아이누인, 조선인, 고사인, 중국인, 퉁구스인, 몽고인 및 기타 피식민지인, 남양도민, 남방민족 등 피식민지인이 모두 포함된 혼합민족으로 보기도 하였다(현재환 2018).[126] 우에다 쓰네키치(上田常吉)의 경우, 일본의 정체성을 선주민으로 조몽인 그리고 한반도의 도래인의 혼혈로 규정하기도 하였다(세키네 히데유키 2015: 128).[127] 따라서 일본인의 혼혈에 대한 생각에 수긍하는 연구자들이 많았다.

물론 혼혈 반대론자의 주장도 강력하였다. 하세베 코톤도(長谷部言人)와 같이 일본인을 '석기시대부터 현대에 이르기까지 유전적으로 연속한 순수집단'(세키네 히데유키 2016: 129)[128)]으로 주장하는 학자들도 있었다. 관련하여, 정책적으로 1940년대 야마토 민족의 순혈성을 유지하기 위해서 조선인과 같은 피식민지인과의 혼혈을 강력히 반대를 하기도 하였다. 그러나 한편, 일본이 대동아공영권을 주장한 이후엔 식민지 조선인과 타이완인에 한해서는 혼혈을 장려하는 정책도 일부 추진하였음을 고려할 필요가 있다(사카노 토오루(박호원 역) 2005: 426).[129)]

   식민지 시기, 일본인이 생각한 조선인에 대한 시각은 어떠하였을까? 일본이 식민지 조선을 바라보는 시각은 대체적으로 일관적인 것으로 보인다. 조선인의 정체성을 기본적으로 혼합된 집단으로 본 것으로 판단된다. 1930, 40년대 그리고 이미 이전부터 식민지 조선인에 대한 정의는 혼합집단이 일종의 상식처럼 받아들여졌다(현재환 2018: 105).[131)] 1930년대 일본의 만주 침략 즈음에 활성화된 학술연구 단체인 만몽문화연구회(滿蒙文化硏究會)의 자료에 따르면, 조선민족은 몽고족, 만주족 그리고 퉁구스계와 유사점을 지닌다고 보았다(현재환 2018: 90).[132)] 이

평안북도 강계군 남성 측면 측정, 1913년 촬영 추정

추정하건대, 계측을 위한 촬영 장면으로 보인다. 당시 식민지 조선에 생소한 단어가 들리기 시작한다; '백인종', '흑인종', '황인종'. 식민지 조선반도의 사람들은 갑자기 '황인종'이 되었다. 어리둥절해지는 순간이다.

출전: 국립중앙박물관[130)]

를 통해 최소한 단일 인종, 단일 민족의 사고는 주도적인 사고는 결코 아님을 짐작할 수 있다.

해방 이후, 민족/인종의 순수함은 남과 북, 두 체제에서 시차는 있지만 약화가 아닌 강화의 방향으로 전개된다. 한국인 스스로 생각하는 순수한 단일민족이란 보편적인 개념은 식민지 시기에 조성되었다기보다는 해방 이후에 전개되었다고 볼 수 있다(박찬승 2010).[133] 북한의 순수성 전개는 이와 다르지 않다. 더 정확히는 더 극단적으로 강화되었다고 볼 수 있다.

기원 문제를 다룬 문헌에서, 북한이 가장 많은 공격을 하는 대상은 물론 북한 입장에서 이른바 남조선의 어용사가들도 있지만, 가장 '주적'으로 고려되는 대상은 제국주의 시대의 인종관련 연구자들이다. 일본 제국주의자에 의해서 왜곡된 이른바 조선사람 기원의 문제에 대한 내용은 쉽게 찾아진다(리주현·한은숙 2009: 44).[134] 조선사람의 기원에 대한 올바르지 않은 해석의 주체가 바로 일제 어용학자들이라는 주장이 꾸준히 제기된다(정봉찬 2014: 6).[135] 주된 비난의 대상은 과거 반도를 침탈한 일본과 그 추종 세력이 대상이 되는 경우가 많다.

우리는 여기서 1930년대 기억의 소환이 북한의 주요 국가적 담론이 되었다는 사실을 기억할 필요가 있다. 아울러 와다 하루키의 유격대국가라는 국가의 정체성을 생각한다면(와다 하루키(서동만·남기정 역) 2002),[136] 식민지 시기의 기억, 즉 일본에 대한 이미지는 현재도 이어지고 그 일본에 대한 이미지는 현재 북한이라는 국가 정체성을 만드는 핵심적 요소임을 고려할 필요가 있다. 제국주의 일본이 한반도를 침탈한 사실만큼이나 제국주의 일본이 당시 식민지 조선인에게 내린 담론, 이론 역시 저항의 대상이 된다. 그리고 그 저항, 또는 비난 및 공격은 국가적 이념의 수호를 위해서 정당화된다.

그 비난의 내용의 상당한 부분은 하나의 핏줄을 가지고 혈연적으로 단일한 본토 기원 집단을 부정하였다는 데 있다(장우진 1977).[137] 그런데 그 이론의 반대를 위해서 사용되는 각종 자료와 방법론은 하늘에서 뚝 떨어지는 것이 아니다. 만약 일본의 주장을 외면한다면 일본이 사용한 이론과 방법론을 쓸 필요가 없다. 그러나, 그 주장을 적극적으로 반대하기 위해선 그 이론과 방법론을 쓸 필요가

생긴다.[4]

　북한의 경우, 순수한 생물학적 인종을 규명하기 위해서 체질인류학과 함께 혈청학도 받아들인다. 두 연구단위는 식민지 시기 일본에 의해서 주도된 학문이고 이는 식민지 조선에 이식되었다. 식민지 초기 연구 사례인 「조선인의 인종학적 연구」(1918; 1919) 등 대부분의 연구가 계측을 통한 인종적 비교가 주를 이루고 있다(박형우 외 1991).[138] 이후 경성제대 의학부 중심으로 인종학적 입장의 체질인류학 연구가 가속화되었다. 또한 ABO 혈액형 분포를 연구하는 혈청학도 이 시기 진행되었다.

　현재 기준으로 본다면 뼈를 다루는 체질인류학과 피를 다루는 혈청학이 동일한 연구단위에 속하는 것이 당연하게 보인다. 결론적으로 혈청학이 체질인류학이 하위 단위가 되나 두 학문 단위 사이에는 차이성이 존재하였다. 1930년대 기준 일본의 인류학의 세부 연구단위는 체질 인류학(自然人類学), 문화 인류학(民族学), 민속학(民俗学)으로 구분되었다. 혈청학 연구를 통한 분석은 이른바 신인류학(新人類学)으로 정의되기도 하였고 체질인류학과는 미묘한 차이성이 보였다(현재환 2018).

　식민지 조선의 인종학적 연구는 일본의 제국대학들보다 더 활성화되었다고 전해진다. 그 주된 이유는 만주 침략에 따른 영향에서 찾을 수 있다(박순영 2004: 197).[139] 1930년대 일본의 팽창에 따른 지역별 집단의 이해를 위해서 체질인류학 연구가 활성화되고, 그 중심에 식민지 조선이 있었다. 막대한 자료를 축적한 식민지 조선 내의 연구성과는 결국 '경성학파 인류학'이라는 영향력 있는 학문적 집단으로 성장하게 된다(세키네 히데유키 2015).[140]

---

4) 누가 키가 큰지 옥신각신하다가 한 사람이 cm 표기 줄자를 사용하면 마찬가지로 같은 척도로서 상대방을 반박할 필요를 느끼는 것과 같다. 그 순수함, 단일함을 주장하기 위한 방법론인 체질인류학 관련 이론과 방법론을 폐기한다면 집단의 동정과 비교 그 자체가 어려워지게 된다. 그래서 북한은 과거 일본이 행한 이론과 방법론을 여전히 사용하는 것으로 판단된다.

3) 순수함의 전개, 사회진화론

인종의 연구는 지극히 생물학적 영역임을 북한도 인식한다. 그러나 한편으로는 인종의 변이와 사회구조의 변이를 연동시키고 있다. 앞서 살핀 바와 같이, 북한은 구석기시대를 설명함에 있어서 '5개의 조각면'(편년 연구, 사회 진화, 유물 조합, 인류 진화, 지질 환경)을 중요하게 다루고 있음을 설명하였다. 그리고 이 조각면이 서로 상응 발전함을 밝힌 바 있다. 그리고 이는 '합법칙성' 또는 '역사발전의 합법칙성'이라는 거대 법칙 속에서 세부적인 법칙으로 이해됨을 설명한 바 있다. 이러한 법칙들의 근간을 이루고 있는 키워드는 '단방향', '발전', '내적변화'로 압축된다. 모든 변화는 계기적이고, 방향은 단방향이고 그 변화는 긍정적인 방향, 즉 진보를 의미한다. 그리고 변화의 힘은 내적인 부분에서 나온다. 또한 이는 법칙과 같이 받아들여진다.

앞서 지적한 바와 같이, 북한은 인류 진화의 과정 이후에 인종화 과정이 잇달아 전개된다는 계기적 사고를 한다. 그리고 이후 민족화 과정으로 전개됨을 주장한다. 따라서 인종을 포함한 사람의 변화과정 전체가 계기적으로 이루어짐을 강조한다. 이러한 변화에는 단지 사람만 그 대상에 국한된 것이 아니다. 사람을 포함해서 기술, 사회가 모두 포함된다. 인종화 과정 중의 문화는 구석기시대 이후 신석기시대와 청동기시대 문화로 전개된다. 인종의 시기에 이룬 집단의 특성은 원시무리를 넘어서 이후에 전개된 모계씨족사회와 부계씨족사회를 구성한다. 인종화의 첫 단계가 모계씨족사회라면 그 이후는 부계씨족사회가 되고 이후 민족의 시기에 계기적으로 노예제사회로 전개된다.

사람의 변화, 문화의 변화, 집단의 변화 등 모든 부분의 변화는 시간을 통해서 발전(진보)으로 보고 있는 특징을 가지고 있다. 구석기시대보다 정교해진 주먹도끼의 전개는 '뇌수의 능력발전'(장우진 외 2009: 22)[141]으로 보고 있고, 발전은 단지 석기에만 머무르지 않는다. '력사가 흐르고 사회가 발전할수록'(장우진 외 2009: 38)[142]이라는 내용에서 전면적인 발전적 변화를 암시한다. 변화는 발전만이 있기에 변화의 방향은 크게 보아 하나의 방향성만을 가진다. 새로운 사회적 관계를 구성하는 씨족사회의 등장은 족외혼을 기초로 한다. 이전의 혼인 방식이 무질서하게 진행된 것에 비해서 긍정적인 변화로 전개됨을 주장한다. 족외혼 이후의 무질서로의 회기를 주장하지 않는다(김춘종 외 2009).[143]

'모든 계기적인 변화의 힘은 어디에서 오는가?'라는 질문을 던진다면 북한의 대답은 주저 없이 '내적인 힘에 의해서'라고 주장할 것이다. 이는 변화의 동력에서 전파와 이주를 크게 제한한다는 의미이다. 새로운 사회 조직인 씨족의 등장은 자연과 사회를 개척하려는 사람들이 스스로 자주적인 노력에 의해서 전개되었음을 밝히고 있다.

그리고 이는 일반화된 법칙임을 천명하고 있다(김춘종 외 2009: 181).[144] 〈신인〉의 시기 이후 조선옛류형사람의 등장은 외부의 인적 집단의 유입이 아닌 한반도 토착 집단에 기초를 하고 있다. 이들은 〈만달사람〉, 〈룡곡사람〉과 그 고유한 특성을 공유하고 있다고 주장하고 있다(장우진 외 2009: 65).[145] 다른 인종 집단들과 달리 조선옛류형사람은 혼혈되지 않았고 이는 다양한 체질인류학적 증거로 확인되고 있다고 주장한다(김성일 2004).[146]

북한의 인간 그리고 인간 행위의 결과물 전반은 일정한 법칙에 근거해 설명되고 그 법칙은 매우 견고하게 구성되어 있음을 알 수 있다. 따라서 인종의 설명도 이에 벗어나지 않는다. '단방향', '발전', '내적변화'로 압축되는 사고의 저변은 일종의 북한의 사회를 보는 시각에서 출발한다. 그 시각은 다윈의 진화도 아니고 스펜서식의 사회진화론도 아닌 소비에트식 사회진화체계에 근간을 두고 있다.[5]

----

5) 사회진화론과 사회 진화는 용어에 따른 의미의 차이가 있다. 특히 스펜서(H. Spencer)식의 사회 변화 모델과 소비에트식 사회 진화 모델은 유사와 상이가 교차하면서 부르는 명칭에 혼란이 있는 것이 사실이다. 본고에서는 전자의 경우를 사회진화론으로 부르고 후자의 경우는 사회 진화(또는 사회진화체계)로 부른다. 스펜서식의 사회 변화 모델은 사회 다원주의라고도 부른다(브루스 트리거(성춘택 역) 2019). 한편 구소련의 소비에트식 사회진화모델을 사회발전단계론 또는 풀어서 마르크스적 사회 변동의 모델로 부르기도 한다(한창균 2020). 사회 진화(또는 사회진화체계)에서 '진화'라는 단어를 쓰는 이유는 소비에트식 사회 변화 모델의 원조격이라고 할 수 있는 모건(L. Morgan)의 사고에서 기인한다. 그의 사회 변화에 자주 등장하는 'savagery', 'barbarism', 'civilization' 등의 변화를 사회 진화(social evolution)라는 용어를 사용하여 다루었다. 그러나 정작 다윈의 진화론과는 과연 얼마나 친밀도가 있는지는 논의의 대상이다.

북한의 합법칙성, 인류에서 인종 그리고 민족으로의 변화, 또는 구석기에서 신석기로의 변화, 선계급사회에서 계급사회로의 변화는 실제 생물학적 진화로 보기 힘들다. 현재의 다원 진화론, 즉 다위니즘과는 상당한 거리가 있다. 정작 다윈은 실체는 유형적으로 고정되어 있는 존재가 아니고 끊임없이 변화하는 존재로 바라본 것이다. 다위니즘은 보편적 법칙을 찾으려 하지 않는다. 개별의 현상을 통해서 전체의 법칙을 세우는 일에 조심스럽다. 물리학에서는 중력의 법칙과 같은 시공간을 통한 보편 법칙이 만들어질 수 있으나 다위니즘적 진화적 사고에서는 보편 법칙을 찾는 대신에 확률과 역사적 담론을 중요시한다(성춘택 2003: 116).[147]

그렇다면 북한이 생각하는 진화의 메커니즘은 과연 무엇일까? 최소한 고고학 연구 영역에서는 과연 어떻게 생각하는가? 일반적 진화론에서 진화를 일으키는 메커니즘으로는 자연선택, 성선택, 돌연변이, 이주 및 부동 등을 들 수 있다. 이들은 집단에 항상 일정한 비율로 개입하는 것이 아니기에 모두가 일정한 양태로 일정한 속도로 변화한다고 볼 수 없다. 따라서 다위니즘의 진화 과정은 불연속적일 수 있고, 빠를 수 있고 느릴 수 있고 무엇보다도 인과관계가 쉽게 노출되지 않는다. 북한의 고고학 자료를 국한해서 본다면 진화에서 그 발전을 추동하는 근본 요인으로 자연도태(자연선택)를 주장한다. 즉, 자연선택을 진화의 주요 메커니즘으로 보고 있는 것이다(장우진 2010).[148]

그러나 이는 생명계에 해당되고 사람에게는 특별한 '추가적' 의미 부여를 한다. 인류 진화 발전 과정에서는 자연도태만큼, 어쩌면 그 이상 더 중요한 것이 있다. 이는 바로 사람을 구성하는 '사회'에 있다고 본다. 북한에서 사람의 중요한 특성은 자연이 준 것이 아니고 사회가 준 것으로 파악한다(장우진 2010: 42-43).[149] 북한식 설명을 해석한다면 자연도태가 인간 진화의 주요한 메커니즘이 아니다. 그 자리에는 사회성이 들어간다.

그렇다면 그 사회성은 과연 어떠한 사회성을 말하는 것인가? 이를 살피는데 있어서 인종의 인식이 활성화된 식민지 조선으로 다시 갈 필요가 있다. 식민지 조선에서 우생학을 통해서 인종 연구가 과학의 이름하에 선진 학문으로 인정받을 때, 또 하나 인정을 받았던 학문적 사조는 스펜서식의 사회진화론이다.

우생학의 나무는 수많은 학문단위들과 연관이 있다는 사실을 상징적으로 보여준다. 우생학 (Eugenics)은 현재와 같이 잊힌 학문이 아니라 당시 서구의 주된 학문 단위였다. 일본과 함께 식민지 조선도 이에 영향을 받는다.

출전: 위키피디아[152]

　　당시 식민지 조선 지식인에게 퍼진 진화론은 어쩌면 생물학적 다위니즘 진화론보다 스펜서식 사회진화론이 더 현실적으로 파고 들었다고 볼 수 있다. 사회진화론은 식민지 조선 이전에 이미 개혁과 자강의 이념을 담고 이미 상당히 퍼졌다. 미국의 에드워드 모스(E. Morse)와 같은 학자에 직접적인 사사를 받은 유길준[6])에 의해서 세계는 생존경쟁이 지배하고 경쟁에서 승리하기 위해서는 강자가 되어야 한다는 주장을 하였다. 윤치호 역시 동일한 세계관을 가지고 약육강식, 적자생존의 사회에서 적자(適者)가 되기 위해 노력해야 함을 역설하였다.

　　생물학적 진화론을 주장한 찰스 다윈의 자연선택만큼 사회진화론을 주장한 허버트 스펜서가, 자연선택만큼 적자생존(브루스 트리거(성춘택 역) 2019: 152)[150])이 당시 지식인의 뇌리에 각인되었다. 적자생존(適者生存, survival of the fittest)은 스펜서의 본의가 어떻든 식민지 조선인에게는 '생존경쟁', '우승열패'로 받아들여지

---

6) 그의 학문적 스승인 에드워드 모스는 동물학자이다. 따라서 그의 스승만 생각한다면 생물학적 다위니즘 진화론에 귀착하였을 것 같으나, 실제는 스펜서식 사회진화론에 가까운 사람이다. 유길준 스스로가 정치적 개혁가로서의 삶을 살았기에 그리하였을 것으로 판단된다.

게 된다. 우열의 존재는 부정할 수 없는 사실이며, 그중 많은 열성은 도태될 수밖에 없다는 생각이 지배적인 사고였다. 이는 다윈의 생물학적 진화론과는 맞지 않지만 당시의 사회진화론 입장과는 일치하였다. 1933년 조선우생협회가 발족하는데, 주요 간부를 살피면 관련 전문가도 있지만 사회진화론을 주장한 지식인들이 많이 참여한 것을 알 수 있다. 윤치호가 회장을 맡았고 여운영, 송진우, 방응모, 김활란 등 생물학의 비전문가의 참여가 눈에 띈다(이정선 2016).[151]

당시의 민족개조, 실력양성 운동은 이른바 '생존경쟁', '우승열패'에 낙오하지 않기 위함에 있다. 사회진화론과 우생학으로 무장한 인종주의의 공통된 시각은 우성과 열성은 존재할 뿐 아니라, 열성을 사라지게 하는 데 사회적 국가적 개입이 필요하다는 생각이다. 열성을 피하고 우성화의 생각에는 세상을 바라보는 사고가 내포되어 있다.

식민지 조선에서 유행한 사회진화론은 산업혁명을 주도하고 식민지를 경영한 서구, 즉 제국주의적 입장을 담고 있다(박찬승 2010).[153] 서구 자신과 자신들이 경영하는 식민지 집단 간의 관계를 생물학적 우열성의 가름이 인종주의적 시각이라면, 문화 전반의 발달 정도를 두고 우열성의 가름은 사회진화론적 사고라고 할 수 있다. 식민지 조선에서 유행하였던 (국제 사회 간) '생존경쟁', '우승열패'는 이러한 사회진화론적 입장을 담고 있다고 할 수 있다(이정선 2016: 324).[154]

그러나 여기서 조심스럽게 살필 부분이 있다. 북한에서 사람을 연구함에 있어서, 인종적 학문적 지향점을 가진 체질인류학적 연구방법론을 고수하고 있고, 실제 인종에 대해서도 인종주의는 거부하나 인종 그 자체의 부정은 없다고 밝히었다. 그러면 스펜서식 사회진화론은 어떻게 받아들였는지 궁금하다. 식민지 조선에선 인종학(우생학)과 사회진화론은 하나의 '세트상품'처럼 받아들여졌다. 애초에 두 부분은 명확히 구분되어 있지 않고 소개되었다고 보는 것이 맞다. 마치 인종과 민족의 개념이 혼란스러웠던 것과 마찬가지이다. 아무튼 해방 후 북한에서는 다른 전개과정을 가진다. 결론적으로 본다면 북한은 인종적 학문적 지향점은 수용을 하였으나, 스펜서식 사회진화론은 적극적 수용 대상이 아니었다. 특히 스펜서의 우월한 사회가 열등한 사회를 대체할 수 있다는 사회진화론(브루스 트리거

(성춘택 역) 2019: 180)[155]은 북한이 받아들이기엔 지나치게 제국주의 냄새가 난다.

그보다는 스탈린 시대 구체화된 일부 소비에트식 사회진화체계가 적용되었다고 볼 수 있다. 각 사회의 변화는 어설픈 외부의 힘이 아니고, 각 사회가 가진 내적인 힘, 내적인 모순을 통한 변화라는 소비에트식 사회진화체계가 북한으로서는 더 매력적으로 끌렸을 것이다. 소비에트식 사회변화의 사고는 인류 이후 인종 그리고 그 이후의 전개를 설명하는 핵심 요소 중의 하나가 된다. 또한 일각에서 주장한 사회변화를 일정한 과정에 따라 진행된다는 결정론적 사고 역시 북한은 크게 영향받았을 것으로 보인다. 과거 원시무리시기에서 모계씨족을 거쳐서 최종 공산주의로의 일정한 규칙을 가진 자체 발전은 북한의 연구자들에게 인간과 사회의 모든 과거, 나아가선 현재와 미래를 설명하는 중심 사고로 받아들였을 것이다.

이른바 조선반도 인종의 순수함도 결과적으로는 소비에트식 사회진화체계로 일부 설명이 가능해진다. 외적의 힘이 아닌 내적의 힘으로도 발전이 가능하다는 생각은 본연의 순수함을 유지하면서 발전하는 북한의 인종관을 설명하기에 이상적이다. 외부의 영향에 의한 혼혈이 없이 인류 진화 이후, 인종이 형성되고 이후 민족이 형성된다는 사고를 형성할 수 있다. 〈신인〉이후 조선옛류형사람 그리고 조선민족으로의 전개에서 외부의 영향은 생각할 필요가 없다.

7. 이어짐, 그리고 인종

북한의 인종에 대한 내용을 살피면서 가장 강렬하게 다가오는 부분은 1930-40년대의 사고가 아직도 온기를 유지하고 있다는 점이다. 바로 이 점이 인종에 대한 시각에서 남과 북의 큰 차이를 느끼게 한다. 남한의 경우, 해당 담론은 이제는 퇴화되어 원래의 기능과는 달라진 사람의 꼬리뼈와 같은 흔적 기관이 된 지 오래다.[7] 그러나 북한은 다르다. 우리와 다른 궤적으로 사람을 보고 그

---

7) 이는, 남한이 북한에 비해서 월등히 인종 연구를 잘하였거나 새로운 연구 성과를 도출시켰

리고 인종 또한 다르게 고민하고 있다. 인종은, 식민지 조선에서 현재의 조선 사이의 사고의 연장, 변형 그리고 확장을 강하게 느끼게 하여 주는 대상이다.

식민지 조선인들이 영문도 모르고 황인종이 되었듯이, 인종 연구는 갑자기 식민지 시절 조선에 유입되었다. 식민지 조선인에게 인종 연구는 어쩌면 세상의 사람을 보는 과학적인 방법 중의 하나로 인식되었다. 신체 계측을 통한 분류와 분석, 혈액형에 의한 분류와 분석 등 수많은 수치 자료를 통한 분석은 과학적으로 입증되는 선진 학문으로 받아들였을 것이다.

식민지를 탈피한 북한에게 인종을 공부하는 체질인류학은 일본을 극복하는 무기였을 뿐 아니라 일본과 남한 학계에서 주장하는 민족의 기원 그리고 집단의 이동을 비판하는 효율적인 연구방법론으로 사용하였다. 식민지를 탈피하는 과정에서 북한에게 일본은 극단적 저항의 대상이다. 현재 북한의 입장에서 군사적으로 대립이 되는 외세는 당연히 미국이다. 따라서 북한의 입장에서 주적은 미국일수 있다. 그러나 1930년대 유격대국가라는 이미지를 떠올린다면 이미지로서의 주적은 일본이 된다. 현재의 북한이 정체성은 1930년대 만주에서 일본과 싸운 유격대의 이미지를 떠올릴 필요가 있다. 일본이 저지른 악행에 맞서는 일은 바로 일본이 행한 정확히 동일한 연구방법론으로 정확히 반대의 결과를 제시하는 것이다. 즉, 인종학적 체질인류학을 통해서 인종의 우수성을 적극적으로 개진하고자 노력하고 있다.

그러나 한편으로는 소련의 이상도 받아들인다. 소비에트식 사회진화체계가 바로 그것이다. 1930년대 만주의 김일성에게 소비에트 시스템은 결코 저항이 대상이 아니다. 동경의 대상이 된다. 현재, 이른바 주체의 나라가 된 북한은 러시아에 무조건적 노골적 찬사만 하지 않는다. 그러나 북한 체제의 이상은 변함없이 과거 소비에트 체제에서 찾아진다. 1930년대 북한이 존재하기 전 저항의 대상이었던 일본과 한때 이상의 대상이었던 구 소련의 연구단위가 현재의 북한에서 재현되고 있는 셈이다.

다는 의미는 아니다. 다만 인종 연구에 대한 지향점과 접촉면이 다름을 표현한 것이다.

북한은 특히, 사회진화체계는 어떠한 의심도 허락되지 않는 절대 법칙으로서 이를 굳건히 만들었다. 소비에트식 사회변화체계에 기반한 '합법칙성'이 적용된다. 계급사회에서 무계급사회로 진보하듯이, 인류의 시대에서 인종의 시대로 전환되고 이는 민족의 시대로 발전됨을 강조하기에 이른다. 그 '합법칙성'에서는 이어감을 강조한다. 그 합법칙성은 과거 제국주의 일본이 강조한 인종학으로 뒷받침하고 있다.

'면면히 이어감을 통한 변화'는 모든 생명체뿐 아니라 무정물인 석기유물에도 적용된다. 그리고 그 변화는 단선적이다; '어떤 생명체든지 진화과정에 주어진 일정한 방향으로만 변화한다'(장우진 2002: 27)[156]와 '모든 지역의 석기는 구석기시대 전기로부터 중기, 후기에 이르기까지 언제나 하나의 방향으로 변천되었다고 말할 수 있다'(어해남 2016: 3)[157]를 의미 깊게 들여다볼 필요가 있다. 비단 화석과 석기만이 이러한 법칙에 적용되는 것이 아니다. 바로 현재의 '사람'에도 그 법칙은 적용된다.

표 북한이 생각하는 북한 내의 고고학적, 체질인류학적 그리고 문헌적 연구로 구성한 합법칙적 전개과정의 모식도

인류의 시대			인종의 시대	민족의 시대
				조선민족
			조선옛류형사람	
		〈신인〉		
	〈고인〉			
〈원인〉				
북한이 강조하는 '피줄'의 완성				

소비에트식 사회진화체계로 일련의 법칙적 과정을 만들고, 그 과정에서 발생한 집단의 전개는 제국주의 일본의 체질인류학이라는 방식으로 설명된다. 이 두 가지의 어울리지 않을 것 같은 결합으로 탄생한 결과물의 하나가 바로 면면히 그리고 순수하게 〈신인〉으로부터 이어온 그리고 조선민족으로 이어주는 조선옛류형사람이다.

조선옛류형사람은 아시아대인종, 아프리카-대양주대인종, 유럽대인종이라는 사고에서 역사 특수주의적 페이소스를 가미한 존재가 된다. 신체의 계량적 측정으로 나누어진 세부적인 인종의 분류에서 조선옛류형사람은 아시아 대륙에서 가장 특별한 인종 중의 하나로서 설명된다. 〈승리산사람〉과 같은 〈신인〉은 진화가 완성된 이후, 시베리아 지역인과 그 어떤 혼혈도 없이 체질인류학적으로 단일한 집단이 된다. 그리고 이 특별한 인종은 이후 대동강을 중심으로 화려한 세계5대문명을 이룩한 조선민족으로 변화 발전한다(장우진 2002).[158] 새로운 인종의 출현은 북한이 강조하는 '피줄'의 완성을 위한 화룡정점이다. 인류와 민족의 중간을 이어주는 결정적 다리 구실을 한다.

현재의 김일성민족은 시간적으로 무한히 확장된다. 그 확장은 현재에서 1930년대 만주까지 그리고 구석기시대까지 거슬러 올라간다. 다시 말해서 김일성민족, 조선민족에 선행되는 집단이 조선옛류형사람으로 불리는 인종이 된다. 조선옛류형사람은 북한의 민족과 북한의 인류를 이어주는 중간자의 위치에 있다. 북한에서 인종은 크게 아시아 대인종, 아프리카 대양주 대인종, 구라파 대인종으로 구분된다. 그리고 그 아시아 대인종 중에서 동북(부) 아시아 인종이 있고 한반도에 존재한 인종은 조선옛류형사람이다(장우진 1988).[159] 이를 한반도에 시간을 거슬러서 적용하면 조선민족-조선옛류형사람-동북(부)아시아 인종-아시아 대인종이 된다.

여기서 북한이 생각하는 진화의 사고도 엿볼 수 있다. 최소한 인간의 진화에서는 독특한 입장을 유지한다. 북한에서는 진화는 구석기시대 후기의 〈신인〉, 즉 현생인류를 끝으로 더 이상의 생물학적 진화는 없다고 보고 있다. 이를 엿볼 수 있는 내용으로 다음을 들 수 있다; '우리 강토의 신인들이 인류의 진화과정을 마감짓고 현대사람의 모습을 갖추게 되자마자 인종적으로 분화하여'(장우진 외 2009: 64)[160]; '신인의 출현으로 지구상에서 인류의 진화발전과정은 기본적으로 끝나게 되었으며'(김춘종 외 2009: 128).[161]

인종의 개념 변화, 특히 조선반도의 인종에 특별한 프리미엄을 주려는 사고는 북한의 민족주의 강조가 보이는 1990년대 와서 관찰된다. 아시아 대인종, 동북(부) 아시아 인종은 변화가 없지만, 조선옛류형사람에는 특별함을 부여한다. '우리 강토의 선주민인 조선옛류형사람 들은 동부아세아의 옛주민들과 뚜렷이 구별되는'(장우진 1992: 11)[162]과 같은 가치를 부여한다. 구체적으로 인종 형성에 순수한 자연적 요인뿐 아니라 이른바 사회적 요인도 포함이 된다. 구체적으로 대인종이 형성될 때는 자연적 요소가 그리고 인종이 형성될 때는 자연적 그리고 사회적 요소가 필요하다고 본다(고광렬 1992).[163]

이미 앞선 구석기와 인류 부분에서 밝히었지만, 그 이어짐의 계보를 되짚어 살피는 것이 필요하다. 북한의 논법으로 본다면 인종 직전의 인류는 〈신인〉이다. 외부의 영향 없이 신석기는 구석기 다음으로 이어지는 것과 마찬가지로 인종과 인류는 외부로부터의 유입이 설정되지 않는다. 북한에서 〈신인〉으로 부르는 현생 인류인 호모 사피엔스의 기원에 대해서는 단호한 태도를 보인다. 한반도의 〈신인〉은 외부에서 유입된 신인이 아니고 기존 한반도의 인류에서 진화한 것으로 본다.

〈신인〉은 이른 시기와 늦은 시기의 〈신인〉으로 나누어지고 이들은 이어짐의 계보 관계로 고려가 된다. 약 49,000년 전의 〈룡곡사람〉(고광렬 2015)[164]과 후기 구석기시대의 좀돌날(북한 용어, 잔돌날)을 만드는 〈만달사람〉(장우진 외 2009: 84)[165]은 각각 이른 시기 〈신인〉과 늦은 시기 〈신인〉으로 이어짐을 보여준다. 여기에 외부에서 유입된 〈신인〉은 존재하기 힘들다.

이와 같은 맥락으로 〈고인〉 역시 이른 시기와 늦은 시기로 나뉜다. 늦은 시기 고인인 력포사람은 발전된 고인으로 생각되며 이른 시기의 〈신인〉인 〈룡곡사람〉으로 계승된다고 보고 있다. 이른 시기의 〈고인〉은 〈화대사람〉으로 대표된다. 약 30만 년 전으로 생각되는 〈화대사람〉(장우진 외 2009: 39)[166]은 이른 시기 〈고인〉으로서 이전의 〈원인〉과 이른바 '피줄의 이어감'의 의미를 담고 있다.

〈원인〉의 화석은 발견되지 않으나 석기 증거로 면면한 이어감은 주장된다. 약 100만 년 전 또는 그 이상의 검은모루의 주먹도끼형석기는 〈원인〉의 증거로 생각된다. 최근 조사된 동암동 유적에서 1 문화층 기준 약 88만 년 전의 편년값을 보여주는 주먹도끼(김춘종·한금식 2016)[167]와 선후관계의 이어짐으로 해석이 가능하다. 검은모루의 '주먹도끼모양의 석기'(김용간 1984: 16; 1990: 18)는,[168][169] 전형적 주먹도끼의 '시초형'으로 보고 있다. 반면 동암동 주먹도끼는 고형 주먹도끼로 부르지 않는 것으로 보아서 전형적인 것으로 보는 것으로 판단된다.

글을 마치며

글을 마치며

　　구석기시대의 연구는 구석기시대라는 특정한 그리고 오래된 시간대에 존재한 인류들의 행위를 그들이 남긴 화석 그리고 석기를 통해서 살피는 학문이다. 시간의 단위가 수만, 수십 경우에 따라서는 수백만 이상인 경우가 있기에 그 시간대 사람의 종은 단일한 종이 아니고 복수의 종들이다. 그래서 인류가 아니고 인류들이라는 표현이 맞다. 물론 당시의 남겨진 고고학적 증거가 화석과 석기만은 아니다. 동물뼈일 수도 있고 경우에 따라서는 나무 등이 잔존할 수도 있다. 그러나 주된 핵심적인 고고학적 자료라고 한다면 (인류)화석과 그 인류가 만든 석기이다. 그리고 중요한 연구대상이 하나 더 있다. 화석과 석기는 하늘이 아닌 땅에 항상 위치하기에 퇴적물의 이해가 중요하다. 지층의 형태로 나타나는 퇴적물의 이해는 화석과 석기의 시간과 환경을 지시하여 준다.

　　결론부에 와서 새삼 이러한 기초적인 이야기를 꺼내는 이유는 본 학술서가 여타의 학술서라면 응당 집중해야 될 화석, 석기, 퇴적물에 충분한 할애가 없었던 이유의 설명이 필요해서이다.

　　지금까지 북한의 정체성을 알려주는 5가지의 대표어, 1) 유격대국가, 2) 극장국가, 3) 순수인종, 4) 가족국가, 5) 피줄국가를 살피었다. 응당 화석, 석기, 퇴적물과 관련이 있는 대표어를 제시하고 해당 개념이 어떻게 북한의 고고학적 자료의 해석에 적용이 되는지를 살피어야 하는데, 이와 관련이 거의 없어 보이는 대표어의 설명으로 글이 진행되었다.

즉, 여타의 학술서의 체제와는 다른 각도에서 북한의 구석기시대를 살펴보았다. 일반적인 학술서라면 특정한 학문단위의 선택과 집중을 하는 것이 일반적이다. 선택과 집중을 한다는 것은 해당 학문에 대한 전문성을 보다 확고히 확보하는 데 그 목적이 있음을 두말할 나위가 없다. 글의 주제가 만약 세부적인 주제라면 선택과 집중은 지극히 당연하다. 만약 북한의 구석기시대 주먹도끼 석기에 대한 글이라면 선택과 집중은 중요한 요소일 수 있다. 선택과 집중을 하였다면 기나긴 구석기시대 전 기간 중에서 북한에서 주장하는 시기인 전기 구석기시대를 선택과 집중의 대상으로 하였을 것이다. 해당 시기 많은 석기의 다양성 중에서 당연히 특정 석기인 주먹도끼에만 집중을 할 것이다. 물론 공반된 석기들도 다루겠지만 주인공은 주먹도끼이다.

만약 북한의 구석기시대 전체를 다루는 개설서라고 해도 어느 정도의 선택과 집중은 필요하다. 즉, 최소한 북한의 정치에 대해서 굳이 거론하여 본질을 흐트리는 일은 하지 않았을 것이다. 구석기시대 기간 동안의 인류화석, 석기 그리고 지질환경의 틀 안에서 연구가 되고 서술이 되었을 것이다. 이는 사실 너무나도 당연하기에 이를 선택과 집중을 하였다고 말하기도 어렵다.

그래서 일반적인 학술서의 집필이라면 아마도 다음과 같은 방식으로 진행되었을 것이다. 최초의 유적의 등장과 발견된 유물의 해석의 과정 그리고 참여한 연구자들의 논쟁의 과정 그리고 현재까지에 이르는 동안의 다양한 쟁점의 변화를 묘사하였을 것이다. 그 쟁점은 구석기 연구자들 간의 학술적인 논쟁이지만 여기에 정치적인 슬로건이 개입할 여지는 거의 없다. 예를 들어서, 만달리 유적에서 발견된 좀돌날제작 기술로 제작된 석기 기원에 대한 논쟁을 하였을지도 모른다. 또는 구석기시대 시기 구분에서 삼분법이 맞는지 아니면 이분법이 더 북한의 구석기유물을 이해하는 데 도움이 되는지에 대한 논의를 하였을지도 모른다. 이 논쟁에서 정치적 인물이 굳이 거론될 이유는 하등 없다. 정치적 인물이 실제 구석기전공자라면 몰라도 해당 학술서에 중심인물로 등장할 이유는 없다. 구석기시대의 화석, 석기, 퇴적물의 선택과 집중을 하지 그 외의 부분은 그다지 크게 관심을 기울일 필요가 없다.

학술서를 전개하면서 당연히 북한의 주요 구석기 유적의 설명과 유물의 소개를 하고 자세히 제시하였을 것이다. 북한이 생각하는 완성된 석기의 기준과 그 형식 분류체계에 대한 설명이 지면의 많은 부분을 차지하였을 것이다. 석기의 변이성을 이해하는 단위가 되는 속성－형식－유물군－공작－전통－문화라는 다소 위계적인 분류체계를 보다 세밀히 적용하여 접근하였을 수도 있다.

예를 들면 다음과 같은 '정상적인' 전개가 이루어졌을 것이다. 북한에서 출토된 하나의 찍개석기를 이루는 수많은 속성이 있다. 그 속성은 무게가 될 수도 있고, 제작방식이 될 수도 있고, 아니면 석재의 종류가 될 수도 있다. 그리고 그 속성이 모여 하나의 찍개가 되고 그와 유사한 석기가 모여 특정한 하나의 독립적인 형식을 가진 찍개가 될 것이다. 그런데 찍개를 만드는 구석기인들이 찍개만 만들지는 않는다. 망치도 만들고, 긁개도 만들었을 것이다. 이 모든 것을 합치면 석기군이 된다. 그 석기군은 특정한 시기와 지역에 존재하는 다른 석기군과는 차별성을 가진다. 그 차별의 원인은 학습의 차이 또 다른 말로는 제작 전통의 차이라고 할 수 있다. 그 사례로 동아프리카에서 보이는 이러한 석기군을 올도완 전통(Oldowan tradition)이라고 한다. 반면 영국의 경우는 유사한 석기들이 모인 석기군은 클락토니안 전통(Clactonian tradition)이라고 부른다. 두 석기 전통 사이에는 공간의 차이, 시간의 차이, 구성물의 차이가 존재한다. 심지어 제작한 인류의 차이도 존재할 것이다. 이와 같은 맥락에서 북한의 찍개석기와 그와 공반되어 나오는 석기들을 대상으로 이러한 연구가 이루어질 수도 있다.

석기가 분포하는 공간 그리고 시간의 맥락도 중요하게 보았을 것이다. 가령 전기 구석기시대의 상한과 하안이 어떠하며, 그 전기 구석기시대의 표지석기를 무엇으로 보는지를 살필 것이다. 그리고 국제적으로 통용되는 시기분류 및 석기의 형식 용어를 사용하여 이를 설명하였을 것이다. 그리하여 아마도 동아시아 석기군에서 북한의 구석기의 위치를 가늠하는 시도도 하였을 것이다.

북한의 주요 하천별 유적의 분포상황에 대한 기술, 석기형식의 설명과 석재의 사용 사례 분석, 절대연대측정에 따른 측정 석기 형식의 시간적 상한과 하안의 설명 등이 연이어 기술되었을 것이다. 예를 들어 대동강에 분포하는 유적의 양상에 대해서 하안단구에 대한 정보를 대입하여 설명을 할 수도 있고 하천 주변 퇴적 상황을 살피면서 지층 그리고 유물포함층, 문화층에 대한 설명도 이루어졌을 가능성이 높다. 가령, 비교적 최근 발견된 동암동 유적의 퇴적층이 어떠하며, 유물 포함층이 교란이 되지 않은 진정한 의미의 문화층이 무엇인지에 대한 설명이 더 집중되었을 것으로 본다.

그리고 북한의 구석기 자료와 남한의 구석기 자료의 비교는 반드시 이루어졌을 것이다. 예를 들어 북한 검은모루 유적에서 발견된 고형 주먹도끼와 동암동의 주먹도끼 그리고 남한 전곡리와 가월리 유적의 주먹도끼는 서로 비교가 되어 설명되었을 것이 거의 확실하다.

그러나 결론적으로 해당 학술서에서 북한의 구석기시대는 이러한 '정상적인' 방법으로 기술되지 않았다. 이와는 달리, 이 글의 체제는 사뭇 다른 방향으로 구성되었다. 수십, 수만 년 전의 구석기시대의 인류의 행위를 이해하고 복원하는 공부에 왜 '당성, 로동계급성의 원칙...', '혁명발전', '합법칙성'의 문제가 왜 필요한지에 대해서 설명하고 이를 상당 부분 언급하였다. 구석기시대의 화석, 석기, 퇴적물에 대한 선택과 집중을 포기한 셈이 된다. 이는 여러 가지 이유가 있다. 우선적으로 본 연구서에 이를 모두 담아내는 데 필자의 연구 능력의 한계를 일차적으로 들 수밖에 없다. 그리고 본 연구를 함에서 일상의 접촉을 통한 연구가 될 수 없었다는 현실 또한 존재한다. 글의 성장을 위해서는 글과 글의 만남만큼이나 글을 쓰는 연구자들 간의 만남도 중요하다. 그러나 아쉽게도 이는 현재의 남북의 사정을 생각하면 거의 불가능하다.

그런데 역설적이게도 두 번째 이유 때문에 사실 이 글을 쓰게 되었다고 볼 수 있다. 비북한인이 생각하는 구석기시대와 북한인이 생각하는 구석기시대가 얼마나 다른가가 사실 궁금하였던 것이다. 애초에 북한인의 머릿속에 들어가서 북한의 구석기시대를 이해하지 못한다면, 역으로 비북한인의 입장에서 북한의 구석기 고고학이 얼마나 차이성이 있는지를 살피고자 노력하였다. 그 결과는 바로 북한의 정치·사회의 현재라는 맥락으로 귀결된다.

고고학적 물질이 처음 땅에서 발견되는 순간을 떠나 고고학자의 손에 들리는 순간 일련의 사고의 과정을 겪게 된다. 물질은 처음 묘사단계에 위치한다. 물질이 존재한 지층의 상태, 물질의 형태 등이 고려된다. 이 과정을 거친 이후 일부는 바로 유물이 된다. 이 단계부터 이해와 해석의 단계로 접어든다. 기존의 지식체계의 틀 안에서 이를 대입하고 설명하고자 하기도 하고, 아니면 새로운 해석이 가해지기도 한다. 묘사 단계까지라면 북한인과 비북한인 작업에는 큰 차이가 있을 수 없다. 단순히 수치를 재고 무게를 측정하고 보관하고 기입하는 작업이기 때문이다. 그러나 그다음 단계는 달라진다. 이 단계에서는 연구자의 지적 능력뿐 아니라 더 중요한 것은 그 연구자가 속한 시대와 지역의 지식 체계이다. 비유하자면, 천동설을 사실로 믿던 중세와 지동설을 알게 된 근대시기 태양과 지구의 이해와 해석은 달라지기 마련이다. 어찌 보면 수십만 년 전 주먹도끼, 수만 년 전 돌날석기라도 그 이해와 해석은 항상 현재의 연구자들의 지식 체계 속에서 이루어진다. 이른바 현재, 현재성이 매우 중요하다.

이탈리아의 역사가인 베네데토 크로체(1866–1952)가 말한 '모든 역사는 현대사이다'라는 문구는 여전히 공감된다. 인간의 과거의 모든 행위가 현재의 입장에서 기술되고 이해되고 해석되는 과정에서 현재의 정치·경제사회·문화 그리고 심리는 연구자에게 영향을 미치기 마련이다. 그래서 설사 검은모루 유적의 고형 주먹도끼를 설명하든, 아니면 만달리의 인류화석을 설명함에 있어서 현재성은 피할 수 없는 굴레이다. 그러나 그 굴레의 정도가 미약하여, 그 굴레가 노골적으로 굳이 표현되지 않아도 구석기시대 화석, 석기, 흙의 설명에 직접적인 영향을 크게 미치지 않는다. 그러나 북한은 명백히 다르다. 그 현재성이 엄청나게 굳건히 우뚝 서 있다. 너무나도 굳건하기에 수만 년 전, 수십만 년 전의 고고학적 행위를 기술하고 이해하고 해석할 때도 그 현재성을 직접적으로 언급하지 않을 수 없다. 언급을 회피하고 우회한다면, 북한 구석기 연구의 본질을 놓칠 수도 있기 때문이다.

북한의 구석기시대를 이해함에 있어, 사회주의의 등장, 북한의 인텔리 숙청, 1967년의 대변혁, 북한 최고지도자의 교시 등은 너무나도 크게 영향을 미침을 알게 된다. 따라서 북한의 정치·사회적 맥락은 상당히 중요하다. 그 맥락의 이해는 비북한인의 입장에서 언뜻 이해가 되지 않는 부분이 도사리고 있다.

글을 마치면서 과연 북한인이 생각하는 구석기시대와 비북한인의 구석기시대가 얼마나 다른지에 대해서 잘 밝혔는지 아쉬움이 남는다. 북한인 연구자의 지식체계 속에서 이루어진 성과는 어쩌면, 비유하자면 유적지에서 조사 발견된 유물과 유구와 같다는 생각을 하곤 한다. 고고학은 본질적으로 인간 행위를 그 인간이 남긴 물질을 통해서 이해하고 해석하는 작업이다. 북한의 『조선고고연구』, 『고고민속』, 『조선 고고학 개요』, 『조선전사』, 『조선사회과학학술집』라는 유적 아닌 유적, 유물 아닌 유물을 통해서 북한 연구자들의 사고를 얼마나 잘 이해하였는지에 대한 두려움이 드는 것이 사실이다.

참고문헌

01 피줄

1) Lankov, A. 2009. "Changing North Korea." *Foreign affairs*, 88 (6):95−105.

2) Lee, J. W. and A. Bairner. 2009. The Difficult Dialogue: Communism, Nationalism, and Political Propaganda in North Korean Sport, *Journal of Sport and Social Issues*, 33 (4): 390−410.

3) 정지웅, 2017. 「북한 붕괴론 논쟁 탐구」, 『통일과 평화』, 9 (1): 162−194.

4) Cha, Victor, 2012. *The Impossible State*, London: Bodley Head.

5) Armstrong, C. 2003. The North Korean Revolution, 1945−1950, New York: Cornell University Press.

6) 브라이언 레이놀스 마이어스(저), 고명희·권오열(역), 2011. 『왜 북한은 극우의 나라인가?』, 서울: 시그마북스.

7) 권헌익·정병호, 2013. 『극장국가 북한』, 파주: 창작과비평사.

8) 와다 하루키(저), 서동만·남기정(역), 2002. 『북조선: 유격대국가에서 정규군국가로』, 서울: 돌베개.

9) 권헌익·정병호, 2013. 『극장국가 북한』, 파주: 창작과비평사.

10) 브라이언 레이놀스 마이어스(저), 고명희·권오열(역), 2011. 『왜 북한은 극우의 나라인가?』, 서울: 시그마북스.

11) 이문웅, 1989. 「북한의 가족과 친족제도: 연속과 변용」, 『평화연구』, 14: 69−82.

12) 권헌익·정병호, 2013. 『극장국가 북한』, 파주: 창작과비평사.

13) 탁성한. 2019. 「북한군 실제 병력수 추정 및 향후 전망」, 『KDI 북한경제리뷰』, 4: 23−38.

14) 홍민, 2022. 「북한의 조선인민혁명군창건 90주년기념열병식분석」, 『통일연구원 Online Series』, 22−11:1−10.

15) 조은희, 2012. 「역사적 기억의 정치적 활용; 북한의 『항일빨찌산참가자들의 회상기』 분석을 중심으로」, 『통일과 평화』, 4: 111−55.

16) 권헌익·정병호, 2013. 『극장국가 북한』, 파주: 창작과비평사.

17) 이우영, 2016. 「고난의 행군과 북한주민의 마음: 국가가 기억하는 "고난의 행군"」, 『통일문제연구』, 28: 173−203.

18) 강혜석, 2019. 「김정은 시대 통치담론 변화와 '국가'의 부상: 〈김정일애국주의〉와 〈우리 국가제일주의〉를 중심으로」, 『國際政治論叢』, 59: 309−346.

19) 김효은, 2021. 「북한의 사상과 인민대중제일주의 연구」, 『統一 政策 研究』, 30: 31−67.

20) 김진환, 2020. 『북한사회 변화에 따른 지배이데올로기 변화』, 국립통일교육원.

21) Kim Jong−il in North Korean propaganda (6075332268), 위키미디어 커먼스 (https://commons.wikimedia.org/wiki/File:Kim_Jong−il_in_North_Korean_propaganda_ (6075332268).jpg).

22) 강홍수·김명석·김영숙, 2003. 『항일의 녀성영웅 김정숙어머님 혁명력사: 중학교 4』, 평양:

教육도서출판사.

23) 권헌익·정병호, 2013.『극장국가 북한』, 파주: 창작과비평사.

24) 박순영, 2004.「일제 식민통치하의 조선 체질인류학이 남긴 학문적 과제와 서구 체질인류학사로부터의 교훈」,『비교문화연구』, 10 (1): 191-220.

25) 박순영, 2006.「일제 식민주의와 조선인의 몸에 대한 "인류학적" 시선」,『비교문화연구』, 12 (2): 57-92.

26) 박순영, 2004.「일제 식민통치하의 조선 체질인류학이 남긴 학문적 과제와 서구 체질인류학사로부터의 교훈」,『비교문화연구』, 10 (1): 191-220.

27) 와다 하루키(저), 남기정(역). 2014.『와다하루키의 북한현대사』, 서울: 창작과비평사.

28) 권헌익·정병호, 2013.『극장국가 북한』, 파주: 창작과비평사.

29) 게티이미지뱅크
(https://www.gettyimagesbank.com/view/a-gathering-of-students-in-front-of-kumsusan-palace-of/1264611921).

30) 권헌익·정병호, 2013.『극장국가 북한』, 파주: 창작과비평사.

31) 김성진, 2004.「영화 <꽃파는 처녀> 연구」,『드라마연구』, 22: 141-173.

32) 와다 하루키(저), 서동만·남기정(역), 2002.『북조선: 유격대국가에서 정규군국가로』, 서울: 돌베개.

33) 권헌익·정병호, 2013.『극장국가 북한』, 파주: 창작과비평사.

34) 이종석, 2000.『새로 쓴 현대 북한의 이해』, 서울: 역사비평사.

35) 조은희, 2012.「연구논문: 역사적 기억의 정치적 활용; 북한의『항일빨찌산참가자들의 회상기』분석을 중심으로」,『통일과 평화』, 4: 111-55.

36) 브라이언 레이놀즈 마이어스(저), 고명희·권오열(역), 2011.『왜 북한은 극우의 나라인가?』, 서울: 시그마북스.

37) 서동만, 2005.『북조선사회주의 체제성립사』, 서울: 선인.

38) 전미영, 2001.「북한 지배담론의 형성과 전개에 관한 연구」,『한국정치학회보』, 35: 233-251.

39) 오경숙, 2004.「5. 25 교시와 유일사상체계 확립」,『한국동북아논총』, 32: 325-44.

40) 한국문화사, 우리역사넷, 국사편찬위원회
(http://contents.history.go.kr/mobile/km/view.do?levelId=km_008_0080_0020_0030).

41) 리주현·한은숙, 2009.『총론』, 사회과학원 고고학연구소, 사회과학원 사회과학정보쎈타.

42) 정일영, 2013.「북한에서 민족주의 담론의 형성과 전개: '민족공조'와 '김일성민족'을 중심으로」,『민족연구』, 56: 122-142.

43) 사회과학원 고고학연구소, 1997.「고고학의 주체적발전의 길을 열어주신 위대한 령도자이시다」,『조선고고연구』, (4): 2-4.

44) 권헌익·정병호, 2013.『극장국가 북한』, 파주: 창작과비평사.

45) 브라이언 레이놀즈 마이어스(저), 고명희·권오열(역), 2011.『왜 북한은 극우의 나라인가?』, 서울: 시그마북스.

46) 장우진, 1988.『인류학 (2판)』, 평양: 김일성종합대학출판사.

47) 문장순, 2017.「북한 대가정론의 변용과 정치적 함의」,『大韓政治學會報』25 (3):49-68.

48) 최선영, 2020.『북한 사회주의 대가정의 노동정책과 세포가정의 균열 』, 서울: (사)북한인

권정보센터 북한인권기록보존소.

49) 브라이언 레이놀스 마이어스(저), 고명희·권오열(역), 2011.『왜 북한은 극우의 나라인가?』, 서울: 시그마북스.

50) 정교진, 2017.「북한 최고지도자의 이미지, '어버이' 성격 분석연구」,『北韓研究學會報』, 21 (1): 25−51.

51) 장우진, 1988.「인류진화발전과정의 기본특성」,『조선고고연구』, (1): 7−12.

52) 김춘종·김광명·김정희, 2009.『사람의 발생과 인류사회의 형성』(조선고고학 총서 51 인류학편 1), 사회과학원 고고학연구소, 사회과학원 사회과학정보쎈타.

53) 문장순, 2017.「북한 대가정론의 변용과 정치적 함의」,『大韓政治學會報』 25 (3):49−68.

54) 문장순, 2017.「북한 대가정론의 변용과 정치적 함의」,『大韓政治學會報』 25 (3):49−68.

55) 류병홍, 1992.「위대한 수령 김일성동지의 현명한 령도밑에 고고학분야에서 이룩한 성과」,『조선고고연구』, (2): 2−8.

56) 류병홍, 1995.「경애하는 김일성동지는 우리 민족의 원시조를 찾아주시고 빛내여주신 민족의 위대한 어버이이시다」,『조선고고연구』, (3): 2−5.

57) 손수호, 2002.「위대한 수령 김일성동지께서 조선고고학발전에 쌓으신 불멸의 업적을 더욱 빛내여 나가자」,『조선고고연구』, (2): 2−5.

58) 김용남, 2004.「당의 령도업적을 전면적으로 구현하여 과학연구사업에서 혁명적전환을 일으키자」,『조선고고연구』, (2): 2−3.

59) 권영학, 2017.「경애하는 최고령도자 김정은 동지께서 밝혀주신 민족문화 유산을 발굴고증하고 보존관리하며 계승발전시켜 나가는데서 나서는 기본원칙과 과업」,『조선고고연구』, (4): 2−3.

60) 류병홍, 1995.「경애하는 김일성동지는 우리 민족의 원시조를 찾아주시고 빛내여주신 민족의 위대한 어버이이시다」,『조선고고연구』, (3): 2−5.

61) 김춘종·한금식, 2016.「평안남도 순천시 동암동유적 발굴보고」,『조선고고연구』 (1): 15−17, 34.

62) 김창희, 2013.「북한의 통치이념 "김일성−김정일주의" 분석」,『韓國 政治 研究』, 22: 187−211.

63) 안경모, 2021.「김정은 시대 통치 이데올로기와 국가전략」,『북한 김정은 정권 10년 평가와 전망』, 국제학술회의, 경남대극동문제연구소·프리드리히나우만재단. pp. 9−39.

64) 이지순, 2020.「김정은 시대 국가주의와 문화적 퍼포먼스」,『동아시아 문화연구』, 81: 119−142.

65) 이지순, 2020.「김정은 시대 국가주의와 문화적 퍼포먼스」,『동아시아 문화연구』, 81: 119−142.

66) 와다 하루키(저), 서동만·남기정(역), 2002.『북조선: 유격대국가에서 정규군국가로』, 서울: 돌베개.

67) 리관주·리명호·김광일·리정순, 2003.『위대한 령도자 김정일원수님 혁명력사』, 제6학년용, 평양: 교육도서출판사.

68) 송인호, 2019.「북한의 '당의 유일적 영도체계 확립의 10대 원칙'에 대한 고찰」,『법학논총』, 43 (1): 145−176.

69) 이정빈, 2015.「북한의 고조선 교육과 '김일성민족'의 단군」,『한국사학사학보』, (32): 75−97.

70) 이종석, 1994. 「단군왕릉 발굴과 북한의 민족주의」, 『통일한국』, 12(4): 68−71.

71) 하문식, 2006. 「대동강문화론에서 본 북한 학계의 연구 경향」, 『단군학연구』, 14: 5−33.

72) 리주현·한은숙, 2009. 『총론』, 사회과학원 고고학연구소, 사회과학원 사회과학정보쎈타.

73) 지화산, 2017. 「대동강문화는 세계5대문명의 하나」, 『조선고고연구』, (1) 38−39.

74) 이정빈, 2015. 「북한의 고조선 교육과 '김일성민족'의 단군」, 『한국사학사학보』, (32): 75−97.

75) 김춘종·한금식, 2016. 「평안남도 순천시 동암동유적 발굴보고」, 『조선고고연구』 (1): 15−17, 34.

76) 장우진, 2002. 『조선민족의 력사적 뿌리』, 평양: 사회과학출판사.

77) 장우진, 2002. 『조선민족의 력사적 뿌리』, 평양: 사회과학출판사.

02 구석기

1) 손보기, 1972. 「한국의 구석기 문화」, 『백제연구』, 3: 55−72.

2) 국사편찬위원회, 1981. 『한국의 선사문화』, 서울: 탐구당.

3) 국사편찬위원회, 1983. 『한국사론』, 서울: 국사편찬위원회.

4) 이선복, 1992. 「북한 고고학사 시론」, 『동방학지』, 74: 1−74.

5) 한창균, 1999. 「1950년대의 북한 고고학 연구」, 『백산학보』, 53: 179−218.

6) 한창균, 1999. 「1960년대의 북한 고고학 연구」, 『백산학보』, 55: 5−56.

7) 이광린, 1990. 「북한의 고고학」, 『동아 연구』, 20: 105−36.

8) 한창균, 1990. 「북한 고고학계의 구석기시대 연구동향−제4기의 연구와 구석기시대의 시대구분을 중심으로」, 『동방학지』, 65: 267−93.

9) 한창균, 1997. 「북한의 구석기 유적 연구」, 『백산학보』, 48: 5−31.

10) 한창균, 2000. 「북한의 선사시대 뗀석기 연구」, 『백산학보』, 57: 5−57.

11) 박선주, 2005. 「한반도 출토 고인류화석과 동북아시아 고인류화석」, 『한국구석기학보』 11: 1−12.

12) Norton, Christopher, 2000. The current state of Korean paleoanthropology, *Journal of Human Evolution*, 38: 803−825.

13) Bae, Christopher and Pierre Guyomarc'h, 2015. Potential Contributions of Korean Pleistocene Hominin Fossils to Palaeoanthropology, *Asian Perspectives*, 54: 31−57.

14) 한창균, 2013. 「도유호와 한흥수: 그들의 행적과 학술 논쟁(1948~1950)」, 『한국고고학보』, 87: 76−118.

15) Lee, Hyeong Woo, 2013. The Politics of Archaeology in North Korea: Construction and Deterioration of Toh's Knowledge, *International Journal of Historical Archaeology*, 17: 401−21.

16) 이기성, 2015. 「북한선사고고학의 패러다임」, 『고고학』, 14: 5−32.

17) 리주현·한은숙, 2009. 『총론』, 사회과학원 고고학연구소, 사회과학원 사회과학정보쎈타.

18) 리주현·한은숙, 2009. 『총론』, 사회과학원 고고학연구소, 사회과학원 사회과학정보쎈타.

19) 한창균, 2013. 「북한 고고학사의 시기 구분 체계에 대하여」, 『한국상고사학보』, 79: 181−214.

20) 리주현·한은숙, 2009. 『총론』, 사회과학원 고고학연구소, 사회과학원 사회과학정보쎈타.

21) 리주현·한은숙, 2009. 『총론』, 사회과학원 고고학연구소, 사회과학원 사회과학정보쎈타.

22) 리주현·한은숙, 2009. 『총론』, 사회과학원 고고학연구소, 사회과학원 사회과학정보쎈타.

23) 리주현·한은숙, 2009. 『총론』, 사회과학원 고고학연구소, 사회과학원 사회과학정보쎈타.

24) 위키피디아:
https://ko.wikipedia.org/wiki/%EC%A0%9C88%EB%8F%85%EB%A6%BD%EB%B3%B4%E
B%B3%91%EC%97%AC%EB%8B%A8.

25) 조영국, 2006. 「'강성대국론'과 '선군정치'에 대한 정치·경제적 접근」, 『현대북한연구』, 9(1): 41-79.

26) 함북 종성 전경, 조선총독부박물관 유리건판, 국립중앙박물관
(https://www.museum.go.kr/dryplate/searchplate_view.do?relicnum=015408).

27) 위키피디아:
(https://commons.wikimedia.org/wiki/File:South_Manchuria_Railway_LOC_03283.jpg)

28) 정준영, 2015. 「군기(軍旗)와 과학 – 만주사변 이후 경성제국대학의 방향전환」, 『만주연구』, 20: 75-117.

29) 와다 하루키(저), 서동만·남기정(역), 2002. 『북조선: 유격대국가에서 정규군국가로』, 서울: 돌베개.

30) 와다 하루키(저), 서동만·남기정(역), 2002. 『북조선: 유격대국가에서 정규군국가로』, 서울: 돌베개.

31) 와다 하루키(저), 서동만·남기정(역), 2002. 『북조선: 유격대국가에서 정규군국가로』, 서울: 돌베개.

32) 강홍수 외, 2003. 『위대한 수령 김일성대원수님 혁명력사, 중학교 4』, 평양: 교육도서출판사.

33) 이미경, 2015. 「북한의 대일인식의 특징과 함의: 일본의 독도영유권 주장에 대한 북한의 대응방식을 중심으로」, 『한국동북아논총』, 20(2): 53-70.

34) 국립문화재연구소, 2013. 『한국고고학전문사전(구석기시대편)』, 대전: 국립문화재연구소.

35) Nakazawa, Y., 2010. Dual Nature in the Creation of Disciplinary Identity: a socio-historical review of Palaeolithic archaeology in Japan, *Asian Perspectives*, 49: 231-250.

36) 성춘택, 2017. 「한국 구석기고고학사 시론」, 『한국상고사학보』, 98: 5-41.

37) 한창균, 2020. 『북한 고고학 연구』, 서울: 혜안.

38) 백남운(白南雲), 한국민족문화대백과사전, 한국학중앙연구원
(https://encykorea.aks.ac.kr/Article/E0022026).

39) 한창균, 2013. 「도유호와 한흥수: 그들의 행적과 학술 논쟁(1948~1950)」, 『한국고고학보』, 87: 76-118.

40) 한창균, 2014. 「일제강점기에 있어 한국 구석기시대의 인식」, 『한국구석기학보』 29: 3-20.

41) 황기덕, 1957. 「두만강 류역과 동해안 일대의 유적 조사」, 『문화유산』, (6): 53-67.

42) 국립문화재연구소, 2019. 『력사제문제·문화유산·문화유물·고고민속 해제집』, 대전: 국립문화재연구소.

43) 고고학 및 민속학연구소, 1962. 「구석기란 무엇인가?」, 『문화유산』, (6): 48-55.

44) 도유호, 1960. 『조선원시고고학』, 과학원출판사.

45) 채희국, 1987. 「구석기시대연구에서 주체를 세울데 대한 당의 현명한 방침」, 『조선고고연구』, (1): 2−5.

46) 리성철, 2015. 「위대한 령도자 김정일동지께서 조선사람기원문제를 과학적으로 밝히도록 이끌어주신 불멸의 업적」, 『김일성종합대학학보』, 61(3): 56−58.

47) 전미영, 2011. 「사회변혁기 북한지식인의 역할과 정치의식−북한 학술지 분석을 중심으로 (1998~2008)」, 『통일과 평화』, 3: 301−44.

48) 지화산, 2017. 「대동강문화는 세계5대문명의 하나」, 『조선고고연구』, (1) 38−39.

49) 한창균, 2013. 「도유호와 한흥수: 그들의 행적과 학술 논쟁(1948~1950)」, 『한국고고학보』, 87: 76−118.

50) 都宥浩氏(도유호씨) 墺國(오국)에서 學位(학위)얻어, 동아일보(1936.4.7).

51) 브루스 트리거(저), 성춘택(역), 2019. 『고고학사(개정판)』, 서울: 사회평론아카데미.

52) 한창균, 2017. 『하담 도유호』, 서울: 혜안.

53) 한창균, 2013. 「도유호와 한흥수: 그들의 행적과 학술 논쟁(1948~1950)」, 『한국고고학보』, 87: 76−118.

54) Oswald Menghin, 위키피디아(https://en.wikipedia.org/wiki/Oswald_Menghin).

55) 한창균, 1992. 『북한의 선사고고학』, 서울: 백산문화.

56) 고고학 및 민속학연구소, 1962. 「구석기란 무엇인가?」, 『문화유산』, (6): 48−55.

57) 도유호, 1962. 「인류의 기원」, 『문화유산』, (5): 49−54.

58) 도유호, 1962. 「빙하기란 무엇인가」, 『문화유산』, (4): 62−65.

59) 한창균, 2017. 『하담 도유호』, 서울: 혜안.

60) 이선복, 1992. 「북한 고고학사 시론」, 『동방학지』, 74: 1−74.

61) 도유호·김용남, 1965. 「굴포문화에 관한 그 후 소식(학계소식)」, 『고고민속』 (1): 54−56.

62) 고고학 및 민속학연구소, 1962. 「구석기란 무엇인가?」, 『문화유산』, (6): 48−55.

63) Burkitt, Miles, 1925. *Prehistory*, Cambridge: Cambridge University Press.

64) Leakey, Louis, 1934. *Adam's Ancestors*, New York: Harper and Brothers.

65) 사회과학원 고고학연구소, 1977. 『조선 고고학 개요』, 평양: 과학·백과사전출판사.

66) 고고학 및 민속학 연구소, 1960. 『회령 오동 원시 유적 발굴 보고』, 유적발굴보고 7, 과학원출판사.

67) 어해남, 1999. 「만달리유적의 속돌들에 대한 고찰」, 『조선고고연구』, (3): 24−27.

68) 어해남·최승택·윤송학, 2010. 『우리 나라 구석기시대의 석기제작 방법에 관한 연구』, 조선사회과학학술집 292 고고학편: 고고학연구론문집 24, 평양: 사회과학출판사.

69) 국사편찬위원회·권이구·박선주·박영철·박희현·배기동·백홍기·신숙정·안승모·이기길·이융조·임효재·장호수·정영화·정징원·최복규·한영희·한창균, 2002. 「구석기 문화와 신석기 문화」, 『신편 한국사 2』, 한국사데이터베이스, 국사편찬위원회 (https://db.history.go.kr/diachronic/level.do?levelId=nh_002).

70) 사회과학원 고고학연구소, 1977. 『조선의 구석기시대』, 사회과학출판사.

71) 어해남·최승택·윤송학, 2010. 『우리 나라 구석기시대의 석기제작 방법에 관한 연구』, 조선사회과학학술집 292 고고학편: 고고학연구론문집 24, 평양: 사회과학출판사.

72) 사회과학원 력사연구소, 1979. 『조선전사 1: 원시편』, 평양: 과학백과사전출판사.

73) 장우진, 2010. 『인류진화발전사』, 조선사회과학학술집 226 (고고학편), 평양: 사회과학출판사.

74) 고광렬, 2018. 「로동도구를 통하여 본 원인들의 로동활동에서의 손의 기능」, 『조선고고연구』, (4): 21 – 22.

75) 사회과학원 고고학연구소, 1977. 『조선의 구석기시대』, 사회과학출판사.

76) 사회과학원 고고학연구소, 1977. 『조선 고고학 개요』, 평양: 과학백과사전출판사.

77) 고광렬, 2018. 「로동도구를 통하여 본 원인들의 로동활동에서의 손의 기능」, 『조선고고연구』, (4): 21 – 22.

78) 김춘종, 2012. 「인간화과정의 기본특징」, 『조선고고연구』, (3): 20 – 23.

79) 장우진, 2010. 『인류진화발전사』(조선사회과학학술집 226 고고학편), 평양: 사회과학출판사.

80) 김춘종·김광명·김정희, 2009. 『사람의 발생과 인류사회의 형성』(조선고고학 총서 51 인류학편 1), 사회과학원 고고학연구소, 사회과학원 사회과학정보쎈타.

81) 장우진·홍영희·조규호·김광명·김정희, 2009. 『조선사람의 기원과 형성』(조선고고학 총서 52 인류학편 2), 사회과학원 고고학연구소, 사회과학원 사회과학정보쎈타.

82) 도유호, 1962. 「인류의 기원」, 『문화유산』, (5): 49 – 54.

83) 브루스 트리거(저), 성춘택(역), 2019. 『고고학사(개정판)』, 서울: 사회평론아카데미.

84) 도유호, 1962. 「빙하기란 무엇인가」, 『문화유산』, (4): 62 – 65.

85) 대한민국 국가지도집 II 2020. 국토교통부 국토지리정보원 (http://nationalatlas.ngii.go.kr/pages/page_2155.php).

86) 한창균, 2020. 『북한 고고학 연구』, 서울: 혜안.

87) 사회과학원 고고학연구소, 1977. 『조선의 구석기시대』, 사회과학출판사.

88) 장우진, 2002. 「우리 나라의 산악빙하와 그것이 화석인류의 생활에 미친 영향」, 『조선고고연구』, (2): 6 – 10.

89) 도유호, 1962. 「인류의 기원」, 『문화유산』, (5): 49 – 54.

90) 사회과학원 고고학연구소, 1977. 『조선의 구석기시대』, 사회과학출판사.

91) 한창균, 2020. 『북한 고고학 연구』, 서울: 혜안.

92) 도유호, 1962. 「인류의 기원」, 『문화유산』, (5): 49 – 54.

93) 도유호, 1962. 「빙하기란 무엇인가」, 『문화유산』, (4): 62 – 65.

94) 김영근, 1967. 「지질 제4기층」, 『고고민속』, (1): 40 – 43.

95) 조선민주주의인민공화국교육성, 1948. 『다원주의기본: 고급중학교』, 명천군: 조선민주주의인민공화국교육성.

96) 장우진, 1988. 『인류학 (2판)』, 평양: 김일성종합대학출판사.

97) 장우진·고광렬·김춘종·김광명·김정희·김영일, 2009. 『조선사람의 체질』(조선고고학 총서 53 인류학편 3), 사회과학원 고고학연구소, 사회과학원 사회과학정보쎈타.

98) 장우진·홍영희·조규호·김광명·김정희, 2009. 『조선사람의 기원과 형성』(조선고고학 총서 52 인류학편 2), 사회과학원 고고학연구소, 사회과학원 사회과학정보쎈타.

99) 도유호, 1962. 「인류의 기원」, 『문화유산』, (5): 49 – 54.

100) 고고학 및 민속학연구소, 1962. 「구석기란 무엇인가?」, 『문화유산』, (6): 48 – 55.

101) 로영대, 1962. 「함북 화대군 털코끼리 발굴지에 발달한 니탄층의 포자 화분 조합」, 『문화유산』, (4): 49 – 54.

102) 고고학 및 민속학연구소, 1962. 「구석기란 무엇인가?」, 『문화유산』, (6): 48 – 55.

103) 로영대, 1962. 「함북 화대군 털코끼리 발굴지에 발달한 니탄층의 포자 화분 조합」, 『문화

유산』, (4): 49－54.

104) 고고학 및 민속학연구소, 1962. 「구석기란 무엇인가?」, 『문화유산』, (6): 48－55.

105) 고고학 및 민속학연구소, 1962. 「구석기란 무엇인가?」, 『문화유산』, (6): 48－55.

106) 이종석, 2000. 『새로 쓴 현대 북한의 이해』, 서울: 역사비평사.

107) 이종석, 2000. 『새로 쓴 현대 북한의 이해』, 서울: 역사비평사.

108) 김성보, 2011. 『북한의 역사 I』, 서울: 역사비평사.

109) 이종석, 2011. 『북한의 역사 II』, 서울: 역사비평사.

110) 이종석, 2000. 『새로 쓴 현대 북한의 이해』, 서울: 역사비평사.

111) 안성호, 2015. 「1967년 '5.25 교시'를 통한 북한의 역사왜곡연구」, 『사회과학연구』, 32(2): 37－73.

112) 조우찬, 2017. 「1967년 북한 갑산파의 혁명전통 다원화 시도의 종결」, 『현대정치연구』, 10(1): 193－218.

113) 정창현, 2015. 「1967년 노동당 제4기 15차 전원회의 김정일 연설」, 『역사비평』, (112): 132－152.

114) 이종석, 2000. 『새로 쓴 현대 북한의 이해』, 서울: 역사비평사.

115) 오경숙, 2004. 「5. 25 교시와 유일사상체계 확립」, 『한국동북아논총』, 32: 325－44.

116) 전미영, 2011. 「사회변혁기 북한지식인의 역할과 정치의식－북한 학술지 분석을 중심으로(1998~2008)」, 『통일과 평화』, 3: 301－44.

117) 오경숙, 2004. 「5. 25 교시와 유일사상체계 확립」, 『한국동북아논총』, 32: 325－44.

118) 오경숙, 2004. 「5. 25 교시와 유일사상체계 확립」, 『한국동북아논총』, 32: 325－44.

119) 국립문화재연구소, 2019. 『력사제문제·문화유산·문화유물·고고민속 해제집』, 대전: 국립문화재연구소.

120) 전미영, 2011. 「사회변혁기 북한지식인의 역할과 정치의식－북한 학술지 분석을 중심으로(1998~2008)」, 『통일과 평화』, 3: 301－44.

121) 리주현·한은숙, 2009. 『총론』, 사회과학원 고고학연구소, 사회과학원 사회과학정보쎈타.

122) 전미영, 2008. 「김정일 시대 북한의 지식인 정책」, 『사회과학연구』, 16: 170－99.

123) 서동만, 2005. 『북조선사회주의 체제성립사』, 서울: 선인.

124) 서동만, 2005. 『북조선사회주의 체제성립사』, 서울: 선인.

125) 조은희, 2012. 「연구논문: 역사적 기억의 정치적 활용; 북한의 『항일빨찌산참가자들의 회상기』 분석을 중심으로」, 『통일과 평화』, 4: 111－55.

126) 이종석, 2000. 『새로 쓴 현대 북한의 이해』, 서울: 역사비평사.

127) 고고학 및 민속학연구소, 1957. 「10월혁명과 조선고고학의 발전」, 『문화유산』, (5): 1－5.

128) 한창균, 2013. 「도유호와 한흥수: 그들의 행적과 학술 논쟁(1948~1950)」, 『한국고고학보』, 87: 76－118.

129) 한흥수, 1950. 「朝鮮原始史硏究에 關한 考古學上諸問題」, 『력사제문제』, (1): 4－55.

130) 한창균, 2013. 「도유호와 한흥수: 그들의 행적과 학술 논쟁(1948~1950)」, 『한국고고학보』, 87: 76－118.

131) 고고학 및 민속학연구소, 1959. 「민족문화유산 계승 발전을 위한 우리 당 정책의 빛나는 승리」, 『문화유산』, (4): 1－12.

132) 서동만, 2005. 『북조선사회주의 체제성립사』, 서울: 선인.

133) 리주현·한은숙, 2009.『총론』, 사회과학원 고고학연구소, 사회과학원 사회과학정보쎈타.

134) 장우진, 2002.『조선민족의 력사적 뿌리』, 평양: 사회과학출판사.

135) 장우진, 1988.『인류학(2판)』, 평양: 김일성종합대학출판사.

136) 인류진화발전사연구실, 1995.『조선서북지역의 동굴유적』, 평양: 김일성종합대학출판사.

137) 장우진, 2002.『조선민족의 력사적 뿌리』, 평양: 사회과학출판사.

138) 전일권·김광남·김광명·김정희, 2009.『북부조선지역의 구석기시대유적』, 과천: 진인진.

139) 한창균, 2017.『하담 도유호』, 서울: 혜안.

140) 고고학 및 민속학연구소, 1963.「함경북도 웅기군 굴포리 서포항동에서 구석기시대 유적 발견」,『고고민속』, (2): 54.

141) 한창균, 2013.「북한 고고학사의 시기 구분 체계에 대하여」,『한국상고사학보』, 79: 181-214.

142) 사회과학원 고고학연구소, 2002.「위대한 스승의 손길아래 찬란히 개화발전하여 온 조선 고고학의 자랑찬 50년」,『조선고고연구』, (4): 2-5.

143) 리주현·한은숙, 2009.『총론』, 사회과학원 고고학연구소, 사회과학원 사회과학정보쎈타.

144) 손수호, 2002.「위대한 수령 김일성동지께서 조선고고학발전에 쌓으신 불멸의 업적을 더욱 빛내여 나가자」,『조선고고연구』, (2): 2-5.

145) 강진웅, 2001.「북한의 가족국가 체제의 형성」,『통일문제연구』13: 323-346.

146) 류병흥, 1995.「경애하는 김일성동지는 우리 민족의 원시조를 찾아주시고 빛내여주신 민족의 위대한 어버이이시다」,『조선고고연구』, (3): 2-5.

147) 사회과학원 고고학연구소, 1997.「고고학의 주체적발전의 길을 열어주신 위대한 령도자이시다」,『조선고고연구』, (4): 2-4.

148) 채희국, 1987.「구석기시대연구에서 주체를 세울데 대한 당의 현명한 방침」,『조선고고연구』, (1): 2-5.

149) 장우진, 1992.「친애하는 지도자 김정일동지의 현명한 령도밑에 우리 나라 력사의 유구성과 조선사람의 시원문제연구에서 달성한 성과」,『조선고고연구』, (1): 7-11.

150) 고광렬, 2015.「우리 강토에서 이루어진 화석인류진화의 특성」,『조선고고연구』, (1): 25-28.

151) 김춘종·한금식, 2016.「평안남도 순천시 동암동유적 발굴보고」,『조선고고연구』(1): 15-17, 34.

152) 최광림, 2017.「위대한 수령 김일성동지께서와 위대한 령도자 김정일동지께서 우리나라에서의 인류진화발전사문제를 주체적립장에서 정립하여주신 불멸의 업적」,『민족문화유산』, (3) 3-4.

153) 장우진·홍영희·조규호·김광명·김정희, 2009.『조선사람의 기원과 형성』(조선고고학 총서 52 인류학편 2), 사회과학원 고고학연구소, 사회과학원 사회과학정보쎈타.

154) 한금식, 2015.「우리 선조들의 슬기와 재능이 깃들어있는 청파대동굴유적」,『김일성종합대학학보』, 61-3.

155) 서국태·리주현, 2000.「우리 나라 신석기시대문화에 대한 남조선사가들의 견해의 부당성」,『조선고고연구』, (2): 8-12.

156) 리주현·한은숙, 2009.『총론』, 사회과학원 고고학연구소, 사회과학원 사회과학정보쎈타.

157) 고고학 및 민속학연구소, 1962.「구석기란 무엇인가?」,『문화유산』, (6): 48-55.

158) 도유호, 1964.「조선의 구석기시대 문화인 굴포문화에 관하여」,『고고민속』, (2): 3-7.

159) 고고학 및 민속학연구소, 1958. 「용어해설(고고학, 구석기시대, 중석기시대)」, 『문화유산』, (5): 73-75.

160) 고고학 및 민속학연구소, 1962. 「구석기란 무엇인가?」, 『문화유산』, (6): 48-55.

161) 고고학 및 민속학연구소, 1958. 「용어해설(고고학, 구석기시대, 중석기시대)」, 『문화유산』, (5): 73-75.

162) 조선유적유물도감 편찬위원회, 1988. 『조선유적유물도감 1(원시편)』, 평양: 외국문종합출판사.

163) 한창균, 1992. 『북한의 선사고고학』, 서울: 백산문화.

164) Burkitt, Miles, 1925. *Prehistory*, Cambridge: Cambridge University Press.

165) Leakey, Louis, 1934. *Adam's Ancestors*, New York: Harper and Brothers.

166) 도유호, 1962. 「인류의 기원」, 『문화유산』, (5): 49-54.

167) 한창균, 1992. 『북한의 선사고고학』, 서울: 백산문화.

168) 고고학 및 민속학연구소, 1958. 「용어해설(고고학, 구석기시대, 중석기시대)」, 『문화유산』, (5): 73-75.

169) Burkitt, Miles, 1925. *Prehistory*, Cambridge: Cambridge University Press.

170) 리주현·한은숙, 2009. 『총론』, 사회과학원 고고학연구소, 사회과학원 사회과학정보쎈타.

171) 편집부, 1986. 「발굴 및 답사소식 (1)」, 『조선고고연구』, (1): 45-48.

172) 국립문화재연구소, 2017a. 『조선고고연구 해제집 1』, 대전: 국립문화재연구소.

173) 국립문화재연구소, 2017b. 『조선고고연구 해제집 2』, 대전: 국립문화재연구소.

174) 사회과학원 역사연구소, 1988. 『조선통사』, 서울: 오월.

175) 사회과학원 고고학연구소, 1977. 『조선 고고학 개요』, 평양: 과학백과사전출판사.

176) 사회과학원 력사연구소, 1979. 『조선전사 1: 원시편』, 평양: 과학백과사전출판사.

177) 사회과학원 고고학연구소, 1977. 『조선의 구석기시대』, 사회과학출판사.

178) 고고학 및 민속학연구소, 1958. 「용어해설(고고학, 구석기시대, 중석기시대)」, 『문화유산』, (5): 73-75.

179) 로영대, 1962. 「함북 화대군 털코끼리 발굴지에 발달한 니탄층의 포자 화분 조합」, 『문화유산』, (4): 49-54.

180) 사회과학원 역사연구소, 1988. 『조선통사』, 서울: 오월.

181) 사회과학원 고고학연구소, 1977. 『조선 고고학 개요』, 평양: 과학·백과사전출판사.

182) 고고학 및 민속학연구소, 1958. 「용어해설(고고학, 구석기시대, 중석기시대)」, 『문화유산』, (5): 73-75.

183) 사회과학원 고고학연구소, 1977. 『조선 고고학 개요』, 평양: 과학·백과사전출판사.

184) 김용간, 1984. 『조선의 구석기시대』, 사회과학출판사.

185) Lycett, S. and C. Bae, 2010. The Movius Line controversy: the state of the debate, *World Archaeology*, 42: 521-544

186) 고고학연구소, 1969. 「상원 검은모루유적 발굴중간보고」, 『고고민속론문집』, 1: 1-30.

187) 한금식, 2014. 「청파대동굴유적발굴이 가지는 문화사적의의」, 『조선고고연구』, (4): 40-41.

188) 조선유적유물도감 편찬위원회, 1988. 『조선유적유물도감 1(원시편)』, 평양: 외국문종합출판사.

189) 성춘택, 2017. 『석기 고고학』, 서울: 사회평론.

190) 고고학 및 민속학연구소, 1962. 「구석기란 무엇인가?」, 『문화유산』, (6): 48-55.

191) 사회과학원 고고학연구소, 1977. 『조선 고고학 개요』, 평양: 과학·백과사전출판사.

192) 고고학 및 민속학연구소, 1962. 「구석기란 무엇인가?」, 『문화유산』, (6): 48-55.

193) 고고학 및 민속학연구소, 1962. 「구석기란 무엇인가?」, 『문화유산』, (6): 48-55.

194) Schick, Kathy, and Nicholas Toth. 1993. *Making Silent Stones Speak: Human Evolution and the Dawn of Technology*: Simon and Schuster.

195) 사회과학원 고고학연구소, 1977. 『조선의 구석기시대』, 사회과학출판사.

196) 한창균, 2020. 『북한 고고학 연구』, 서울: 혜안.

197) 고고학 및 민속학연구소, 1962. 「구석기란 무엇인가?」, 『문화유산』, (6): 48-55.

198) 어해남·최승택·윤송학, 2010. 『조선사회과학학술집 292 고고학편: 고고학연구론문집 24』, 평양: 사회과학출판사.

199) 황기덕, 1957. 「두만강 류역과 동해안 일대의 유적 조사」, 『문화유산』, (6): 53-67.

200) 사회과학원 고고학연구소, 1977. 『조선의 구석기시대』, 사회과학출판사.

201) 사회과학원 고고학연구소, 1977. 『조선 고고학 개요』, 평양: 과학백과사전출판사.

202) 고고학 및 민속학연구소, 1958. 「용어해설(고고학, 구석기시대, 중석기시대)」, 『문화유산』, (5): 73-75.

203) 사회과학원 고고학연구소, 1977. 『조선의 구석기시대』, 사회과학출판사.

204) 장우진, 2002. 『조선민족의 력사적 뿌리』, 평양: 사회과학출판사.

205) 장우진·홍영희·조규호·김광명·김정희, 2009. 『조선사람의 기원과 형성』(조선고고학 총서 52 인류학편 2), 사회과학원 고고학연구소, 사회과학원 사회과학정보쎈타.

206) 사회과학원 고고학연구소, 1977. 『조선의 구석기시대』, 사회과학출판사.

207) 장우진, 1988. 『인류학 (2판)』, 평양: 김일성종합대학출판사.

208) 편집부, 1986. 「발굴 및 답사소식 (1)」, 『조선고고연구』, (1): 45-48.

209) 국립문화재연구소, 2017a. 『조선고고연구 해제집 1』, 대전: 국립문화재연구소.

210) 국립문화재연구소, 2017b. 『조선고고연구 해제집 2』, 대전: 국립문화재연구소.

211) 국립문화재연구소, 2013. 『한국고고학전문사전(구석기시대편)』, 대전: 국립문화재연구소.

212) 한창균, 2020. 『북한 고고학 연구』, 서울: 혜안.

213) 한창균·김현진·서인선, 2024. 「최근 발굴된 북한의 구석기시대 유적」, 『한국구석기학보』, 49: 25-56.

214) 사회과학원 고고학연구소, 1977. 『조선의 구석기시대』, 사회과학출판사.

215) 장우진·홍영희·조규호·김광명·김정희, 2009. 『조선사람의 기원과 형성』(조선고고학 총서 52 인류학편 2), 사회과학원 고고학연구소, 사회과학원 사회과학정보쎈타.

216) Gibbard, Philip, and Kim Cohen, 2008. Global chronostratigraphical correlation table for the last 2.7 million years, *Episodes*, 31: 243.

217) 김춘종·한금식, 2016. 「평안남도 순천시 동암동유적 발굴보고」, 『조선고고연구』, (1): 15-17, 34.

218) 국립문화재연구소, 2017b. 『조선고고연구 해제집 2』, 대전: 국립문화재연구소.

219) 장우진·김홍걸, 2004. 「검은모루유적의 년대문제」, 『조선고고연구』, (2): 4-7.

220) 사회과학원 고고학연구소, 1977. 『조선의 구석기시대』, 사회과학출판사.

221) 장우진 외, 2004.『화산용암속에 묻힌 인류화석』, 평양: 사회과학출판사.

222) 고광렬, 2015.「우리 강토에서 이루어진 화석인류진화의 특성」,『조선고고연구』, (1): 25-28.

223) 장우진·홍영희·조규호·김광명·김정희, 2009.『조선사람의 기원과 형성』(조선고고학 총 서 52 인류학편 2), 사회과학원 고고학연구소, 사회과학원 사회과학정보쎈타.

224) 조대일, 2013.『조선의 유적』, 유물조선민주주의공화국 외국문출판사.

225) 장우진, 1988.「인류진화발전과정의 기본특성」,『조선고고연구』, (1): 7-12.

226) 김춘종·김광명·김정희, 2009.『사람의 발생과 인류사회의 형성』(조선고고학 총서 51 인 류학편 1), 사회과학원 고고학연구소, 사회과학원 사회과학정보쎈타.

227) 고고학 및 민속학연구소, 1958.「용어해설(고고학, 구석기시대, 중석기시대)」,『문화유산』, (5): 73-75.

228) 어해남·최승택·윤송학, 2010.『우리 나라 구석기시대의 석기제작 방법에 관한 연구』, 조 선사회과학학술집 292 고고학편: 고고학연구론문집 24, 평양: 사회과학출판사.

229) 어해남·최승택·윤송학, 2010.『우리 나라 구석기시대의 석기제작 방법에 관한 연구』, 조 선사회과학학술집 292 고고학편: 고고학연구론문집 24, 평양: 사회과학출판사.

230) 국사편찬위원회·권이구·박선주·박영철·박희현·배기동·백홍기·신숙정·안승모·이기 길·이융조·임효재·장호수·정영화·정징원·최복규·한영희·한창균, 2002.「구석기 문화 와 신석기 문화」,『신편 한국사 2』, 한국사데이터베이스, 국사편찬위원회 (https://db.history.go.kr/diachronic/level.do?levelId=nh_002).

231) 한창균, 2020.『북한 고고학 연구』, 서울: 혜안.

232) 김춘종·한금식, 2016.「평안남도 순천시 동암동유적 발굴보고」,『조선고고연구』, (1): 15-17, 34.

233) 어해남, 2011.「구석기시대 석기의 기본징표」,『조선고고연구』, (2): 34-35.

234) 리흥렬, 2016.「구석기시대석기의 변천 과정」,『조선고고연구』, (2): 43-45.

235) 리흥렬, 2016.「구석기시대석기의 변천 과정」,『조선고고연구』, (2): 43-45.

236) 김찬범, 2005.「청파대동굴유적의 제14지층에서 나온 석기에 대하여」, 김일성종합대학학 보(력사 법학)』, 51: 28-33.

237) 서국태, 2012.「위대한 령도자 김정일동지께서 조선고고학의 대전성기를 펼쳐주신 불멸의 업적」,『조선고고연구』, (4): 2-4.

238) 장우진·홍영희·조규호·김광명·김정희, 2009.『조선사람의 기원과 형성』(조선고고학 총 서 52 인류학편 2), 사회과학원 고고학연구소, 사회과학원 사회과학정보쎈타.

239) 한창균, 2020.『북한 고고학 연구』, 서울: 혜안.

240) 리상우, 1987.「제4기 층서구분에서 제기되는 몇 가지 문제」,『조선고고연구』, (3) :45-47.

241) 한창균, 1990.「북한 고고학계의 구석기시대 연구동향-제4기의 연구와 구석기시대의 시 대구분을 중심으로」,『동방학지』, 65: 267-93.

242) 한창균, 2020.『북한 고고학 연구』, 서울: 혜안.

243) 로영대, 1962.「함북 화대군 털코끼리 발굴지에 발달한 니탄층의 포자 화분 조합」,『문화 유산』, (4): 49-54.

244) 이선복, 2018.『인류의 기원과 진화 (제2판)』, 서울: 사회평론아카데미.

245) 장우진·김흥걸, 2010.『고고학연구론문집 7』(조선사회과학학술집 198 고고학편), 평양:

사회과학출판사.

03 인류

1) Dinosaurs and other prehistoric animals, Charles Darwin on stamps and postmarks of Korea North, Paleophilatelie.eu
(https://www.paleophilatelie.eu/country/korea_north.html).

2) 김춘종, 2006. 「인간화과정의 마지막단계(남방옛원숭이와 능인)에서 이루어진 형태구조적 변화의 특성」, 『조선고고연구』, (1): 35-38.

3) 김춘종, 2008. 「인간화과정에서 이루어진 손의 진화」, 『조선고고연구』, (4): 44-46.

4) 김성일, 2010. 「최근 새롭게 논의되고있는 령장류의 기원과 진화」, 『조선고고연구』, (2): 40-43.

5) 한창균, 2020. 『북한 고고학 연구』, 서울: 혜안.

6) 국사편찬위원회, 2002. 『고등학교 국사』(고등학교 국가 7차 교육과정), 서울: 두산동아.

7) 이상희, 2018. 「흥수아이 1호는 과연 구석기시대 매장 화석인가?」, 『한국상고사학보』, 100: 205-217.

8) 이선복, 2018. 『인류의 기원과 진화 (제2판)』, 서울: 사회평론아카데미.

9) 조선민주주의인민공화국교육성, 1948. 『다윈주의기본: 고급중학교』, 명천군: 조선민주주의인민공화국교육성.

10) 도유호, 1962. 「인류의 기원」, 『문화유산』, (5): 49-54.

11) 고고학 및 민속학연구소, 1962. 「구석기란 무엇인가?」, 『문화유산』, (6): 48-55.

12) 성춘택, 2003. 「다위니즘과 진화고고학의 원칙」, 『호남고고학보』, 17: 113-133.

13) Hominini lineage, 위키미디어 커먼스
(https://commons.wikimedia.org/wiki/File:Hominini_lineage.svg#mw-jump-to-license).

14) 강성윤, 2006. 「북한의 학문분류체계」, 『북한연구학회보』, 10(1): 1-25.

15) 고광렬, 2014. 『조선의 화석인류와 옛류형사람』(조선사회과학학술집 479 고고학편), 평양: 사회과학출판사.

16) 장우진 외. 2004. 『화산용암속에 묻힌 인류화석』, 평양: 사회과학출판사.

17) 장우진, 2010. 『인류진화발전사』(조선사회과학학술집 226 고고학편), 평양: 사회과학출판사.

18) 장우진, 2009. 『아득히 먼 옛날의 우리 선조들을 찾아서』(조선사회과학학술집 296 고고학편), 평양: 사회과학출판사.

19) 김춘종·김광명·김정희, 2009. 『사람의 발생과 인류사회의 형성』(조선고고학 총서 51 인류학편 1), 사회과학원 고고학연구소, 사회과학원 사회과학정보쎈타.

20) 장우진·홍영희·조규호·김광명·김정희, 2009. 『조선사람의 기원과 형성』(조선고고학 총서 52 인류학편 2), 사회과학원 고고학연구소, 사회과학원 사회과학정보쎈타.

21) 장우진·고광렬·김춘종·김광명·김정희·김영일, 2009. 『조선사람의 체질』(조선고고학 총서 53 인류학편 3), 사회과학원 고고학연구소, 사회과학원 사회과학정보쎈타.

22) 김영일·김광남, 2009. 『초기조일관계에 대한 인류학적연구, 조선고고학 총서 54 (인류학편 4)』, 사회과학원 고고학연구소, 사회과학원 사회과학정보쎈타.

23) 김성일, 2009. 『인류학적으로 본 조선사람과 북방주민들, 조선고고학 총서 55 (인류학편 5)』, 사회과학원 고고학연구소, 사회과학원 사회과학정보쎈타.

24) 강성윤, 2006. 「북한의 학문분류체계」, 『북한연구학회보』, 10(1): 1 – 25.

25) 장우진, 1987. 「조선사람의 시원문제에 대하여」, 『조선고고연구』, (3): 2 – 5.

26) 장우진, 1988. 「인류진화발전과정의 기본특성」, 『조선고고연구』, (1): 7 – 12.

27) 사회과학원 고고학연구소, 1977. 『조선의 구석기시대』, 사회과학출판사.

28) 구석기 인류 화석 첫 발견 '덕천승리산유적', 국가유산청(https://www.cha.go.kr/main.html).

29) 리동성, 1949. 「뇌두개(腦頭蓋) – Cranium cerebrale」, 『문화유물』, (1): 80 – 86.

30) 도유호, 1962. 「인류의 기원」, 『문화유산』, (5): 49 – 54.

31) 이융조, 1991. 「북한의 구석기연구 성과와 분석」, 『국사관논총』, 29: 1 – 69.

32) 한창균, 2013. 「북한 고고학사의 시기 구분 체계에 대하여」, 『한국상고사학보』, 79: 181 – 214.

33) 리주현·한은숙, 2009. 『총론』, 사회과학원 고고학연구소, 사회과학원 사회과학정보쎈타.

34) 리주현·한은숙, 2009. 『총론』, 사회과학원 고고학연구소, 사회과학원 사회과학정보쎈타.

35) 권영학, 2017. 「경애하는 최고령도자 김정은동지께서 밝혀주신 민족문화유산을 발굴고증하고 보존관리하며 계승발전시켜나가는데서 나서는 기본원칙과 과업」, 『조선고고연구』, (4): 2 – 3.

36) 정창현, 2017. 「김정은시대 북한의 문화유산정책 변화와 남북교류」, 『통일인문학』, 77: 363 – 395.

37) 장우진, 1988. 「인류진화발전과정의 기본특성」, 『조선고고연구』, (1): 7 – 12.

38) 사회과학원 고고학연구소, 1977. 『조선 고고학 개요』, 평양: 과학·백과사전출판사.

39) 사회과학원 력사연구소, 1979. 『조선전사 1: 원시편』, 평양: 과학백과사전출판사.

40) 장우진, 1988. 「인류진화발전과정의 기본특성」, 『조선고고연구』, (1): 7 – 12.

41) 고광렬, 2015. 「우리 강토에서 이루어진 화석인류진화의 특성」, 『조선고고연구』, (1): 25 – 28.

42) Evolution of Humans, GeeksforGeeks(https://www.geeksforgeeks.org/evolution – of – humans/).

43) 김춘종·김광명·김정희, 2009. 『사람의 발생과 인류사회의 형성』(조선고고학 총서 51 인류학편 1), 사회과학원 고고학연구소, 사회과학원 사회과학정보쎈타.

44) 이선복, 2018. 『인류의 기원과 진화 (제2판)』, 서울: 사회평론아카데미.

45) Fuentes, A., 2019. *Biological Anthropology*, New York: McGraw – Hill.

46) Klein, R., 2009. *The Human Career: Human Biological and Cultural Origins (2nd)*, Chicago; London: University of Chicago Press.

47) 이선복, 2018. 『인류의 기원과 진화 (제2판)』, 서울: 사회평론아카데미.

48) Lebatard, A., D. Bourlès, P. Duringer, M. Jolivet, R. Braucher, J. Carcaillet, M. Schuster, N. Arnaud, P. Monié, F. Lihoreau, A. Likius, H. Mackaye, P. Vignaud, and M. Brunet, 2008. Cosmogenic nuclide dating of *Sahelanthropus tchadensis* and *Australopithecus bahrelghazali*: Mio – Pliocene hominids from Chad, *PNAS,* 105: 3226 – 3231.

49) Lewin, R., 1993. *Human Evolution*, Boston: Blackwell Scientific Publications.

50) Jones, S., R. Martin, and D. Pilbeam, 1994. *Cambridge Encyclopedia of Human Evolution*, Cambridge: Cambridge Press.

51) 이선복, 2018. 『인류의 기원과 진화 (제2판)』, 서울: 사회평론아카데미.

52) 이선복, 2018. 『인류의 기원과 진화 (제2판)』, 서울: 사회평론아카데미.

53) Toumaï skull from different angles, 위키피디아
(https://en.wikipedia.org/wiki/Sahelanthropus).

54) 장우진, 1988. 『인류학 (2판)』, 평양: 김일성종합대학출판사.

55) 이선복, 2018. 『인류의 기원과 진화 (제2판)』, 서울: 사회평론아카데미.

56) Stringer, C. and P. Andrews, 2005. *The Complete World of Human Evolution*, London; New York: Thames and Hudson.

57) 김춘종, 2006. 「인간화과정의 마지막단계(남방옛원숭이와 능인)에서 이루어진 형태구조적 변화의 특성」, 『조선고고연구』, (1): 35−38.

58) 김춘종·김광명·김정희, 2009. 『사람의 발생과 인류사회의 형성』(조선고고학 총서 51 인류학편 1), 사회과학원 고고학연구소, 사회과학원 사회과학정보쎈타.

59) Fuentes, A., 2019. *Biological Anthropology*, New York: McGraw−Hill.

60) David, Lambert, 1987. *The Cambridge Guide to Prehistoric Man*, Cambridge: Cambridge University Press.

61) 이선복, 2018. 『인류의 기원과 진화 (제2판)』, 서울: 사회평론아카데미.

62) 김춘종, 2006. 「인간화과정의 마지막단계(남방옛원숭이와 능인)에서 이루어진 형태구조적 변화의 특성」, 『조선고고연구』, (1): 35−38.

63) 김춘종·김광명·김정희, 2009. 『사람의 발생과 인류사회의 형성』(조선고고학 총서 51 인류학편 1), 사회과학원 고고학연구소, 사회과학원 사회과학정보쎈타.

64) 김춘종·김광명·김정희, 2009. 『사람의 발생과 인류사회의 형성』(조선고고학 총서 51 인류학편 1), 사회과학원 고고학연구소, 사회과학원 사회과학정보쎈타.

65) Haile−Selassie, Y., 2010. Phylogeny of Early Australopithecus: New Fossil Evidence from the Woranso−Mille (central Afar, Ethiopia), *Journal of Philosophical Transactions of the Royal Society B: Biological Sciences,* 365(1556): 3323−3331.

66) 도유호, 1962. 「인류의 기원」, 『문화유산』, (5): 49−54.

67) Lewin, R., 1993. *Human Evolution*, Boston: Blackwell Scientific Publications.

68) 장우진, 1988. 『인류학 (2판)』, 평양: 김일성종합대학출판사.

69) 김춘종, 2012. 「인간화과정의 기본특징」, 『조선고고연구』, (3): 20−23.

70) KNM ER 1813 (*H. habilis*), 위키미디어 커먼스
(https://commons.wikimedia.org/wiki/File:KNM_ER_1813_(H._habilis).png).

71) KNM ER 1470 (*H. rudolfensis*), 위키미디어 커먼스
(https://commons.wikimedia.org/wiki/File:KNM_ER_1470_(H._rudolfensis).png).

72) 김성일, 2012. 「화석인류의 학명을 리해하는대서 나서는 몇가지 문제」, 『조선고고연구』, (1): 37−39.

73) 김춘종, 2006. 「인간화과정의 마지막단계(남방옛원숭이와 능인)에서 이루어진 형태구조적 변화의 특성」, 『조선고고연구』, (1): 35−38.

74) 김춘종·김광명·김정희, 2009. 『사람의 발생과 인류사회의 형성』(조선고고학 총서 51 인류학편 1), 사회과학원 고고학연구소, 사회과학원 사회과학정보쎈타.

75) 김성일, 2012. 「화석인류의 학명을 리해하는대서 나서는 몇가지 문제」, 『조선고고연구』, (1): 37−39.

76) Klein, R., 2009. *The Human Career: Human Biological and Cultural Origins (2nd)*,

Chicago; London: University of Chicago Press.

77) 장우진, 1986. 「최근 인류의 발생시기에 대한 학계의 론쟁점」, 『조선고고연구』, (3): 46－47.

78) 장우진, 1988. 『인류학 (2판)』, 평양: 김일성종합대학출판사.

79) 장우진, 1988. 「인류진화발전과정의 기본특성」, 『조선고고연구』, (1): 7－12.

80) 이선복, 2018. 『인류의 기원과 진화 (제2판)』, 서울: 사회평론아카데미.

81) Lewin, R., and R. Foley, 2004. *The Principles of Hhuman Evolution*, Malden, MA: Blackwell Pub. Co.

82) Jones, S., R. Martin, and D. Pilbeam, 1994. *Cambridge Encyclopedia of Human Evolution*, Cambridge: Cambridge Press.

83) 이선복, 1999. 『고고학개론 (개정판)』, 서울: 이론과 실천.

84) 김성일, 2012. 「화석인류의 학명을 리해하는대서 나서는 몇가지 문제」, 『조선고고연구』, (1): 37－39.

85) Klein, R., 2009. *The Human Career: Human Biological and Cultural Origins (2nd)*, Chicago; London: University of Chicago Press.

86) 김성일, 2012. 「화석인류의 학명을 리해하는대서 나서는 몇가지 문제」, 『조선고고연구』, (1): 37－39.

87) 김춘종, 2006. 「인간화과정의 마지막단계(남방옛원숭이와 능인)에서 이루어진 형태구조적 변화의 특성」, 『조선고고연구』, (1): 35－38.

88) 장우진, 2009. 『아득히 먼 옛날의 우리 선조들을 찾아서』(조선사회과학학술집 296 고고학편), 평양: 사회과학출판사.

89) Canto tallado 2－Guelmim－Es Semara, 위키미디아 커먼스 (https://commons.wikimedia.org/wiki/File:Canto_tallado_2－Guelmim－Es_Semara.jpg).

90) 김춘종·김광명·김정희, 2009. 『사람의 발생과 인류사회의 형성』(조선고고학 총서 51 인류학편 1), 사회과학원 고고학연구소, 사회과학원 사회과학정보쎈타.

91) 장우진·홍영희·조규호·김광명·김정희, 2009. 『조선사람의 기원과 형성』(조선고고학 총서 52 인류학편 2), 사회과학원 고고학연구소, 사회과학원 사회과학정보쎈타.

92) 장우진, 2009. 『아득히 먼 옛날의 우리 선조들을 찾아서』(조선사회과학학술집 296 고고학편), 평양: 사회과학출판사.

93) Clark, Grahame, 1969. *World Prehistory: a New Outline*, Cambridge: Cambridge University Press.

94) Foley, R. and M. Lahr, 2003. SOn stony ground: lithic technology, human evolution, and the emergence of culture, *Evolutionary Anthropology: Issues, News, and Reviews*, 12(3): 109－122.

95) 김용간, 1984. 『조선의 구석기시대』, 사회과학출판사.

96) 어해남·최승택·윤송학, 2010. 『조선사회과학학술집 292 고고학편: 고고학연구론문집 24』, 평양: 사회과학출판사.

97) Foley, R. and M. Lahr, 2003. SOn stony ground: lithic technology, human evolution, and the emergence of culture, *Evolutionary Anthropology: Issues, News, and Reviews*, 12(3): 109－122.

98) 김춘종·김광명·김정희, 2009. 『사람의 발생과 인류사회의 형성』(조선고고학 총서 51 인

류학편 1), 사회과학원 고고학연구소, 사회과학원 사회과학정보쎈타.

99) 김성일, 2012. 「화석인류의 학명을 리해하는대서 나서는 몇가지 문제」, 『조선고고연구』, (1): 37-39.

100) 사회과학원 고고학연구소, 1977. 『조선 고고학 개요』, 평양: 과학·백과사전출판사.

101) 사회과학원 고고학연구소, 1977. 『조선의 구석기시대』, 사회과학출판사.

102) 장우진·홍영희·조규호·김광명·김정희, 2009. 『조선사람의 기원과 형성』(조선고고학 총서 52 인류학편 2), 사회과학원 고고학연구소, 사회과학원 사회과학정보쎈타.

103) 고광렬, 2015. 「우리 강토에서 이루어진 화석인류진화의 특성」, 『조선고고연구』, (1): 25-28.

104) Olduvai Gorge or Oldupai Gorge, 위키미디어 커먼스 (https://commons.wikimedia.org/wiki/File:Olduvai_Gorge_or_Oldupai_Gorge.jpg).

105) Wymer, J. 1982. *The Palaeolithic Age*. London; Sydney: Croom Helm.

106) Roe, D., 2002. *The Year of the Ghost: an Olduvai Diary*, Bristol: Beagle Books.

107) Ashley, G. M., M. Dominguez-Rodrigo, H. T. Bunn, A. Z. P. Mabulla, and E. Baquedano, 2010. Sedimentary geology and human origins: a fresh look at Olduvai Gorge, Tanzania, *Journal of Sedimentary Research* 80: 703-709.

108) 장우진, 1988. 『인류학 (2판)』, 평양: 김일성종합대학출판사.

109) 장우진·김홍걸, 2004. 「검은모루유적의 년대문제」, 『조선고고연구』, (2): 4-7.

110) 장우진, 2009. 『아득히 먼 옛날의 우리 선조들을 찾아서』(조선사회과학학술집 296 고고학편), 평양: 사회과학출판사.

111) 김춘종·김광명·김정희, 2009. 『사람의 발생과 인류사회의 형성』(조선고고학 총서 51 인류학편 1), 사회과학원 고고학연구소, 사회과학원 사회과학정보쎈타.

112) 김춘종·김광명·김정희, 2009. 『사람의 발생과 인류사회의 형성』(조선고고학 총서 51 인류학편 1), 사회과학원 고고학연구소, 사회과학원 사회과학정보쎈타.

113) Wymer, J., 1984. *The Palaeolithic Age*. London; Sydney: Croom Helm.

114) Roe, D., 2002. *The Year of the Ghost: an Olduvai Diary*, Bristol: Beagle Books.

115) 김춘종·김광명·김정희, 2009. 『사람의 발생과 인류사회의 형성』(조선고고학 총서 51 인류학편 1), 사회과학원 고고학연구소, 사회과학원 사회과학정보쎈타.

116) 국립중앙박물관, 2021. 『호모 사피엔스: 진화∞ 관계& 미래?』, 서울: 국립중앙박물관.

117) 리홍렬, 2016. 「구석기시대석기의 변천 과정」, 『조선고고연구』, (2): 43-45.

118) 리재남, 2018. 「대동강류역에서 새로 알려진 동암동유적의 성격」, 『조선고고연구』, (4): 70-73.

119) 김춘종·김광명·김정희, 2009. 『사람의 발생과 인류사회의 형성』(조선고고학 총서 51 인류학편 1), 사회과학원 고고학연구소, 사회과학원 사회과학정보쎈타.

120) Lewin, R., and R. Foley, 2004. *The Principles of Human Evolution*, Malden, MA: Blackwell Pub. Co.

121) 장우진, 2009. 『아득히 먼 옛날의 우리 선조들을 찾아서』(조선사회과학학술집 296 고고학편), 평양: 사회과학출판사.

122) Jacques Boucher de Crèvecœur de Perthes, 위키피디아 (https://en.wikipedia.org/wiki/Jacques_Boucher_de_Cr%C3%A8vec%C5%93ur_de_Perthes).

123) 김성일, 2009. 『인류학적으로 본 조선사람과 북방주민들, 조선고고학 총서 55 (인류학편

5)』, 사회과학원 고고학연구소, 사회과학원 사회과학정보쎈타.

124) 김성일, 2009. 『인류학적으로 본 조선사람과 북방주민들, 조선고고학 총서 55 (인류학편 5)』, 사회과학원 고고학연구소, 사회과학원 사회과학정보쎈타.

125) 사회과학원 고고학연구소, 1977. 『조선의 구석기시대』, 사회과학출판사.

126) 사회과학원 고고학연구소, 1977. 『조선의 구석기시대』, 사회과학출판사.

127) 장우진, 1988. 『인류학 (2판)』, 평양: 김일성종합대학출판사.

128) Neanderthal distribution, 위키미디어 커먼스
(https://commons.wikimedia.org/wiki/File:Neanderthal_distribution.jpg).

129) 김춘종·김광명·김정희, 2009. 『사람의 발생과 인류사회의 형성』(조선고고학 총서 51 인류학편 1), 사회과학원 고고학연구소, 사회과학원 사회과학정보쎈타.

130) 김성일, 2012. 「화석인류의 학명을 리해하는대서 나서는 몇가지 문제」, 『조선고고연구』, (1): 37−39.

131) 김춘종·김광명·김정희, 2009. 『사람의 발생과 인류사회의 형성』(조선고고학 총서 51 인류학편 1), 사회과학원 고고학연구소, 사회과학원 사회과학정보쎈타.

132) Hublin, J., A. Ben−Ncer, S. Bailey, S. Freidline, S. Neubauer, M. Skinner, I. Bergmann, A. Cabec, S. Benazzi, and K. Harvati, 2017. New fossils from Jebel Irhoud, Morocco and the pan−African origin of Homo sapiens, *Nature*, 546 (7657): 289.

133) 장우진, 1988. 『인류학 (2판)』, 평양: 김일성종합대학출판사.

134) 장우진, 2002. 「화산용암속의 화석인류−화대사람」, 『조선고고연구』, (3): 2−7.

135) 장우진, 1988. 『인류학 (2판)』, 평양: 김일성종합대학출판사.

136) Dinosaurs and other prehistoric animals, Charles Darwin on stamps and postmarks of Korea North, Paleophilatelie.eu
(https://www.paleophilatelie.eu/country/korea_north.html).

137) 장우진, 1988. 『인류학 (2판)』, 평양: 김일성종합대학출판사.

138) 장우진, 1988. 「인류진화발전과정의 기본특성」, 『조선고고연구』, (1): 7−12.

139) 장우진, 2002. 『조선민족의 력사적 뿌리』, 평양: 사회과학출판사.

140) 프란시스 존스톤·헨리 셀비(저), 권이구(역), 1987. 『形質人類學 및 先史考古學 3판』, 서울: 探求堂.

141) 브루스 트리거(저), 성춘택(역), 2019. 『고고학사(개정판)』, 서울: 사회평론아카데미.

142) Piltdown gang, 위키미디어 커먼스
(https://commons.wikimedia.org/wiki/File:Piltdown_gang_(dark).jpg).

143) Stringer, C. and J. Hublin, 1999. New Age Estimates for the Swanscombe Hominid, and their Significance for Human Evolution, *Journal of Human Evolution,* 37: 873−878.

144) Stringer, C., 2012. *Lone Survivors: How We Came to be the Only Humans on Earth*, New York: Times Books.

145) Wood, B., 2011. *Wiley−Blackwell Encyclopedia of Human Evolution*, Chester; West Sussex: Hoboken.

146) 장우진, 2010. 『인류진화발전사』(조선사회과학학술집 226 고고학편), 평양: 사회과학출판사.

147) 김춘종·김광명·김정희, 2009. 『사람의 발생과 인류사회의 형성』(조선고고학 총서 51 인류학편 1), 사회과학원 고고학연구소, 사회과학원 사회과학정보쎈타.

148) 김춘종·김광명·김정희, 2009. 『사람의 발생과 인류사회의 형성』(조선고고학 총서 51 인

류학편 1), 사회과학원 고고학연구소, 사회과학원 사회과학정보쎈타.

149) 장우진, 2002. 『조선민족의 력사적 뿌리』, 평양: 사회과학출판사.

150) 장우진, 2010. 『인류진화발전사, 조선사회과학학술집 226 고고학편』, 평양: 사회과학출판사.

151) 조선유적유물도감 편찬위원회, 1988. 『조선유적유물도감(1) 원시편』, 외국문종합출판사.

152) 국립문화재연구소, 2013. 『한국고고학전문사전(구석기시대편)』, 대전: 국립문화재연구소.

153) 사회과학원 고고학연구소, 1977. 『조선의 구석기시대』, 사회과학출판사.

154) 김신규·김교경·백기하·장우진·서국태, 1985. 『유적발굴보고: 평양부근동굴유적발굴보고 14집』, 평양: 과학·백과사전출판사.

155) 장우진, 1988. 『인류학 (2판)』, 평양: 김일성종합대학출판사.

156) 장우진, 2002. 『조선민족의 력사적 뿌리』, 평양: 사회과학출판사.

157) 고광렬, 2015. 「우리 강토에서 이루어진 화석인류진화의 특성」, 『조선고고연구』, (1): 25 – 28.

158) 장우진, 1988. 『인류학 (2판)』, 평양: 김일성종합대학출판사.

159) 장우진, 2002. 「화산용암속의 화석인류 – 화대사람」, 『조선고고연구』, (3): 2 – 7.

160) 사회과학원 고고학연구소, 1977. 『조선의 구석기시대』, 사회과학출판사.

161) 김춘종·김광명·김정희, 2009. 『사람의 발생과 인류사회의 형성』(조선고고학 총서 51 인류학편 1), 사회과학원 고고학연구소, 사회과학원 사회과학정보쎈타.

162) 장우진·홍영희·조규호·김광명·김정희, 2009. 『조선사람의 기원과 형성』(조선고고학 총서 52 인류학편 2), 사회과학원 고고학연구소, 사회과학원 사회과학정보쎈타.

163) 고광렬, 2015. 「우리 강토에서 이루어진 화석인류진화의 특성」, 『조선고고연구』, (1): 25 – 28.

164) 김성일, 2012. 「화석인류의 학명을 리해하는대서 나서는 몇가지 문제」, 『조선고고연구』, (1): 37 – 39.

165) Castro, J., M. Martinón – Torres, A. Gómez – Robles, L. Prado – Simón, L. Martín – Francés, M. Lapresa, A. Olejniczak, and E. Carbonell, 2011. Early Pleistocene human mandible from Sima del Elefante (TE) cave site in Sierra de Atapuerca (Spain): a comparative morphological study, *Journal of Human Evolution*, 61: 12 – 25.

166) 고광렬, 2015. 「우리 강토에서 이루어진 화석인류진화의 특성」, 『조선고고연구』, (1): 25 – 28.

167) 장우진, 1988. 『인류학 (2판)』, 평양: 김일성종합대학출판사.

168) 장우진, 1999. 「대동강류역은 인류의 발상지이며 조선사람의 발원지」, 『조선고고연구』, (1): 17 – 20.

169) 장우진·홍영희·조규호·김광명·김정희, 2009. 『조선사람의 기원과 형성』(조선고고학 총서 52 인류학편 2), 사회과학원 고고학연구소, 사회과학원 사회과학정보쎈타.

170) Stringer, C., 2012. *Lone Survivors: How We Came to be the Only Humans on Earth*, New York: Times Books.

171) 김춘종·김광명·김정희, 2009. 『사람의 발생과 인류사회의 형성』(조선고고학 총서 51 인류학편 1), 사회과학원 고고학연구소, 사회과학원 사회과학정보쎈타.

172) 장우진·홍영희·조규호·김광명·김정희, 2009. 『조선사람의 기원과 형성』(조선고고학 총서 52 인류학편 2), 사회과학원 고고학연구소, 사회과학원 사회과학정보쎈타.

173) 장우진, 2002. 『조선민족의 력사적 뿌리』, 평양: 사회과학출판사.

174) 김춘종·김광명·김정희, 2009.『사람의 발생과 인류사회의 형성』(조선고고학 총서 51 인류학편 1), 사회과학원 고고학연구소, 사회과학원 사회과학정보쎈타.

175) 장우진·홍영희·조규호·김광명·김정희, 2009.『조선사람의 기원과 형성』(조선고고학 총서 52 인류학편 2), 사회과학원 고고학연구소, 사회과학원 사회과학정보쎈타.

176) 사회과학원 고고학연구소, 1977.『조선의 구석기시대』, 사회과학출판사.

177) 장우진, 1988.『인류학 (2판)』, 평양: 김일성종합대학출판사.

178) 김춘종·김광명·김정희, 2009.『사람의 발생과 인류사회의 형성』(조선고고학 총서 51 인류학편 1), 사회과학원 고고학연구소, 사회과학원 사회과학정보쎈타.

179) 장우진·홍영희·조규호·김광명·김정희, 2009.『조선사람의 기원과 형성』(조선고고학 총서 52 인류학편 2), 사회과학원 고고학연구소, 사회과학원 사회과학정보쎈타.

180) 한창균, 2020.『북한 고고학 연구』, 서울: 혜안.

181) 신지혜, 2002.「북한 "평양 구석기 동굴서 2만년 전 인류 화석 발견"」,『KBS뉴스』, 2022.05.11(https://news.kbs.co.kr/news/view.do?ncd=5460052).

182) 사회과학원 고고학연구소, 1977.『조선의 구석기시대』, 사회과학출판사.

183) 장우진, 1988.『인류학 (2판)』, 평양: 김일성종합대학출판사.

184) 김춘종·김광명·김정희, 2009.『사람의 발생과 인류사회의 형성』(조선고고학 총서 51 인류학편 1), 사회과학원 고고학연구소, 사회과학원 사회과학정보쎈타.

185) 장우진·홍영희·조규호·김광명·김정희, 2009.『조선사람의 기원과 형성』(조선고고학 총서 52 인류학편 2), 사회과학원 고고학연구소, 사회과학원 사회과학정보쎈타.

186) 한창균·김현진·서인선, 2024.「최근 발굴된 북한의 구석기시대 유적」,『한국구석기학보』, 49: 25-56.

187) 국립중앙박물관, 2021.『호모 사피엔스: 진화∞ 관계& 미래?』, 서울: 국립중앙박물관.

188) 사회과학원 고고학연구소, 1977.『조선 고고학 개요』, 평양: 과학·백과사전출판사.

189) 사회과학원 력사연구소, 1979.『조선전사 1: 원시편』, 평양: 과학백과사전출판사.

190) 사회과학원 고고학연구소, 1977.『조선의 구석기시대』, 사회과학출판사.

191) 김춘종·김광명·김정희, 2009.『사람의 발생과 인류사회의 형성』(조선고고학 총서 51 인류학편 1), 사회과학원 고고학연구소, 사회과학원 사회과학정보쎈타.

192) 장우진, 1988.『인류학 (2판)』, 평양: 김일성종합대학출판사.

193) 장우진, 1988.『인류학 (2판)』, 평양: 김일성종합대학출판사.

194) 김신규·김교경·백기하·장우진·서국태, 1985.『유적발굴보고: 평양부근동굴유적발굴보고 14집』, 평양: 과학·백과사전출판사.

195) 백기하, 1986.「조선사람의 머리크기의 년령적변화에 관한 연구」,『조선고고연구』, (3): 28-30.

196) 장우진, 1996.「조선사람의 본토기원설을 정립하는데서 제기되는 몇가지 문제」,『조선고고연구』, (4): 2-4.

197) 장우진, 2004.「머리뼈의 형태변화를 통하여 본 조선사람의 본토기원문제」,『조선고고연구』, (4): 2-4.

198) 장우진, 2012.「우리 나라에서 잔돌날속돌의 시원문제」,『조선고고연구』, (2): 2-4.

199) 김춘종, 2002.「사람머리뼈의 단두화과정에 대하여」,『조선고고연구』, (4): 40-44.

200) 김교경, 1981.「새로 발견된 만달리동굴유적」,『력사과학』, (4): 61-63.

201) 장우진, 2002. 『조선민족의 력사적 뿌리』, 평양: 사회과학출판사.

202) 장우진·홍영희·조규호·김광명·김정희, 2009. 『조선사람의 기원과 형성』(조선고고학 총서 52 인류학편 2), 사회과학원 고고학연구소, 사회과학원 사회과학정보쎈타.

203) 김춘종, 2007. 「신인의 발생 시기와 발생지에 관한 학계의 견해」, 『조선고고연구』, (3): 42−47.

204) 김춘종·김광명·김정희, 2009. 『사람의 발생과 인류사회의 형성』(조선고고학 총서 51 인류학편 1), 사회과학원 고고학연구소, 사회과학원 사회과학정보쎈타.

205) 고광렬, 2015. 「우리 강토에서 이루어진 화석인류진화의 특성」, 『조선고고연구』, (1): 25−28.

206) Perbandingan out of africa dengan teori multiregional, 위키미디어 커먼스 (https://commons.wikimedia.org/wiki/File:Perbandingan_out_of_africa_dengan_teori_multiregional.gifg).

207) 장우진·홍영희·조규호·김광명·김정희, 2009. 『조선사람의 기원과 형성』(조선고고학 총서 52 인류학편 2), 사회과학원 고고학연구소, 사회과학원 사회과학정보쎈타.

208) 한창균, 2020. 『북한 고고학 연구』, 서울: 혜안.

209) 장우진, 2002. 『조선민족의 력사적 뿌리』, 평양: 사회과학출판사.

210) 장우진·홍영희·조규호·김광명·김정희, 2009. 『조선사람의 기원과 형성』(조선고고학 총서 52 인류학편 2), 사회과학원 고고학연구소, 사회과학원 사회과학정보쎈타.

211) 장우진, 2002. 『조선민족의 력사적 뿌리』, 평양: 사회과학출판사.

212) 김춘종·김광명·김정희, 2009. 『사람의 발생과 인류사회의 형성』(조선고고학 총서 51 인류학편 1), 사회과학원 고고학연구소, 사회과학원 사회과학정보쎈타.

213) 김성일, 2012. 「화석인류의 학명을 리해하는대서 나서는 몇가지 문제」, 『조선고고연구』, (1): 37−39.

214) 장우진, 1988. 『인류학 (2판)』, 평양: 김일성종합대학출판사.

215) 김성일, 2012. 「화석인류의 학명을 리해하는대서 나서는 몇가지 문제」, 『조선고고연구』, (1): 37−39.

216) 김성일, 2009. 『인류학적으로 본 조선사람과 북방주민들, 조선고고학 총서 55 (인류학편 5)』, 사회과학원 고고학연구소, 사회과학원 사회과학정보쎈타.

217) 장우진, 2009. 『아득히 먼 옛날의 우리 선조들을 찾아서』(조선사회과학학술집 296 고고학편), 평양: 사회과학출판사.

218) 장우진, 1988. 『인류학 (2판)』, 평양: 김일성종합대학출판사.

219) 한금식, 2014. 「청파대동굴유적발굴이 가지는 문화사적의의」, 『조선고고연구』, (4): 40−41.

04 인종

1) 리주현·한은숙, 2009. 『총론』, 사회과학원 고고학연구소, 사회과학원 사회과학정보쎈타.

2) 리주현·한은숙, 2009. 『총론』, 사회과학원 고고학연구소, 사회과학원 사회과학정보쎈타.

3) 박찬승, 2010. 『민족·민족주의』, 서울: 소화.

4) 브라이언 레이놀즈 마이어스(저), 고명희·권오열(역), 2011. 『왜 북한은 극우의 나라인가?』, 서울: 시그마북스.

5) 이진경, 2010. 『역사의 공간』, 서울: 휴머니스트.

6) 마이클 키벅(저), 이효석(역), 2016. 『황인종의 탄생』, 서울: 현암사.

7) 위키피디아:
(https://en.m.wikipedia.org/wiki/File:Asiatiska_folk,_Nordisk_familjebok.jpg)

8) 이진경, 2010. 『역사의 공간』, 서울: 휴머니스트.

9) 백기하, 1965. 「인종주의의 반동성」, 『고고민속』, (1): 49−52.

10) 장영철, 2015. 「부르죠아인종주의의 반동적본질」, 『철학연구』, (4): 44−46.

11) 김정일, 2002. 『조선민족제일주의정신을 높이 발양시키자』, 평양: 조선로동당출판사.

12) 로동신문, 1957. 「미국 인종주의자들의 만행」, 『로동신문』, 1957 09 25: 4.

13) 로동신문, 1961. 「남아 련방에서 인종주의적 폭압을 반대하는 아프리카인들의 총 파업 개시」, 『로동신문』, 1961 05 31: 4.

14) 로동신문, 1970. 「제국주의와 식민주의 인종주의를 반대하는 인민들의 민족해방운동을 전폭적으로 지지한다」, 『로동신문』, 1970 09 05: 5.

15) 로동신문, 1977. 「로데시아는 인종주의무덤으로 되고있다」, 『로동신문』, 1977 06 04: 6.

16) 로동신문, 2007. 「공화국정부는 인종주의와 인종차별의 청산과 새 세계를 건설하기 위하여 모든것을 다할 것이다」, 『로동신문』, 2007 10 02: 6.

17) 로동신문, 2019. 「인종주의를 근원적으로 청산하기 위한 노력」, 『로동신문』, 2019 03 07: 6.

18) 이선복, 2018. 『인류의 기원과 진화 (제2판)』, 서울: 사회평론아카데미.

19) 김광억·이태주·한건수·김경학·강정원·김세건·권숙인·장정아·황익주·이정덕·오명석, 2005. 『종족과 민족』, 서울: 아카넷.

20) 국립중앙박물관, 2021. 『호모 사피엔스: 진화∞ 관계& 미래?』, 서울: 국립중앙박물관.

21) Stepan, Nancy, 1982. *The Idea of Race in Science*, London: Macmillan.

22) 사카노 토오루(저), 박호원(역), 2005. 『제국일본과 인류학자』, 서울: 민속원.

23) 현재환, 2018. 『유전적 민족 만들기』, 서울대학교 대학원(박사학위창구논문).

24) Mikels−Carrasco, Jessica, 2012. Sherwood Washburn's New Physical Anthropology: Rejecting the "Religion of Taxonomy", *History and Philosophy of the Life Sciences,* 34 :79−101.

25) 마이클 오브라이언·리 라이맨(저), 성춘택(역), 2009. 『다윈 진화고고학』, 파주시: 나남.

26) 도유호, 1962. 「인류의 기원」, 『문화유산』, (5): 49−54.

27) 사회과학원 고고학연구소, 1977. 『조선 고고학 개요』, 평양: 과학·백과사전출판사.

28) 장우진, 2002. 『조선민족의 력사적 뿌리』, 평양: 사회과학출판사.

29) 김일성종합대학조선사강좌, 1957. 『조선사 개요』, 평양: 국립출판사.

30) 김일성종합대학조선사강좌, 1957. 『조선사 개요』, 평양: 국립출판사.

31) 박찬승, 2010. 『민족·민족주의』, 서울: 소화.

32) 김춘종·김광명·김정희, 2009. 『사람의 발생과 인류사회의 형성』(조선고고학 총서 51 인류학편 1), 사회과학원 고고학연구소, 사회과학원 사회과학정보쎈타.

33) 사회과학원 력사연구소, 1979. 『조선전사 1: 원시편』, 평양: 과학백과사전출판사.

34) 장우진·홍영희·조규호·김광명·김정희, 2009. 『조선사람의 기원과 형성』(조선고고학 총서 52 인류학편 2), 사회과학원 고고학연구소, 사회과학원 사회과학정보쎈타.

35) 김일성종합대학조선사강좌, 1957. 『조선사 개요』, 평양: 국립출판사.

36) 사회과학원 력사연구소, 1979. 『조선전사 1: 원시편』, 평양: 과학백과사전출판사.

37) 박찬승, 2010. 『민족·민족주의』, 서울: 소화.

38) 장우진·홍영희·조규호·김광명·김정희, 2009. 『조선사람의 기원과 형성』(조선고고학 총서 52 인류학편 2), 사회과학원 고고학연구소, 사회과학원 사회과학정보쎈타.

39) 장우진·홍영희·조규호·김광명·김정희, 2009. 『조선사람의 기원과 형성』(조선고고학 총서 52 인류학편 2), 사회과학원 고고학연구소, 사회과학원 사회과학정보쎈타.

40) 사회과학원 력사연구소, 1979. 『조선전사 1: 원시편』, 평양: 과학백과사전출판사.

41) 장우진·홍영희·조규호·김광명·김정희, 2009. 『조선사람의 기원과 형성』(조선고고학 총서 52 인류학편 2), 사회과학원 고고학연구소, 사회과학원 사회과학정보쎈타.

42) 장우진, 2002. 『조선민족의 력사적 뿌리』, 평양: 사회과학출판사.

43) 사회과학원 력사연구소, 1979. 『조선전사 1: 원시편』, 평양: 과학백과사전출판사.

44) 장우진·홍영희·조규호·김광명·김정희, 2009. 『조선사람의 기원과 형성』(조선고고학 총서 52 인류학편 2), 사회과학원 고고학연구소, 사회과학원 사회과학정보쎈타.

45) 현재환, 2018. 『유전적 민족 만들기』, 서울대학교 대학원(박사학위창구논문).

46) 사카노 토오루(저), 박호원(역), 2005. 『제국일본과 인류학자』, 서울: 민속원.

47) 정일영, 2013. 「북한에서 민족주의 담론의 형성과 전개: '민족공조'와 '김일성민족'을 중심으로」, 『민족연구』, 56: 122–142.

48) 최선경·이우영. 2017. 「'조선민족' 개념의 형성과 변화」, 『북한연구학회보』, 21 (1): 1–24.

49) 최선경·이우영. 2017. 「'조선민족' 개념의 형성과 변화」, 『북한연구학회보』, 21 (1): 1–24.

50) 편집부, 1983. 『백과전서』, 평양: 과학·백과사전 출판사.

51) 전미영, 2018. 「김정은시대 북한 민족주의: 담론·문화·정책」, 『북한학보』, 43: 218–49.

52) 박학철, 2009. 「우리나라에서의 민족주의 발생과 민족해방운동에 대한 고찰」, 『김일성종합대학학보』, 55: 54–60.

53) 전미영, 2018. 「김정은시대 북한 민족주의: 담론·문화·정책」, 『북한학보』, 43: 218–49.

54) 사회과학원 력사연구소, 1979. 『조선전사 1: 원시편』, 평양: 과학백과사전출판사.

55) 사회과학원 고고학연구소, 1977. 『조선 고고학 개요』, 평양: 과학·백과사전출판사.

56) 김용간, 1990. 『조선고고학전서: 원시편(석기시대)』, 평양: 과학백과사전종합출판사.

57) 편집부, 1983. 『백과전서』 평양: 과학·백과사전 출판사.

58) 장우진, 1989. 『조선사람의 기원』, 평양: 사회과학출판사.

59) 장우진, 2002. 『조선민족의 력사적 뿌리』, 평양: 사회과학출판사.

60) 장우진·홍영희·조규호·김광명·김정희, 2009. 『조선사람의 기원과 형성』(조선고고학 총서 52 인류학편 2), 사회과학원 고고학연구소, 사회과학원 사회과학정보쎈타.

61) 고광렬, 2018. 「로동도구와 생산활동에 반영된 신인들의 사유기능수행능력」, 『조선고고연구』, (2): 19–21.

62) 사회과학원 력사연구소, 1979. 『조선전사 1: 원시편』, 평양: 과학백과사전출판사.

63) 사회과학원 고고학연구소, 1977. 『조선 고고학 개요』, 평양: 과학·백과사전출판사.

64) 장우진·홍영희·조규호·김광명·김정희, 2009. 『조선사람의 기원과 형성』(조선고고학 총서 52 인류학편 2), 사회과학원 고고학연구소, 사회과학원 사회과학정보쎈타.

65) 조선민주주의인민공화국교육성, 1948. 『다원주의기본: 고급중학교』, 명천군: 조선민주주의인민공화국교육성.

66) 장우진·홍영희·조규호·김광명·김정희, 2009. 『조선사람의 기원과 형성』(조선고고학 총서 52 인류학편 2), 사회과학원 고고학연구소, 사회과학원 사회과학정보쎈타.

67) 조선민주주의인민공화국교육성, 1948. 『다원주의기본: 고급중학교』, 명천군: 조선민주주의인민공화국교육성.

68) 조선민주주의인민공화국교육성, 1948. 『다원주의기본: 고급중학교』, 명천군: 조선민주주의인민공화국교육성.

69) 조선민주주의인민공화국교육성, 1948. 『다원주의기본: 고급중학교』, 명천군: 조선민주주의인민공화국교육성.

70) 장우진, 1988. 『인류학 (2판)』, 평양: 김일성종합대학출판사.

71) 장우진, 1988. 『인류학 (2판)』, 평양: 김일성종합대학출판사.

72) 국립문화재연구소, 2017b. 『조선고고연구 해제집 2』, 대전: 국립문화재연구소.

73) 장우진, 1988. 『인류학 (2판)』, 평양: 김일성종합대학출판사.

74) 고광렬, 1992. 「인종의 분화와 그 형성요인에 대하여」, 『조선고고연구』, (3): 37–39.

75) 장우진, 1988. 『인류학 (2판)』, 평양: 김일성종합대학출판사.

76) 장우진, 1988. 『인류학 (2판)』, 평양: 김일성종합대학출판사.

77) 고광렬, 2013. 「중국옛주민들과 구별되는 신석기시대조선옛류형사람」, 『조선고고연구』, (4): 2–6.

78) 김영일·김광남, 2009. 『초기조일관계에 대한 인류학적연구』, 조선고고학 총서, 54, (인류학편 4), 사회과학원 고고학연구소, 사회과학원 사회과학정보쎈타.

79) 장우진, 2004. 「머리뼈의 형태변화를 통하여 본 조선사람의 본토기원문제」, 『조선고고연구』, (4): 2–4.

80) 김춘종, 2002. 「사람머리뼈의 단두화과정에 대하여」, 『조선고고연구』, (4): 40–44.

81) 김광남, 1998. 「조선사람머리뼈의 몇가지 관찰징표에 대하여」, 『조선고고연구』, (3): 34–37.

82) 백기하, 1986. 「조선사람의 머리크기의 년령적변화에 관한 연구」, 『조선고고연구』, (3): 28–30.

83) 장우진, 1987. 「조선사람의 시원문제에 대하여」, 『조선고고연구』, (3): 2–5.

84) 김성일, 2018. 「조선사람은 본토기원의 단일민족」, 『조선고고연구』, (2): 22–24.

85) 김영일, 1998. 「일본 깅끼지방 고분시대사람들의 머리뼈에 대하여」, 『조선고고연구』, (1): 36–42.

86) 고광렬, 2014. 『조선의 화석인류와 옛류형사람』(조선사회과학학술집 479 고고학편), 평양: 사회과학출판사.

87) 김성일, 2009. 『인류학적으로 본 조선사람과 북방주민들』, 조선고고학 총서, 55, (인류학편 5), 사회과학원 고고학연구소, 사회과학원 사회과학정보쎈타.

88) 방민규, 2016. 「고인골 자료로 본 청동기시대 한반도 주민의 삶과 죽음」, 『인문사회21』, 7: 641–657.

89) 고광렬, 2014. 『조선의 화석인류와 옛류형사람』(조선사회과학학술집 479 고고학편), 평양: 사회과학출판사.

90) 장우진, 1989. 『조선사람의 기원』, 평양: 사회과학출판사.

91) 김영일·김광남, 2009. 『초기조일관계에 대한 인류학적연구』, 조선고고학 총서, 54, (인류학편 4), 사회과학원 고고학연구소, 사회과학원 사회과학정보쎈타.

92) 사회과학원 고고학연구소, 1977.『조선 고고학 개요』, 평양: 과학·백과사전출판사.

93) 김영일·김광남, 2009.『초기조일관계에 대한 인류학적연구』, 조선고고학 총서, 54, (인류학편 4), 사회과학원 고고학연구소, 사회과학원 사회과학정보쎈타.

94) 김성일, 2009.『인류학적으로 본 조선사람과 북방주민들』, 조선고고학 총서, 55, (인류학편 5), 사회과학원 고고학연구소, 사회과학원 사회과학정보쎈타.

95) 장우진, 1988.『인류학 (2판)』, 평양: 김일성종합대학출판사.

96) 장우진, 1989.『조선사람의 기원』, 평양: 사회과학출판사.

97) 김성일, 2009.『인류학적으로 본 조선사람과 북방주민들』, 조선고고학 총서, 55, (인류학편 5), 사회과학원 고고학연구소, 사회과학원 사회과학정보쎈타.

98) 김정일, 2002.『조선민족제일주의정신을 높이 발양시키자』, 평양: 조선로동당출판사.

99) 브라이언 레이놀즈 마이어스(저), 고명희·권오열(역), 2011.『왜 북한은 극우의 나라인가?』, 서울: 시그마북스.

100) 김성일, 2009.『인류학적으로 본 조선사람과 북방주민들』, 조선고고학 총서, 55, (인류학편 5), 사회과학원 고고학연구소, 사회과학원 사회과학정보쎈타.

101) 장우진·홍영희·조규호·김광명·김정희, 2009.『조선사람의 기원과 형성』(조선고고학 총서 52 인류학편 2), 사회과학원 고고학연구소, 사회과학원 사회과학정보쎈타.

102) 김성일, 2009.『인류학적으로 본 조선사람과 북방주민들』, 조선고고학 총서, 55, (인류학편 5), 사회과학원 고고학연구소, 사회과학원 사회과학정보쎈타.

103) 김성일, 2009.『인류학적으로 본 조선사람과 북방주민들』, 조선고고학 총서, 55, (인류학편 5), 사회과학원 고고학연구소, 사회과학원 사회과학정보쎈타.

104) 김원룡, 1986.『韓國考古學槪說』, 서울: 一志社.

105) 장우진, 1996.「조선사람의 본토기원설을 정립하는데서 제기되는 몇가지 문제」,『조선고고연구』, (4): 2−4.

106) 김성일, 2009.『인류학적으로 본 조선사람과 북방주민들』, 조선고고학 총서, 55, (인류학편 5), 사회과학원 고고학연구소, 사회과학원 사회과학정보쎈타.

107) 김성일, 2009.『인류학적으로 본 조선사람과 북방주민들』, 조선고고학 총서, 55, (인류학편 5), 사회과학원 고고학연구소, 사회과학원 사회과학정보쎈타.

108) 김성일, 2009.『인류학적으로 본 조선사람과 북방주민들』, 조선고고학 총서, 55, (인류학편 5), 사회과학원 고고학연구소, 사회과학원 사회과학정보쎈타.

109) 장우진·홍영희·조규호·김광명·김정희, 2009.『조선사람의 기원과 형성』(조선고고학 총서 52 인류학편 2), 사회과학원 고고학연구소, 사회과학원 사회과학정보쎈타.

110) 고광렬, 2014.『조선의 화석인류와 옛류형사람』, 조선사회과학학술집, 479, (고고학편), 평양: 사회과학출판사.

111) 김영일·김광남, 2009.『초기조일관계에 대한 인류학적연구』, 조선고고학 총서, 54, (인류학편 4), 사회과학원 고고학연구소, 사회과학원 사회과학정보쎈타.

112) 김영일·김광남, 2009.『초기조일관계에 대한 인류학적연구』, 조선고고학 총서, 54, (인류학편 4), 사회과학원 고고학연구소, 사회과학원 사회과학정보쎈타.

113) 국립문화재연구소, 2017a.『조선고고연구 해제집 1』, 대전: 국립문화재연구소.

114) 장우진·홍영희·조규호·김광명·김정희, 2009.『조선사람의 기원과 형성』(조선고고학 총서 52 인류학편 2), 사회과학원 고고학연구소, 사회과학원 사회과학정보쎈타.

115) 고광렬, 2014.『조선의 화석인류와 옛류형사람』, 조선사회과학학술집, 479, (고고학편),

평양: 사회과학출판사.

116) 고광렬, 2011.「원시시대 조선옛류형사람의 유전학적계승관계」,『조선고고연구』, (3): 2-6.

117) 장우진, 1989.『조선사람의 기원』, 평양: 사회과학출판사.

118) 장우진·고광렬·김춘종·김광명·김정희·김영일, 2009c.『조선사람의 체질』, 조선고고학 총서 53 (인류학편 3), 사회과학원 고고학연구소, 사회과학원 사회과학정보쎈타.

119) 장우진, 2011.「조선사람은 혈청학적으로 보아 동부아시아의 시초류형의 하나」,『조선고 고연구』, (2): 2-3.

120) 장우진, 2010.「혈액형에 반영된 조선사람의 기원상 특성」,『조선고고연구』, (4): 2-6.

121) 김성일, 2018.「조선사람은 본토기원의 단일민족」,『조선고고연구』, (2): 22-24.

122) 김내창, 1987.「조상전래의 미풍량속은 우리 인민의 귀중한 민속유산」,『조선고고연구』, (1): 13-16.

123) 장우진, 1992.「친애하는 지도자 김정일동지의 현명한 령도밑에 우리 나라 력사의 유구성 과 조선사람의 시원문제연구에서 달성한 성과」,『조선고고연구』, (1): 7-11.

124) 장우진·홍영희·조규호·김광명·김정희, 2009.『조선사람의 기원과 형성』(조선고고학 총 서 52 인류학편 2), 사회과학원 고고학연구소, 사회과학원 사회과학정보쎈타.

125) 사카노 토오루(저), 박호원(역), 2005.『제국일본과 인류학자』, 서울: 민속원.

126) 현재환, 2018.『유전적 민족 만들기』, 서울대학교 대학원(박사학위창구논문).

127) 세키네 히데유키, 2015.「'경성학파 인류학'의 한반도 도래설 재고」,『일본사상』, 29: 123-147.

128) 세키네 히데유키, 2016.「한반도 도래설을 부정한 일본인 기원론의 사상적 배경」,『동아 시아 고대학』, 44: 125-152.

129) 사카노 토오루(저), 박호원(역), 2005.『제국일본과 인류학자』, 서울: 민속원.

130) 강계 남자 측면 체격측정, 조선총독부박물관 유리건판, 국립중앙박물관 (https://www.museum.go.kr/dryplate/dryplate_view.do).

131) 현재환, 2018.『유전적 민족 만들기』, 서울대학교 대학원(박사학위창구논문).

132) 현재환, 2018.『유전적 민족 만들기』, 서울대학교 대학원(박사학위창구논문).

133) 박찬승, 2010.『민족·민족주의』, 서울: 소화.

134) 리주현·한은숙, 2009.『총론』, 사회과학원 고고학연구소, 사회과학원 사회과학정보쎈타.

135) 정봉찬, 2014.「우리나라 구석기시대 존재문제를 주체적립장에서 과학적으로 해명하도록 이끄신 위대한 김정일동지의 불멸의 업적」,『민족문화유산』, (4): 5-7.

136) 와다 하루키(저), 서동만·남기정(역), 2002.『북조선: 유격대국가에서 정규군국가로』, 서 울: 돌베개.

137) 장우진, 1977.「원시문화에 반영된 조선사람의 기원의 단일성」,『력사과학』, (2): 39-44.

138) 박형우·여인석·정인혁, 1991.「한국인의 체질인류학적 특성 및 형태에 대한 문헌 목록」, 『대한체질인류학회지』, 4 (1): 63-73.

139) 박순영, 2004.「일제 식민통치하의 조선 체질인류학이 남긴 학문적 과제와 서구 체질인류 학사로부터의 교훈」,『비교문화연구』, 10 (1): 191-220.

140) 세키네 히데유키, 2015.「'경성학파 인류학'의 한반도 도래설 재고」,『일본사상』, 29: 123-147.

141) 장우진 · 홍영희 · 조규호 · 김광명 · 김정희, 2009. 『조선사람의 기원과 형성』(조선고고학 총서 52 인류학편 2), 사회과학원 고고학연구소, 사회과학원 사회과학정보쎈타.

142) 장우진 · 홍영희 · 조규호 · 김광명 · 김정희, 2009. 『조선사람의 기원과 형성』(조선고고학 총서 52 인류학편 2), 사회과학원 고고학연구소, 사회과학원 사회과학정보쎈타.

143) 김춘종 · 김광명 · 김정희, 2009. 『사람의 발생과 인류사회의 형성』(조선고고학 총서 51 인류학편 1), 사회과학원 고고학연구소, 사회과학원 사회과학정보쎈타.

144) 김춘종 · 김광명 · 김정희, 2009. 『사람의 발생과 인류사회의 형성』(조선고고학 총서 51 인류학편 1), 사회과학원 고고학연구소, 사회과학원 사회과학정보쎈타.

145) 장우진 · 홍영희 · 조규호 · 김광명 · 김정희, 2009. 『조선사람의 기원과 형성』(조선고고학 총서 52 인류학편 2), 사회과학원 고고학연구소, 사회과학원 사회과학정보쎈타.

146) 김성일, 2004. 「조선사람은 고아시아족과 형태학적으로 구별되는 독자적인 주민 집단」, 『조선고고연구』, (3): 20 – 25.

147) 성춘택, 2003. 「다위니즘과 진화고고학의 원칙」, 『호남고고학보』, 17: 113 – 133.

148) 장우진, 2010. 『인류진화발전사』(조선사회과학학술집 226 고고학편), 평양: 사회과학출판사.

149) 장우진, 2010. 『인류진화발전사』(조선사회과학학술집 226 고고학편), 평양: 사회과학출판사.

150) 브루스 트리거(저), 성춘택(역), 2019. 『고고학사(개정판)』, 서울: 사회평론아카데미.

151) 이정선, 2016. 「이갑수(李甲秀), 「세계적 우생운동」」, 『개념과 소통』, 18: 323 – 339.

152) 위키피디아:
(https://commons.wikimedia.org/wiki/File:Eugenics_congress_logo.png)

153) 박찬승, 2010. 『민족 · 민족주의』, 서울: 소화.

154) 이정선, 2016. 「이갑수(李甲秀), 「세계적 우생운동」」, 『개념과 소통』, 18: 323 – 339.

155) 브루스 트리거(저), 성춘택(역), 2019. 『고고학사(개정판)』, 서울: 사회평론아카데미.

156) 장우진, 2002. 『조선민족의 력사적 뿌리』, 평양: 사회과학출판사.

157) 어해남 · 최승택 · 윤송학, 2010. 『조선사회과학학술집 292 고고학편: 고고학연구론문집 24』, 평양: 사회과학출판사.

158) 장우진, 2002. 『조선민족의 력사적 뿌리』, 평양: 사회과학출판사.

159) 장우진, 1988. 『인류학 (2판)』, 평양: 김일성종합대학출판사.

160) 장우진 · 홍영희 · 조규호 · 김광명 · 김정희, 2009. 『조선사람의 기원과 형성』(조선고고학 총서 52 인류학편 2), 사회과학원 고고학연구소, 사회과학원 사회과학정보쎈타.

161) 김춘종 · 김광명 · 김정희, 2009. 『사람의 발생과 인류사회의 형성』(조선고고학 총서 51 인류학편 1), 사회과학원 고고학연구소, 사회과학원 사회과학정보쎈타.

162) 장우진, 1992. 「위대한 수령 김일성동지의 현명한 령도밑에 조선사람의 인종문제연구에서 이룩한 성과」, 『조선고고연구』, (2): 7 – 11.

163) 고광렬, 1992. 「인종의 분화와 그 형성요인에 대하여」, 『조선고고연구』, (3): 37 – 39.

164) 고광렬, 2015. 「우리 강토에서 이루어진 화석인류진화의 특성」, 『조선고고연구』, (1): 25 – 28.

165) 장우진 · 홍영희 · 조규호 · 김광명 · 김정희, 2009. 『조선사람의 기원과 형성』(조선고고학 총서 52 인류학편 2), 사회과학원 고고학연구소, 사회과학원 사회과학정보쎈타.

166) 장우진 · 홍영희 · 조규호 · 김광명 · 김정희, 2009. 『조선사람의 기원과 형성』(조선고고학 총서 52 인류학편 2), 사회과학원 고고학연구소, 사회과학원 사회과학정보쎈타.

167) 김춘종·한금식, 2016. 「평안남도 순천시 동암동유적 발굴보고」, 『조선고고연구』, (1): 15-17, 34.

168) 김용간, 1984. 『조선의 구석기시대』, 사회과학출판사.

169) 김용간, 1990. 『조선고고학전서: 원시편(석기시대)』, 평양: 과학백과사전종합출판사.

저자 소개

이형우

scro0107@gmail.com

경희대학교 사학과를 졸업하고 1994년 영국 케임브리지 대학교에서 고고학으로 석사학위를 받았다. 이후 영국 옥스퍼드 대학교에서 영국 테임즈강 유역 구석기 시대 연구로 박사학위를 2000년 취득하였다. 2002년 전북대학교 고고문화인류학과에 임용되어 현재에 이르고 있다.

LG 연암 재단 지원으로 2008–10년 영국 케임브리지 대학교, 그리고 한국 연구재단 지원으로 2015–16년 베트남 호찌민 인문사회대학교에 방문교수로 파견되었다. 2016년부터 2019년까지 전북대학교 국제협력본부(국제협력부) 부본부장을 역임한 바 있다. 2021년 스웨덴 Institute for Security and Development Policy에서 방문 펠로우를 역임하였다.

피줄국가 북한: 구석기 · 인류 · 인종

초판발행   2024년 9월 6일

지은이   이형우
펴낸이   안종만 · 안상준

편 집   김다혜
기획/마케팅   최동인
표지디자인   이은지
제 작   고철민 · 김원표

펴낸곳   (주) **박영사**
              서울특별시 금천구 가산디지털2로 53, 210호(가산동, 한라시그마밸리)
              등록 1959. 3. 11. 제300-1959-1호(倫)

전 화   02)733-6771
f a x   02)736-4818
e-mail   pys@pybook.co.kr
homepage   www.pybook.co.kr
ISBN   979-11-303-1895-0   93910

정 가   25,000원